알고리즘
인사이드
with
파이썬

알고리즘 인사이드 with 파이썬

86개 풀이로 문제 해결 능력, 사고력을 키우는 알고리즘&자료구조 입문서

초판 1쇄 발행 2023년 10월 19일

지은이 손혁제 / **펴낸이** 전태호
펴낸곳 한빛미디어(주) / **주소** 서울시 서대문구 연희로2길 62 한빛미디어(주) IT출판2부
전화 02-325-5544 / **팩스** 02-336-7124
등록 1999년 6월 24일 제25100-2017-000058호 / **ISBN** 979-11-6921-155-0   93000

총괄 송경석 / **책임편집** 홍성신 / **기획** 박용규 / **편집** 이희영
디자인 표지 최연희 내지 박정화 / **전산편집** 다인
영업 김형진, 장경환, 조유미 / **마케팅** 박상용, 한종진, 이행은, 김선아, 고광일, 성화정, 김한솔 / **제작** 박성우, 김정우

이 책에 대한 의견이나 오탈자 및 잘못된 내용에 대한 수정 정보는 한빛미디어(주)의 홈페이지나 다음 이메일로
알려주십시오. 잘못된 책은 구입하신 서점에서 교환해드립니다. 책값은 뒤표지에 표시되어 있습니다.
한빛미디어 홈페이지 www.hanbit.co.kr / 이메일 ask@hanbit.co.kr

지금 하지 않으면 할 수 없는 일이 있습니다.
책으로 펴내고 싶은 아이디어나 원고를 메일(**writer@hanbit.co.kr**)로 보내주세요.
한빛미디어(주)는 여러분의 소중한 경험과 지식을 기다리고 있습니다.

86개 풀이로 문제 해결 능력,
사고력을 키우는
알고리즘&자료구조 입문서

코딩 테스트
빈출 문제
86개 엄선

'해결 코드' 파일
전체 제공

시간 복잡도
& 코딩 스타일
부록

알고리즘
인사이드 with 파이썬

손혁제 지음

한빛미디어
Hanbit Media, Inc.

알고리즘이 필요한 이유

오랫동안 많은 IT 기업은 인재를 선발하는 가장 효과적인 도구로 알고리즘 테스트를 활용해 왔습니다. 출제자는 지원자가 문제를 파악하고 정의하는 능력을 살펴보고 얼마나 다양한 알고리즘과 자료구조를 활용해 문제를 해결하는지 그리고 제대로 구현하고 검증할 수 있는지를 평가하죠. 이때 출제자는 지원자와 소통하며 커뮤니케이션 능력까지 파악할 수 있습니다. 즉, 지원자의 기본 개발 역량을 짧은 시간에 골고루 파악할 수 있다는 점에서 많은 IT 기업이 알고리즘 문제 해결 능력을 적극적으로 활용합니다.

언뜻 문제 풀이와 개발 능력이 상관없어 보일 수 있지만, 알고리즘은 매우 중요한 개발 역량 중하나입니다. 알고리즘을 공부하면 할수록 구현 능력이 향상되고, 알고리즘을 많이 아는 만큼 다양한 문제를 쉽게 해결할 수 있기 때문입니다.

예를 들면, 차량 운영체제에는 내비게이션, 뮤직 스트리밍, 클라우드 통신, 음성 인식 등 다양한 기능을 수행하는 프로그램들이 동시에 동작합니다. 하나의 프로세서에 이렇게 복잡하고 다양한 프로그램이 동시에, 문제없이 동작하려면 CPU와 메모리를 적게 사용하는, 즉 시간 복잡도와 공간 복잡도가 낮은 프로그램을 작성해야 합니다. 서버는 많은 트래픽을 동시에 빠르게 처리할 수 있어야 운영 비용은 줄이고 사용 품질 만족도는 높일 수 있습니다. 결국 같은 기능이라도 보다 나은 품질의 코드를 작성해야 할 때 필요한 역량 중 하나가 바로 알고리즘 능력입니다.

즉, 알고리즘을 아는 것과 모르는 것은 문제를 해결하기 위해 접근하는 방법의 가짓수가 다른 것과 같습니다. 알고리즘을 모른다면 단순하고 비효율적으로 구현했을 내용도 효과적으로 구현할 수 있죠. 즉, 알고리즘은 효율을 위한 도구입니다. 알면 알수록 더 뛰어난 방법으로 개발을 할 수 있다는 뜻입니다.

이 책에서 학습할 수 있는 것

이 책은 개발 역량을 갖추는 데 필요한 기본 알고리즘을 학습하고 훈련할 수 있도록 구성했습니다. 먼저 알고리즘 구현에 효과적이고 기본 자료구조를 문법으로 제공하는 파이썬의 기본 문법을 가볍게 훑어본 다음 가장 기본적인 알고리즘인 스택, 큐, 링크드 리스트, 해시, 트리, 그래프와 같은 자료구조와 정렬, 문자열 검색, 그래프 등을 다룹니다. 이후에 이를 바탕으로 탐색, 재귀, 순열, 정렬, 동적 계획법 등 심화 알고리즘 순으로 배치했습니다. 이해를 쉽게 하기 위해 최대한 많은 그림 자료를 사용했죠. 여기에 leetcode.com에서 다루는 알고리즘 문제 중 총 86개를 엄선해 풀이하는 과정을 낱낱이 담았습니다.

이 책의 목적은 보다 많은 개발자가 빠르고 안정적이고 효율적인 알고리즘을 개발할 수 있는 역량을 갖추도록 돕는 것입니다. 더 뛰어난 개발 산출물을 작성하고 싶은 개발자, 자신의 역량을 한 단계 높이고 싶은 분들께 이 책이 도움이 되길 바랍니다.

감사의 말

우선 사랑하는 소중한 아내와 딸에게 공부 및 저술과 같은 활동을 하는 데 집중할 수 있는 시간을 갖도록 도와줘서 감사하다는 말을 전하고 싶습니다. 그리고 이 책이 나오기까지 많은 작업을 함께하고 다방면으로 힘써주신 이희영 선임님과 홍성신 팀장님에게도 진심으로 감사하다는 말을 전하고 싶습니다. 또한 힘이 되는 좋은 추천의 글을 써주신 현대자동차 인포테인먼트센터 장님과, SKT에서 메시징 서비스를 담당하고 있는 용희 형 그리고 인텔에서 열심히 컴파일러를 만들고 있는 은아에게도 깊은 감사를 드립니다.

손혁제

알고리즘을 이론적으로만 설명하는 것에서 한 발 더 나아가 문제를 명확히 정의하는 과정부터 알고리즘 고안과 구현 그리고 검증 과정까지 직접 체험해볼 수 있었습니다. 프로그래머라면 반드시 알아야 할 기본기인 알고리즘을 배우고 다양한 문제를 해결하면서 **레벨 업**하기에 이 책은 더할 나위 없이 좋은 책이 될 것입니다.

윤진수, 취업 준비생

이 책은 파이썬의 기본 문법부터 시작해서 자료구조와 알고리즘을 학습하고 문제풀이까지 모두 해볼 수 있어 **이해하고 적용하는 데 큰 도움**이 되었습니다.

이장훈, 3년 차 데브옵스 엔지니어

파이썬으로 **코딩 테스트**를 준비하고 있다면 꼭 챙겨 보면 좋을 책입니다. 문제도 다양하고 특히 이해를 도울 그림이 풍부해서 기초를 꼼꼼하게 다지기에 좋았습니다.

류영표, 프리랜서 개발자 및 강사

예제가 많고 설명이 꼼꼼해서 **주니어 개발자**도 쏙쏙 이해할 수 있었습니다.

배윤성, 백엔드 개발자

파이썬 기본 문법부터 **주요 자료구조와 알고리즘**이 다양하게 준비되어 있어서 코딩 테스트를 준비하는 분들에게 추천합니다.

박소현, 데이터 엔지니어

코딩 공부를 시작하는 이에게 **알고리즘을 공부하기 위한 이정표**가 되어주는 책입니다. 파이썬 문법과 알고리즘 이론, 문제를 그림과 함께 쉽게 녹여 챕터를 하나씩 따라가다 보면 어느새 성장한 자신의 모습을 볼 수 있을 것입니다.

윤지원, 데브옵스 엔지니어

알고리즘을 공부하는 모든 분에게 필히 이 책을 추천합니다. **상세한 그림**과 **구체적인 설명**으로 가득 차 있어 알고리즘을 확실하게 공부하고 싶은 이에게 많은 도움이 될 것입니다.

이영은, 백엔드 개발자

파이썬 개발자가 아니어도 쉽게 읽을 수 있어 알고리즘과 자료구조 자체를 익히려는 모든 분에게 권하고 싶습니다.

양우석, 현대자동차 머신러닝 엔지니어

이 책에서 다루는 자료구조와 알고리즘은 타 언어에서도 자주 사용하므로 언어와 무관하게 **개념을 공부하고 싶은 개발자들에겐 무척 유용**한 책이 될 것입니다.

최고운, 소프트웨어 엔지니어

좋은 학습서를 발견한 개발자는 훌륭한 방법을 찾을 확률이 높을 수밖에 없습니다. 그리고 오랜만에 좋은 자료구조&알고리즘 책을 만난 것 같습니다. 우선 **꼼꼼함**이 돋보입니다. **어떤 원리도 대충 넘어가지 않되 과하지 않게 조절해 적절한 난도의 책 한 권이 완성**되었습니다. 부디 이 책을 통해 많은 주니어 개발자가 파이썬이라는 좋은 언어를 제대로 다루는 개발자로 성장하길 바랍니다.

복종순, 메가존클라우드 매니저

꼭 필요한 문법으로 시작은 가볍게,
이론과 예제 중심으로 기반은 탄탄하게!

LESSON

PART 1
파이썬 문법, 핵심만 뽑아보기

파이썬 기본 문법
정규표현식

파이썬 핵심 문법과
정규표현식까지

PART 2
기본 자료구조와 알고리즘

핵심 자료구조
기본 알고리즘

스택, 큐, 트리,
검색, 정렬 등 개념
부터 탄탄하게

실무에 유용한 86개 문제와
꼼꼼한 해설, 성능 분석까지!

PRACTICE

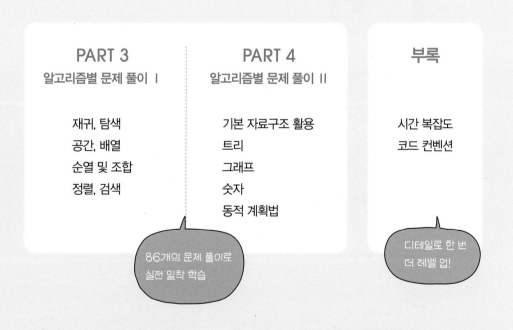

PART 3
알고리즘별 문제 풀이 Ⅰ

재귀, 탐색
공간, 배열
순열 및 조합
정렬, 검색

PART 4
알고리즘별 문제 풀이 Ⅱ

기본 자료구조 활용
트리
그래프
숫자
동적 계획법

부록

시간 복잡도
코드 컨벤션

86개의 문제 풀이로
실전 밀착 학습

디테일로 한 번
더 레벨 업!

문제 01 **홍수 채우기**

난이도 ☆ | 키워드 힌트: 재귀를 통한 탐색 | 파일 Chapter05/01_flood_fill.py | leetcode #733

> 난이도, 키워드 힌트, 리트코드 번호로 쉽게 문제에 접근할 수 있어요.
> **실습 파일**로 실습도 간편하게!

문제 정의

플러드 필$^{flood fill, seed fill}$, 일명 '홍수 채우기' 문제는 재귀를 학습한 직후 탐색 문제를 이해하는 데 매우 유용합니다. 이 문제는 2차원 배열에서 같은 값으로 연결된 여러 셀^{cell}을 새로운 값으로 교체하는 문제입니다.

예를 들어 다음과 같이 일부 셀이 칠해진 2차원 그리드^{grid}가 있을 때 X로 표시된 부분은 파란색으로 채워야 합니다. 파란색으로 채우기 위해 이동 가능한 방향은 동서남북 네 방향일 때와 셀을 둘러싼 모든 셀로 이동 가능한 여덟 방향일 때 2가지가 있습니다. 우리는 동서남북 네 방향으로만 이동하면서 셀을 채워 보겠습니다.

> **문제 정의**로 문제의 목표를 이해하고
> **문제 해결**로 해결 과정을 한눈에!

▲ 파란색으로 채워야 하는 그리드(왼쪽)와 파란색으로 채운 그리드(오른쪽)

문제 해결

홍수 채우기 문제 해결에는 재귀를 사용하며 문제 해결을 위한 **의사코드**^{pseudocode}는 다음과 같습니다.

> 세세한 부분도 놓치지 않는 TIP

[용어] '의사코드'란, 알고리즘을 설명하기 위해 사용되는 언어로, 특정 프로그래밍 언어를 의미하지는 않습니다. 사람이 알고리즘을 이해하기 쉽게 논리적 구조를 표현하는 데 쓰입니다.

해결 코드

앞서 살펴본 문제 해결 과정이 실제로 동작하는 코드를 살펴보겠습니다.

최솟값으로 목적지 찾기　　　　　　　| 파일 Chapter06/06_minimum_cost_in_a_grid.py

```
001: def turn_cost(grid):
002:     m = len(grid)
003:     n = len(grid[0])
004:     hq = [(0, 0, 0)]    # (cost, y, x)
005:     turn_cost = collections.defaultdict(int, {(0, 0): 0})
006:
007:     while hq:
008:         cost, y, x = heapq.heappop(hq)
009:         if y == m - 1 and x == n - 1:
010:             return cost
011:
012:         for direction, ny, nx in [(1, y, x + 1), (2, y, x - 1), (3, y + 1, x),
(4, y - 1, x)]:
013:             if not (0 <= ny < rows and 0 <= nx < cols):
014:                 continue
015:             next_cost = cost if direction == grid[y][x] else cost + 1
016:             if (ny, nx) in turn_cost and turn_cost[(ny, nx)] <= next_cost:
017:                 continue
018:             heapq.heappush(pq, (next_cost, ny, nx))
019:             turn_cost[(ny, nx)] = next_cost
020:
021:     return -1
```

> 문제 해결 과정이 한눈에 보이는
> **해결 코드**

시간 복잡도를 분석하는
성능 분석으로 마무리

| 성능 분석

그리드에 m×n개의 위치가 존재하지만 모든 위치를 방문하지 않을 수도 있고, 한 번 방문했던 위치를 다시 방문할 수도 있습니다. 최대한 재방문한다고 가정해도 turn_cost의 비용이 충분히 낮아지면 재방문을 안 하게 되기에 어떤 임의의 상수만큼 방문할 수 있습니다. 상수는 big-O 표기법에서 무시하기에 총 방문은 $O(mn)$이 됩니다.

각 위치를 방문할 때 인접한 네 방향으로 방문을 할 수 있는지 확인을 한 다음 가능하다면 힙큐에 푸시 연산을 수행합니다. 힙큐에 최대한 많은 원소가 들어가는 경우 총 푸시 연산에 걸리는 시간은 $\log(mn)$이 되고 pop은 $O(1)$의 시간을 소모합니다. 즉, 이들을 모두 곱하면 $O(mn \times \log(mn))$의 시간이 소모됨을 알 수 있습니다.

실전 밀착 꿀팁
NOTE로 한 걸음 더!

> **NOTE 마지막 원소를 쉽게 찾는 법**
>
> 다음과 같이 원소가 5개인 a라는 리스트가 있습니다.
>
> a = [1, 2, 3, 4, 5]
>
> 이 리스트에서 가장 마지막 원소에 접근하는 방법은 3가지입니다. 첫 번째는 마지막 원소의 인덱스를 하드 코딩, 즉 직접 입력하여 접근하는 방법입니다.
>
> a[4]
>
> 그러나 코드를 구현할 때 늘 정확한 인덱스를 알 수 없기 때문에 다음과 같이 리스트의 원소 개수를 이용해 마지막 원소에 접근할 수도 있습니다.
>
> a[len(1)-1]
>
> 가장 간단한 방법은 -1이라는 값으로 접근하는 것입니다. 앞서 언급했듯이 파이썬에서 -1은 가장 마지막 인덱스를 뜻합니다.
>
> a[-1]

실행 환경

이 책은 파이썬 3.11.X 버전으로 실습했으며 파이썬은 python.org/downloads에서 내려받을 수 있습니다.

실습 문제

이 책의 실습 문제는 leetcode를 참고했으며 leetcode 번호로 확인할 수 있습니다. 더 다양한 문제는 leetcode.com에서 볼 수 있습니다.

실행 코드

이 책에서 제공하는 실습 파일은 github.com/rshon/algorithm-inside에서 내려받을 수 있습니다.

목차

PART 1 파이썬 문법, 핵심만 뽑아보기

Chapter

파이썬 기본 문법

Chapter

정규표현식

PART 2 기본 자료구조와 알고리즘

PART 3 알고리즘별 문제 풀이 I

Chapter

순열과 조합

Chapter

배열

알고리즘별 문제 풀이 Ⅱ

Chapter
13

기본 자료구조 활용

Chapter
14

트리

부록

파이썬 문법, 핵심만 뽑아보기

—

파이썬은 데이터 처리와 기계학습부터 웹 서버 개발에 이르기까지 다양한 분야에서 널리 사용하는 개발 언어입니다. 특히 파이썬의 간결한 문법과 강력한 내장 자료구조는 알고리즘을 구현할 때 진가를 발휘합니다. 한번 익숙해지면 다른 언어로 알고리즘을 구현하는 게 비효율적으로 느껴질 정도일 것입니다. 이 책에서 다루는 모든 알고리즘 문제는 바로 이 파이썬으로 구현했습니다. 따라서 본격적으로 들어가기 앞서 자료구조와 알고리즘을 이해하는 데 필요한 파이썬의 핵심 문법과 알아 두면 유용한 정규표현식을 알아보겠습니다.

PART

01

파이썬 기본 문법

파이썬^{python}은 간결한 작성 방법과 폭넓은 활용 범위로 가장 사랑받는 개발 언어입니다. 이 책의 모든 알고리즘은 바로 이 파이썬으로 구현할 예정입니다. 따라서 본격적으로 알고리즘을 살펴보기 앞서 파이썬에서 꼭 알아 두어야 할 핵심 문법을 살펴보겠습니다. 그중에서도 이번 챕터에서는 기본 문법인 **데이터 타입, 반복문, 클래스** 그리고 **멀티 프로세싱**을 살펴보겠습니다.

Tip. 이 책은 파이썬 문법과 활용 예제를 중점으로 다루지 않으므로 파이썬에 대한 세세한 문법, 예제가 궁금하다면 『혼자 공부하는 파이썬』, 『나의 첫 파이썬』 등을 참고하세요.

1.1 데이터 타입

파이썬의 데이터 타입은 Numeric, Sequence, Set, Map 등 크게 6가지로 분류할 수 있습니다. 각 데이터 타입의 특징이 무엇인지 예제 코드와 함께 자세히 살펴보겠습니다.

타입	빌트인 타입	설명
Numeric	int, float, complex	정수, 실수, 복소수를 표현하는 데이터 타입
Sequence	list, tuple, range	연속적으로 할당 · 관리하는 자료구조
Set	set	집합을 표현하고 중복 값을 허용하지 않는 자료구조
Map	dict	키, 값을 쌍으로 저장하는 자료구조
Text	str	문자열을 저장하는 데이터 타입
Misc.	bool, bytes, None	bool, byte 등의 기타 데이터 타입

기본 타입

기본 타입^{primitive type}이란, 언어에서 기본으로 제공하는 데이터 타입을 말합니다. 사용자가 정의할 필요 없이 바로 사용할 수 있죠. 대표적으로 숫자형, 문자열 등이 기본 타입에 해당합니다.

숫자형

숫자형 데이터 타입은 말 그대로 정수와 실수를 가리키며, 연산이 가능합니다. 다음과 같이 피연산자로 정수를 입력하면 int 타입으로 메모리에 할당되어 연산을 할 수 있습니다.

```
>>> 1 + 2
3
```

정수를 연산한 결괏값으로 실수를 출력할 수 있습니다.

```
>>> 10 / 4
2.5
```

나누기를 할 때 / 대신 //를 사용하면 소수점을 자동으로 제거합니다.

```
>>> 10 // 4
2
```

**를 사용하면 제곱도 간단하게 계산할 수 있습니다.

```
>>> 2 ** 3
8
```

str을 입력해 숫자를 문자열로 변경할 수 있습니다. 문자열로 변경된 숫자 앞뒤에는 '가 붙은 채 출력됩니다.

```
>>> int(2.5)
2
>>> str(2.5)
'2.5'
```

10진수 외 다른 진법도 표현할 수 있습니다. 숫자 앞에 0b를 붙이면 뒤에 따라오는 숫자는 2진수라는 뜻입니다(0과 1 외에 다른 수를 입력하면 에러가 발생합니다).

```
>>> 0b10
2
```

숫자 앞에 0o를 붙이면 뒤에 따라오는 숫자는 8진수라는 뜻입니다. 0부터 7까지의 숫자만 허용됩니다.

```
>>> 0o15
13
```

16진수는 앞에 0x를 붙여서 표현합니다.

```
>>> 0xF
15
```

문자열

파이썬은 문자열과 문자를 구분하지 않습니다. 따라서 큰따옴표(")나 작은따옴표(') 중 무엇을 사용해도 문자열을 할당할 수 있습니다.

```
>>> a = 'python'
>>> a
'python'

>>> b = "python"
>>> b
'python'
```

문자열에 "를 작성하고 싶을 때는 문자열 앞뒤에 "나 '를 하나 더 붙여 특수 문자로 처리하면 문자로 출력할 수 있습니다. 또는 \를 사용하는 방법도 있습니다.

```
>>> c = """python"""
>>> c
```

```
'python'
>>> d = "\'python\'"
>>> d
"'python'"
>>> d = "\"python\""
>>> d
'"python"'
```

줄바꿈이 필요한 문자열을 선언할 때는 줄바꿈할 부분에 \를 입력합니다.

```
>>> a = "python \
... Python"
>>> a
'python Python'
```

문자열은 replace라는 **빌트인 메서드**^{built in method}를 제공합니다. 이는 문자열에 특정 문자를 찾아 지정한 다른 문자로 치환하는 함수입니다(이외에도 많은 빌트인 메서드가 존재합니다). replace는 다음과 같이 사용할 수 있습니다.

> 💡Tip. 메서드^{method}란 특정 클래스에 속한 함수로 static 클래스가 아닌 이상 객체가 지닌 속성을 사용해서 동작할 수 있습니다. 반면 함수는 클래스와 상관없이 독립적으로 존재하는 코드 블록입니다. replace는 문자열 객체(파이썬에서는 문자열도 객체)가 기본적으로 가지고 있는 메서드이기에 '빌트인 메서드'라고 표현했습니다.

```
>>> a
'python Python'
>>> a.replace('python', 'Python')
'Python Python'
```

단, 문자열 빌트인 메서드는 치환한 문자열을 출력할 뿐 변경한 결과를 저장하지는 않습니다. 바뀐 문자열을 저장하려면 별도의 변수에 결과를 할당해야 합니다.

```
>>> a = a.replace('python', 'Python')
>>> a
'Python Python'
```

split은 문자열을 나누는 메서드입니다. 이때 인수를 지정하지 않고 split 메서드를 호출하면 공백을 기준으로 문자를 분리합니다.

```
>>> a.split()
['Python', 'Python']
```

-를 기준으로 문자열을 분리하려면 split 메서드에 인수로 -를 지정합니다.

```
>>> b = 'Study-Python'
>>> b.split('-')
['Study', 'Python']
```

join은 리스트list의 여러 문자열을 하나로 합치는 메서드입니다. 지정한 인수를 기준으로 문자열을 합치는데, 인수를 지정하지 않으면 각 문자열에 공백을 추가해 하나의 문자열로 합칩니다. 예시로 인수에 #을 입력하여 문자열을 합치면 다음과 같습니다.

```
>>> '#'.join(b)
'Study#Python'
```

replace와 마찬가지로 변수에 결과가 저장되지 않으므로 변경한 결과를 저장하려면 변수에 값을 재할당합니다.

```
>>> b
['Study', 'Python']
>>> b = '#'.join(b)
>>> b
'Study#Python'
```

문자열의 모든 문자를 대문자로 변경하려면 upper, 반대로 소문자로 변경하려면 lower를 사용합니다.

```
>>> b.upper()
'STUDY#PYTHON'
>>> b.lower()
'study#python'
```

strip은 문자열의 특정 문자를 제거할 수 있습니다. 인수를 지정하지 않으면 다음과 같이 공백을 제거합니다.

```
>>> a = '  Python  '
>>> a
'  Python  '
>>> a.strip()
'Python'
```

특정 위치의 문자열을 제거하려면 lstrip, rstrip을 사용합니다. lstrip은 문자열의 왼쪽
공백만 제거하고 rstrip은 문자열의 오른쪽 공백만 제거합니다. 원하는 특정 문자를 제거하려
면 다음과 같이 제거하려는 문자를 지정합니다.

```
>>> a = '!!!!!!!!Python!!!!!!!!'
>>> a.lstrip('!')
'Python!!!!!!!!'
>>> a.lstrip('!').rstrip('!')
'Python'
```

find는 왼쪽을 기준으로 특정 문자가 문자열의 왼쪽을 기준으로 몇 번째에 있는지 찾을 수 있
습니다. 다음 예시처럼 'Python is good'에서 'is'의 위치를 찾으면 왼쪽에서 7번째에 있
다는 결과를 확인할 수 있습니다. 만약 존재하지 않는 문자열을 찾으면 -1을 반환합니다.

```
>>> a = 'Python is good'
>>> a.find('is')
7
>>> a.find('are')
-1
```

반대로 문자열 오른쪽부터 몇 번째에 있는지 찾으려면 rfind를 사용하면 됩니다.

```
>>> a = 'Python is good'
>>> a.rfind('good')
10
```

여러 타입의 값이 들어 있는 문자열을 생성하려면 {}.format(문자열)을 사용합니다.

```
>>> a = 10
>>> '{}'.format(a)
'10'
```

10진수를 2진수의 문자열로 변경한다면 {:b}를 사용해 문자열을 생성합니다. 이때 문자열의 전체 길이를 지정하기 위해 채울 값과 길이를 입력합니다. 예를 들어 문자열 앞에 32개의 0을 채우려면 {:032b}를 입력합니다. 0은 채울 값, 32는 채울 값의 개수를 뜻합니다.

```
>>> '{:b}'.format(a)
'1010'
>>> '{:032b}'.format(a)
'00000000000000000000000000001010'
```

빌트인 타입

빌트인 타입built in type이란 **리스트**list, **튜플**tuple, **딕셔너리**dictionary, **집합**set 등 파이썬에서 기본으로 제공하는 자료구조를 뜻합니다. 알고리즘 구현에 많이 활용하는 타입이므로 반드시 알아 두는 것이 좋습니다. 각 타입을 어떻게 선언하고 활용하는지 하나씩 살펴보겠습니다.

리스트

리스트는 여러 원소를 담은 데이터 타입으로, 변수에 [ ] 또는 list를 대입해 선언할 수 있습니다.

```
>>> b = []
>>> b
[]
>>> c = list()
>>> c
[]
```

리스트 맨 마지막에 원소를 추가할 때는 **append**를 사용합니다. 정수가 들어 있는 리스트를 만들고 문자 a를 추가해보겠습니다.

```
>>> a = [1, 2, 3, 4, 5]
>>> a
[1, 2, 3, 4, 5]
>>> a.append('a')
>>> a
[1, 2, 3, 4, 5, 'a']
```

특정 위치에 원소를 추가할 때는 insert를 사용합니다. 문자 b를 리스트의 두 번째 위치에 추가하겠습니다.

```
>>> a.insert(1, 'b')
>>> a
[1, 'b', 2, 3, 4, 5, 'a']
```

리스트의 값 중 일부만 출력할 때는 slice를 사용합니다. [ ] 사이에 잘라낼 값의 시작 지점과 마지막 지점의 인덱스를 콜론(:)으로 구분해 입력하면 됩니다. 다음은 리스트의 원소 중 첫 번째와 두 번째 원소를 출력하는 코드입니다.

```
>>> a = [1, 2, 3, 4, 5]
>>> a[0:2]
[1, 2]
```

시작 지점이 리스트의 첫 번째 원소라면 0을 생략할 수 있고, 마지막 지점이 원소의 끝이라면 −1을 입력해도 같은 결과를 얻을 수 있습니다.

```
>>> a[:4]
[1, 2, 3, 4]
>>> a[:-1]
[1, 2, 3, 4]
```

튜플

튜플은 리스트와 마찬가지로 여러 값을 하나로 묶는 데이터 타입으로, 선언하는 방법은 2가지가 있습니다. 괄호 사이에 1개 이상의 원소를 지정하거나 괄호 없이 값만 입력한 다음 마지막에 콤마(,)를 입력하면 됩니다.

```
>>> a = (1, 2, 3)
>>> a
(1, 2, 3)
```

```
>>> b = 1, 2, 3,
>>> b
(1, 2, 3)
```

튜플을 리스트에 넣어서 관리할 수도 있습니다.

```
>>> alist = []
>>> alist.append(a)
>>> alist
[(1, 2, 3)]

>>> alist.append((4, 5, 6))
>>> alist
[(1, 2, 3), (4, 5, 6)]
```

이처럼 튜플은 여러 원소를 하나로 묶는 데이터 타입으로 리스트와 비슷해 보이지만, 하나의 튜플을 구성하는 원소는 상수로 사용하고 수정할 수 없다는 차이점이 있습니다. 이 원소들은 바로 이후 살펴볼 딕셔너리의 키값으로도 사용할 수 있습니다.

딕셔너리

파이썬은 **맵**map 타입의 자료구조로 **딕셔너리**를 제공합니다. 딕셔너리는 **키**key와 **값**value을 하나의 쌍으로 저장하는 자료구조로, { } 또는 dict를 사용해 선언할 수 있습니다. 예를 들어 a라는 변수에 {'key1':1}이라는 키와 값을 넣는다면 key1이 키, 1이 값입니다.

```
>>> a = {'key1': 1, 'key2': 2}
>>> a
{'key1': 1, 'key2': 2}

>>> b = dict(key1 = 1, key2 = 2)
>>> b
{'key1': 1, 'key2': 2}
```

키에 입력한 값, 즉 키값을 변경할 수도 있습니다. key1에 할당된 값을 3으로 변경해보겠습니다.

```
>>> a['key1']
1
>>> a['key1'] = 3
>>> a['key1']
3
```

```
>>> a
{'key1': 3, 'key2': 2}
```

zip 함수를 사용하면 2개의 리스트를 각각 키와 값으로 할당해 하나의 딕셔너리로 선언할 수 있습니다.

```
>>> c = dict(zip(['key1', 'key2'], [1, 2]))
>>> c
{'key1': 1, 'key2': 2}
```

다음은 in을 사용해 딕셔너리에 특정 키값이 있는지 확인하는 방법입니다. 키값이 있다면 True를 반환하고 없다면 False를 반환합니다.

```
>>> 'key1' in a
True
>>> 'key3' in a
False
```

특정 키값을 삭제하려면 del 또는 pop 함수를 사용합니다.

```
>>> a
{'key1': 3, 'key2': 2}
>>>
>>> del a['key1']
>>> a
{'key2': 2}

>>> a
{'key2': 2, 'key1': 3}
>>> a.pop('key1')
3
>>> a
{'key2': 2}
```

키값을 불러올 땐 a['key']를 입력합니다. 만약 존재하지 않는 키값을 불러오면 **KeyError** 예외가 발생합니다.

```
>>> a['key']
Traceback (most recent call last):
  File "<stdin>", line 1, in <module>
KeyError: 'key'
```

값을 불러올 때 a['key1'] 외에 get 함수를 사용할 수도 있습니다. 만약 존재하지 않는 키값을 불러오면 None을 반환합니다. a['key']와 다른 점이 있다면 get은 키값이 없을 때 불러올 값을 지정할 수도 있습니다.

```
>>> a
{'key2': 2, 'key1': 3}
>>>
>>> a.get('key1')
3
>>> None == a.get('key')
True
>>> a.get('key', 0)
0
```

집합

집합은 중복을 허용하지 않는 원소 모음을 표현하는 자료구조입니다. 따라서 집합을 선언할 때 중복된 값은 모두 제거하고 저장하는 것을 확인할 수 있습니다. 집합은 { }에 원소를 넣어 선언합니다.

```
>>> a = {1, 2, 2, 3, 3}
>>> a
{1, 2, 3}
```

집합을 직접 사용해 변수를 선언할 수도 있습니다.

```
>>> b = set([2, 2, 3, 3, 4])
>>> b
{2, 3, 4}
```

집합 내 특정 값이 있는지 확인할 때는 in을, 없는지 확인할 때는 not in을 사용합니다.

```
>>> 1 in a
True
>>> 1 not in a
False
```

&, | 등 기호를 사용해 집합 단위 연산을 할 수 있습니다. 합집합^union 연산은 | 또는 set.union(a, b)를 사용합니다.

```
>>> a | b
{1, 2, 3, 4}
>>> set.union(a, b)
{1, 2, 3, 4}
```

집합 간 공통 원소를 찾으려면 & 혹은 set.intersection(a, b)를 사용합니다. a 집합에서 b 집합이 가진 요소를 제거한 차집합을 찾으려면 - 또는 set.difference(a, b)를 사용합니다.

```
>>> a & b
{2, 3}
>>> a - b
{1}
```

배타적 논리합^exclusive 연산은 ^이나 set.symmetric_difference(a, b)로 찾을 수 있습니다.

```
>>> a ^ b
{1, 4}
```

1.2 조건문과 반복문

if문

파이썬에서 조건문 if문은 타 언어와 달리 if문 뒤에 괄호를 열지 않고 표현식을 작성해도 코드가 동작합니다. 단, 표현식의 마지막에는 반드시 콜론(:)이 있어야 합니다.

💡Tip. 물론 괄호를 사용해도 코드 실행에는 문제가 없습니다.

```
>>> a = True
>>>
>>> if a:
...     print('True')
...
True
```

괄호를 사용하는 표현식의 예입니다.

```
>>> a = 1
>>> b = 2
>>> if not (1 == a and 2 == b):
...     print(1 != a or 2 != b)
```

다중 조건 처리를 할 때는 elif 혹은 else를 사용합니다.

```
>>> a = 1
>>>
>>> if 1 == a:
...     print('a is 1')
... elif 2 == a:
...     print('a is 2')
... else:
...     print('a is something else')
...
a is 1
```

for문

for문은 실행문을 반복하는 반복문으로, range 안에 반복의 시작과 끝 그리고 증감하는 값을 지정해서 실행합니다. 예로, 0부터 4까지 2씩 증가하는 반복문을 구현하면 다음과 같습니다.

```
>>> for i in range(0, 5, 2):
...     print(i)
0
2
4
```

역순으로도 반복할 수 있습니다. 3부터 0까지 1씩 감소하는 반복문은 다음과 같습니다.

```
>>> for i in range(3, -1, -1):
...     print(i)
...
3
2
1
0
```

range 외에 리스트와 딕셔너리를 직접 사용해 반복문을 구현할 수 있습니다. 딕셔너리의 키와 값을 반복문에서 얻을 수도 있습니다.

```
>>> a = [1, 2, 3]
>>>
>>> for val in a:
...     print(val)
...
1
2
3

>>> a = {'a': 1, 'b': 2}
>>> for k in a:
...     print(k)
...
a
b

>>> for k, v in a.items():
...     print(k, v)
...
a 1
b 2
```

while문

for문 대신 반복문을 구현하는 또 다른 방법은 while문을 사용하는 것입니다. while문은 for문보다 표현식이 복잡할 때 사용하며 다음과 같이 구현할 수 있습니다.

```
>>> i = 0
>>> n = 3
>>> a = [1, 2, 3]
>>>
>>> while i < n and a[i] < 5:
...     print(a[i])
...     i += 1
...
1
2
3
```

1.3 함수와 람다 표현식

함수

파이썬에서 **함수**function를 선언하는 방법은 아주 간단합니다. 다음과 같이 def로 함수를 정의합니다. 매개 변수는 함수를 정의하면서 추가할 수 있습니다.

```
>>> def say(word):
...     print('hi ' + word)
...
>>> say('Python')
hi Python
code
```

람다

파이썬은 익명 함수인 **람다**lambda 표현식도 지원합니다. 람다 표현식은 func라는 변수에 할당해 일반 함수처럼 사용할 수 있습니다.

```
>>> func = lambda p: p + 10
>>> func(1)
11
```

혹은 표현식을 정의하고 바로 함수를 호출할 수도 있습니다.

```
>>> (lambda p: p + 10)(1)
11
```

람다 표현식과 자주 사용하는 map이나 filter 함수는 다음과 같이 사용할 수 있습니다.

```
>>> list(map(lambda p: p + 1, [1, 2, 3]))
[2, 3, 4]
>>> a = [1, 2, 3, 4, 5]
>>> list(filter(lambda p: p % 2, a))
[1, 3, 5]
```

1.4 고급 제어

반복자

클래스class를 반복 가능한 객체로 만들어 **반복자**iterator로 사용할 수 있습니다. 방법은 간단합니다. 클래스를 정의할 때 __iter__와 __next__ 메서드를 구현하면 됩니다.

Tip. 다음 코드는 CLICommand Line Interface 입력이 아니므로 >>>가 아닌 행 번호로 표기했습니다.

```
001: class MyIter:
002:     def __init__(self, n):
003:         self.n = n
004:         self.i = 0
005:
006:     def __iter__(self):
007:         return self
008:
009:     def __next__(self):
010:         if self.i >= self.n:
011:             raise StopIteration
012:
013:         res = self.i
014:         self.i += 1
015:         return res
016:
017: for i in MyIter(3):
018:     print(i)
```

```
0, 1, 2
```

반복자가 된 객체를 다시 iter 객체로 만들어 next 함수와 함께 사용할 수도 있습니다.

```
001: itr = iter(MyIter(3))
002: print(next(itr, -1))
003: print(next(itr, -1))
004: print(next(itr, -1))
005: print(next(itr, -1))
```

```
0, 1, 2
-1
```

제너레이터

제너레이터generator는 yield 키워드를 사용해 호출자에 값을 전달하는 객체로, get_line 함수에서 lines에 있는 값을 하나씩 읽어 들여 호출자로 전달yield하는 기능을 수행합니다.

```
001: lines = [
002:     '10',
003:     '5',
004: ]
005:
006: def get_line():
007:     for line in lines:
008:         yield line
009:
010: itr = get_line()
011: print(next(itr))
```

```
10
```

데커레이터

데커레이터decorator는 디자인 패턴에서 기능을 덧붙이는 것을 가리키는 용어 '데커레이터'와 동일한 기능으로, 함수에 기능을 추가할 수 있습니다. 타 언어에서는 클래스를 정의하고 상속하는 과정이 필요하지만, 파이썬은 간단히 @로 기능을 추가할 수 있습니다.

예를 살펴보겠습니다. 다음 코드는 숫자를 더하고 누적한 값을 반환합니다. 이때 경과 시간을 출력하는 기능을 데커레이터로 추가 구현하면 다음과 같습니다.

```
001: def print_time(func):
002:     def wrapper(n):
```

```
003:         stime = time.time()
004:         res = func(n)
005:         print('elapse time: {} sec'.format(time.time() - stime))
006:         return res
007:
008:     return wrapper
```

print_time 함수는 다른 함수를 인수로 전달받아 wrapper라는 함수를 정의하여 func 기능을 호출합니다. 이때 호출 전후 시간을 측정하는 기능을 추가합니다. 이후 값을 더하여 누적하는 calc라는 함수를 정의할 때 @print_time을 함수 위에 추가하여 시간을 출력하는 기능을 추가, 즉 데커레이트합니다.

```
001: @print_time
002: def calc(n):
003:     tot = 0
004:     for i in range(n):
005:         tot += i
006:     return tot
```

이후 calc 함수를 호출하면 함수 수행에 사용된 시간이 함께 출력되는 것을 확인할 수 있습니다.

```
001: print(calc(100000))
```

```
elapse time: 0.004039764404296875 sec
4999950000
```

코루틴

코루틴co-routine은 문법적으로 제너레이터와 크게 다르지 않습니다. 차이점이 있다면 2개 이상의 제너레이터가 서로 값을 주고받으면서 교차 실행된다는 점입니다. 즉, '코루틴'이라는 이름처럼 2개 이상의 루틴이 함께 실행된다는 뜻입니다.

코루틴에는 send라는 메서드가 추가로 제공되는데, 이를 활용해 제너레이터할 수 없었던 값을 전달할 수 있습니다. 사용 방법은 간단합니다. 먼저 코루틴이 될 2개의 제너레이터를 정의합니다.

```
001: def sum_coroutine():
002:     try:
003:         tot = 0
004:         while True:
005:             val = (yield)
006:             if None == val:
007:                 return tot
008:             tot += val
009:     except RuntimeError as e:
010:         print€
011:         yield tot
012:
013: def total_coroutine():
014:     while True:
015:         tot = yield from sum_coroutine()
016:         print(tot)
017:         print('-sum_coroutine')
```

sum_coroutine은 전달받은 값을 tot라는 변수에 더합니다. Total_coroutine은 sum_coroutine이 반환하는 값을 출력하는 기능을 수행합니다.

Total_coroutine을 통해 코루틴 객체를 획득하고, 코루틴의 제너레이터를 시작하기 위해 None 값을 인수로 하여 co.send를 호출합니다(혹은 next(co)를 호출해도 됩니다). 이는 코루틴을 시작하기 위해 호출해야 하는 부분입니다.

```
001: co = total_coroutine()
002: co.send(None)
```

이후 1에서 5까지의 수를 코루틴에 전달합니다.

```
001: for i in range(1, 6):
002:     co.send(i)
```

마지막으로 코루틴을 종료하려면 다시 None 값을 전달합니다. total_coroutine은 누적 값인 15를 전달받고 이를 출력한 다음 실행을 종료합니다.

```
001: co.send(None)
```

1.5 클래스

객체 지향 프로그래밍에서 지원하는 **클래스**^class를 파이썬에서도 지원합니다. 클래스는 서로 응집되어 하나의 역할을 수행하는 데 필요한 모든 메서드와 속성을 은닉시켜 추상화된 데이터 타입 등에 활용할 수 있습니다. 간단히 좌표를 저장하는 클래스를 살펴보겠습니다.

```
001: class Coordinate:
002:     def __init__(self, x = 0, y = 0):
003:         self.x = x
004:         self.y = y
005:
006:     def __del__(self):
007:         self.x = 0
008:         self.y = 0
009:
010:     def calc_distance(self, other):
011:         xdiff = other.x - self.x
012:         ydiff = other.y - self.y
013:         return (xdiff**2 + ydiff**2)**0.5
```

클래스를 정의할 때는 어떤 속성과 기능을 제공할지 결정해야 합니다. Coordinate는 x와 y 좌푯값을 클래스의 속성으로 가지고 있으며 다른 Coordinate 객체가 넘어올 때 두 객체가 가진 좌표의 거리를 구해서 제공하는 기능이 있습니다.

클래스에 속성을 저장하는 방법은 2가지입니다. 첫 번째는 __init__ 메서드에서 self 키워드를 사용해 속성을 추가하는 방법입니다. Coordinate는 self 키워드를 사용해 x와 y 속성을 정의할 수 있습니다. 두 번째는 변수를 Class의 몸체에 클래스 속성으로 선언하는 방법입니다. 클래스 속성은 모든 클래스 인스턴스가 공유하므로 사용에 주의해야 합니다. 단, 정수와 같이 단일 값을 저장하는 변수는 공유되지 않습니다. 리스트와 같이 변수의 주소를 통해 접근할 때는 모든 인스턴스를 통해 공유됩니다.

```
001: Class Coordinate:
002:     x = 0
003:     y = 0
```

이제 앞서 정의한 클래스로 인스턴스를 2개 생성하고 두 인스턴스의 거리를 구해보겠습니다.

두 인스턴스가 지닌 좌표의 거리를 계산하여 출력하면 다음과 같습니다.

```
001: origin = Coordinate()
002: target = Coordinate(10, 10)
003: dist = origin.calc_distance(target)
004: print(dist)
```

```
14.142135623730951
```

이외에 클래스에 메서드의 접근 제어를 private으로 선언하려면 메서드 이름 앞에 _를 2개 붙이면 됩니다.

```
001: def __reset(self):
002:     self.x = 0
```

__를 앞에 붙인 메서드는 private으로 선언되기 때문에 다음과 같이 호출할 수 없습니다. 따라서 다음과 같은 예외가 발생합니다.

```
001: origin.__reset()
```

```
Traceback (most recent call last):
  File "…coordinate.py", line 35, in <module>
    origin.__reset()
AttributeError: 'Coordinate' object has no attribute '__reset'
```

private으로 선언한 메서드는 오직 클래스 메서드에서만 호출할 수 있습니다.

정적 메서드

정적 메서드static method는 클래스 인스턴스를 생성하지 않고 바로 사용할 수 있는 메서드로, 멤버 속성 등에 접근할 수 없는 순수 함수로 사용합니다.

```
001: class Printer:
002:     @staticmethod
003:     def print_with_line_number(items: List[str]):
004:         for i in range(len(items)):
005:             print(f'{i}: {items[i]}')
```

@staticmethod 키워드를 통해 정적 메서드로 데커레이트된 메서드를 정의할 수 있습니다. 이 때 정적 메서드는 self 키워드를 첫 번째 인수로 지정하지 않습니다. 이후 다음과 같이 인스턴스의 생성 없이 메서드를 호출할 수 있습니다.

```
001: Printer.print_with_line_number([1, 2, 3, 4, 5])
```

```
0: 1
1: 2
2: 3
3: 4
4: 5
```

이외 클래스 메서드 등은 @classmethod로 정의하면 됩니다. 클래스 메서드는 첫 번째 인수로 self 대신 cls를 전달받고 이를 통해 공유되는 클래스 속성에 접근할 수 있습니다.

상속

객체 지향의 핵심 개념 중 하나가 바로 **상속**입니다. 부모가 되는 클래스의 속성과 기능(메서드)을 기반으로 새로운 클래스를 정의하는 기법입니다. 보통 부모 클래스에 정의된 메서드를 서로 다른 하위 클래스에서 다르게 구현한 뒤 이를 부모 클래스의 레퍼런스로 제어하는 데 사용합니다. 그러나 보통 단순한 기능 확장은 상속보다는 객체를 클래스의 멤버로 두는 **컴포지션 기법**을 사용해야 합니다.

간단히 동물이라는 클래스에 상속 개념을 적용한 예를 살펴보겠습니다. 다음과 같이 Animal이라는 클래스가 있습니다.

```
001: class Animal:
002:     def __init__(self):
003:         self.color = 'black'
004:
005:     def makeSound(self):
006:         print('...')
007:
008:     def get_color(self):
009:         return self.color
```

Animal 클래스를 상속받아서 Dog 클래스와 Cat 클래스를 정의해보겠습니다. 클래스를 정의할 때는 다음과 같이 클래스명 오른쪽 괄호 안에 상속할 클래스명을 명시합니다.

```
001: class Dog(Animal):
002:     def __init__(self):
003:         super().__init__()
004:
005:     def makeSound(self):
006:         print('bark')
007:
008:
009: class Cat(Animal):
010:     def __init__(self, color = 'white'):
011:         self.color = color
012:         super().__init__()
013:
014:     def makeSound(self):
015:         print('mew')
```

Animal 클래스의 생성자인 __init__ 메서드에서는 color라는 속성을 정의합니다. 이 속성 값을 하위 클래스에서 사용하려면 하위 클래스의 생성자에서 상위 클래스의 __init__을 명시적으로 호출해야 합니다(3행). Cat 클래스의 __init__에서 color를 정의하여 사용하고 있습니다. 이 속성은 기본값인 'white'를 가지고 초기화됩니다. 그런데 바로 다음 12행에서 상위 클래스의 __init__을 호출합니다. 이렇게 하위 속성 color는 상위 속성 color로 대체됩니다. 이는 의도치 않은 결과를 낳을 수 있기 때문에 다음과 같이 코드를 작성해야 합니다.

```
010:     def __init__(self, color = 'white'):
011:         super().__init__()
012:         self.color = color
```

이처럼 다른 언어에 비해 파이썬의 상속 메커니즘이 단순해 보이지만 파이썬에서도 객체 지향 코드를 비롯해 다른 언어가 가진 기능을 구현할 수 있습니다. 또 다른 예로 다른 언어에서 인터페이스 클래스를 정의하면 하위 클래스는 인터페이스 클래스 내 선언된 메서드를 반드시 구현해야 합니다. 파이썬에서도 하위 클래스가 상위 클래스의 메서드를 반드시 구현하도록 강제하는 방법이 있습니다. abc 모듈을 사용하여 인터페이스 클래스 내 메서드를 추상 메서드로 선언하면 됩니다. Animal 클래스의 makeSound 메서드를 구현하는 데 이 기능을 사용해보겠습니다.

```
001: class Animal(metaclass=ABCMeta):
002:     def __init__(self):
003:         self.color = 'black'
004:
005:     @abstractmethod
006:     def makeSound(self):
007:         print('...')
```

```
001: class Dog(Animal):
002:     def __init__(self):
003:         super().__init__()
```

```
001: dog = Dog()
002: dog.makeSound()
```

Dog 클래스에서 makeSound 메서드를 정의하지 않고 클래스를 인스턴스화한 다음 makeSound 메서드를 호출하면 다음과 같이 에러가 발생하는 것을 확인할 수 있습니다.

```
Traceback (most recent call last):
File "..animal.py", line 89, in <module>
    dog = Dog()
TypeError: Can't instantiate abstract class Dog with abstract method makeSound
```

이렇게 파이썬에서도 abc 모듈을 사용하여 인터페이스를 정의하고, 하위 클래스가 메서드를 반드시 구현하도록 강제할 수 있습니다.

1.6 멀티 프로세싱

파이썬에서 멀티스레딩은 오직 하나의 코어만을 사용합니다. 즉, 여러 코어를 사용해 스레드를 병렬parallel 동작하지 않습니다. 오직 병행concurrent 처리만 가능합니다. 이러한 제약이 발생하는 원인은 **GIL**global interpreter lock에 있습니다.

파이썬의 객체는 여러 스레드에서 병렬로 접근하면 값이 정상적으로 갱신되지 않아 의도하지 않은 값을 갖게 되는 **레이스 컨디션**race condition 문제가 발생합니다. 이를 막기 위해 파이썬은 하나의 스레드만 객체의 값을 갱신할 수 있도록 뮤텍스인 GIL을 동작시킵니다. 따라서 병렬 처리가 불가능하게 되어 H/W가 지닌 코어 수만큼의 최대 성능을 발휘할 수 없습니다.

쉽게 말하면, 공유 객체의 레이스 컨디션을 막기 위한 뮤텍스인 GIL 때문에 스레드를 사용할 수는 있으나 하나의 코어로 여러 스레드가 동작하기에는 한계가 있다는 것입니다. 파이썬의 `threading` 모듈을 사용하면 간단하게 멀티스레딩 코드를 작성할 수 있지만, 코어의 성능을 최대한 발휘하려면 멀티 프로세스 기능을 사용해야 합니다.

알고리즘을 효과적으로 구현하려다 보면 여러 개의 스레드를 동작시켜야 할 때가 있습니다. 시스템의 CPU 자원을 최대한 활용해 처리한다면 여러 스레드를 적절히 제어하여 작업을 수행하고 그 결과를 다른 스레드가 받아서 처리하도록 해야 합니다. 그러나 앞서 설명했듯이 파이썬은 GIL 때문에 하나의 프로세스에 여러 코어로 스레드를 구동하는 것을 지원하지 않습니다. 대신 `multiprocess` 모듈로 쉽게 멀티 프로세스를 구동할 수 있는 기능을 제공합니다.

멀티 프로세스를 구동하는 방법은 **Pool** 클래스를 사용하는 방법과 **Process** 클래스를 사용하는 방법 2가지가 있습니다. 하나씩 알아보겠습니다.

Pool 클래스로 멀티 프로세스 구동하기

Pool 클래스를 사용하면 구동하고 싶은 프로세스의 수만큼 개별 제어 없이 한 번에 구동할 수 있습니다. 우선 다음과 같이 `multiprocessing`에서 Pool과 Manager 등을 `import`합니다.

```
001: from multiprocessing import Pool, Manager, Lock, Process
```

간단하게 `consumer`, `producer`를 구동해보겠습니다. `consumer`는 프로세스를 시작하면 "hello"라는 메시지를 큐에 넣고 종료합니다. 이후 `consumer` 프로세스가 구동되면 큐에 있는 값을 가져와서 출력하고 종료합니다. 하지만 비동기로 동작하기 때문에 `producer` 프로세스가 반드시 먼저 구동된다고 보장할 수 없습니다. 그렇기에 `consumer`가 먼저 구동되는 경우도 가정하여 코드를 작성해야 합니다.

Pool을 사용하기 전에 Pool을 통해 구동할 프로세스가 수행할 함수와 함수가 받아들일 인수를 저장할 클래스를 정의합니다. 먼저 인수를 저장할 클래스를 다음과 같이 정의합니다.

```
001: class HandlerParam:
```

```
002:     def __init__(self, name, queue, lock, cond, role):
003:         self.name = name
004:         self.queue = queue
005:         self.lock = lock
006:         self.cond = cond
007:         self.role = role
```

프로세스의 이름과 다른 프로세스와 통신에 사용할 큐, 락 그리고 컨디션 변수와 프로세스의
역할을 구분할 role 등을 HandlerParam 클래스에 정의합니다. 다음으로 프로세스가 구동되
면 실행할 handler 함수를 정의합니다.

```
001: def handler(params: HandlerParam):
002:     print('process name = ', params.name)
003:     queue = params.queue
004:     cond = params.cond
005:
006:     if 'producer' == params.role:
007:         queue.put('hello')
008:
009:         cond.acquire()
010:         cond.notify()
011:         cond.release()
012:     elif 'consumer' == params.role:
013:         cond.acquire()
014:         cond.wait_for(lambda: not queue.empty())
015:         cond.release()
016:
017:         print(f'consuming message: {queue.get()}')
```

handler가 수행되고 producer 프로세스로서 구동하면 큐에 'hello'라는 메시지를 넣고 컨
디션 변수에서 대기 중인 객체를 깨우기 위해 notify 함수를 호출합니다. consumer 역할이라
면 큐에 값이 비어 있는 동안 컨디션 변수에서 대기하다가 값이 들어오면 큐 안에 저장된 메시
지를 print 함수를 사용해 소비합니다.

이와 같이 프로세스를 통해 실행할 함수와 로직을 정의하면 multiprocessing 모듈에서 Pool
클래스를 사용해 한번에 여러 프로세스를 제어할 수 있습니다. 먼저 구동할 프로세스 개수를
지정하여 Pool 객체를 생성합니다.

```
001: num_process = 2
002: pool = Pool(processes=num_process)
```

이후 Manager 객체를 통해 두 프로세스가 사용할 큐, 락, 컨디션 변수 등을 생성하고 이들을
HandlerParam 객체에 저장합니다. 이때 HandlerParam 객체는 여러 프로세스에 하나씩 분배
되도록 배열에 담겨 있어야 합니다.

```
001: manager = Manager()
002: queue = manager.Queue()
003: lock = manager.Lock()
004: cond = manager.Condition(lock)
005:
006: params = []
007: params += HandlerParam('producer', queue, lock, cond, 'producer'),
008: params += HandlerParam('consumer', queue, lock, cond, 'consumer'),
```

이제 handler 함수와 매개 변수를 담고 있는 배열로 Pool의 map 함수를 호출합니다. 이를 호
출하면 2개의 프로세스가 params 리스트에 담긴 각각의 원소를 가지고 실행됩니다.

```
001: pool.map(handler, params)
```

이후 Pool 객체를 close하고 모든 프로세스가 동작을 마치고 종료할 때까지 대기하는 join
함수를 호출합니다.

```
001: pool.close()
002: pool.join()
```

간단한 예를 통해 파이썬에서 멀티 프로세싱을 구동하는 방법과 프로세스 간 큐와 락, 컨디션
변수로 여러 프로세스가 상호작용하는 방법을 살펴봤습니다. 앞서 살펴본 코드를 응용하며 목
적에 맞는 로직을 구현할 수 있습니다.

Process 클래스로 개별 프로세스 제어하기

개별 프로세스를 별도로 제어할 때는 multiprocessing 패키지에서 제공하는 Process 클래
스를 사용하면 됩니다. 이 클래스를 사용하려면 먼저 import를 합니다.

```
001: from multiprocessing import Process
002: import multiprocessing as mp
003: import collections
```

앞서 Pool 클래스 예제와 마찬가지로 프로세스를 시작하면 실행할 handler를 먼저 정의합니다.

```
001: def handler(name, queue, cond):
002:     print('process name = ', name)
003:
004:     if 'producer' == name:
005:         queue.put("hello")
006:     elif 'consumer' == name:
007:         cond.acquire()
008:         cond.wait_for(lambda: not queue.empty())
009:         cond.release()
010:
011:         print(f'consuming message: {queue.get()}')
```

name이 producer라면 queue에 "hello"라는 메시지를 넣고 프로세스를 종료합니다. 반면 name이 consumer라면 queue에 메시지가 들어올 때까지 Condition 변수에서 대기하다 메시지가 들어오면 값을 획득한 후 내용을 출력하고 프로세스를 종료합니다.

```
001: roles = ["producer", "consumer"]
002: processes = collections.defaultdict(None)
003:
004: lock = mp.Lock()
005: cond = mp.Condition(lock)
006: queue = mp.Queue()
007:
008: for role in roles:
009:     processes[role] = Process(target=handler, args=(role, queue, cond))
010:     processes[role].start()
011:
012: for role in roles:
013:     processes[role].join()
```

Pool과 달리 Process 클래스를 사용해 각 프로세스를 생성합니다. start와 join 역시 각 프로세스로 호출하여 제어합니다.

CHAPTER 2

정규표현식

현재는 파이썬, 자바, Go 등 많은 프로그래밍 언어가 다양한 문법을 제공하고 있지만, 과거 최초의 컴퓨터인 튜링 머신이 탄생할 즈음엔 컴퓨터 언어는 수학 수식으로만 존재했습니다. 이때 사용했던 언어가 **정규 언어**regular language였습니다. **정규표현식**RegEx은 바로 이 정규 언어에서 유래했습니다. 정규표현식은 다양한 패턴을 통해 많은 것을 표현할 수 있고 반대로 패턴을 찾을 수 있다는 장점이 있습니다. 따라서 특정한 패턴이 있는 문자열 또는 문자 조합을 추출할 때 주로 사용하죠.

파이썬에서는 re 모듈이 정규표현식을 지원합니다. 불러오는 방법은 간단합니다.

```
000: import re
```

이번 챕터에서는 파이썬에서 지원하는 정규표현식을 활용하는 기본적인 방법을 살펴보겠습니다.

2.1 search, match

먼저 가장 기본인 search와 match 함수를 살펴보겠습니다. 우선 search 함수는 이름 그대로 원하는 패턴을 찾아 주는 함수입니다. search 함수의 첫 번째 인수에 찾고자 하는 문자 패턴을 입력하고 두 번째 인수에 찾으려는 대상 문자열을 입력합니다.

다음 코드는 'Python world!'라는 문자열에서 'Python'이 존재하는지를 search 함수로 찾는 예제 코드입니다.

```
001: res = re.search('Python', 'Python world!')
002: print(res)
003: print(res.span()[0], res.span()[1])
```

원하는 문자열을 발견하면 그 결과로 match 객체가 반환되고 찾지 못하면 None이 반환됩니다. match 객체는 span 함수로 찾은 문자열의 시작 위치와 끝 위치를 제공합니다.

```
<re.Match object; span=(0, 6), match='Python'>
0 6
```

다음은 match 함수로 원하는 문자열을 찾는 코드입니다. 결과는 search 함수를 사용한 것과 동일하지만, match 함수는 찾고자 하는 문자열 패턴 앞에 다른 문자 혹은 공백 등이 붙어 있으면 이를 찾지 못합니다.

```
001: res = re.match('Python', 'Python world!')
002: print(res)
003: print(res.span()[0], res.span()[1])
```
```
<re.Match object; span=(0, 6), match='Python'>
0 6
```

다음 코드를 실행해보면 문자열에서 패턴을 찾지 못하면 None이 반환되는 것을 확인할 수 있습니다.

```
001: res = re.match('Sneak', 'Python world!')
002: print(res)
```
```
None
```

match 함수는 찾고자 하는 문자열 패턴 앞에 다른 문자나 공백이 붙으면 문자열을 찾지 못하고 None을 반환합니다.

```
001: res = re.match('Python', '-Python world!')
002: print(res)
```

```
None
```

```
001: res = re.match('[A-Z]+', ' AAbc world!')
002: print(res)
```

```
None
```

그러나 search 함수는 문자열 패턴 앞에 다른 문자나 공백이 있어도 정상적으로 찾는 것을 확인할 수 있습니다.

```
001: res = re.search('Python', '-Python world!')
002: print(res)
```

```
<re.Match object; span=(1, 7), match='Python'>
```

```
001: res = re.search('[A-Z]+', ' AAbc world!')
002: print(res)
003: print(res.span()[0], res.span()[1])
```

```
<re.Match object; span=(1, 3), match='AA'>
1 3
```

^가 [앞에 붙어 있다면 대괄호 안의 표현이 가장 앞에 나온 경우만 찾겠다는 의미입니다. search 함수를 사용해도 ^를 사용하면 찾고자 하는 문자열 패턴 앞에 공백이 있을 때 정상적으로 찾지 못하고 None을 반환합니다. 반대로 공백이 없으면 정상적으로 찾는 것을 볼 수 있습니다.

```
001: res = re.search('^[A-Z]+', ' AAbc world!')
002: print(res)
```

```
None
```

```
001: res = re.search('^[A-Z]+', 'AAbc world!')
002: print(res)
003: print(res.span()[0], res.span()[1])
```

```
<re.Match object; span=(0, 2), match='AA'>
0 2
```

^가 대괄호 사이에 있다면 ^의 뒤에 따라오는 표현이 없는 경우만 찾겠다는 의미입니다. 예시로 다음 코드는 A부터 Z까지 알파벳 대문자가 포함되지 않은 것을 찾는 표현식이며, 대문자를 제외한 문자열이 검색된 결과로 반환됩니다.

```
001: res = re.search('[^A-Z]+', 'AAbc world!')
002: print(res)
003: print(res.span()[0], res.span()[1])
```

```
<re.Match object; span=(2, 11), match='bc world!'>
2 11
```

match를 활용해 이메일 계정에서 @ 앞에 있는 문자열을 찾아보겠습니다.

```
001: res = re.match('[a-z.]+', 'python.world@abcde.com')
002: print(res)
003: print(res.span()[0], res.span()[1])
```

```
<re.Match object; span=(0, 12), match='python.world'>
0 12
```

숫자가 포함된 계정을 찾으면 숫자는 찾지 못하는 것을 확인할 수 있습니다.

```
001: res = re.match('[a-z.]+', 'python.world001@abcde.com')
002: print(res)
003: print(res.span()[0], res.span()[1])
```

```
<re.Match object; span=(0, 12), match='python.world'>
0 12
```

a-z가 영어 알파벳 소문자를 찾는 패턴이라면 0-9는 0부터 9까지의 숫자를 찾는 패턴입니다. 이를 대괄호 사이에 추가하면 숫자가 포함된 부분까지 모두 찾을 수 있습니다.

```
001: res = re.match('[a-z.0-9]+', 'python.world001@abcde.com')
002: print(res)
003: print(res.span()[0], res.span()[1])
```

```
<re.Match object; span=(0, 15), match='python.world001'>
0 15
```

a-z나 A-Z, 0-9 등을 사용하는 대신 간단히 \w와 같은 특수 문자를 사용하는 방법도 있습니다. 각 특수 문자와 설명은 다음과 같습니다.

특수 문자	설명
\	문자를 그대로 표현할 때 앞에 붙임
\d	[0-9]와 같음
\D	[^0-9]와 같음
\w	[a-zA-Z0-9_]와 같음
\W	[^a-zA-Z0-9_]와 같음
\s	[\t\n\t\f\v]와 같음 (탭, 라인피드, 폼피드, 세로 탭 등)
\S	[^ \t\n\t\f\v]와 같음

\w 특수 문자를 사용해 앞서 살펴봤던 것과 동일한 기능을 수행하는 코드를 작성하면 다음과 같습니다.

```
001: res = re.match('[\w.]+', 'python.world001@abcde.com')
002: print(res)
003: print(res.span()[0], res.span()[1])
```

```
<re.Match object; span=(0, 15), match='python.world001'>
0 15
```

소괄호로 묶어서 패턴을 표현할 때 각 ()는 하나의 그룹으로 검색됩니다.

```
001: res = re.match('([\w.]+)@([\w.]+)', 'python.world001@abcde.com')
002: print(res)
003: print(res.span()[0], res.span()[1])
```

```
<re.Match object; span=(0, 25), match='python.world001@abcde.com'>
0 25
```

각 그룹에 대한 내용과 전체 그룹에 대한 검색 결과를 group, groups로 확인할 수 있습니다.

```
001: print(res.groups())
002: print(res.group(0))
003: print(res.group(1))
```

```
('python.world001', 'abcde.com')
python.world001@abcde.com
python.world001
```

2.2 compile

특정 패턴을 반복해야 할 때는 re.compile로 정규표현식의 패턴을 컴파일된 객체로 사용하는 방법이 있습니다.

```
001: res = re.search('https*:[//\w.]+', "... http://www.python.org...")
002: print(res)
003: print(res.span()[0], res.span()[1])
```

```
<re.Match object; span=(4, 28), match='http://www.python.org...'>
4 28
```

패턴 뒤에 + 혹은 *, ? 등을 붙이면 패턴이 몇 번 반복되어야 검색을 수행할 것인지에 대한 반복 조건을 지정할 수 있습니다.

메타 문자	설명
+	1개 이상의 문자를 표현, ex. a+b → ab, aab, aaab
*	0개 이상의 문자를 표현, ex. a*b → b, ab, aab, aaab
?	0개 혹은 1개의 문자를 표현, ex. a?b → b, ab

다음은 패턴을 활용하여 검색을 수행하는 예제입니다.

```
001: pattern = re.compile('https*:[//\w.]+')
002: res = pattern.search("... http://www.python.org...")
003: print(res)
004: print(res.span()[0], res.span()[1])
```

```
<re.Match object; span=(4, 28), match='http://www.python.org...'>
4 28
```

2.3 findall과 finditer

하나 이상의 대상을 검색하고 싶다면 search나 match가 아닌 findall 혹은 finditer를 사용합니다.

```
001: text = 'image 1 <http://resource.image1.jpg> \
002:     image 2 <https://resource.image2.jpg> image 3 <http://resource.image3.jpg>'
003:
004: pattern = re.compile('https*:[//\w.]+')
```

finditer로 검색을 하면 검색 결과로 callable_iterator 객체가 반환됩니다. 이 객체는 span 메서드를 제공하고 있어 찾은 문자열의 위치를 확인할 수 있습니다.

```
001: m = pattern.finditer(text)
002: for item in m:
003:     start = item.span()[0]
004:     end = item.span()[1]
005:     print(start, end)
006:     print(text[start:end])
```

```
9 35
http://resource.image1.jpg
50 77
https://resource.image2.jpg
88 114
http://resource.image3.jpg
```

findall로 문자열을 검색하면 위치 정보 대신 찾은 부분 문자열을 리스트로 반환합니다.

```
001: res = pattern.findall(text)
002: print(res)
```

```
['http://resource.image1.jpg', 'https://resource.image2.jpg', 'http://resource.image3.
jpg']
```

기본 자료구조와 알고리즘

—

알고리즘을 구현하기 위해서는 여러 가지 다양한 자료구조를 응용하여 문제 해결 과정에 적용해야 합니다. 또한 기본적으로 많이 사용되는 알고리즘을 미리 알고 있어야 풀 수 있는 문제가 그만큼 많아집니다. 따라서 2부에서는 3부에서 다룰 알고리즘 문제를 해결하려면 반드시 알아 두어야 할 기본적인 자료구조와 알고리즘을 살펴보겠습니다.

기본적인 알고리즘으로는 스택, 큐, 트리, 해시, 그래프를 살펴보고 이어서 검색 및 정렬 그리고 마지막으로 우선순위 큐, Radix 트리 등에 대해 알아보겠습니다. 이 알고리즘들은 앞으로 공부하면서 또는 업무를 하면서 맞닥뜨릴 문제를 해결할 때 부품처럼 사용할 수 있는 것들로, 가능한 한 이해하고 손에 익히는 것이 좋습니다.

PART

02

CHAPTER 3

핵심 자료구조

3.1 스택

스택을 저장하는 자료구조는 여러 가지가 있지만 그중 가장 간단하고 흔히 쓰이는 자료구조가 바로 **스택**stack입니다. 스택은 대표적인 **후입선출**last-in first-out, LIFO 즉, 가장 나중에(최근에) 들어간 자료가 가장 먼저 출력되는 자료구조입니다. 왜 이름이 '스택'인지 마트에서 장을 보는 상황을 예시로 들어보겠습니다.

여기 빈 장바구니가 있습니다. 장바구니에 빵, 과일, 그리고 채소를 담고 마지막으로 고기를 담으려는데 그러자니 먼저 담은 물건들이 손상될 것 같습니다. 장바구니가 넓지 않아 먼저 넣은 물건 사이를 비집고 고기를 넣을 수도 없습니다.

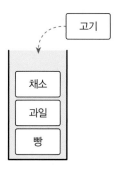

별수 없이 고기를 가장 아래에 담기 위해 먼저 담았던 물건을 모두 빼내야 합니다. 장바구니가 좁아 물건을 한번에 꺼낼 수 없으니 넣은 순서의 반대로 채소, 과일, 빵을 꺼냅니다. 물건을 모두 빼내고 장바구니가 비었으면 다시 무거운 고기부터 담고 빵, 과일, 채소를 차례대로 담습니다.

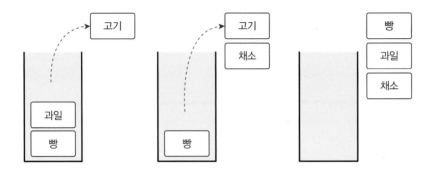

이 장바구니와 스택의 공통점은 2가지입니다. 첫 번째는 스택에 값을 넣고 뺄 때는 먼저 들어간 것이 가장 나중에 나온다는 점입니다. 두 번째는 그 과정이 상당히 번거롭다는 것입니다. 그렇다면 이 번거로운 스택을 사용하는 이유는 무엇일까요?

프로그래밍 언어를 학습하면 변수 선언과 변수가 저장되는 위치인 전역 영역, 힙 영역, 스택 영역 등을 배우게 됩니다. 이때 말하는 스택이란 '현재 코드를 실행하는 프로세스 혹은 스레드의 메모리 영역'입니다. 함수에 지역 변수를 선언하면 바로 이 스택 영역에 변수가 저장됩니다.

또, 함수를 호출하면 함수가 실행된 다음 다시 원래 위치로 돌아와야 하는데 이 돌아올 위치를 저장하는 데도 스택이 필요합니다. 좀 더 쉽게 말하면 방금 실행한 작업을 되돌리는 실행 취소 단축키인 [Ctrl]+[Z]와 같다고 볼 수 있습니다. 방금 수행한 작업을 스택이라는 자료구조에 저장해 뒀다가 실행된 순서의 반대로 되돌리는 데 사용합니다.

▍동작 방식

스택 자료구조는 push, pop, top, sitze, empty 등의 기능을 제공하며 다음과 같은 역할을 합니다.

- **push**

  push는 스택에 값을 저장합니다. 앞서 스택 동작 설명에 사용한 장바구니를 예로 살펴보면 ["고기", "빵", "과일", "채소"] 이렇게 4개의 값을 스택에 저장하는 과정입니다. 가장 먼저 고기가 스택에 들어가고 차례대로 빵, 과일, 채소가 들어가 가장 아래에는 고기, 가장 위에는 채소가 위치합니다.

- **pop**

  pop은 가장 최근에 저장한 값을 스택에서 제거합니다. ["고기", "빵", "과일", "채소"] 4개의 원소가 스택에 들어 있을 때 pop 연산을 수행하면 가장 위에 있는 "채소"가 스택에서 빠져나옵니다.

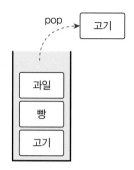

- **top**

  top은 스택의 가장 위에 위치한 값을 확인합니다. 앞서 pop 연산으로 맨 위에 있던 "채소"가 빠져나온 상황에 서 top 연산을 수행하면 스택의 가장 위에 있는 값은 "과일"이라는 것을 확인할 수 있습니다.

- **size**

  size는 현재 스택에 몇 개의 원소가 들어 있는지 알려줍니다. size 함수를 호출하면 현재 스택에 남은 ["과 일", "빵", "고기"] 3개의 원소를 산출해 3이 반환됩니다.

- **empty**

  스택에 값이 있는지 없는지를 확인합니다. 원소가 있으면 False, 없으면 True를 반환합니다.

구현 코드

스택은 동작이 간단한 만큼 구현 코드도 간단합니다. 앞서 살펴본 push, pop, size, empty, top을 파이썬의 리스트로 구현하면 다음과 같습니다.

> **Tip.** push는 리스트에 append로 값을 추가하고 pop은 리스트가 제공하는 pop 연산을 그대로 사용합니다.

```
001:
002:     def __init__(self):
003:         self.data = []
004:
005:     def push(self, x):
006:         self.data.append(x)
007:
008:     def pop(self):
009:         if not self.data:
010:             return -1
011:         return self.data.pop()
012:
013:     def size(self):
014:         return len(self.data)
015:
016:     def empty(self):
017:         if not self.data:
018:             return 1
019:         return 0
020:
021:     def top(self):
022:         if not self.data:
023:             return -1
024:         return self.data[-1]
```

NOTE **기본 자료형 리스트로 스택 다루기**

파이썬은 스택을 구현하기 위한 라이브러리가 따로 있습니다. 하지만, 기본 자료형인 리스트만으로도 간단하게 스택을 다룰 수 있습니다. 방법은 간단합니다.

① 리스트를 선언합니다.

```
stk = []
```

② 리스트에 값을 추가합니다.

```
for item in ["고기", "빵", "과일", "채소"]:
    stk.append(item)
```

③ pop으로 가장 나중에 추가한 원소를 제거합니다.

```
print(stk.pop())    # "채소"
```

④ 스택의 가장 위에 위치한 값을 확인합니다.

```
print(stk[-1])
```

⑤ 스택이 비었는지 확인합니다.

```
print("empty" if not stk else "not empty")    # not empty
```

3.2 큐

은행이나 병원에서 용무를 보려면 먼저 순서표를 뽑고 자신의 차례가 오기를 기다려야 합니다. 사람이 많이 몰리는 시간에는 창구 직원 수가 고객보다 적어서 한 번에 모든 고객에 대응할 수 없기 때문입니다. 따라서 앞서 도착한 사람의 용무가 끝날 때까지 설치된 번호판으로 순서를 확인하면서 대기해야 하는 시스템이 마련되어 있습니다.

이때 시스템 내부에는 **큐**queue라는 자료구조가 동작하고 있습니다. 큐는 손님이 들어온 순서대로 처리하는 것을 보장합니다. 즉, 먼저 들어온 손님을 먼저 맞이하고 나중에 들어온 손님은 먼저 들어온 손님의 업무 처리가 끝나야 차례가 됩니다. 이렇게 먼저 들어온 손님이 먼저 처리되는, 즉 큐에서 나가는 것을 보장하는 동작 방식을 **선입선출**first-in-first-out, FIFO이라고 합니다.

| 동작 방식

큐는 enqueue, size, dequeue 등의 기능을 제공하며 다음과 같은 역할을 합니다.

- **enqueue**

  enqueue는 큐에 원소를 추가하는 연산입니다. 예를 들어 1이라는 값을 빈 큐에 추가하면 큐 앞에(왼쪽) 추가됩니다.

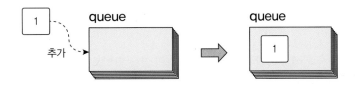

2를 큐 앞에(왼쪽) 추가하면 2가 맨앞에 오고 1은 뒤로(오른쪽) 이동합니다. 즉, enqueue는 값을 넣는 순서대로 큐의 앞에 값(원소)을 추가하는 연산입니다.

> **Tip.** 큐의 '앞'을 왼쪽이라고 했지만, 큐를 설계할 때 앞의 기준을 오른쪽으로 정할 수도 있습니다. 단, 일반적으로 왼쪽을 '앞'으로 정한다는 점만 참고하세요.

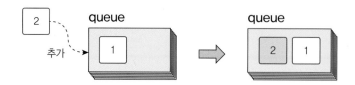

- **size**

  비어 있는 큐에 원소를 가져오라고 요청하면 null 값을 반환하거나 에러 메시지가 뜨기 때문입니다. 따라서 큐에서 값을 요청하기 전에 큐가 비었는지 확인해야 합니다. 이때 사용할 수 있는 연산이 size입니다.

  그림과 같이 큐에 2개의 원소가 존재할 때 size 연산을 수행하면 2를 반환합니다. 만약 큐에 원소가 없을 때 size를 수행하면 0을 반환합니다.

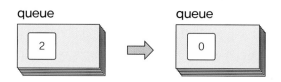

- **dequeue**

  큐에 원소를 추가해 봤으니 이제 원소를 빼보겠습니다. 원소를 빼는 연산은 dequeue입니다. 1과 2 원소를 추가한 큐에 dequeue 연산을 수행하면 그림과 같이 큐 안에 2개의 원소가 들어 있을 때 dequeue 연산을 수행하면 큐의 뒤(오른쪽)에 위치한 원소가 빠져나옵니다. 이처럼 dequeue는 항상 뒤에서 원소를 빼내기 때문에 큐에 들어 있는 원소 처리 순서를 보장합니다.

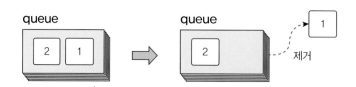

이 3개의 기본 연산 외에도 가장 앞에 위치한 원소의 값을 확인하는 peek, 큐가 비었는지를 알려주는 empty 등도 있지만 enqueue, size, dequeue 3가지 연산으로 대부분의 기능을 구현할 수 있습니다.

큐의 종류

큐는 구현 방식에 따라 크게 2가지가 있습니다. 선입선출을 보장하기 위해 선형 방식으로 큐를 운영하는 **원형 큐**^{circular queue}, 순환 큐가 있고 원소의 개수에 따라 큐의 크기가 달라지는 가변 크기 큐가 있습니다. 가변크기 큐는 보통 **연결 리스트**^{linked list}로 구현합니다. 우선 원형 큐부터 하나씩 살펴보겠습니다.

3.3 원형 큐

3개의 원소를 저장할 수 있는 크기가 고정된 큐가 있다고 가정해보겠습니다. 이때 1이라는 원소를 추가하면 다음과 같이 가장 앞에 추가됩니다.

이어서 2를 추가하려는데, 맨 앞에는 이미 1이라는 원소가 있습니다. 이때 enqueue 연산으로 원소를 추가하면 맨 앞에 원소가 추가됩니다. 즉, 값이 추가될 때마다 큐의 맨 앞에 저장된 값은 자동으로 오른쪽으로 한 칸씩 옮겨갑니다. 1이 이동하고 큐의 맨 앞이 비면 2를 넣을 수 있습니다.

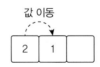

3을 추가해보겠습니다. 이번에도 맨 앞에 원소가 추가되도록 1과 2를 뒤로 한 칸씩 이동합니다. 먼저 들어간 1이 오른쪽으로 한 칸 이동하고 2가 이동하면서 빈 칸이 생기면 그제야 3이 추가됩니다.

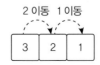

이렇게 큐에 원소를 추가할 때 또는 뺄 때마다 기존에 저장된 값이 뒤로 이동하므로, 큐가 클수록 이동해야 하는 수고로움이 커집니다. 즉, N개의 원소를 저장할 수 있는 큐의 경우 값 하나를 넣거나 빼는 데 O(N)의 연산 시간을 소비합니다. 이러한 비효율을 제거하기 위해 고안된 것이 바로 **원형 큐**입니다.

원형 큐는 front가 가리키는 위치에 값을 추가(enqueue)하고 rear가 가리키고 있는 위치에서 값을 획득(dequeue)합니다. 큐에 원소가 없을 때는 front와 rear 둘 다 첫 번째 위치(0번 위치)를 가리키고 있습니다. 즉, front와 rear가 같은 곳을 가리킬 때에는(같은 값) 큐가 빈 상태입니다.

이제 원소를 하나 추가해보겠습니다. front가 가리키고 있는 0번 위치에 값을 추가하고 front의 위치를 +1만큼 이동합니다. 이제 front와 rear가 가리키는 위치가 달라졌으므로 empty 연산을 하면 원소가 있음을 뜻하는 True를 반환합니다.

이번에는 2를 추가해보겠습니다. front가 가리키는 두 번째 위치에 2가 추가됩니다. 이후 front 위치를 오른쪽으로 한 칸 이동합니다.

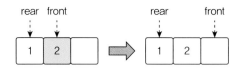

3을 넣어보겠습니다. 이제 오른쪽으로 한 칸 이동해야 하는데 더 이상 남는 공간이 없습니다.

원형 큐는 큐의 마지막 위치에 값을 쓰거나 읽을 때 위치를 가리키는 **포인터**pointer (front 혹은 rear)에 1을 증가한 후 모듈로 연산을 수행하여 포인터의 인덱스 값을 다시 0으로 변경합니다. 이 경우 front 포인터가 기존 인덱스 값 2에(인덱스는 0부터이므로 3번째 원소가 2) 1을 더하여 포인터 인덱스 값은 3이 되고 여기에 큐의 크기인 3에 모듈로 연산을 수행합니다. 결과적으로 front 포인터의 인덱스 값은 0이 되어 다시 앞부분을 가리키게 됩니다.

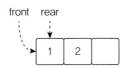

그런데 문제가 생겼습니다. front와 rear가 같은 곳을 가리키게 되었습니다. 앞서 큐가 비어 있을 때 front와 rear가 같은 곳을 가리킨다고 했습니다. 큐의 크기가 3인데 3개의 원소를 저장하고 나니 front와 rear가 같은 곳을 가리키게 되는, 즉 큐가 비는 문제가 생겼습니다.

원형 큐는 1개의 공간을 버퍼(여분)로 추가 할당해야 합니다. 즉, 3개의 원소를 저장하는 원형 큐를 설계하고 싶다면 큐가 사용할 버퍼의 크기를 3이 아니라 +1을 한 4로 설정해야 합니다. 다르게 말하면 이 예에서는 큐에서 사용하는 버퍼의 수가 3이기 때문에 세 번째로 추가하는 값 3은 추가되어서는 안 됩니다.

이런 문제가 발생하지 않으려면 값을 넣을 수 있는지 없는지를 파악해야 합니다. 그래서 원형 큐에서는 큐가 가득 찼는지를 알려 주는 is_full 함수를 정의해야 합니다.

새로운 원소 3을 추가하기 전에 is_full 함수를 호출해보면 front는 2의 값을 가지고 있고 큐의 크기는 3이므로 (2+1)%3의 위치가 rear와 동일한지 확인합니다. 만약 동일하다면 큐는 가득 차 있고, 그렇지 않다면 여유 공간이 있음을 결괏값으로 받을 수 있습니다.

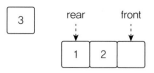

그렇다면 원형 큐를 구현해보겠습니다. 원형 큐는 파이썬에서 하나의 클래스로 구현되며 다음과 같은 함수(메서드)가 있습니다.

- enqueue
- dequeue
- is_full
- is_empty

또, 큐에서 값을 빼내지 않고 연산으로 rear와 front 함수를 제공할 수도 있습니다.

| 구현 코드

앞서 설명한 원형 큐를 구현하는 코드를 살펴보겠습니다.

원형 큐 | 파일 Chapter03/3.2.1_circular_queue.py

```python
001: class CircularQueue:
002:     def __init__(self, k: int):
003:         self.n = k + 1
004:         self.data = [0] * self.n
005:         self.front = 0
006:         self.rear = 0
007:
008:     def enqueue(self, value: int) -> bool:
009:         if self.isFull():
010:             return False
011:
012:         self.data[self.front] = value
013:         self.front = (self.front + 1) % self.n
014:         return True
015:
016:     def dequeue(self) -> bool:
017:         if self.isEmpty():
018:             return False
```

```
019:
020:            self.rear = (self.rear + 1) % self.n
021:            return True
022:
023:        def front(self) -> int:
024:            if self.isEmpty():
025:                return -1
026:
027:            return self.data[self.rear]
028:
029:        def rear(self) -> int:
030:            if self.isEmpty():
031:                return -1
032:
033:            return self.data[self.front - 1]
034:
035:        def is_empty(self) -> bool:
036:            return self.front == self.rear
037:
038:        def is_full(self) -> bool:
039:            return (self.front + 1) % self.n == self.rear
```

먼저 2~6행까지 k개의 원소를 저장하는 원형 큐를 초기화합니다. 이때 버퍼인 data는 k+1개 의 [0]을 지니도록 생성됩니다. front와 rear는 모두 0으로 초기화합니다.

NOTE **리스트 초기화로 리스트 동적 선언하기**

파이썬에서 리스트의 동적 선언은 다음과 같이 리스트 초기화로 수행할 수 있습니다.

data = [0 for _ in range(n)]

하지만 이 방법은 늘 n번의 루프loop를 수행해야 하고 리스트 초기화 표현식을 작성해야 한다는 단점이 있습니다. 따라서 파이썬에서는 다음과 같이 단순히 * 연산을 사용해 배열을 동적으로 선언하고 초기화할 수 있습니다.

data = [0] * n

단, 여러 객체를 * 연산으로 리스트를 선언하면 리스트의 각 원소는 모두 같은 객체에 대한 레퍼런스임에 주의해야 합니다.

data = [Node()] * 3

이렇게 선언한 후 data[0].value = 1을 주면 data[1].value도 data[2].value도 모두 1이 됩니다.

35~36행의 is_empty는 front와 rear가 같은 값을 가리키고 있으면 True, 그렇지 않으면 False를 반환합니다. 38~39행의 is_full은 원형 큐가 가득 찼는지를 판단하기 위해 front+1을 n으로 모듈 연산을 수행해 이 값이 rear와 같은지 판단합니다.

8~14행의 enqueue에서는 처음 is_full을 호출하여 저장 공간이 있는지 확인합니다. 만약 공간이 있다면 front 위치에 value를 넣고 front를 1만큼 증가합니다. 이후 n으로 모듈 연산을 수행하여 front의 위치가 원형 큐의 유효한 영역을 가리키게 합니다.

16~21행의 dequeue도 enqueue와 유사하게 처음에는 큐가 비었는지를 확인합니다. 만약 비었다면 빼낼 값이 없기 때문에 False를 반환하며 함수를 종료합니다. 그렇지 않다면 rear 위치에 +1하여 위치를 이동합니다. 위 dequeue는 저장된 값 대신 True/False를 반환합니다.

front 함수는 큐가 비어 있지 않으면 rear 위치의 값(가장 최근에 들어온 앞에 위치한 값)을 반환합니다. 29~33행의 rear 함수 역시 큐가 비었는지 먼저 확인하고 값이 있다면 front-1 위치의 값을 반환합니다. front가 0이면 −1이 되는데, 파이썬에서 −1은 리스트의 가장 마지막 원소를 가리키는 인덱스입니다.

NOTE **마지막 원소를 쉽게 찾는 법**

다음과 같이 원소가 5개인 a라는 리스트가 있습니다.

```
a = [1, 2, 3, 4, 5]
```

이 리스트에서 가장 마지막 원소에 접근하는 방법은 3가지가 있습니다. 첫 번째는 마지막 원소의 인덱스를 하드 코딩, 즉 직접 입력하여 접근하는 방법입니다.

```
a[4]
```

그러나 코드를 구현할 때 늘 정확한 인덱스를 알 수 없기 때문에 다음과 같이 리스트의 원소 개수를 이용해 마지막 원소에 접근할 수도 있습니다.

```
a[len(1) - 1]
```

가장 간단한 방법은 −1이라는 값으로 접근하는 것입니다. 앞서 언급했듯이 파이썬에서 −1은 가장 마지막 인덱스를 뜻합니다.

```
a[-1]
```

3.4 연결 리스트

앞서 살펴본 원형 큐는 고정 크기를 가정합니다. 그러나 실무에서는 고정 크기로 해결하지 못하는 문제가 많습니다. 이때 쓰이는 자료구조가 바로 **연결 리스트**linked list입니다. 연결 리스트는 원소가 없으면 0, 원소를 추가하는 만큼 크기가 커지는 것이 특징입니다. 연결 리스트로 큐를 구현하면 연결 리스트의 크기를 자유롭게 변경할 수 있고, 버퍼도 원소가 없으면 0개, 원소가 n개 들어오면 n개로 관리합니다.

연결 리스트는 **단일 연결 리스트**singly linked list와 **이중 연결 리스트**doubly linked list로 2가지 종류가 있습니다. 각 리스트의 특징과 동작 방식, 구현 코드를 살펴보겠습니다.

단일 연결 리스트

다음 그림은 2개의 원소를 가진 단일 연결 리스트(이하 '리스트'로 통칭)입니다. 그림에서 노드로 표시된 부분이 하나의 원소를 의미하고 노드에는 1이라는 **값**과 다음 노드의 링크 정보를 담은 포인터로 구성되어 있습니다. 두 번째 노드는 2라는 값은 가지고 있지만, 다음 노드가 없으므로 링크 정보에는 정보가 없음을 의미하는 **nil**이 옵니다. 파이썬에서는 이를 None 값을 갖는 것으로 구현합니다.

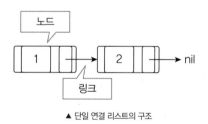

▲ 단일 연결 리스트의 구조

| 동작 방식

노드 추가·삭제·탐색은 가장 중요한 연산입니다. 리스트가 어떻게 연산을 구현하는지 살펴보겠습니다. 먼저 값이 없는 리스트는 None이 들어 있는 **노드**와 nil이 들어 있는 **next 포인터**로 구성되어 있습니다. 이처럼 리스트의 첫 번째 노트를 **head 노드**라고 합니다.

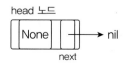

리스트를 구현할 때 head 노드를 유지하면 알고리즘을 간단히 구현할 수 있다는 장점이 있지만, 필수는 아닙니다. 단, 이번 예제에서는 head 노드를 사용해 구현해보겠습니다.

노드 추가하기

head 노드만 있는 리스트에 노드를 추가해보겠습니다. 먼저 빈 노드를 하나 생성한 다음 리스트에 저장할 값을 복사합니다.

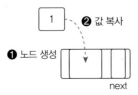

이후 새로 생성한 노드의 next 포인터에 nil 값을 할당하고 head 노드의 next 포인터가 생성한 노드의 값을 가리키도록 연결합니다.

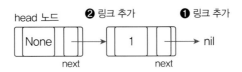

노드를 하나 더 추가하겠습니다. 마찬가지로 새 노드를 생성한 다음 저장하려는 값 2를 노드에 복사합니다.

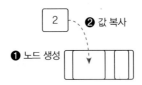

이번에는 head 노드의 next 포인터를 새로 추가한 노드의 next에 할당합니다. 이후 head 노드의 next 포인터 새로 추가한 노드를 가리키도록 연결합니다. 이로써 리스트에 2개의 원소가 추가되었습니다.

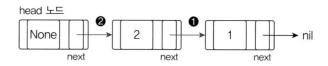

노드 순회하기

이번에는 리스트에 추가한 노드를 모두 순회하는 과정을 살펴보겠습니다. 먼저 head 노드의 next가 가리키는 cur(cursor)라는 변수명을 지닌 객체를 준비합니다. cur는 값이 2인 두 번째 노드를 가리키고 있습니다. cur는 현재 가리키는 노드의 값을 출력(혹은 사용)합니다.

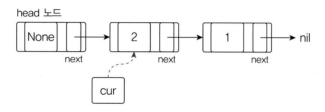

이후 다음 노드로 이동합니다. cur는 두 번째 노드이므로 cur의 next를 cur가 가리키도록 변경합니다. 이로써 cur는 세 번째 노드를 가리키게 되었으므로 세 번째 노드를 방문할 수 있습니다.

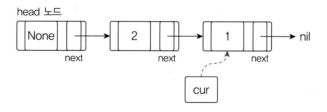

이후 다음 노드는 없으므로 cur의 next를 cur에 할당하면 노드가 아닌 nil(null)을 가리키게 됩니다. 이렇게 유효하지 않은 노드를 만나면 순회를 종료합니다.

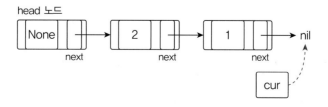

노드 삭제하기

head 노드로 구현한 리스트는 노드 간 연결이 하나뿐이므로 삭제도 간단합니다. 먼저 첫 번째 노드를 제거하는 경우를 살펴보겠습니다. 첫 번째 노드와 두 번째 노드를 삭제하는 방법은 같습니다.

💡Tip. 만약 head 노드가 없다면 맨 앞의 노드를 삭제하기가 어려워집니다.

노드를 삭제할 때는 현재 노드를 가리키는 cur와 이전 노드를 가리키는 pre, 2개의 **포인터 노드** 가 필요합니다. 노드를 가리키는 객체를 포인터라고 합니다. 우선 앞서 살펴봤던 탐색 과정을 다시 거쳐 삭제할 값을 가진 노드를 찾아냅니다. 각 노드의 값은 고웃값이라고 가정합니다.

💡Tip. 참고로 값으로 찾을 수도 있고 순서로 찾을 수도 있지만 예제에서는 값으로 찾겠습니다.

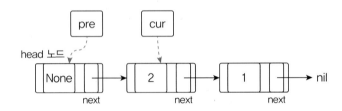

값이 2인 노드를 찾습니다. cur는 원하는 값 2를 찾을 때까지 오른쪽으로 이동합니다. 동시에 pre도 cur가 직전에 가리키고 있던 노드를 가리키며 따라옵니다. 이제 2를 포함한 노드를 cur 가 가리키게 되었으므로 찾은 노드를 삭제하겠습니다. 우선 cur 노드(두 번째 노드와 동일)의 next 값을 pre 노드의 next에 할당합니다.

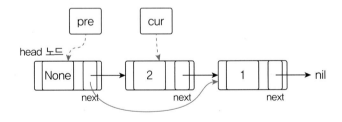

이제 두 번째 노드를 제거하면 됩니다. cur는 값이 1인 노드를 가리키고 pre는 cur가 직전에 가리키던 노드입니다.

💡Tip. 가비지 컬렉션Garbage collection 기능이 없는 C++ 같은 언어는 delete를 수행하기 때문에 memory free 연산을 수행해야 합니다.

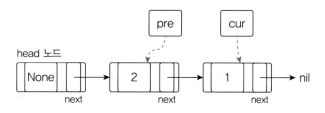

pre의 next를 cur의 next로 할당하면 다음과 같이 연결이 바뀝니다. 이렇게 cur는 리스트에서 제거되었습니다.

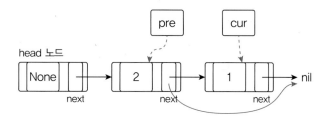

구현 코드

다음은 단일 연결 리스트를 구현하는 전체 코드입니다.

| 단일 연결 리스트 | 파일 Chapter03/3.3.1_linked_list.py |

```python
001: class LinkedList:
002:     def __init__(self, size):
003:         self.size = size
004:         self.num = 0
005:         self.head = Node(None)
006:
007:     def insert(self, value):
008:         if self.num >= self.size:
009:             return False
010:
011:         node = Node(value)
012:         node.next = self.head.next
013:         self.head.next = node
014:         self.num += 1
015:         return True
016:
```

```
017:    def traverse(self):
018:        cur = self.head.next
019:
020:        while cur:
021:            print(cur.data, end=" ")
022:            cur = cur.next
023:        print()
024:
025:    def remove(self, value):
026:        pre = self.head
027:        cur = self.head.next
028:
029:        while cur:
030:            if cur.data == value:
031:                pre.next = cur.next
032:                self.num -= 1
033:                return True
034:            pre = cur
035:            cur = cur.next
036:
037:        return False
```

코드를 하나씩 살펴보겠습니다. 먼저 LinkedList가 생성되면 head 노드를 None 값으로 생성합니다. 그리고 리스트에 저장할 최대 원소 개수를 size 변수로, 현재 저장된 노드 개수를 num 노드로 관리합니다. 7~15행에서는 값을 추가했을 때 먼저 현재 저장된 노드의 개수(num)와 저장할 수 있는 수(size)를 비교합니다. 저장 공간이 있다면 추가할 값으로 Node 객체를 생성합니다. 새롭게 생성한 노드 객체의 next는 head 객체의 next 값을 갖게 되고 head의 next는 새로운 노드를 가리키게 됩니다. 이렇게 리스트 가장 앞에 노드가 추가됩니다.

25~37행에서는 노드를 삭제합니다. 노드를 삭제할 때는 cur 노드가 head의 다음 노드부터, pre 노드가 head 노드부터 시작해 삭제할 값을 발견할 때까지 반복문(while)을 수행합니다. 반복문으로 찾는 값을 가진 노드를 발견하면 pre 노드의 next를 cur 노드의 next로 설정하여 찾은 노드의 연결을 끊습니다. 성공적으로 노드가 삭제됐다면 True를 반환하고 함수를 종료합니다. 원하는 값을 찾지 못해 삭제가 되지 않으면 False를 반환합니다.

17~23행에서는 노드를 순회합니다. 순회는 head의 next 노드를 cur 노드로 설정하고, cur 노드가 유효한 동안 반복하며 노드가 지닌 값을 출력합니다.

이는 다음과 같이 테스트 코드를 작성하면 출력 결과를 얻을 수 있습니다.

```
001: linked_list = LinkedList(3)
002: linked_list.insert(1)
003: linked_list.insert(2)
004: linked_list.insert(3)
005: linked_list.insert(4)
006: linked_list.traverse()
007: linked_list.remove(3)
008: linked_list.traverse()
```

```
3 2 1
2 1
```

이중 연결 리스트

이중 연결 리스트는 앞서 살펴본 리스트(단일 연결 리스트)와 비슷하지만 이름에서 알 수 있듯이 연결 링크가 2개라는 가장 큰 차이점이 있습니다. 리스트의 노드는 next 링크 하나지만, 이중 연결 리스트의 노드는 next와 앞쪽 노드를 가리키는 pre 링크 2개입니다.

▲ 이중 연결 리스트의 구조

리스트와 이중 연결 리스트의 또 다른 차이점은 원소가 없을 때 존재하는 노드가 head와 tail 2개라는 것입니다. 즉, 이중 연결 리스트는 앞뒤 어디에서든 순회를 시작할 수 있습니다.

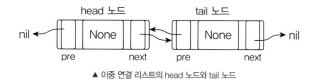

▲ 이중 연결 리스트의 head 노드와 tail 노드

또, 큐와 같은 자료구조를 구현하려면 값을 삭제할 때마다 항상 마지막까지 이동해야 했던 리스트와 달리 이중 연결 리스트는 값을 앞에서 추가하고 뒤에서 삭제할 수 있습니다. 즉, 연산하는 데 드는 시간이 대폭 줄어듭니다. 큐와 같은 자료구조의 enqueue와 dequeue 연산을 $O(1)$의 시간 복잡도로 구현할 수 있습니다. 그렇다면 이중 연결 리스트는 어떻게 값을 추가하고 삭제하는지 예시를 통해 상세히 살펴보겠습니다.

동작 방식

노드 추가하기

단일 연결 리스트에서 노드를 만들 때와 마찬가지로 먼저 빈 노드를 하나 생성한 다음 리스트에 저장할 값 1을 노드로 복사합니다.

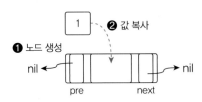

head 노드의 next 포인터가 가리키는 노드는 tail이며 tail의 pre 포인터에 새로 생성하고 1의 값을 지닌 노드를 가리키게 합니다.

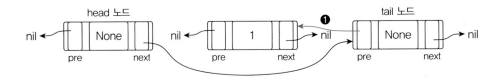

이번에는 새로운 노드의 next 포인터가 head 노드의 next 포인터가 가리키는 노드, 즉 tail 노드의 pre 포인터를 가리키게 합니다.

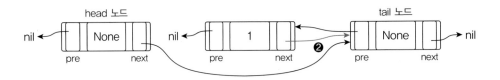

이제 head 노드의 next가 새로운 노드를 가리키게 합니다.

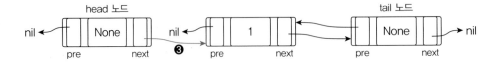

마지막으로 새로운 노드의 pre 포인터가 head 노드를 가리키게 합니다. 이로써 새 노드를 리스트에 추가했습니다.

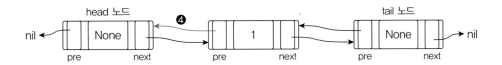

이번에는 숫자 2를 값으로 지니고 있는 노드를 추가해보겠습니다. 이중 연결 리스트는 맨 앞혹은 맨 뒤 양끝에서 값을 추가할 수 있습니다. 이번에는 연결 리스트의 맨 앞이 아닌 맨 뒤에서 값을 추가해보겠습니다.

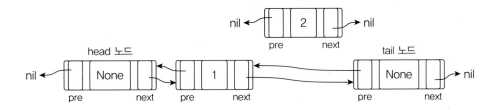

우선 tail 노드의 pre 포인터가 가리키는 1번 값을 지닌 노드의 next 포인터를 새롭게 추가된2번 값을 지닌 노드로 가리키게 합니다.

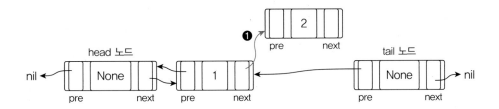

다음으로 2번 값을 지닌 노드의 pre 포인터가 1번 값을 지닌 노드 즉, tail 노드의 pre 포인터가 가리키는 노드를 가리키게 합니다.

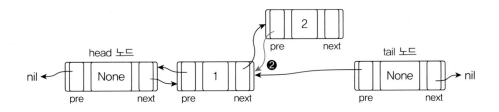

이번에는 tail 노드의 pre 포인터가 2번 값을 지닌 노드를 가리키게 합니다.

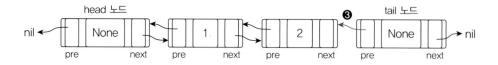

마지막으로 2번 값을 지닌 노드의 next 포인터가 tail 노드를 가리키게 합니다.

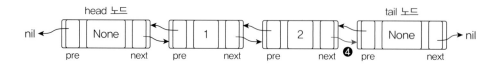

이제 2번 값을 지닌 노드를 연결 리스트의 뒤쪽에 추가하는 과정을 완료했습니다.

노드 순회하기

이제 이중 연결 리스트에 추가한 노드를 모두 순회하는 과정을 살펴보겠습니다. 먼저 cur 노드를 생성하고 cur 노드가 head의 next를 가리키게 한 다음 현재 가리키는 값인 1을 출력합니다.

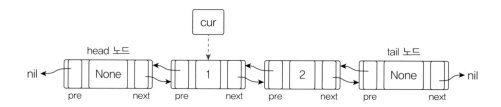

이때 cur 노드는 tail 노드를 가리키고 있는 게 아니므로 cur 노드가 cur의 next 노드를 가리키게 합니다. 이제 cur 노드는 2를 가진 노드를 가리키고 역시 현재 노드의 값인 2를 출력합니다.

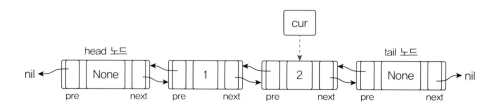

다음 노드는 tail 노드입니다. 즉, 탐색할 노드가 없으므로 탐색을 종료합니다.

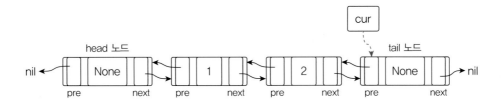

노드 삭제하기

앞서 값을 하나씩 찾아서 삭제하던 리스트와 달리 이중 연결 리스트는 값을 찾지 않고 첫 번째와 마지막 노드를 각각 삭제할 수 있습니다. 가장 앞에 있는 1을 가진 노드부터 삭제해보겠습니다.

먼저 head 노드의 next 포인터가 가리키는 노드의 next 포인터가 가리키는 다음 노드 즉, 왼쪽에서 세 번째에 해당하는 노드의 pre 포인터가 head 노드를 가리키게 합니다.

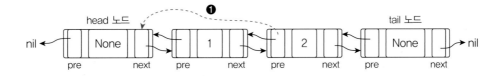

이번에는 head 노드의 next 포인터가 가리키는 노드, 즉 값이 2인 세 번째 노드를 가리키게 합니다. 이제 맨 앞에 위치한 노드의 연결은 끊겼기 때문에 리스트에서 제거되었습니다.

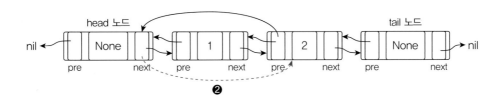

구현 코드

다음은 이중 연결 리스트를 구현하는 전체 코드입니다.

이중 연결 리스트	파일 Chapter03/3.4.2_double_linked_list

```
001: class DoubleLinkedList:
002:     def __init__(self, size):
003:         self.size = size
004:         self.num = 0
005:         self.head = Node(None)
006:         self.tail = Node(None)
007:         self.head.next = self.tail
008:         self.tail.pre = self.head
009:
010:     def insert(self, value):
011:         if self.num >= self.size:
012:             return False
013:
014:         node = Node(value)
015:
016:         self.head.next.pre = node
017:         node.next = self.head.next
018:         self.head.next = node
019:         node.pre = self.head
020:         self.num += 1
021:         return True
022:
023:     def traverse(self):
024:         cur = self.head.next
025:
026:         while cur != self.tail:
027:             print(cur.data, end=" ")
028:             cur = cur.next
029:         print()
030:
031:     def remove(self, value):
032:         cur = self.head.next
033:
034:         while cur != self.tail:
035:             if cur.data == value:
036:                 cur.next.pre = cur.pre
037:                 cur.pre.next = cur.next
038:                 self.num -= 1
```

```
039:                return True
040:            cur = cur.next
041:
042:        return False
```

```
005:        self.head = Node(None)
006:        self.tail = Node(None)
007:        self.head.next = self.tail
008:        self.tail.pre = self.head
```

5~8행의 초기화 부분에서 tail 노드를 생성한다는 점과 head 노드와 tail 노드를 서로 연결한다는 점에서 리스트와 다른 것을 볼 수 있습니다.

16~19행에서 노드를 생성할 때 노드 간 연결 과정만 다를 뿐 나머지는 리스트와 비슷합니다. head의 next 노드 pre에 새 노드를 가리키게 하고, 현재 노드의 next가 head 노드의 next를 가리키게 합니다. 그런 다음 head 노드의 next가 새 노드를 가리키게 하고, 새 노드의 pre가 head 노드를 가리키게 하면서 과정이 종료됩니다.

26행의 순회에서는 cur가 tail 노드가 아닌 동안 반복하는 것으로 바뀌었습니다.

36~37행의 노드를 삭제하는 부분도 노드를 연결하는 과정이 달라졌습니다. 현재 노드 next 노드의 pre가 현재 노드의 pre 노드를 가리키게 하고, 현재 노드 pre 노드의 next가 현재 노드의 next 노드를 가리키게 합니다.

💡Tip. 코드를 이해하기 어려울 땐 앞서 설명하면서 다룬 그림과 코드를 비교하면서 보세요.

다음과 같이 테스트 코드를 작성하면 출력 결과를 얻을 수 있습니다.

```
001: linked_list = DoubleLinkedList(3)
002: linked_list.insert(1)
003: linked_list.insert(2)
004: linked_list.insert(3)
005: linked_list.insert(4)
006: linked_list.traverse()
007: linked_list.remove(2)
008: linked_list.traverse()
```

```
3 2 1
3 1
```

성능 분석

이중 연결 리스트는 순차적으로 값을 검색하는 방식입니다. 따라서 대규모의 데이터를 저장하는 데 효율적이진 않습니다. 값을 추가, 검색, 삭제, 갱신할 때 이중 연결 리스트의 성능, 즉 시간 복잡도는 다음과 같습니다.

연산	평균 시간 복잡도	최악의 경우에 시간 복잡도
추가	O(1)	O(1)
검색	O(N)	O(N)
삭제	O(N)	O(N)
갱신	O(N)	O(N)

가변 크기 큐

앞서 '3.3 원형 큐'에서 크기가 고정된 큐는 값을 넣고 뺄 때 일일이 값을 옮기고 넣느라 시간이 많이 소요되고, 이를 보완하기 위해 사용하는 것으로 큐의 크기가 가변적인 원형 큐와 연결 리스트를 살펴보았습니다. 특히 이중 연결 리스트를 이용하면 가변 크기 큐를 아주 간단하게 구현할 수 있는데요. 바로 코드부터 살펴보겠습니다.

먼저 이중 연결 리스트에서 가장 마지막 원소를 빼오는 함수를 다음과 같이 구현합니다.

```
001:    def remove_at_last(self):
002:        if self.num == 0:
003:            return None
004:
005:        node = self.tail.pre
006:        self.tail.pre.pre.next = self.tail
007:        self.tail.pre = self.tail.pre.pre
008:        self.num -= 1
009:        return node
```

이 함수는 원소가 1개라도 있다면 마지막에 있는, 즉 리스트에 가장 먼저 들어온 원소를 제거하고 이를 반환합니다. 큐는 다음과 같은 주요 기능을 감싸서(wrapping) 구현하여 큐를 이중 연결 리스트의 **래퍼**wrapper라고도 합니다.

> 💡Tip. 래퍼는 소프트웨어 개발에서 많이 사용하는 용어로, 자료구조에서는 컨테이너라고도 합니다. 디자인 패턴에서 어댑터(adapter) 패턴을 살펴보면 쉽게 설명되어 있습니다.

```
001: class Queue:
002:     def __init__(self, n):
003:         self.dll = DoubleLinkedList(n)
004:
005:     def enqueue(self, value) -> bool:
006:         return self.dll.insert(value)
007:
008:     def dequeue(self) -> Node:
009:         return self.dll.removeAtLast()
```

enqueue와 dequeue 외에 size, is_empty, is_full 등을 구현하려면 먼저 이중 연결 리스트에 관련 기능을 만들고 이를 사용하는 코드를 큐에 구현하면 됩니다.

3.5 해시, 맵

해시, 맵은 특정 값을 추가·삭제·검색하는 속도를 높이는 자료구조입니다. 영어 one, two, three를 한국어로 번역하는 딕셔너리로 예를 들어보겠습니다.

> 💡Tip. '딕셔너리'에 대한 문법 설명은 '1.1 데이터 타입'을 참고하세요.

```
001: translate_tbl = {"one": "일", "two": "이", "three": "삼"}
002: print(translate_tbl["one"])    # "일"
```

테이블에 **one**이라는 키를 입력하면 해당하는 값인 **일**을 반환하는 것을 볼 수 있습니다. 즉, 키key를 값value에 매핑mapping한 것입니다. 이때 원소의 개수가 3개가 아니라 100개, 1000개로 늘어나도 값을 찾는 데 평균 $O(1)$의 시간밖에 들지 않습니다. 어떻게 이렇게 빠르게 값을 찾을 수 있는 걸까요?

대부분 이런 형태의 자료구조는 데이터를 빠르고 효율적으로 관리할 수 있는 **해시**hash를 사용합니다. 해시는 크게 **해시 셋**hash set과 **해시 맵**hash map으로 나뉩니다. 해시 셋은 이름 그대로 집합의 성격을 가지고 있어 중복을 허용하지 않고, 해시 맵으로 구현할 수 있습니다. **해시 테이블**hash table이라고도 불리는 해시 맵은 추가, 삭제, 검색을 거의 $O(1)$ 속도로 무척 빠르게 수행하는 자료구조입니다. 이는 배열과 리스트의 특징을 모두 갖고 있어 구현도 무척 쉽다는 특징이 있습니다.

또, 해시 맵은 다른 값을 같은 키에 매핑할 수 있습니다. 예를 들어 **one**이라는 키와 **일**이라는 값을 저장할 때 해시 맵은 **one**을 1번 키값에 저장합니다. 그리고 **two**라는 키와 **이**라는 값을 저장할 때 역시 1번 키값에 저장하면서 1번에 각기 다른 2개의 값을 저장해야 하는 '충돌'이 발생합니다. 왜 이런 일이 발생하는지 이해하려면 해시 맵의 구조를 알아야 합니다.

▲ 해시 맵의 구조

해시 맵은 값을 저장하는 버킷인 **해시 테이블**과 입력된 키로 어떤 버킷에 값을 저장할지 결정하는 해시 함수로 구성되어 있습니다. **해시 함수**는 주어진 키를 0을 포함한 자연수로 변환하는 함수로, 주어진 키를 해시 테이블의 여러 버킷에 골고루 분산하는 역할을 합니다.

이해를 돕기 위해 해시 테이블에 값을 추가하는 과정을 살펴보겠습니다. 3개의 버킷을 지닌 해시 테이블에 **one**이라는 키와 **일**이라는 값을 저장하고자 합니다. 먼저 입력된 키값을 해시 함수에 넣습니다. 해시 함수는 최대한 고르게 분산되도록 내부 해시 테이블의 키값index을 생성합니다.

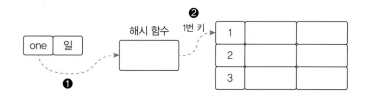

이번에는 **two**라는 키와 '이'라는 값을 저장합니다. 이때 해시 함수는 **two**라는 키에 대해 앞서 **one**이라는 키와 동일한 내부 인덱스index를 생성합니다. 이 인덱스에는 이미 다른 값이 있으므로 충돌이 발생하는 것입니다.

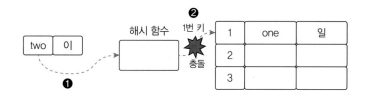

이처럼 동일한 인덱스 값 생성으로 충돌이 발생했을 때 해결하는 방법은 2가지입니다. 첫 번째는 **개방 주소법**open addressing, 두 번째는 **체이닝**separate chaining입니다.

개방 주소법

개방 주소법은 충돌이 발생하면 충돌한 버킷부터 선형적으로 순차 증가하며 비어 있는 버킷을 찾습니다. 단순히 빈 곳을 찾을 때까지 탐색을 이어가는 것입니다. 순차적으로 검색하기 때문에 **리니어 프로빙**linear probing이나 **선형 탐사**라고도 합니다.

예를 들어, 이미 **one**이 입력된 상태에서 **two**를 입력할 때 개방 주소법을 사용하면 그 다음 빈 공간인 두 번째 위치에 값을 저장합니다.

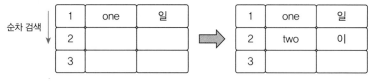

▲ 개방 주소법의 구조

단, 빈 곳을 빠르게 찾지 못하면 많은 시간을 소모할 수 있는데다, 자료의 개수를 예측하고 미리 버킷을 준비해야 하기 때문에 예측 가능한 입력에만 효과적으로 대응할 수 있습니다. 즉, 개방 주소법은 자료의 특성을 미리 알고 있을 때 효율적인 방법으로, 사전 내용을 저장하거나 디스크disk와 같이 연속적으로 자료를 저장하는 매체에 사용하기 적합합니다.

| 구현 코드

개방 주소법을 구현한 코드를 살펴보겠습니다.

개방 주소법	파일 Chapter03/3.5.1_hash_map_linear_proving

```python
001: class HashMap:
002:     def __init__(self, size, hash_func):
003:         self.table_size = size
004:         self.table = [Bucket() for i in range(size)]
005:         self.hash_func = hash_func
006:         self.n = 0
007:
008:     def __next(self, key) -> int:
009:         return 1
010:
011:     def insert(self, key, value) -> bool:
012:         index = start = self.hash_func(key) % self.table_size
013:         while self.table[index].state == 'FILLED':
014:             index = (index + self.__next(key)) % self.table_size
015:             if index == start:      # 테이블이 가득 찼음
016:                 return False
017:
018:         self.table[index].state = 'FILLED'
019:         self.table[index].key = key
020:         self.table[index].value = value
021:         self.n += 1
022:         return True
023:
024:     def find(self, key) -> int:
025:         index = start = self.hash_func(key) % self.table_size
026:         while self.table[index] != 'EMPTY':
027:             if self.table[index].state == 'FILLED' and self.table[index].key == key:
028:                 return index
029:
030:             index = (index + self.__next(key)) % self.table_size
031:             if index == start:
032:                 return -1
033:
034:         return -1
```

```
035:
036:     def get(self, key) -> int:
037:         index = self.find(key)
038:         if -1 == index:
039:             return -1
040:
041:         return self.table[index].value
042:
043:     def remove(self, key) -> bool:
044:         index = self.find(key)
045:         if -1 == index:
046:             return False
047:
048:         self.remove_at(index)
049:         return True
050:
051:     def remove_at(self, pos) -> bool:
052:         if pos < 0 or pos >= self.table_size or self.n == 0:
053:             return False
054:
055:         if self.table[pos].state != 'FILLED':
056:             return False
057:
058:         self.table[pos].state = 'DELETED'
059:         self.n -= 1
060:         return True
```

먼저 해시 맵은 테이블 크기(table_size)와 table, 해시 함수(hash_func)와 테이블에 있는 원소의 개수를 저장하는 n을 멤버로 가집니다. size와 해시 함수는 해시 맵을 생성할 때 넣은 것을 사용하고 table은 리스트 초기화 연산을 통해 size만큼 버킷(Bucket())을 생성합니다.

11~22행의 insert()는 값을 추가하는 함수입니다. 코드 내 key와 value를 인수로 받아들여 저장합니다. 먼저 주어진 key를 해시 함수에 넣어 내부 키값으로 변환합니다. 이를 통해 전달받은 index가 이미 채워져 있는 동안 index 값을 증가시키면서 빈 곳(EMPTY)을 찾는 과정을 반복합니다.

만약 해시 테이블의 모든 버킷을 다 찾아도 빈 곳을 발견하지 못한다면 False를 반환하며 함수를 종료합니다. 빈 곳을 찾았다면 해시 테이블의 해당 위치 버킷에 FILLED를 표시하여 값이 있음을 기록합니다. 그런 다음 key와 value를 저장하고, 저장된 원소 개수를 1 증가시킨 후 True를 반환합니다.

8~9행은 insert 함수에서 index의 선형 증가에 사용된 __next 함수에 대한 코드입니다. 예제에서는 1을 반환하고 있지만 실제로는 데이터 특성에 따라 상황에 맞는 적절한 값을 반환해야 합니다.

36~41행의 get 함수는 key에 대한 값을 반환하는 함수입니다. find 함수를 호출하여 key에 대한 값이 있는지 찾고 index 위치에 저장된 값을 반환합니다.

24~36행의 get 함수에서 사용한 find는 키가 주어졌을 때 해당 값을 찾는 함수입니다. 주어진 key를 해시 함수에 넣어 버킷의 index로 변환합니다. index 위치에 있는 버킷에 값이 있는 동안 index를 선형 증가시키면서 찾고자 하는 key 값으로 값이 있는 버킷을 찾습니다. 만약 찾으면 해당 버킷의 index를 반환하며 함수를 종료하고, 찾지 못하면 -1을 반환합니다.

이후 43~49행의 remove 함수는 find 함수로 key 값의 위치를 찾아 버킷에서 제거합니다. 51~60행의 remove_at 함수는 해시 테이블에서 특정 위치의 버킷에 저장된 값을 제거합니다. 그런 다음 해당 위치의 Bucket 상태를 DELETED로 변경하여 값이 제거된 버킷임을 표시합니다.

다음 코드를 실행해서 구현한 개방 주소법의 해시 맵을 동작시킬 수 있습니다.

```
001: hash_map = HashMap(10, lambda x : x)
002: hash_map.insert(35, 'A')
003: hash_map.insert(37, 'C')
004: hash_map.insert(39, 'E')
005: hash_map.insert(49, 'O')
006: hash_map.insert(40, 'F')
007: hash_map.remove(49)
008: print(hash_map.get(40))
009: hash_map.insert(59, 'Y')
```

체이닝

다음으로 살펴볼 충돌 회피 방법은 **체이닝**입니다. 체이닝을 사용하는 해시 테이블은 다음과 같이 각 버킷이 값을 저장하는 게 아니라 연결 리스트를 가지고 있습니다.

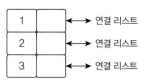

▲ 체이닝을 사용하는 해시 테이블의 구조

앞서 개방 주소법에서와 마찬가지로 one과 '일'이 1번 버킷에 저장되어 있을 때 키인 two와 값인 이를 가진 키값을 1번 버킷에 저장하면 충돌이 발생합니다.

▲ 충돌 발생 과정

개방 주소법이 빈 곳을 찾아 테이블을 순차적으로 순회했다면 체이닝은 새로운 값을 리스트 끝에 추가하여 충돌을 회피할 수 있습니다.

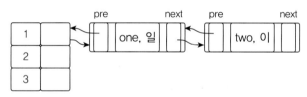

▲ 체이닝으로 충돌을 피하는 방법

이 방법은 해시 테이블의 크기를 미리 고정해 둘 필요가 없습니다. 또, 처음에는 내부 키만 저장하는 정도의 메모리만 사용하기 때문에 메모리 사용량도 개방 주소법에 비해 적습니다.

| 구현 코드

체이닝을 구현한 코드를 살펴보겠습니다.

| 체이닝 | 파일 Chapter03/3.5.1_hash_map_separate_chaining |

```
001: class HashMap:
002:     def __init__(self, size, hash_func):
003:         self.table_size = size
```

```
004:        self.table = [[] for i in range(size)]
005:        self.hash_func = hash_func
006:        self.n = 0
007:
008:    def insert(self, key, value):
009:        index = self.hash_func(key) % self.table_size
010:        self.table[index].insert(0, Bucket(key, value))
011:        return True
012:
013:    def find(self, key):
014:        index = self.hash_func(key) % self.table_size
015:        for node in self.table[index]:
016:            if node.key == key:
017:                return True
018:
019:        return False
020:
021:    def remove_at(self, key):
022:        index = self.hash_func(key) % self.table_size
023:        i = 0
024:        found = False
025:        for node in self.table[index]:
026:            if node.key == key:
027:                found = True
028:                break
029:            i += 1
030:
031:        if True == found:
032:            del self.table[index][i]
033:            return True
034:
035:        return False
```

이 코드에서 **table**의 원소는 Bucket이 아니라 빈 리스트입니다. 이는 이중 연결 리스트를 의미하며 파이썬에서는 리스트를 선언하는 식으로 간단히 연결 리스트를 사용할 수 있습니다.

Tip. 연결 리스트에 대한 자세한 내용은 '3.4 연결 리스트'를 참고하세요.

8~11행을 보면 개방 주소법 비해 **insert** 함수가 매우 단순한 것을 볼 수 있습니다. 충돌 발생 여부와 상관없이 값을 버킷에 넣고 이 버킷을 리스트의 처음 위치에 추가하면 되기 때문입니다.

13~19행의 주어진 키값에 대한 값을 찾는 **find** 함수는 해시 함수를 통해 나온 index 번째 위

치에 있는 리스트에서 값을 찾으면 됩니다. 값을 찾으면 True를 그렇지 않으면 False를 반환합니다.

21~35행의 remove_at 함수는 해시 테이블 내 리스트에서 주어진 키와 동일한 원소 값을 찾은 후 원소의 위치를 리스트에서 삭제합니다. 값을 찾아 삭제하면 True를, 찾지 못하면 False를 반환합니다.

개방 주소법에서 살펴본 코드를 그대로 사용해서 체이닝 방식의 HashMap을 테스트해볼 수 있으며, 코드를 구현하면 충돌 회피를 위해 처리하는 과정이 더 단순하다는 것을 확인할 수 있습니다.

▎성능 분석

해시의 주요 연산인 삽입, 검색, 삭제에 따른 시간 복잡도는 다음과 같습니다.

연산	평균 시간 복잡도	최악 경우의 시간 복잡도
삽입	O(1) 혹은 상수 시간	O(N) 혹은 선형 증가 시간
검색	O(1) 혹은 상수 시간	O(N) 혹은 선형 증가 시간
삭제	O(1) 혹은 상수 시간	O(N) 혹은 선형 증가 시간

3.6 트리

나무는 밑바닥의 뿌리에서 영양소를 빨아들여 줄기를 타고 수많은 가지를 통해 잎사귀까지 전달합니다. 하나의 뿌리에서 수많은 가지로 뻗어나가죠. 이는 한 곳에서 여러 형태로 파생되는 계층적 구조를 시각화하는 데 흔히 쓰입니다. 이를 **트리**tree 알고리즘이라고 합니다. 트리 형태로 흔히 표현하는 것 중 하나가 가족 관계를 나타내는 가계도입니다.

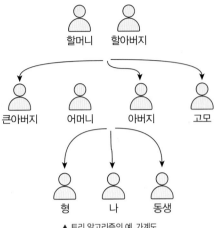

▲ 트리 알고리즘의 예, 가계도

조부모(뿌리)부터 큰아버지, 아버지, 고모가 파생되고 어머니, 아버지를 통해 형과 나, 동생이 파생되었습니다. 이렇게 트리는 파생 관계를 표현하는 데 유용합니다. 기업 구조, 조직 구조, 파일 구조를 비롯해 프로세스 생성 관계 등 모두 트리 형태로 표현할 수 있습니다.

대표적인 트리 구조로 이진 트리가 있습니다. 다음 그림은 전형적인 **이진 트리**binary tree입니다. **부모 노드**parent node에서 파생된 **왼쪽 자식 노드**left child node와 **오른쪽 자식 노드**right child node가 있습니다. 한 노드가 최대 2개의 자식 노드를 가질 수 있는 게 이진 트리의 특징입니다. 이처럼 부모 노드처럼 트리에서 가장 먼저 출현하는 노드를 **루트 노드**root node라고 합니다.

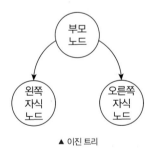

▲ 이진 트리

이진 트리 외에도 한 부모 노드가 파생할 수 있는 자식 수에 따라 삼항 트리, 다항 트리 등이 있습니다. 삼항 트리는 말 그대로 자식 노드가 최대 3개, 다항 트리는 자식 노드 수에 제한이 없는 트리입니다.

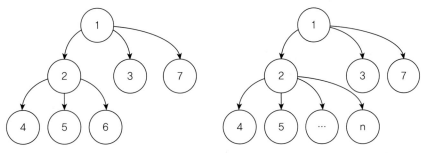

▲ 삼항 트리(왼쪽), 다항 트리(오른쪽)

이 중에서도 가장 많이 사용하는 **이진 탐색 트리**binary search tree, BST를 통해 트리에 대해 좀 더 상세히 알아보겠습니다.

이진 탐색 트리

자식 노드를 최대 2개까지 가지는 트리를 **이진 트리**라고 합니다. 다음 그림을 보면 파생되기 시작한 1번 노드가 **부모 노드**(루트 노드), 파생된 2번, 3번 노드를 **자식 노드**라고 하며 자식 노드가 없는 5번, 9번, 3번 노드를 **잎 노드**leaf node 또는 **단말 노드**terminal node라고 합니다.

루트 노드로부터의 거리를 **레벨**level이라 하며 최대 레벨을 **트리의 깊이**라고 합니다. 즉, 다음 이진 트리는 레벨 3입니다.

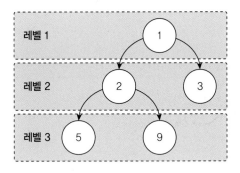

레벨 2의 2번 노드와 3번 노드는 모두 1번 노드를 부모로 두고 있습니다. 즉, 이 둘은 **형제 노드**sibling node가 됩니다. 이때 2번 노드와 같이 루트 노드나 잎 노드가 아닌 것을 **내부 노드**internal node라고 합니다. 이처럼 모든 내부 노드가 2개의 자식을 가진 트리를 **완전 이진 트리**complete binary tree라 하고, 각 레벨에 빠지는 노드가 없는 트리를 **포화 이진 트리**perfect binary tree라고 합니다.

탐색 목적으로 사용하는 이진 트리를 **이진 탐색 트리**라고 하는데요. 이진 트리와 이진 탐색 트리의 차이점은 이진 탐색 트리에는 다음과 같은 2가지 규칙이 적용된다는 것입니다.

> **이진 탐색 트리의 규칙**
> ① 각 노드가 가지고 있는 양의 정수나 문자, 문자열을 키로 사용할 수 있으며 이는 값 비교에 사용함
> ② 왼쪽 자식 노드의 키값은 부모 노드의 키값보다 작아야 하고, 오른쪽 자식 노드의 키값은 부모 노드의 키값보다 커야 함

이와 같은 규칙을 통해 트리를 탐색할 때 왼쪽으로 갈지, 오른쪽으로 갈지 결정할 수 있습니다. 만약 왼쪽 자식 노드와 오른쪽 자식 노드에 같은 값을 허용한다면 왼둘 중 하나를 선택하여 같은 값을 가질 수 있다는 규칙을 추가해야 합니다.

그렇다면 이진 트리는 어떻게 동작하는지 살펴보겠습니다.

| 동작 방식

원소가 없는 트리를 이진 탐색 트리로 사용하려면 insert, find, traverse, remove와 같은 기능이 필요합니다. 각 기능이 어떤 역할을 하는지 하나씩 자세히 살펴보겠습니다.

insert

insert는 검색에 사용할 값을 트리에 추가합니다. 먼저 이진 탐색 트리에 [7, 5, 10, 6]을 순서대로 추가해보겠습니다.

먼저 아무 원소가 없는 트리에 7이라는 값을 가진 노드를 추가합니다. 처음 생성하는 노드이므로 이 노드가 루트 노드가 됩니다.

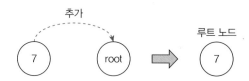

이번에는 5를 값으로 가진 노드를 트리에 추가합니다. 이진 탐색 트리의 규칙에 따라 왼쪽 자식 노드의 키값은 부모 노드의 키값보다 작아야 하고, 오른쪽 자식 노드의 키값은 부모 노드의 키값보다 커야합니다. 5는 루트 노드의 7보다 작으므로 루트 노드의 왼쪽에 추가합니다.

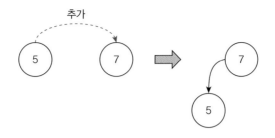

이번에는 10을 값으로 가진 노드를 트리에 추가합니다. 10은 7보다 크므로 새로운 노드를 루트 노드 오른쪽에 추가합니다.

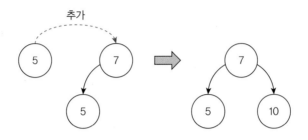

다음으로 추가할 6은 7보다 작으므로 루트 노드 왼쪽에 추가합니다. 그런데 이미 왼쪽에는 5가 존재합니다. 6이 5보다 크므로 오른쪽에 새로운 노드를 추가합니다.

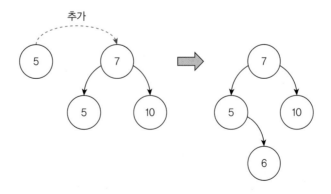

find

find는 트리의 노드가 가진 키를 비교하여 특정 키를 지닌 노드를 찾습니다. 예시로 레벨 5인 이진 트리에서 15라는 값을 찾는 과정을 살펴보겠습니다.

먼저 루트 노드의 7과 찾을 값 15를 비교합니다. 15가 더 크므로 오른쪽으로 진행합니다. 레벨 2의 10과 찾을 값 15를 비교했을 때 15가 더 크므로 다시 오른쪽으로 진행합니다. 이번에는 레벨 3의 51과 찾을 값 15를 비교하자 51이 더 크므로 왼쪽으로 진행합니다. 여기서 같은 값을 가진 노드를 발견합니다.

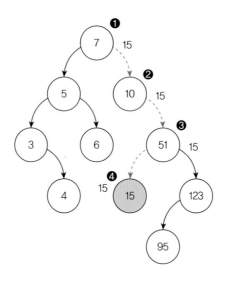

이렇게 이진 탐색 트리에서 값을 찾는 과정은 현재 방문한 노드의 값보다 찾으려는 값이 크면 오른쪽, 작으면 왼쪽으로 이동합니다.

traverse

traverse는 트리의 모든 노드를 순회하는 것으로, 전위 순회, 중위 순회, 후위 순회, 단계 순위 순회라는 4가지 방법이 있습니다.

• 전위 순회

전위 순회preorder traversal는 트리의 여러 값을 순회할 때 현재 방문한 노드를 가장 먼저 처리하는 방식입니다. 이후 왼쪽 자식 노드를 방문하고 마지막으로 오른쪽 자식 노드를 방문하는 식으로 모든 노드를 방문합니다.

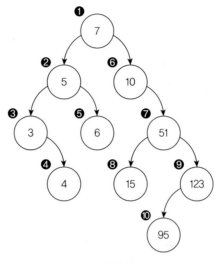

▲ 전위 순회

• 중위 순회

중위 순회inorder traversal는 왼쪽 자식 노드를 먼저 방문해 노드를 처리하고, 다음으로 오른쪽 자식 노드를 방문하는 식으로 모든 노드를 방문합니다.

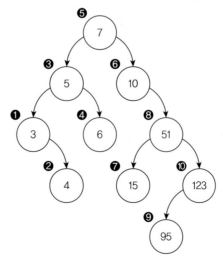

▲ 중위 순회

- 후위 순회

후위 순회postorder traversal는 현재 방문하고 있는 노드를 가장 마지막에 처리하는 순회 방식입니다. 먼저 왼쪽 자식 노드를 방문한 다음 오른쪽 자식 노드를 방문합니다. 그리고 마지막에 방문한 노드의 값을 처리하면서 모든 노드를 방문합니다.

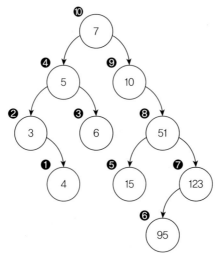

▲ 후위 순회

- 단계 순위 순회

단계 순위 순회level order traversal는 앞서 살펴봤던 전위, 중위, 후위 순회 방식과 달리 트리의 레벨 단위로 노드를 방문합니다. 부모, 자식을 기준으로 주변 노드를 방문하는 방식이 아니므로 재귀 호출 대신 순서를 저장하는 자료구조를 사용해 방문 처리합니다.

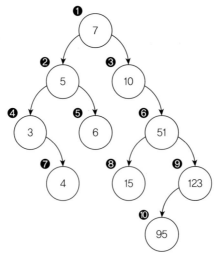

▲ 단계 순위 순회

remove

remove는 노드를 삭제하는 함수로, 말단 노드를 삭제하거나 자식이 하나뿐인 노드를 삭제하거나 또는 자식이 2개인 노드를 삭제하는, 3가지 방법으로 노드를 삭제합니다.

말단 노드는 상위 노드와의 링크를 끊어서 간단히 삭제할 수 있습니다. 자식 노드가 왼쪽 또는 오른쪽에 하나만 있는 노드는 삭제하고자 하는 노드의 유효한 자식 노드를 부모 노드에 연결한 다음 삭제합니다.

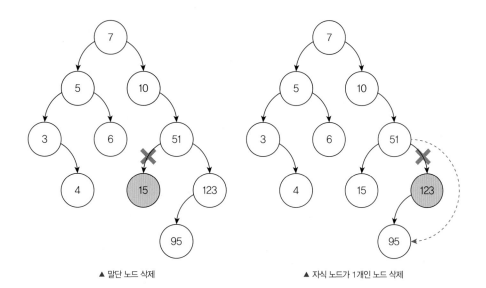

▲ 말단 노드 삭제   ▲ 자식 노드가 1개인 노드 삭제

자식 노드가 2개인 노드를 삭제할 때는 왼쪽 혹은 오른쪽 중 어느 방향으로 이동할지 정합니다. 예를 들어 왼쪽으로 이동하겠다고 결정했다면 삭제할 노드의 왼쪽 자식 노드로 이동한 다음 오른쪽에 자식 노드가 없는 노드를 발견할 때까지 오른쪽으로 이동합니다. 오른쪽 자식 노드가 없는 노드를 발견하면 이 노드의 오른쪽 자식 노드로 삭제할 노드의 오른쪽 자식 노드를 지정합니다. 그런 다음 삭제할 노드의 왼쪽 자식 노드를, 삭제할 노드의 부모의 왼쪽 자식 노드로 연결합니다. 이제 삭제할 노드의 부모 노드와 삭제할 노드의 왼쪽 자식 노드는 연결되고 삭제하기를 원하는 5번 값을 지닌 노드가 제거되었습니다.

🔆 Tip. 삭제할 노드가 부모 노드의 왼쪽 자식 노드인지 오른쪽 자식 노드인지 알 수 없지만 이번 예제에서는 왼쪽 자식 노드인 경우를 가정합니다.

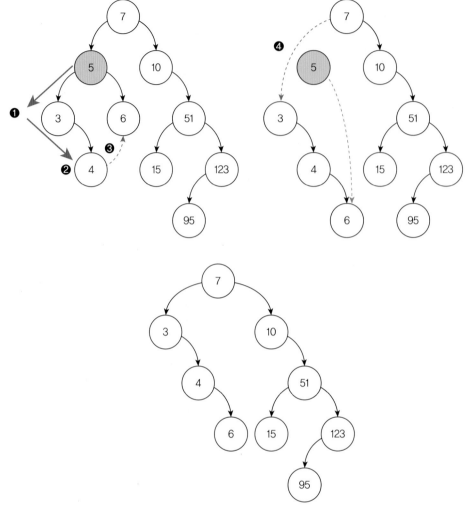

▲ 자식 노드가 2개인 노드 삭제

| 구현 코드

지금까지 설명한 이진 탐색 트리의 insert, find, traverse, remove까지 코드로 직접 살펴보
겠습니다.

```
001: class Tree:
002:     # 루트 노드 None으로 초기화
003:     def __init__(self):
004:         self.root = None
005:
006:     # 노드 삽입
007:     def insert(self, node):
008:         if not self.root:
009:             self.root = node
010:             return
011:
012:         def dfs(cur):
013:             if not cur:
014:                 return node
015:
016:             if cur.value < node.value:
017:                 cur.right = dfs(cur.right)
018:             else:
019:                 cur.left = dfs(cur.left)
020:
021:             return cur
022:
023:         dfs(self.root)
024:
025:     # 노트 검색 (반복문으로 특정 키값 검색)
026:     def find(self, key):
027:         cur = self.root
028:
029:         while cur:
030:             if cur.value == key:
031:                 break
032:
033:             if cur.value < key:
034:                 cur = cur.right
035:             else:
036:                 cur = cur.left
037:
038:         return cur if cur.value == key else None
039:
040:     # 노드 삭제
041:     def remove_node(self, key):
042:         """
```

```
043:                        [7]                    [7]
044:                        / \                    /
045:            del ->    [4]   [9]            [3]
046:                      / \                  / \
047:                  [3]   [5]            [1]   [2]
048:                  / \                          \
049:              [1]   [2]                        [5]
050:          """
051:
052:        def dfs(node):
053:            if not node:
054:                return None
055:
056:            if node.value == key:
057:                if not node.left and not node.right:
058:                    return None
059:
060:                if not node.left or not node.right:
061:                    return node.left or node.right
062:
063:                cur = node.left
064:                while cur.right:
065:                    cur = cur.right
066:
067:                cur.right = node.right
068:                return node.left
069:            elif node.value < key:
070:                node.right = dfs(node.right)
071:            elif node.value > key:
072:                node.left = dfs(node.left)
073:
074:            return node
075:
076:        return dfs(self.root)
077:
078:    # 전위 순회
079:    def pre_order(self, cur):
080:        print(cur.value, end = ' ')
081:
082:        if cur.left:
083:            self.pre_order(cur.left)
084:
085:        if cur.right:
086:            self.pre_order(cur.right)
```

```
087:
088:        # 중위 순회
089:        def in_order(self, cur):
090:            if cur.left:
091:                self.in_order(cur.left)
092:
093:            print(cur.value, end = ' ')
094:
095:            if cur.right:
096:                self.in_order(cur.right)
097:
098:        # 후위 순회
099:        def post_order(self, cur):
100:            if cur.left:
101:                self.post_order(cur.left)
102:
103:            if cur.right:
104:                self.post_order(cur.right)
105:
106:            print(cur.value, end = ' ')
107:
108:        # 단계 순위 순회
109:        def level_order(self, cur):
110:            q = collections.deque([cur])
111:
112:            while q:
113:                cur = q.popleft()
114:                print(cur.value, end = ' ')
115:
116:                if cur.left:
117:                    q += cur.left,
118:
119:                if cur.right:
120:                    q += cur.right,
```

먼저 노드는 키를 값으로 지니고, 왼쪽 자식과 오른쪽 자식을 지지하도록 정의했습니다. 최초 노드 객체를 생성할 때 왼쪽 자식과 오른쪽 자식의 값은 None으로 초기화됩니다(이는 말단 노드를 의미합니다).

3~4행의 __init__ 생성자 함수를 보면 트리는 루트 노드를 가지고 있으며 이는 None(nil 값)으로 초기화됩니다. 7행의 insert는 노드를 추가하는 함수입니다. 7~23행을 보면 처음 호출 시 루트 노드의 값이 None이므로 루트 노드를 추가하고자 하는 노드로 설정합니다. 루트

노드가 이미 존재한다면 루트 노드부터 값을 비교하면서 노드를 추가할 말단을 찾아 노드를 추가합니다. 즉, 추가한 노드가 말단 노드가 됩니다.

26~38행에서 find 함수로 노드를 찾을 때는 노드를 추가할 때처럼 재귀 호출을 하거나 반복문으로 특정 키값을 가진 노드를 찾을 수 있습니다.

41~76행에서 말단 노드는 단순히 None을 반환해 해당 노드를 트리에서 삭제합니다. 자식 노드가 하나라면 해당 자식 노드를 반환해 현재 노드를 트리에서 삭제하고 자식 노드가 2개라면 앞서 살펴본 노드 삭제 단계를 거쳐 remove_node() 결과로 반환합니다.

79~86행에서는 전위 순회를 진행합니다. 먼저 현재 방문한 노드의 값을 출력하고 왼쪽, 오른쪽 자식 노드로 재귀 호출을 수행합니다. 앞서 다룬 트리의 전위 순회 출력 결과는 다음과 같습니다.

```
7 5 3 4 6 10 51 15 123 95
```

81~88행에서는 중위 순회를 진행합니다. 먼저 왼쪽 자식 노드를 재귀 호출로 방문하고 현재 노드의 값을 출력합니다. 이후 오른쪽 자식 노드로 재귀 호출을 수행합니다. 중위 순회의 출력 결과는 다음과 같습니다.

```
3 4 5 6 7 10 15 51 95 123
```

90~97행에서는 후위 순회를 진행합니다. 왼쪽 자식 노드 그리고 오른쪽 자식 노드를 차례대로 재귀 호출하여 방문하고 마지막으로 현재의 노드 값을 출력합니다. 다음은 후위 순회의 호출 결과입니다.

```
4 3 6 5 15 95 123 51 10 7
```

99~109행은 단계 순위 순회를 진행합니다. 방문 처리 순서를 저장하기 위해 준비한 큐에 최초로 방문할 노드를 저장합니다. 그리고 큐에 원소가 존재하는 동안 반복문을 수행하며 노드를 순회합니다. 단계 순위 순회는 다음과 같은 순서로 노드를 방문합니다.

```
7 5 10 3 6 51 4 15 123 95
```

성능 분석

지금까지 살펴본 이진 탐색 트리의 주요 연산인 삽입, 검색, 삭제의 성능(시간 복잡도)은 다음과 같습니다.

연산	평균 시간 복잡도	최악 경우의 시간 복잡도
삽입	O(logN)	O(N)
검색	O(logN)	O(N)
삭제	O(logN)	O(N)

자가 균형 이진 탐색 트리balanced binary search tree의 성능은 다음과 같습니다.

연산	평균 시간 복잡도	최악 경우의 시간 복잡도
삽입	O(logN)	O(logN)
검색	O(logN)	O(logN)
삭제	O(logN)	O(logN)

> **Tip.** 자가 균형 이진 탐색 트리는 노드의 추가 삭제를 반복해도 트리가 한쪽으로 치우치지 않고 균등하게 퍼져 있는 상태를 유지하는 트리입니다. 자가 균형 이진 탐색 트리는 대표적으로 레드-블랙 트리와 AVL 트리가 있습니다.

트라이

트라이trie는 트리의 한 종류로 prefix tree라고도 합니다. 앞서 살펴본 이진 트리와 달리 자식 노드의 개수에 제한이 없고 키값의 대소 관계를 파악하여 값을 찾는 것이 목적이 아니므로 노드를 추가할 때 키값의 크기에 따라 노드의 위치를 고려할 필요가 없습니다.

트라이는 보통 문자 혹은 문자열을 저장하고 이를 빠르게 검색하는 용도로 사용합니다. 예를 들어 검색창에 검색하려는 키워드를 입력할 때 첫 글자만 입력해도 이전에 검색한 기록이 뜨는 것을 본 적이 있을 것입니다. 이와 같은 기능을 구현하는 것이 바로 트라이입니다.

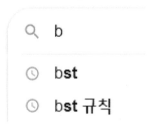

▲ 트라이의 예 : 이전 검색 결과 기록

동작 방식

트라이에 값을 추가하는 insert와 접두사prefix를 활용해 검색하는 search를 살펴보겠습니다.

insert

insert는 트라이에 값을 추가합니다. 예를 들어 다음과 같은 순서로 5개의 키워드를 검색했다고 가정해보겠습니다.

bst, best, bestow, black, blank까지 순서대로 트라이에 추가했을 때 노드가 생성되는 순서는 다음과 같습니다.

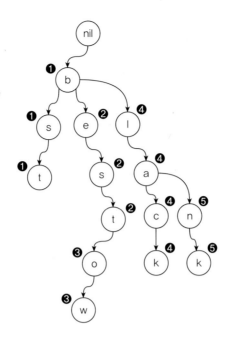

먼저 첫 번째 입력한 키워드 bst가 왼쪽에 한 글자씩 생성됩니다(❶). 두 번째 입력한 키워드 best는 첫 번째 입력한 키워드의 첫 글자인 b에서 시작해 한 글자씩 생성됩니다(❷). 세 번째 입력한 키워드인 bestow는 ❷와 best까지 같으므로 ow만 추가로 생성됩니다(❸). 마찬가지로 네 번째, 다섯 번째 입력한 키워드 black, blank 역시 이미 생성된 글자에 이어 없는 글자만 생성됩니다.

여기서 의문이 생길 수 있습니다. 새롭게 저장하는 문자열의 앞부분이 이전에 입력한 문자열과 겹친다면 어떻게 이전에 입력했던 문자열만 찾을 수 있는 걸까요? 예를 들어 bestow는 먼저 입력된 best와 문자가 공유되는데 이때 어디서 문자 검색을 멈춰야 원하는 키워드를 찾을 수 있을까요? 이 문제를 해결하기 위해 트라이는 **EOW**^end of word라는 표시를 남깁니다.

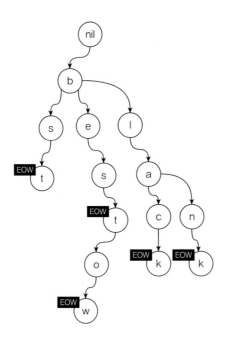

트라이에 추가한 키워드는 문자 단위로 노드를 생성하고 저장되는데, 이때 문자열의 가장 마지막 문자를 담고 있는 노드는 EOW로 표시합니다. 덕분에 문자열을 검색할 때 이전에 입력했던 완전한 문자열인지를 판단할 수 있습니다.

search

search는 원하는 문자를 검색합니다. 검색창에 첫 글자만 입력해도 이전 검색 기록 중 연결된 키워드가 모두 출력되도록 앞서 insert로 저장한 문자 중 b를 검색해보겠습니다.

b를 검색하면 먼저 b 값이 저장된 노드를 방문합니다. 여기엔 3개의 s, e, l이라는 3개의 자식 노드가 있습니다. 이 노드를 모두 큐와 같은 자료구조에 저장합니다. 이로써 큐에는 3개의 노드가 저장됩니다.

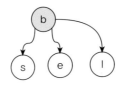

3개의 노드 중 첫 번째로 s 노드를 방문합니다. 이 노드는 자식 노드가 t 하나뿐이며 t에는 EOW가 표시되어 있습니다. 지금까지 방문한 노드의 문자를 모아 결과 리스트에 추가하면 'bst'가 완성됩니다.

💡Tip. 큐를 사용하면 방문 순서가 s 다음이 t가 아니라 e입니다만, 이해를 위해 t를 먼저 방문하는 것으로 표현했습니다.

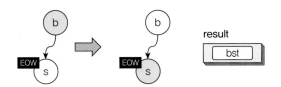

이제 b의 두 번째 자식 노드인 e를 가진 노드를 방문합니다. 마찬가지로 e의 자식 노드인 s, s의 자식 노드인 t를 차례로 방문해 EOW를 만나면 지금까지 방문한 노드의 문자를 모아 best를 결과 리스트에 추가합니다. 이렇게 자식 노드를 따라 가다 EOW를 만나면 문자열을 추가하는 과정을 반복해 모두 결과 리스트에 추가합니다.

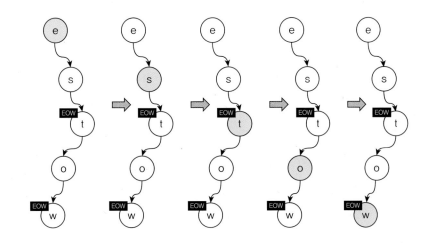

이렇게 결과 리스트에는 3개의 문자열이 저장되어 있습니다. 이어서 나머지 키워드 black, blank도 검색해보겠습니다. 두 키워드는 두 번째, 세 번째 글자인 b, l, a까지 같습니다. 따라서 b에 이어 l을 방문합니다. l의 자식 노드인 a는 c와 n이라는 2개의 자식 노드를 가지고 있습니다.

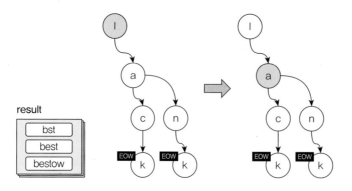

우선 두 자식 노드를 큐에 추가해 다음에 방문할 수 있도록 하고 c 노드를 먼저 방문합니다. 그런 다음 c 노드의 자식 노드인 k까지 방문하면 EOW를 만나 지금까지 방문한 노드의 문자인 black을 결과 리스트에 추가합니다.

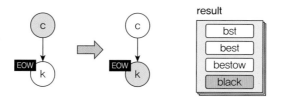

마찬가지로 n 노드에서도 자식 노드인 k에서 EOW를 만나 지금까지 방문한 노드의 문자인 blank를 결과 리스트에 추가하면 이제 트라이에서 b로 시작하는 문자열을 모두 찾아냈습니다.

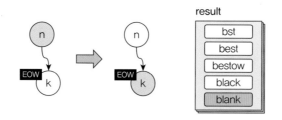

구현 코드

트라이의 문자열 추가 기능과 문자열 검색 기능을 코드로 구현해보겠습니다.

트라이 – 문자열 추가 & 검색	파일 Chapter03/3.6.2_trie.py

```
001: class TrieNode:
002:     def __init__(self, letter):
003:         self.letter = letter
004:         self.child = {}
005:         self.eow = False
006:
007: class Trie:
008:     def __init__(self):
009:         self.root = TrieNode(None)
010:
011:     def insert(self, word: str) -> None:
012:         cur = self.root
013:         for ch in word:
014:             if ch not in cur.child:
015:                 cur.child[ch] = TrieNode(ch)
016:
017:             cur = cur.child[ch]
018:
019:         cur.eow = True
020:
021:     def search(self, word: str) -> bool:
022:         cur = self.root
023:         for ch in word:
024:             if ch not in cur.child:
```

```
025:                    return False
026:
027:                cur = cur.child[ch]
028:
029:            return True if True == cur.eow else False
030:
031:        def starts_with(self, prefix: str) -> bool:
032:            cur = self.root
033:            for ch in prefix:
034:                if ch not in cur.child:
035:                    return False
036:
037:                cur = cur.child[ch]
038:
039:            return True
040:
041:        def get_starts_with(self, prefix: str) -> List:
042:            cur = self.root
043:            for ch in prefix:
044:                if ch not in cur.child:
045:                    return None
046:
047:                cur = cur.child[ch]
048:
049:            if not cur:
050:                return None
051:
052:            q = collections.deque([(cur, prefix)])
053:            res = []
054:
055:            while q:
056:                cur, word = q.popleft()
057:                if cur.eow:
058:                    res += word,
059:
060:                for node in cur.child.values():
061:                    q.append((node, word + node.letter))
062:
063:            return res
```

먼저 트라이에 저장할 데이터 타입을 정의합니다. 트라이의 노드는 문자 하나를 값으로 지니며 자식 노드를 딕셔너리(혹은 맵)로 관리합니다. 그리고 노드에 저장된 문자가 문자열의 마지막 문자인지를 표시하는 데 사용할 eow를 가지고 있습니다. 7~9행에서는 None을 가진 루트 노드 하나만 두고 트라이가 초기화됩니다. 기본적인 사항만 구현할 때는 이와 다른 속성property은 필요하지 않습니다.

11~19행의 insert로 트라이에 문자마다 노드를 생성해 값을 추가합니다. 모든 문자가 노드로 생성되면 eow 상태 변수에 True를 할당하여 마지막 문자를 표시합니다.

41~63행을 보면 특정 문자로 시작하는 문자열을 찾을 때 get_starts_with 메서드를 사용합니다. 루트 노드를 현재 노드(cur)에 할당하고 접두어(prefix)의 문자열을 순회하면서 현재 노드의 위치를 이동합니다. 43행의 for문을 모두 수행하면 현재 노드(cur)는 s라는 값을 가진 노드를 가리키게 됩니다. 49행에서 현재 노드가 비어 있는지 확인하고, 비어 있다면 메서드 실행을 종료합니다. 57~58행에서는 앞서 빼낸 트라이 노드의 eow 상태 값이 True인 경우 word 변수에 저장해 둔 문자열이 이전에 검색한 적이 있는 문자열이므로 res 리스트(결과 리스트)에 추가합니다.

60행에서는 빼낸 트라이 노드에 자식 노드가 있다면 이 노드가 가진 자식 노드와 지금까지 누적된 문자열을 함께 쌍으로 묶어 큐에 추가합니다. 31~39행 starts_with 메서드는 어떤 문자열이 주어졌을 때 이 문자열을 이루는 값이 트라이에 존재하는지를 확인합니다. 조금 응용하면 다음과 같이 입력된 문자열이 이미 검색이 되었는지 아닌지를 검사하는 search를 구현할 수 있습니다.

다음 코드를 실행하면 트라이에 저장된 b로 시작하는 모든 문자열이 출력됩니다.

```
001: trie = Trie();
002: trie.insert("bst")
003: trie.insert("best")
004: trie.insert("bestow")
005: trie.insert("black")
006: trie.insert("blank")
007: print('starts with b')
008: print(trie.get_starts_with("b"))
```

```
starts with b
['bst', 'best', 'black', 'blank', 'bestow']
```

다음 코드는 bla로 시작하는 모든 문자열을 출력합니다.

```
001: print('starts with bla')
002: print(trie. Get_starts_with("bla"))
```

```
starts with bla
['black', 'blank']
```

기수 트리

기수 트리radix tree는 기본적으로 이진 탐색 트리와 동일합니다. 차이점이 있다면 노드의 키값을 비교해 노드를 추가하는 이진 탐색 트리와 달리 기수 트리는 키값을 비교하지 않고 키가 가진 비트 값을 비교해 비트가 0이면 왼쪽, 1이면 오른쪽으로 노드를 추가합니다.

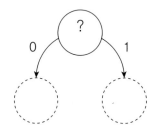

▲ 비트 값을 비교해 노드를 추가하는 기수 트리

비트 값을 비교할 때에는 루트 노드를 제외하고 다음 레벨부터 시작합니다. 레벨 2에서는 **최하위 비트**least significant bit(LSB), 즉 가장 작은 숫자로 비교합니다. 다음 레벨에서는 LSB에서 한 비트만큼 **최상위 비트**most significant bit(MSB) 방향으로 이동한, 즉 오른쪽에서 두 번째 비트로 비교합니다.

변수에 저장된 값을 2진수로 변환했을 때 가장 좌측에 있는 즉, 가장 큰 값을 최상위 비트라고 하며, 가장 작은 값을 갖는 우측 끝에 있는 값을 최하위 비트라고 합니다. 다음 그림은 154를 2진수로 표현한 그림입니다. 여기서는 최하위 비트(오른쪽 끝에 위치한 비트)가 0이며, 최상위 비트(왼쪽 끝에 위치한 비트)는 1 입니다.

▲ 레벨에 따른 비교할 비트 값의 위치

레벨이 깊어질수록 MSB로 이동한 비트로 비교합니다. 예를 들어, 8bits를 사용하는 기수 트리라면 최대 깊이는 8+1 (루트 노드 포함)이 되고 최대 2^8개의 노드를 담을 수 있습니다. 또, 기수 트리는 같은 값을 중복해서 저장하지 않는다는 특징이 있습니다.

그렇다면 기수 트리는 언제 사용하는 걸까요? 예시를 통해 살펴보겠습니다. 8개의 알파벳에 대한 2진수가 입력되었다고 가정하겠습니다. 입력 순서는 a, b, e, t, k, w, p, v입니다.

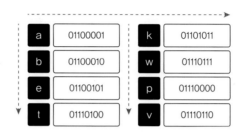

이 값을 이진 탐색 트리에 넣으면 다음과 같이 오른쪽으로 치우친 모양이 됩니다.

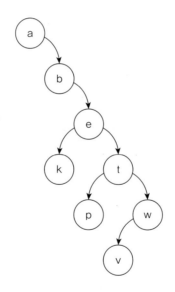

만약 입력한 값이 a, b, c, d, … 순차적으로 증가한다면 극단적으로 치우친 형태의 이진 탐색 트리를 형성합니다.

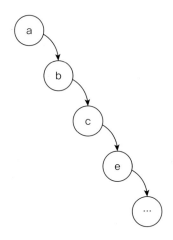

그런데 기수 트리로 값을 저장하면 다음과 같이 어느 정도 정렬된 형태로 값이 저장됩니다.

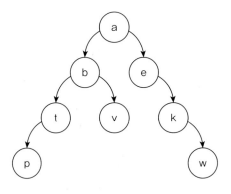

값이 편향되어 쏠림 현상이 발생할 수 있는 경우에도 기수 트리는 값을 레벨별로 2진수의 특정 비트로 비교하므로 트리가 균형을 유지하게 된다는 특징이 있습니다. 비트는 값이 증가할 때 0에서 1로 **토글**toggle, 즉 값의 방향이 바뀝니다. 이러한 특징을 잘 활용한 것이 기수 트리입니다. 실무에서도 리눅스 커널의 캐시 관리 모듈에 기수 트리를 사용하여 검색 성능이 $O(\log N)$을 유지하도록 합니다.

동작 방식

기수 트리도 이진 탐색 트리와 마찬가지로 값 검색, 노드 순회 · 추가 · 삭제를 할 수 있습니다. 이 중에서도 기수 트리의 특징인 균형 잡힌 트리를 만드는 노드 추가 과정을 살펴보겠습니다.

> **Tip.** 이진 검색트리의 기능에 대한 자세한 설명은 '3.5 이진 탐색 트리'를 참고하세요.

기수 트리에 [a, b, e, t, k, w, p, v]라는 값을 순서대로 추가하겠습니다. 먼저 a를 추가합니다. 이때 루트 노드의 값은 None(nil)이므로 저장한 a 노드가 루트 노드가 됩니다.

이번에는 b를 추가하겠습니다. 앞서 기수 트리는 값의 크고 작음이 아니라 비트 값으로 노드를 추가할 방향을 결정한다고 했습니다. '비트 값으로 노드를 추가할 방향을 결정한다'는 뜻은 추가할 값의 비트 맨 오른쪽 숫자가 0이면 왼쪽, 1이면 오른쪽에 노드를 추가하는 식입니다. 예를 들어, 앞서 생성한 루트 노드의 키값인 b의 비트 값은 01100010입니다. 비트 값을 살펴보면 맨 오른쪽 숫자가 0이므로 왼쪽에 자식 노드를 생성하고 b를 저장합니다.

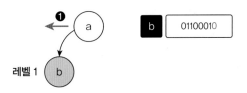

다음으로 e를 추가하겠습니다. e의 비트 값을 살펴보면 맨 오른쪽 숫자가 1이므로 이번에는 오른쪽에 자식 노드를 생성하고 b를 저장합니다.

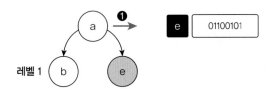

t 역시 비트 값의 맨 오른쪽 숫자가 0이므로 레벨 1에서는 왼쪽으로 이동합니다. 오른쪽에서 두 번째 숫자도 0이므로 레벨 2에서도 왼쪽에 노드를 추가합니다.

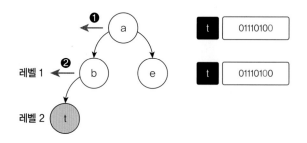

이렇게 비트 값의 맨 오른쪽 숫자와 오른쪽에서 두 번째 숫자를 이용해 노드를 하나씩 추가하면 다음과 같은 과정을 거쳐 기수 트리가 완성됩니다.

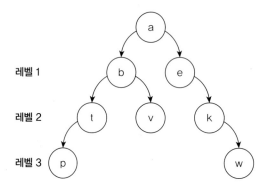

구현 코드

앞서 설명한 기수 트리를 구현한 코드를 살펴보겠습니다.

기수 트리	파일 Chapter03/3.6.3_radix_tree

```
001: class RadixNode:
002:     def __init__(self, value):
003:         self.value = value
004:         self.left = None
005:         self.right = None
006:
007:
008: class RadixTree:
009:     def __init__(self, m):
010:         self.root = None
011:         self.m = m
012:         self.fmt = '{:0' + str(self.m) + 'b}'
013:
014:     def __deinit__(self):
015:         ...
016:
017:     def convert_bits(self, key):
018:         assert(len('{:b}'.format(key)) <= self.m)
019:         return self.fmt.format(key)
020:
021:     def find(self, key):
022:         cur = self.root
023:         bits = self.convert_bits(key)
024:
025:         while cur and i >= 0:
026:             if cur.value == key:
027:                 break
028:
029:             if '0' == bits[i]:
030:                 cur = cur.left
031:             else:
032:                 cur = cur.right
033:
034:             i -= 1
035:
036:         return cur if cur.value == key else None
037:
038:     def insert(self, node):
```

```
039:         if not self.root:
040:             self.root = node
041:             return
042:
043:         def dfs(cur, bits, i):
044:             if not cur:
045:                 return node
046:
047:             if '0' == bits[i]:
048:                 cur.left = dfs(cur.left, bits, i - 1)
049:             else:
050:                 cur.right = dfs(cur.right, bits, i - 1)
051:
052:             return cur
053:
054:         bits = self.convert_bits(node.value)
055:         dfs(self.root, bits, len(bits) - 1)
```

1~5행을 보면 키값과 양쪽 자식 노드를 지닌다는 점에서 기수 트리와 이진 탐색 트리가 동일합니다. 단, 8~12행에서 이진 트리와 달리 기수 트리는 비트 값을 사용한다는 것을 알 수 있습니다. 트리가 초기화될 때 이 트리가 다룰 비트 수를 m이란 인수로 받습니다. fmt는 8개의 0으로 채워 넣은 2진수 문자열을 만드는 데 사용할 변수입니다.

17~36행에서 값을 찾는 과정 역시 이진 탐색 트리와 동일합니다. 하지만 키값을 2진수의 문자열로 변환한 후 이를 사용하여 값을 비교한다는 점에서 차이가 있습니다. 이후 행 역시 값을 추가할 때 비트로 비교한다는 점 외에는 이진 탐색 트리와 동일합니다.

3.7 힙

큐는 **선입선출**first-in first-out, FIFO 방식으로 데이터를 처리하는 대표적인 자료구조입니다. 먼저 들어온 자료가 먼저 처리되는, 즉 순서를 보장하는 데 사용하는 자료구조죠. 그러나 최단 거리를 판별하거나 최장 시간을 판별할 때 등 들어온 순서가 아니라 값의 크고 작음에 따라 순서를 정해야 할 때가 있습니다. 이때 사용할 수 있는 자료구조가 **우선순위 큐**priority queue입니다.

우선순위 큐는 최솟값을 기준으로 큐에서 값을 내보내는 자료구조로, 내부에서 연결 리스트를 사용하거나 트리를 이용해 구현할 수 있습니다. 그러나 연결 리스트로 구현하면 자료구조의 특성 때문에 성능이 그리 좋지는 않습니다. 가장 성능 좋은 우선순위 큐를 구현할 때는 **힙**heap이라는 자료구조를 사용합니다. 힙은 루트 노드가 항상 가장 작은 값임을 보장하는 자료구조이기 때문에 힙으로 우선순위 큐를 구현하면 가장 작은 값의 검색을 O(1)의 시간 복잡도로 수행할 수 있습니다. 그렇기에 힙 자료구조를 사용하여 구현한 우선순위 큐가 최솟값을 획득할 때 가장 성능이 좋습니다.

힙은 **완전 이진 트리**full binary tree의 일종이자 우선순위 큐를 최적의 성능으로 구현하는 것이 목적이므로 다음과 같은 특징이 있습니다.

- 부모는 두 자식보다 값이 커야 합니다.
- 루트의 값이 가장 커야 합니다.
- 완전 이진 트리의 일종입니다.

힙은 가장 큰 값이 트리의 위쪽에 위치하는 **최대 힙**max heap과 가장 작은 값이 트리 위쪽에 위치하는 **최소 힙**min heap 2가지로 나뉩니다.

동작 방식

힙에는 upheap, downheap, insert, extract라는 4가지 주요 기능이 있습니다. 각 기능이 동작하는 과정을 자세히 살펴보겠습니다.

insert + upheap

먼저 [5, 3, 7, 4, 10]을 힙에 순서대로 추가하는 예시를 통해 **insert**와 **upheap**을 살펴보겠습니다. 처음에는 힙이 빈 상태이기 때문에 가장 먼저 추가되는 원소 5가 루트 노드가 됩니다.

다음으로 3을 힙 트리의 단말 노드에 추가합니다. 이후 upheap을 해야 하지만, 추가한 노드의 값인 3이 부모 노드인 5보다 작기 때문에 upheap을 수행하지 않습니다.

이번에는 7을 단말 노드로 추가합니다. 7이 부모 노드의 5보다 크므로 7과 5의 자리를 교환, 즉 스왑합니다.

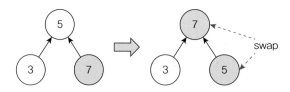

이번에는 4를 힙 트리에 추가합니다. 4는 부모 노드의 3보다 크므로 마찬가지로 큰 값이 트리의 위쪽에 가도록 자리를 스왑합니다. 이로써 4의 부모는 루트 노드가 되고 루트 노드의 7이 4보다 크므로 upheap을 수행하지 않습니다.

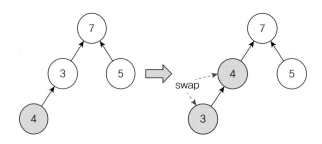

이번에는 10을 말단 노드로 추가합니다. 부모 노드인 4보다 10이 크므로 스왑하고, 또 그 부모 노드인 루트 노드의 7보다 10이 크므로 다시 한번 스왑합니다.

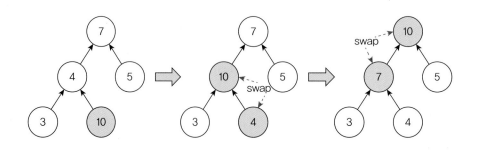

최종적으로 10이 루트 노트가 되고 아래로 갈수록 값이 순차적으로 작아지는 힙트리가 완성됩니다.

extract + downheap

extract와 **downheap**은 반대로 값을 제거하는 과정입니다. 앞서 추가한 값을 순서대로 제거하면서 자세히 살펴보겠습니다. 값을 추가할 때는 [5, 3, 7, 4, 10] 순서였지만, 힙의 특성상 값을 제거할 때는 큰 값부터 빠져나오기 때문에 [10, 7, 5, 4, 3] 순서가 됩니다.

우선 최상단 노드를 힙에서 제거합니다. 이후 말단 노드를 루트로 이동합니다. 이때 downheap을 수행하는데, downheap은 루트 노드의 값이 자식 노드보다 큰 것을 보장할 때까지 값을 스왑하면서 트리 아래로 이동하는 과정입니다.

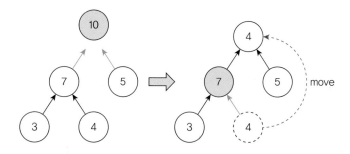

두 자식 노드 중 나아갈 방향은 값이 큰 쪽으로 결정합니다. 4의 자식 노드 중 7이 가장 큰 값이므로 자리를 스왑합니다.

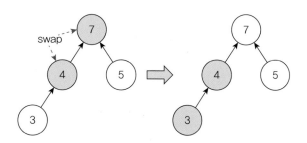

이후 4의 자식 노드인 3과 값을 비교했을 때 4가 3보다 크므로 downheap은 여기서 종료됩니다.

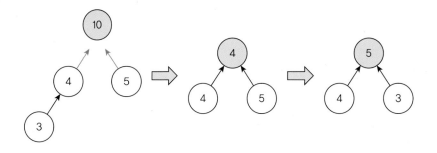

이제 가장 큰 값을 가진 루트 노드의 7이 힙 트리에서 빠져나옵니다. 말단 노드인 3이 루트 노드로 이동하면 자식 노드가 부모 노드보다 값이 크지 않을 때까지 다시 downheap을 수행합니다. 이렇게 차례대로 큰 값이 루트 노드로 이동할 때마다 힙에서 노드를 제거해 마지막엔 3인 노드만 힙 트리에 남게 되고 추출 결과는 3이 됩니다.

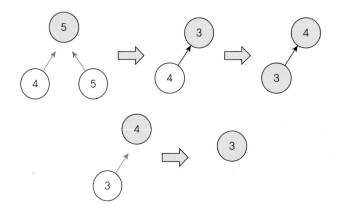

힙 트리에 노드를 추가하고 추출하는 과정과 마찬가지로 트리의 레벨별로 노드 이동이 발생합니다. 한 노드에 downheap과 upheap 모두 최대 트리 레벨만큼 연산이 수행되므로 downheap과 upheap의 시간 복잡도는 모두 $O(logN)$이 됩니다.

구현 코드

앞서 설명한 힙 트리를 구현한 코드를 살펴보겠습니다.

힙 트리	파일 Chapter03/3.7_heap_queue.py

```python
001: class Node:
002:     def __init__(self, value):
003:         self.value = value
004:
005:
006: class HeapQueue:
007:     def __init__(self):
008:         self.num = 0          # except root (no note)
009:         self.nodes = []
010:
011:     def __deinit__(self):
012:         ...
013:
014:     def insert(self, value):
015:         self.nodes.append(Node(value))
016:         self.num += 1
017:         self.upheap()
018:
019:     def __swap(self, lnode, rnode):
020:         lnode.value, rnode.value = rnode.value, lnode.value
021:
022:     def upheap(self):
023:         cur_idx = self.num - 1
024:         cur = self.nodes[cur_idx]
025:
026:         while cur_idx > 0:
027:             par_idx = (cur_idx - 1) // 2
028:             par = self.nodes[par_idx]
029:             if cur.value <= par.value:
030:                 break
031:
032:             self.__swap(par, cur)
033:             cur = self.nodes[par_idx]
034:             cur_idx = par_idx
035:
036:     def downheap(self, cur_idx):
037:         cur = self.nodes[cur_idx]
038:
```

```
039:        while cur_idx < self.num // 2:
040:            chd_idx = 1 if cur_idx == 0 else ((cur_idx + 1) * 2 - 1)
041:            if chd_idx + 1 < self.num and \
042:                    self.nodes[chd_idx].value < self.nodes[chd_idx + 1].value:
043:                chd_idx += 1
044:
045:            if cur.value < self.nodes[chd_idx].value:
046:                self.__swap(cur, self.nodes[chd_idx])
047:
048:            cur = self.nodes[chd_idx]
049:            cur_idx = chd_idxcode
050:
051:    def extract(self):
052:        if 0 == self.num:
053:            return None
054:
055:        node = self.nodes[0]
056:        self.nodes[0] = self.nodes[self.num - 1]
057:        del self.nodes[self.num - 1]
058:        self.num -= 1
059:
060:        if self.num > 0:
061:            self.downheap(0)
062:
063:        return node.value
```

먼저 힙 트리에서 값을 저장하는 데 사용할 노드 타입을 정의합니다. 가장 간단한 형태의 트리를 구현할 것이므로 노드 타입은 value, 하나의 필드^{field}만 멤버 변수로 갖습니다. 6~9행에서는 HeapQueue라는 이름의 클래스^{class}를 정의합니다. HeapQueue는 가지고 있는 원소의 개수 num과 원소를 저장할 리스트인 nodes를 지닙니다.

14~17행의 insert는 추가 연산에 대한 메서드입니다. 메서드의 인수로 넘겨받은 값으로 노드를 생성한 다음 이를 노드의 리스트를 저장할 nodes에 추가합니다. 원소가 1개 늘었으므로 nums에 1을 증가하고 upheap 메서드를 호출합니다.

19~20행에서 upheap과 downheap에 사용할 swap 함수를 볼 수 있습니다. 노드가 멤버가 value 하나뿐이므로 value에 대해서만 스왑을 수행합니다.

22~34행의 upheap 메서드는 단말 노드의 인덱스를 얻어 cur라는 변수가 가리키게 합니다. 이 반복문은 단말 노드의 인덱스가 0보다 큰 동안, 즉 루트 노드가 아닌 동안 진행합니다. 단말

노드의 인덱스에 1을 빼고 2로 나눠 부모 노드의 인덱스를 구해 par_idx에 저장합니다. par_idx로 부모 노드를 얻은 다음 부모 노드의 값과 현재 처리하는 노드(cur_idx가 가리키고 있는 노드)의 값을 비교합니다. 부모 노드의 값이 더 크다면 현재 노드가 올라갈 필요가 없으므로 반복문을 빠져나오고, 그렇지 않다면 현재 노드와 부모 노드를 스왑하여 현재 노드가 위로 올라가도록 합니다. 그런 다음 기존 부모 노드가 가지고 있던 인덱스를 현재 노드의 인덱스로 설정하고 반복문을 다시 수행합니다.

51~63행의 노드를 추출하는 메서드에서는 먼저 힙 트리에 원소가 존재하는지 살피는 것부터 시작합니다. 원소가 존재하지 않는다면, 즉 num이 0이라면 메서드의 실행을 종료합니다. 원소가 존재한다면 0번인 루트 노드를 nodes에서 빼내고 단말 노드를 루트 노드로 지정합니다. 이후 노드의 원소 수를 줄이고 downheap을 수행한 다음 추출한 노드의 값을 반환합니다.

36~49행의 downheap은 전달받은 idx의 노드가 힙 트리의 단말 노드가 될 때까지 노드를 아래쪽으로 이동시킵니다. extract에서 단말 노드를 루트 노드로 올렸으므로 루트 노드가 단말 노드가 될 때까지 downheap 과정을 계속 진행합니다. 단, 다른 노드의 인덱스가 주어질 수 있다면 while문 조건에 '단말 노드가 아닌 동안'이란 조건과 더불어 '현재의 노드의 값이 자식 노드의 값보다 작은 동안'이라는 조건을 추가해야 합니다. 그런 다음 값이 큰 자식 노드의 인덱스를 구하고, 자식 노드와 현재 노드의 값을 비교해 필요하면 스왑합니다. 그리고 스왑한 자식 노드의 인덱스를 현재 노드의 인덱스로 설정한 뒤 다시 반복문을 처음부터 수행합니다.

이제 테스트 코드를 수행하면 다음과 같은 결과를 출력합니다.

```
001: heapq = HeapQueue()
002: heapq.insert(5)
003: heapq.insert(3)
004: heapq.insert(7)
005: heapq.insert(4)
006: heapq.insert(10)
007: print(heapq.extract())
008: print(heapq.extract())
009: print(heapq.extract())
010: print(heapq.extract())
011: print(heapq.extract())
012: print(heapq.extract())
```

```
10
7
5
4
3
None
```

성능 분석

힙의 주요 연산인 삽입, 검색, 삭제 연산에 대한 성능은 다음과 같습니다.

연산	평균 시간 복잡도	최악의 경우 시간 복잡도
삽입	O(logN)	O(logN)
검색(최솟값)	O(1) or 상수 시간	O(1) or 상수 시간
삭제(최솟값)	O(logN)	O(logN)

3.8 그래프

'로이'는 쇼핑몰을 운영하고 있습니다. 여러 가지 제품을 몰에 올리고 판매하다 보니 어떤 제품이 소비자에게 반응이 좋고 나쁜지를 판단하는 기능을 구현해 판매율을 높이고자 합니다. 그리고 이 기능을 구현하려면 sequence-to-sequence[seq2seq]와 같은 딥러닝 모델을 만들어야 한다는 것을 알게 되었습니다. 비전공자인 자신이 직접 네트워크의 동작을 이해하고 사용하기 위해 차원 축소, 임베딩 벡터, RNN 등을 학습하고 구현하려면 상당한 시간이 소요되고, 목표 일정을 초과하게 될 거라 생각한 로이는 딥러닝 전문가를 찾는 게 좋겠다고 판단했습니다.

로이는 IT 분야에 두 명의 친구 '태경'과 '인호'가 있습니다. 로이는 소셜 네트워크 서비스[SNS]를 이용하여 태경과 인호의 지인을 살펴보려고 합니다.

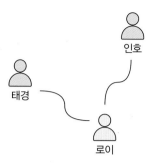

먼저 태경의 지인 '줄리아'와 '브래드'의 프로필을 살펴봤습니다. 그런데 이 두 사람은 딥러닝 전문가가 아니라 네트워크 전문가였습니다. 이번에는 인호의 지인인 '종욱'과 '승학'을 살펴봤습니다. 종욱은 임베디드 전문가였고, 승학은 딥러닝 전문가였습니다. 드디어 딥러닝 전문가를 찾았습니다. 이제 인호에게 승학을 소개해달라고 부탁하면 됩니다.

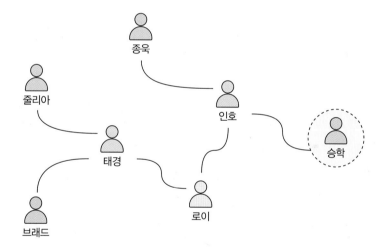

앞서 로이는 딥러닝 전문가를 찾기 위해 소셜 네트워크 서비스를 이용했습니다. 이러한 서비스를 이용하면 사람과 사람의 관계를 쉽게 파악할 수 있고 1차 지인부터 2차 지인이 누구인지도 쉽게 파악할 수가 있습니다. 이와 같은 관계성을 시각적으로 쉽게 표현하는 방법이 바로 **그래프**graph입니다.

그래프는 **정점**vertex과 **간선**edge으로 구성됩니다. 정점은 그래프의 구성 요소를 의미합니다. 앞서 예로 들었던 소셜 네트워크 서비스의 정점은 '사람'이 됩니다. 간선은 정점과 정점의 관계, 즉 '관련이 있음'을 표현합니다. 여러 개의 정점과 간선이 모여 그래프를 형성합니다.

▲ 정점과 간선으로 구성된 그래프

각 정점에는 **차수**degree가 있습니다. 차수란, 연결된 정점의 수입니다. 예를 들어 다음 그래프에서 1번 정점은 연결된 정점이 하나이기에 차수가 1이고, 2번 정점은 4개의 정점이 연결되어 있으므로 차수가 4입니다.

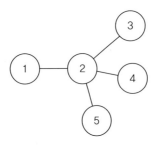

▲ 정점의 차수

그래프는 정점 간 방향성이 있느냐 없느냐에 따라 **유향 그래프**directed graph와 **무향 그래프**undirected graph로 나눌 수 있습니다. 다음 그래프는 전형적인 무향 그래프입니다. 정점 간 연결에 방향성이 없습니다. 즉, 정점 간 이동이 양방향이라는 의미로, 엄밀히 따지면 오른쪽 그림과 같이 정점이 서로 연결된 그래프입니다.

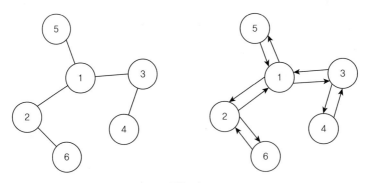

▲ 무향 그래프

반면 유향 그래프는 정점 간 연결에 방향성이 있는 그래프를 뜻합니다. 즉, 한 방향으로만 연결되어 있다는 의미입니다. 다음 그래프를 보면 1번 정점에서는 5번 정점으로 이동할 수 있으나,

5번 정점에서는 1번 정점으로 이동할 수 없습니다. 방향성이 존재하기 때문에 차수도 2가지로 나뉩니다. 자기 자신으로 들어오는 차수를 **내향 차수**in-degree, 밖으로 나가는 차수를 **외향 차수**out-degree라 합니다.

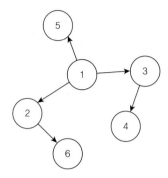

▲ 유향 그래프

이렇게 두 가지 종류의 그래프가 존재하는 이유는 경우에 따라서 단방향으로만 메시지가 흘러 가야 하는 경우가 있으며 혹은 양방향으로 메시지가 흘러 가야 하는 경우가 있기 때문입니다. 유향 그래프(방향 그래프)는 도달 가능성 판단 문제(보통 '탐색 알고리즘'을 의미), 강한 결합 요소 찾기, 위상/역위상 정렬, 임계 작업 구할 때 등에 사용합니다.

💡Tip. 참고로 트리도 그래프의 일종입니다.

방향과 상관없이 간선에 가중치를 두는 **가중치 그래프**도 있습니다. 가중치 그래프란, 어떤 한 정점에서 연결된 다른 정점으로 이동할 때 얼마만큼의 비용이 소모되는지를 표시한 그래프입니다. 최단 거리, 공정 문제 등 다양한 분야에서 간선의 가중치를 활용하여 문제를 해결할 수 있습니다.

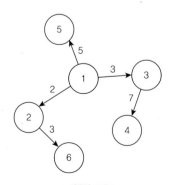

▲ 가중치 그래프

추가로 방향 그래프에 순환 참조가 없는 그래프를 **유향 비순환 그래프**directed acyclic graph, DAG라 하며 우리가 푸는 많은 문제가 이 그래프를 활용한 문제입니다.

동작 방식

그래프 자료구조에는 정점을 추가하고 탐색하고, 정점 간 거리를 파악하고, 순환 참조 여부를 파악하는 것 등의 기능이 있습니다. 우리는 그중에서도 핵심 기능인 정점을 추가하는 과정을 인접 행렬, 인접 리스트, 셋, 인접 딕셔너리 그리고 가중치 그래프라는 5가지 표현 방식으로 살펴보겠습니다.

> **Tip.** 그래프를 활용한 여러 알고리즘과 응용 문제는 '4.2 그래프 알고리즘'을 참고하세요.

인접 행렬

먼저 살펴볼 그래프 표현 방법은 **인접 행렬**adjacency matrix입니다. 다음과 같은 무향 그래프를 인접 행렬로 표현하면 오른쪽 표와 같습니다. 무향 그래프는 하나의 행과 열이 모두 동일한 값을 갖고 있습니다. 자기 자신과 연결된 것은 없으므로 대각 원소는 모두 0입니다.

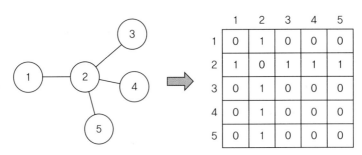

▲ 무향 그래프(왼쪽)와 인접 행렬(오른쪽)

인접 행렬의 장점은 단 한 번의 첨자 연산(인덱스 연산)으로 두 정점 간 연결 여부를 확인할 수 있다는 점입니다. 그러나 연결이 없는 정점 간의 관계 역시 0으로 표현하므로 공간을 많이 사용한다는 단점이 있습니다.

이 그래프의 연결 관계를 코드로 구현하면 다음과 같습니다.

```
001: n = 5
002: edges = [[1, 2], [2, 3], [2, 4], [2, 5]]
003:
004: adj_mat = [[0] * n for _ in range(n)]
005:
006: for u, v in edges:
007:     adj_mat[u - 1][v - 1] = 1
008:     adj_mat[v - 1][u - 1] = 1
009:
010: for line in adj_mat:
011:     print(line)
```

```
[0, 1, 0, 0, 0]
[1, 0, 1, 1, 1]
[0, 1, 0, 0, 0]
[0, 1, 0, 0, 0]
[0, 1, 0, 0, 0]
```

생성한 인접 행렬에서 1과 2, 1과 5가 연결되어 있는지를 확인해보겠습니다.

```
001: print(adj_mat[0][1])    # 1
002: print(adj_mat[0][4])    # 0
```

adj_mat의 값에 접근하려면 0부터 시작하는 인덱스를 사용합니다. 그러나 edges의 정점은 1부터 시작하는 인덱스입니다. 즉, 앞서 코드의 7행에서 볼 수 있듯이 정점의 값에서 −1을 하고 adj_mat에 접근해야 하는 불편함이 있습니다.

만약 공간을 조금 더 사용해 인덱스를 이용한 첨자 연산을 할 때 −1을 하지 않고 그대로 사용하고 싶다면 다음과 같이 구현할 수 있습니다. 단, 이 코드로 생성한 인접 행렬은 사용하지 않는 행과 열이 각각 최상단과 왼쪽 끝에 추가됩니다.

```
001: n = 5
002: edges = [[1, 2], [2, 3], [2, 4], [2, 5]]
003: adj_mat = [[0] * (n + 1) for _ in range(n + 1)]
004:
005: for u, v in edges:
006:     adj_mat[u][v] = 1
007:     adj_mat[v][u] = 1
```

```
[0, 0, 0, 0, 0, 0]
[0, 0, 1, 0, 0, 0]
[0, 1, 0, 1, 1, 1]
[0, 0, 1, 0, 0, 0]
[0, 0, 1, 0, 0, 0]
[0, 0, 1, 0, 0, 0]
```

```
012: print(adj_mat[1][2])
013: print(adj_mat[1][5])
```

인접 리스트

그래프를 표현하는 두 번째 방법은 **인접 리스트**adjacency list입니다. 인접 리스트는 인접 행렬과 정반대의 장단점을 가지고 있습니다. 우선 연결 없는 간선을 표현하는 데 불필요한 공간을 사용하지 않습니다. 즉, 공간을 사용을 최소화한다는 장점이 있습니다. 그러나 정점 간 연결을 찾을 때 리스트에 원소가 있는지를 확인하기 위해 선형 탐색을 해야 한다는 단점이 있습니다.

인접 리스트로 앞서 살펴본 그래프를 구현해보겠습니다.

```
001: adj_list = [[] for _ in range(n + 1)]
002:
003: for u, v in edges:
004:     adj_list[u].append(v)
005:     adj_list[v].append(u)
006:
007: for row in adj_list:
008:     print(row)
009:
010: def is_edge_exist(u, v):
011:     for vertex in adj_list[u]:
012:         if v == vertex:
013:             return True
014:
015:     return False
016:
017: print(is_edge_exist(1, 2))    # True
018: print(is_edge_exist(1, 5))    # False
```

인접 리스트는 각 정점이 주변의 정점을 저장하기 위해서 리스트를 하나씩 가지고 있는 형태입니다. 간선을 연결할 때 서로의 리스트에 상대 정점을 추가해 양방향이 됩니다. 10~18행에서는 앞서 설명했듯이 인접 리스트에서 연결을 찾기 위해 정점이 지닌 인접 리스트를 선형 탐색합니다. 이렇게 생성한 인접 리스트를 출력한 결과입니다.

```
[]      # 0번 정점은 사용하지 않음
[2]
[1, 3, 4, 5]
[2]
[2]
[2]
```

셋

셋set 자료구조는 앞서 다룬 인접 행렬 혹은 인접 리스트보다 더 효과적으로 그래프를 구현할 수 있습니다. 바로 구현 코드를 살펴보겠습니다.

```
001: graph = [set() for _ in range(n + 1)]
002:
003: for u, v in edges:
004:     graph[u].add(v)
005:     graph[v].add(u)
006:
007: for row in graph:
008:     print(row)
```

먼저 셋에서 그래프를 초기화하는 과정은 인접 리스트와 유사합니다. 인접 셋의 내용을 출력해 보면 다음과 같습니다.

```
set()
{2}
{1, 3, 4, 5}
{2}
{2}
{2}
```

이렇게 셋을 활용하면 불필요한 간선을 표현하는 데 드는 메모리 사용도 줄이고 간선의 존재 유무도 O(1)의 비용으로 처리할 수 있습니다.

```
010: print(2 in graph[1])    # True
011: print(5 in graph[1])    # False
```

인접 딕셔너리

C++과 같은 다른 언어는 맵으로 그래프를 구현하는 반면, 파이썬은 검색에 최적화된 딕셔너리를 사용해 그래프를 표현하는 **인접 딕셔너리**adjacency dictionary를 활용할 수 있습니다. 동적으로 인접한 노드와의 연결을 추가하고 삭제할 수 있어 메모리도 효율적으로 사용할 수 있고 크기의 변화에 유연하여 많이 사용하는 표현 방식입니다.

> 🔍 **Tip.** 딕셔너리로 그래프를 표현하면 정점 간의 관계, 즉 엣지가 존재할 때만 값을 저장하기 때문에 크기가 큰 그래프를 표현할 때도 최소한의 메모리를 사용합니다.

```
001: graph = {}
002:
003: for u, v in edges:
004:     if u not in graph:
005:         graph[u] = {}
006:     graph[u][v] = True
007:
008:     if v not in graph:
009:         graph[v] = {}
010:     graph[v][u] = True
011:
012: for row in graph.items():
013:     print(row) code
```

인접 딕셔너리는 인접 행렬의 행과 열을 모두 딕셔너리로 표현합니다. 정점은 물론이고 딕셔너리의 주변 정점을 저장하는 자료구조 역시 딕셔너리를 사용합니다.

다음은 딕셔너리로 표현한 그래프를 출력한 결과입니다.

```
(1, {2: True})
(2, {1: True, 3: True, 4: True, 5: True})
(3, {2: True})
(4, {2: True})
(5, {2: True})
```

딕셔너리의 또 다른 장점은 앞서 셋에서는 사용하지 않는 0번에 대한 공간도 불필요하게 낭비할 필요 없이 그래프를 표현할 수 있다는 것입니다.

```
015: print(2 in graph[1])    # True
016: print(5 in graph[1])    # False
```

가중치 그래프

간선마다 가중치가 있는 **가중치 그래프**는 앞서 살펴본 4가지 방법을 응용해 표현할 수 있습니다. 먼저 인접 행렬로 가중치 그래프를 표현하는 방법을 살펴보겠습니다.

다음과 같은 가중치 그래프를 인접 행렬로 표현할 때는 행렬의 값을 가중치로 변경하면 간단하게 구현할 수 있습니다.

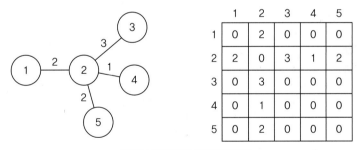

▲ 가중치 그래프(왼쪽)와 인접 행렬(오른쪽)

다음으로 인접 리스트로 가중치 그래프를 표현할 때는 다음과 같이 구현할 수 있습니다.

```
001: adj_list = [[] for _ in range(n + 1)]
002:
003: for u, v, w in weighted_edges:
004:     adj_list[u] += (v, w),    # (인접 정점, 간선의 가중치)
005:     adj_list[v] += (v, u),
```

```
[]
[(2, 2)]
[(2, 1), (3, 3), (4, 1), (5, 2)]
[(3, 2)]
[(4, 2)]
[(5, 2)]
```

인접 딕셔너리로 가중치 그래프를 표현할 때는 다음과 같이 구현할 수 있습니다. 연결 시 True 값이 아니라 가중치 값을 주면 됩니다. 이를 출력한 결과는 다음과 같습니다.

```
001: graph = {}
002:
003: for u, v, w in weighted_edges:
004:     if u not in graph:
005:         graph[u] = {}
006:     graph[u][v] = w
007:
008:     if v not in graph:
009:         graph[v] = {}
010:     graph[v][u] = w
```

```
(1, {2: 2})
(2, {1: 2, 3: 3, 4: 1, 5: 2})
(3, {2: 3})
(4, {2: 1})
(5, {2: 2})
```

```
015: print(graph[1][2])     # 2
```

이제 앞선 예제와 같이 간단한 첨자 연산으로 간선의 가중치를 확인할 수 있습니다. 그런데 다음과 같이 간선이 없을 때 첨자 연산을 하면 KeyError 예외가 발생합니다.

```
print(graph[1][5])      # → KeyError: 5
```

좀 더 쉽게 인접 딕셔너리를 사용할 수는 없을까요? 이때 파이썬의 내장 라이브러리인 collections를 사용하면 더 간단히 그래프를 표현할 수 있습니다. defaultdict를 collections 라이브러리에서 import한 다음 graph를 선언하여 값을 추가합니다.

```
000: from collections import defaultdict
001: graph = defaultdict(lambda: defaultdict(int))
002:
003: for u, v, w in weighted_edges:
004:     graph[u][v] = w
005:     graph[v][u] = w
```

```
007: for row in graph.items():
008:     print(row)
```

```
(1, defaultdict(<class 'int'>, {2: 2}))
(2, defaultdict(<class 'int'>, {1: 2, 3: 3, 4: 1, 5: 2}))
(3, defaultdict(<class 'int'>, {2: 3}))
(4, defaultdict(<class 'int'>, {2: 1}))
(5, defaultdict(<class 'int'>, {2: 2}))
```

이제 간선이 없을 때 첨자 연산을 수행하면 defaultdict(int)의 기본 값을 출력합니다.

> Tip. 별도로 default 값을 지정하지 않으면 int에서는 0이 출력됩니다.

```
010: print(graph[1][2])    # 2
011: print(graph[1][5])    # 0
```

지금까지 그래프의 구성 요소부터 그래프를 표현하는 다양한 방법을 살펴보았습니다. 그래프를 이용한 탐색, 순회 등 다양한 응용과 관련된 내용은 '4.2 그래프 알고리즘'에서 더 다루겠습니다.

CHAPTER 4

기본 알고리즘

4.1 정렬

정렬sorting algorithm은 특정 기준에 맞춰 값을 나열하는 과정입니다. 가장 흔히 볼 수 있는 예로는, 값이 증가하는 순서대로 정렬하는 오름차순 정렬, 값이 감소하는 순서대로 정렬하는 내림차순 정렬이 있습니다. 이외에도 값이 값이 생성된 시간이나 출현하는 순서에 따라 나열하는 등 다양한 정렬이 있습니다. 정렬 방식에 따라 성능이 달라지기도 하는데, 대표적으로 다음과 같은 정렬 알고리즘이 있습니다.

정렬 방식	최고 성능	평균 성능	최저 성능
버블 정렬	n^2	n^2	n^2
선택 정렬	n^2	n^2	n^2
삽입 정렬	n	n^2	n^2
셸 정렬	n	n^1.5	n^2
힙 정렬	n log n	n log n	n log n
병합 정렬	n log n	n log n	n log n
퀵 정렬	n log n	n log n	n^2

💡Tip. log는 밑이 2인 로그입니다.

표에 따르면 힙 정렬보다 퀵 정렬의 최저 성능이 더 좋지 않음을 알 수 있습니다. 하지만 이 중 가장 성능이 좋은 정렬은 사실 퀵 정렬입니다. 퀵 정렬은 분할 방식을 사용해 실제 실행 시간의 성능을 높일 수 있기 때문이죠.

정렬 알고리즘이 다양한 만큼 구현 방식도 제각기 다릅니다. 버블 정렬, 셸 정렬과 같이 구현 방식이 단순한 것이 있는가 하면 다소 복잡한 정렬 알고리즘도 있죠. 이처럼 구현 방식의 복잡성에 따라 알고리즘을 구분하기도 하는데요. 다음은 그 예입니다.

- 구현이 단순한 정렬: 버블 정렬, 선택 정렬, 삽입 정렬, 셸 정렬
- 구현이 복잡한 정렬: 힙 정렬, 병합 정렬, 퀵 정렬, 기수 정렬

이처럼 정렬 알고리즘은 성능과 구현 난도 등 다양한 부분을 고려해야 하며 상황에 정렬하고자 하는 데이터 형태에 맞춰 최적화를 통한 튜닝이 필요할 수 있습니다. 그렇기 때문에 각 정렬 알고리즘의 특성과 구현 방식을 파악하는 것이 중요합니다. 우리는 이 중에서도 선택 정렬, 버블 정렬, 병합 정렬 그리고 퀵 정렬 4가지를 자세히 살펴보겠습니다.

선택 정렬

선택 정렬selection sort은 이름처럼 왼쪽부터 오른쪽으로 이동하면서 가장 작은 값을 선택해 위치를 옮기는 알고리즘입니다.

| 동작 방식

[2, 1, 0, 4]를 선택 정렬 알고리즘으로 정렬하는 과정을 살펴보겠습니다. 우선 첫 번째 원소 위치에 어떤 값을 선택하여 할당할지 결정해야 합니다. 첫 번째 원소인 2를 포함해 뒤에 있는 원소 [1, 0, 4] 중 가장 작은 값(오름차순 정렬)을 찾습니다.

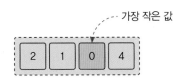

가장 작은 값인 0과 현재 선택한 위치, 즉 첫 번째 원소와 자리를 교환합니다.

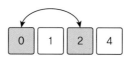

다음으로 두 번째 위치에 들어갈 가장 작은 값을 찾고 다시 한번 자리를 교환합니다. [1, 2, 4]
중 가장 작은 값은 1이고, 이미 두 번째 위치에 있으므로 이번엔 자리 이동을 하지 않습니다.

마찬가지로 남은 원소 [2, 4]에서 가장 작은 값을 찾아 세 번째 위치로 자리를 이동해야 하지만
이미 세 번째 위치에 2, 네 번째 위치에 4가 있으므로 자리 이동을 하지 않습니다. 여기까지 진
행하면 4개의 원소가 크기순으로 정렬됩니다.

| 구현 코드

선택 정렬 알고리즘을 코드로 구현하면 다음과 같습니다.

| 선택 정렬 알고리즘 | 파일 Chapter04/4.1.1_select_sort.py |

```
001: for i in range(n - 1):
002:     mn_val = a[i]
003:     mn_idx = i
004:
005:     for j in range(i + 1, n):
006:         if mn_val > a[j]:
007:             mn_val = a[j]
008:             mn_idx = j
009:     a[i], a[mn_idx] = a[mn_idx], a[i]
```

선택 정렬은 가장 왼쪽 원소부터 하나씩 오른쪽으로 이동하면서 모든 원소와 비교하고 자리를 바꿔 정렬을 수행합니다. 이 과정을 반복문을 이용해 하나씩 수행하고 나면 모든 원소가 오름차순으로 정렬됩니다.

버블 정렬

버블 정렬bubble sort은 인접한 두 원소의 크기를 비교해 큰 값을 뒤에 배치하면서 정렬하는 알고리즘으로, 그 모습이 거품이 일어나는 것처럼 보여 지어진 이름입니다.

| 동작 방식

[2, 1, 0, 4]라는 4개의 원소에 버블 정렬 알고리즘을 적용해 오름차순으로 정렬해보겠습니다. 먼저 첫 번째 원소와 두 번째 원소를 비교합니다. 2가 1보다 크므로 2를 뒤로 옮깁니다.

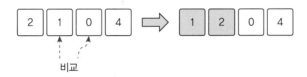

이번에는 두 번째 원소와 세 번째 원소를 비교합니다. 2가 0보다 크므로 2를 뒤로 옮깁니다.

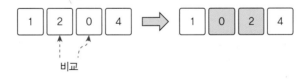

마지막으로 남은 두 원소를 비교합니다. 뒤에 있는 4가 2보다 크므로 이번에는 위치를 변경하지 않습니다.

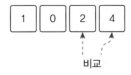

이제 처음으로 돌아가 다시 앞에서부터 2개씩 원소의 크기를 비교하고 큰 값은 뒤로 보내는 과정을 반복하면 최종적으로 [0, 1, 2, 4]로 오름차순 정렬이 완성됩니다.

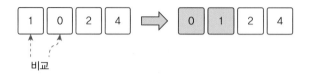

구현 코드

버블 정렬 알고리즘을 코드로 구현하면 다음과 같습니다

| 버블 정렬 알고리즘 | 파일 Chapter04/4.1.2_bubble_sort.py |

```
001: for i in range(n - 1):
002:     for j in range(1, n - i):
003:         if a[j - 1] > a[j]:
004:             a[j - 1], a[j] = a[j], a[j - 1]
```

버블 정렬은 이중 반복문으로 간단하게 구현할 수 있습니다. 반복문을 수행할 때마다 오른쪽부터 위치를 감소하고, 왼쪽부터 2개의 인접한 원소 크기를 비교해 더 큰 값이 뒤에 오도록 합니다.

병합 정렬

병합 정렬merge sort 은 분할 정복 방식으로 배열을 정렬합니다. 분할 정복 방식이란, 말 그대로 리스트를 분할합니다. 먼저 가장 작은 단위인 1로 인접한 두 원소를 정렬하다가 2, 4로 단위를 키우면서 인접한 원소를 정렬하는 방식입니다. 최초 단위 1에서 2의 배수로 단위를 키우면서 비교하므로 시간 복잡도는 $O(N \log N)$이 됩니다.

동작 방식

[2, 1, 0, 4, 5, 3, 7, 2]라는 8개의 원소를 가진 리스트에 병합 정렬 알고리즘을 적용해 오름차순으로 정렬해보겠습니다. 먼저 1개 단위로 인접한 원소끼리 비교해 큰 값은 뒤로, 작은 값은 앞으로 정렬합니다. 2와 1, 0과 4, 5와 3, 7과 2를 비교하고 정렬하면 다음과 같이 정렬됩니다.

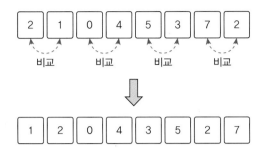

이번에는 2개씩 한 단위, 즉 원소를 2개씩 한 묶음으로 구분해 인접한 두 묶음의 원소를 정렬합니다. 묶음 단위로 정렬을 할 때는 각 묶음의 첫 번째 원소끼리 먼저 비교해 가장 작은 값을 빼내고, 이어서 두 번째 원소를 비교하면서 진행됩니다. 바로 예시로 살펴보겠습니다.

먼저 첫 번째 묶음 [1, 2]의 첫 번째 원소인 1과 두 번째 묶음 [0, 4]의 첫 번째 원소인 0을 비교한 다음 더 작은 값인 0을 결과 리스트에 담습니다. 결과 리스트에 담은 0을 제외하고, 다시 첫 번째 묶음의 첫 번째 원소와 두 번째 묶음의 두 번째 원소를 비교합니다. 1과 4를 비교한 다음 더 작은 값인 1을 결과 리스트의 두 번째 자리에 담습니다.

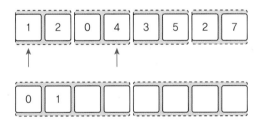

첫 번째 묶음의 2와 두 번째 묶음의 4를 비교합니다. 2가 더 작으므로 2를 먼저 결과에 담습니다. 그리고 마지막 원소인 4를 결과 리스트에 담으면 [0, 1, 2, 4]로 정렬이 완성됩니다.

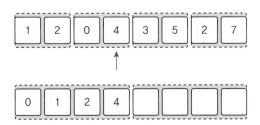

뒷부분도 마찬가지로 정렬하면 다음과 같이 정렬된 결과를 얻습니다.

이제 리스트는 크기가 4인, 즉 원소가 4개씩 담긴 2개의 묶음으로 분할하고 인접한 두 묶음을 비교합니다. 과정은 마찬가지로 각 묶음의 첫 번째 원소부터 하나씩 비교하면서 가장 작은 값을 결과 리스트에 담습니다. 이렇게 모두 정렬하고 나면 전체 원소가 8개이므로 더 분할할 수 없으니 정렬을 종료합니다.

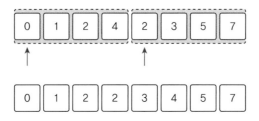

구현 코드

병합 정렬 알고리즘은 분할 정복 방식으로 동작하므로 재귀로 간단히 구현할 수 있습니다.

| 병합 정렬 알고리즘 | 파일 Chapter04/4.1.3_merge_sort.py |

```
001: def merge_sort(nums):
002:     if len(nums) < 2:
003:         return nums
004:
005:     m = len(nums) // 2
006:     left = merge_sort(nums[:m])
007:     right = merge_sort(nums[m:])
008:     merged_nums = []
009:
010:     lpos = 0
011:     rpos = 0
012:
013:     while lpos < len(left) or rpos < len(right):
014:         if lpos < len(left) and rpos < len(right):
015:             if left[lpos] > right[rpos]:
```

```
016:                 merged_nums += right[rpos],
017:                 rpos += 1
018:             else:
019:                 merged_nums += left[lpos],
020:                 lpos += 1
021:         elif lpos < len(left):
022:             merged_nums += left[lpos],
023:             lpos += 1
024:         else:
025:             merged_nums += right[rpos],
026:             rpos += 1
027:
028:     return merged_nums
```

먼저 merge_sort를 호출하면 인수로 전달받은 nums의 가운데를 기준으로 두 부분으로 분할합니다. 이후 분할된 각 부분으로 merge_sort를 재귀 호출합니다. 재귀 호출을 반복하면서 인접한 원소 1개씩 크기를 비교하기 시작합니다. 정렬이 끝나면 분할한 두 부분을 하나로 합치고 반환합니다. 이후 앞선 재귀 호출 단계에서는 2개씩 인접한 두 묶음의 병합을 진행하고 nums의 절반 크기를 병합한 후 최종 정렬된 리스트를 반환합니다.

이제 다음과 같이 정렬되지 않은 배열을 입력하여 merge_sort를 호출하면 다음과 같이 정렬된 결과를 출력합니다.

```
001: nums = [3, 4, 2, 1, 5]
002: print(merge_sort(nums))
```

```
[1, 2, 3, 4, 5]
```

퀵 정렬

퀵 정렬quick sort은 병합 정렬과 마찬가지로 분할 정복 방식으로 정렬하는 알고리즘입니다. 차이점이 있다면 크기 단위로 리스트를 나누고 비교하는 것이 아니라 특정 위치의 원소를 **중심점**pivot으로 삼아 중심점보다 작은 값은 왼쪽에, 큰 값은 오른쪽에 오도록 정렬합니다. 이 과정을 반복해 배열을 점점 작게 쪼개면서 모든 원소를 정렬하는 방식입니다. 퀵 정렬 역시 소모되는 시간 복잡도는 $O(N \log N)$입니다.

| 동작 방식

퀵 정렬 알고리즘으로 [2, 4, 1, 5, 3]이라는 5개의 원소를 오름차순 정렬하겠습니다. 먼저 중심점을 잡아야 합니다. 중심점을 잡는 데에 특별한 기준은 없습니다. 중심에 있거나 또는 무작위로 잡을 수도 있습니다. 이번 예제에서는 오른쪽 맨 끝을 중심점으로 잡겠습니다.

중심점을 잡았다면 가장 왼쪽의 원소를 left 포인터가 가리키게 하고, 중심점을 제외한 가장 오른쪽 원소를 right 포인터가 가리키게 합니다.

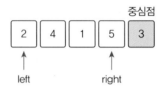

left가 가리키는 위치의 값이 중심점인 3보다 작으면 포인터를 오른쪽으로 이동시켜서 left 왼쪽에는 중심점보다 작은 값이 오게 합니다. 반대로 right가 가리키는 위치의 값이 중심점보다 크면 왼쪽으로 포인터를 이동시켜 right 오른쪽에는 중심점보다 큰 값이 오게 합니다.

left가 right보다 작다면 두 값을 교환합니다.

마지막으로 left의 값과 중심점의 값을 교환하면 left를 기준으로 왼쪽에는 3보다 작은 값이, 오른쪽에는 3보다 큰 값이 위치하게 됩니다.

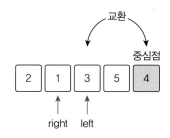

이제 left의 왼쪽과 오른쪽에 지금까지 수행한 과정을 반복합니다. left의 왼쪽에 있는 값들을 정렬하는 과정은 다음과 같습니다. left와 right가 모두 첫 번째 원소를 가리키는 상태에서 알고리즘을 수행하면 left는 그대로지만, right는 −1의 값을 갖게 됩니다. 이후 left의 값과 중심점의 값을 교환하여 정렬을 마무리합니다.

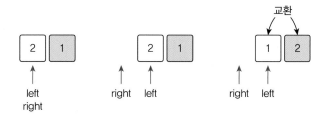

이번에는 left 오른쪽에 있는 값들을 정렬합니다. 마찬가지로 left와 right를 이동한 후 left의 값 5와 중심축의 값 4를 교환하여 정렬을 마무리합니다.

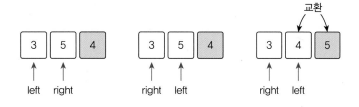

이제 left를 중심으로 왼쪽과 오른쪽 둘 다 원소가 하나씩 존재하므로 정렬할 필요가 없습니다.

구현 코드

퀵 정렬 알고리즘을 코드로 구현하면 다음과 같습니다.

| 퀵 정렬 알고리즘 | 파일 Chapter04/4.1.4_quick_sort.py |

```python
001: def partition(nums, base, n):
002:     pivot = nums[base + n - 1]
003:     l = 0
004:     r = n - 2
005:
006:     while l < r:
007:         while nums[base + l] < pivot:
008:             l += 1
009:
010:         while nums[base + r] > pivot:
011:             r -= 1
012:
013:         if l < r:
014:             nums[base + l], nums[base + r] = nums[base + r], nums[base + l]
015:
016:     nums[base + n - 1], nums[base + l] = nums[base + l], nums[base + n - 1]
017:     return l
018:
019:
020: def quick_sort(nums, base, n):
021:     if n <= 1:
022:         return
023:
024:     m = partition(nums, base, n)
025:     quick_sort(nums, base, m)
026:     quick_sort(nums, m + 1, n - m - 1)
```

quick_sort를 수행하면 배열의 원소를 분할하는 데 사용할 중심값을 얻는 partition 함수를 수행합니다. 이후 while문을 반복하면서 left 포인터인 l과 right 포인터인 r을 각각 오른쪽과 왼쪽으로 이동시킵니다. 그런 다음 left가 가리키는 값이 right가 가리키는 값보다 작다면 교환하고 다시 반복문을 수행합니다.

이후 반복문을 빠져나오고 left의 값과 중심점의 값을 교환하여 left 값이 왼쪽과 오른쪽의 중간값이 되도록 한 후 partition 함수 수행을 종료합니다. 이후 중심점을 기준으로 왼쪽과 오른쪽에 각각 quick_sort를 호출하여 정렬합니다.

다음은 이렇게 구현한 퀵 정렬 알고리즘을 호출하는 코드입니다.

```
001: nums = [3, 4, 2, 1, 5]
002: quick_sort(nums, 0, len(nums))
003: print(nums)
```

```
[1, 2, 3, 4, 5]
```

퀵 정렬은 중심점을 잡는 방법에 따라 입력 패턴에 따른 성능 저하가 발생할 수 있습니다. 극단적으로 예제와 같이 오른쪽 끝을 중심점으로 사용하면 나머지 원소들이 모두 중심점의 값보다 크거나 작을 수 있는데, 이런 경우 퀵 정렬의 성능이 좋지 않습니다. 성능 저하를 고려해 중심점을 정할 때는 난수를 사용하거나 배열의 처음, 중간, 끝 값을 정렬하여 중앙값^{median}을 사용하는 등의 방법이 있습니다.

4.2 그래프 알고리즘

앞서 **3.8 그래프**에서 살펴본 인접 행렬, 인접 리스트, 셋 등으로 그래프의 구성 요소와 구현 형태 등을 살펴봤다면, 이번에는 기본적인 탐색 알고리즘인 깊이 우선 탐색, 너비 우선 탐색을 시작으로 최단 경로 구하기, 모든 노드를 최소 비용으로 연결하기, 순서를 보장하는 위상 정렬 등을 살펴보겠습니다.

여기서 다루는 알고리즘은 모두 그래프와 관련된 문제를 해결하는 데 필수 알고리즘이므로 꼭 익혀 두는 것이 좋습니다.

너비 우선 탐색

모든 노드를 방문하기 위해 가까운 주변 노드에서 시작해 점차 반경을 넓혀가면서 탐색할 때 **너비 우선 탐색**^{breadth first search, BFS}을 사용합니다. 즉, 시작점과 인접한 노드부터 방문하고 깊이를 증가시키면서 방문 범위를 확장하는 방법입니다.

| 동작 방식

간단한 방향 그래프에서 모든 노드를 방문해야 할 때 너비 우선 탐색에서는 어떤 순서로 노드를 방문하는지 살펴보겠습니다. 가장 먼저 탐색하는 노드를 1번 노드라고 가정하겠습니다. 1번 노드에서 방문할 수 있는 주변 노드는 2, 3, 4번 노드로, 총 3개입니다. 이 3개의 노드, 즉 방문하려는 노드를 큐에 저장합니다.

💡Tip. 큐 자료구조에 대한 자세한 설명은 '3.2 큐'에서 볼 수 있습니다.

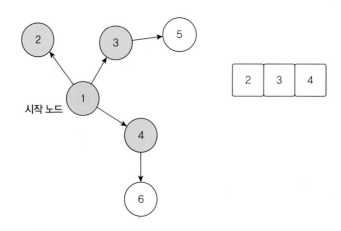

이제 큐의 맨앞에 있는 2번 노드를 먼저 방문합니다. 방문한 노드는 큐에서 제외합니다. 2번 노드에는 방문하지 않은 연결된 노드가 없으므로 방문을 종료합니다.

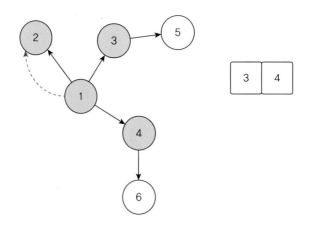

다음으로 3번 노드를 큐에서 빼내고 방문합니다. 이때 3번 노드 주변에 방문하지 않은 노드를 확인하고 앞으로 방문할 노드임을 표시하기 위해 큐에 추가해 둡니다.

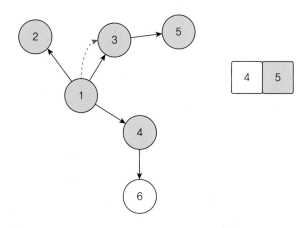

다음으로 방문할 노드는 4번 노드입니다. 4번 노드 주변에 방문하지 않은 6번 노드 역시 큐에 추가해 둡니다.

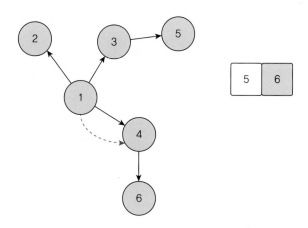

이제 1과 인접한 노드는 모두 방문했습니다. 인접한 노드와 방문하면서 발견한 노드를 방문할 차례입니다. 큐에 넣어 둔 첫 번째 값인 5번 노드부터 방문합니다. 5번 노드는 3번 노드를 거쳐 야 합니다. 5번 노드에서 방문하지 않은 노드가 있는지 확인하고 없다면 방문을 종료합니다.

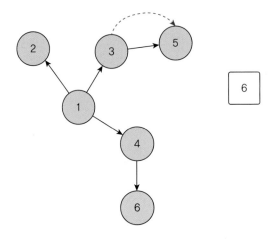

마지막으로 큐에 남은 6번 노드를 방문합니다. 마찬가지로 4번 노드를 거쳐 6번 노드를 방문하고 주변에 방문하지 않은 노드가 있는지 확인한 다음, 없다면 탐색을 종료합니다.

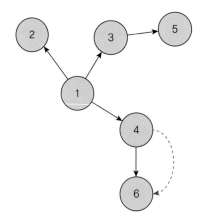

| 구현 코드

너비 우선 탐색은 선입선출 자료구조인 큐로 구현할 수 있습니다.

너비 우선 탐색	파일 Chapter04/4.21_bfs.py

```
001: def bfs(g, visited, u):
002:     q = collections.deque([u])
003:     visited = {u}
004:
```

```
005:     while q:
006:         u = q.popleft()
007:         print('visit = ', u)
008:
009:         if u not in g:
010:             continue
011:
012:         for v in g[u]:
013:             if v in visited:
014:                 continue
015:
016:             visited.add(v)
017:             q.append(v)
```

```
visit =  1
visit =  2
visit =  3
visit =  4
visit =  5
visit =  6
```

| 성능 분석

큐에 값을 넣고 빼는 데는 O(1)의 시간이 소요됩니다. 즉, 노드가 V개 있을 때 모든 노드를 넣고 빼는 데 O(V)의 시간이 소요됩니다. 각 노드는 인접 노드를 순회하고, 이 과정에서 모든 연결선이 한 번씩 처리되므로 모든 연결선의 개수가 E라면 소요 시간은 O(E)입니다. 따라서 너비 우선 탐색에 소모되는 전체 시간은 O(V+E)입니다.

깊이 우선 탐색

깊이 우선 탐색depth first search, DFS은 성능이나 동작 방식이 너비 우선 탐색과 거의 동일합니다. 차이점이라면 주변 노드부터 방문하는 것이 아니라 먼저 방문한 노드의 최말단 노드까지 모두 방문한 다음 주변 노드를 방문하는 것입니다. 즉, 주변 노드를 방문하지 않고 처음 시작한 노드에서 도달 가능한 마지막 노드까지 방문을 유지해야 할 값이 있을 때 깊이 우선 탐색을 사용합니다. 또 너비 우선 탐색에서는 방문할 노드를 큐에 저장했지만, 깊이 우선 탐색에서는 스택을 활용합니다.

Tip. 스택 자료구조에 대한 자세한 설명은 '3.1 스택'에서 볼 수 있습니다.

동작 방식

너비 우선 탐색에서 사용했던 그래프를 이용해 깊이 우선 탐색이 어떻게 동작하는지 살펴보겠습니다. 먼저 최초 방문하는 노드는 1번 노드라고 가정하겠습니다. 1번 노드 주위에 아직 방문하지 않은 노드를 방문하기 위해 스택에 방문하고자 하는 주변 노드를 저장합니다. 1번 노드의 인접한 노드에는 2, 3, 4가 있으므로 모두 스택에 저장합니다.

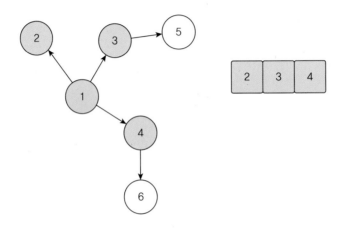

스택은 큐와 반대로 후입후출이므로 가장 마지막에 넣은 값인 4를 빼냅니다(pop). 4를 방문 처리하고 4번 노드 주변에 방문하지 않은 노드인 6번 노드를 스택에 담습니다(push).

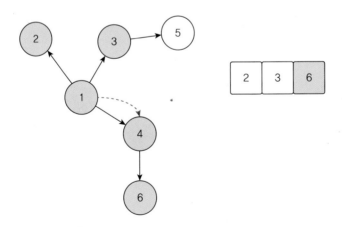

이제 다음으로 방문할 노드를 스택에서 다시 빼내는데, 후입후출이므로 가장 최근에 넣은 6번 노드를 방문합니다. 즉, 처음 방문한 4번 노드 방향으로 계속 진행합니다. 6번 노드는 인접한 노드가 없으므로 방문을 종료하고 다시 스택에서 마지막에 넣은 값인 3을 꺼냅니다.

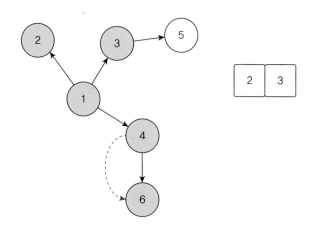

스택에 넣은 순서대로 3번, 5번까지 모두 방문하면 마지막으로 남은 2번 노드를 방문하고 탐색을 종료합니다.

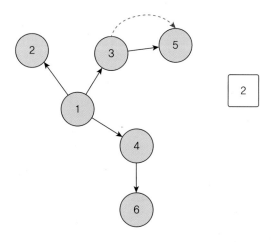

구현 코드

깊이 우선 탐색은 선입후출FILO 자료구조인 스택으로 구현할 수 있습니다. 파이썬에서는 기본 타입인 리스트를 스택으로 사용할 수 있습니다.

```
001: def dfs2(g, visited, u):
002:     q = [u]
003:     visited = {u}
004:
005:     while q:
006:         u = q.pop()
007:         print('visit = ', u)
008:
009:         if u not in g:
010:             continue
011:
012:         for v in g[u]:
013:             if v in visited:
014:                 continue
015:
016:             visited.add(v)
017:             q.append(v)
```

이처럼 너비 우선 탐색과 동일한 코드로 구현할 수 있습니다. 차이점이 있다면 탐색에 큐가 아닌 스택을 사용했다는 것입니다. 이 코드를 실행한 결과는 다음과 같습니다.

```
visit = 1
visit = 4
visit = 6
visit = 3
visit = 5
visit = 2
```

이처럼 깊이 우선 탐색은 스택으로도 구현이 가능하고 간단한 재귀 형태로도 구현이 가능합니다.

💡Tip. 그래서 재귀 함수의 이름을 짓기 애매할 때 'dfs'라고 짓는 경우가 종종 있습니다.

```
001: def dfs(g, visited, u):
002:     visited.add(u)
003:     print('visit = ', u)
004:
005:     if u not in g:
006:         return
007:
008:     for v in g[u]:
```

```
009:        if v in visited:
010:            continue
011:        dfs(g, visited, v)
```

이제부터 기본 탐색 방법을 활용하여 다양한 그래프 알고리즘을 살펴보도록 하겠습니다.

우선순위 탐색

알고리즘 문제에서 흔히 접할 수 있는 유형 중 하나가 최단 경로 찾기 문제입니다. 최단 경로 찾기란, 그래프에서 시작 정점부터 종료 정점까지 최소 비용으로 연결할 수 있는 간선의 집합 경로를 찾는 문제로, 지도나 내비게이션 애플리케이션에서 경로를 찾는 라우팅 알고리즘으로 사용하기도 합니다.

최단 경로 탐색 알고리즘의 대표적인 알고리즘으로는 A-star 알고리즘이 있으며, 이런 알고리즘의 가장 기본이 되는 알고리즘이 **우선순위 탐색**priority first search입니다. 이외에도 **다익스트라**dijkstra, **플로이드-워셜**floyd-warshall 알고리즘이 있습니다. 이 중에서도 우선순위 탐색을 먼저 살펴보겠습니다.

▍동작 방식

다음과 같이 7개의 정점과 10개의 간선으로 구성된 그래프가 주어졌을 때 한 정점에서 다른 모든 정점으로 가는 최단 경로를 우선순위 탐색 알고리즘으로 찾아보겠습니다. 먼저 탐색을 시작할 정점 A에서 A로 가는 거리인 0 값을 갖는 원소를 힙큐에 추가합니다.

> 💡Tip. 힙큐는 큐처럼 먼저 들어간 원소가 먼저 출력되지 않습니다. 대신 가장 작은 값을 갖는 원소가 가장 먼저 출력되는 자료구조입니다. 힙큐에 대한 자세한 설명은 '3.6 힙'을 참고하세요.

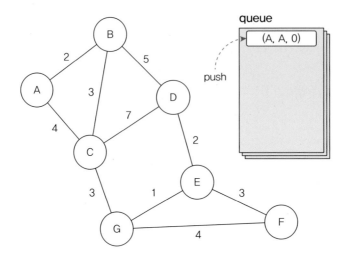

힙큐에 추가한 (A, A, 0) 원소를 출력하여 A 정점을 방문합니다. A 주변에는 B와 C가 있으며 각각 주변 정점까지 도달하는 데 필요한 거리는 2와 4입니다. A까지 오는 데 필요했던 거리 0을 더하여 A에서 B와 C 로 가는 데 필요한 거리를 갖는 원소를 힙큐에 추가합니다. B로 가는 거리 2가 C로 가는 거리 4보다 작으므로 정점 B로 가는 원소가 힙큐에서 가장 먼저 출력되는 최상단에 위치합니다.

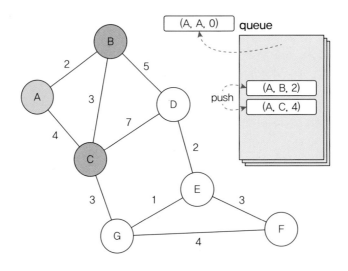

이번에는 거리가 2인 A에서 B로 가는 원소를 힙큐에서 출력하여 방문합니다. B 주변의 C와 D로 가는 경로 원소를 거리 5와 7을 할당하여 힙큐에 추가합니다.

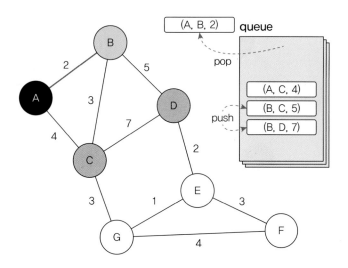

거리가 4인 A에서 C로 가는 원소를 힙큐에서 출력하여 C를 방문합니다. 주변에 7의 거리로 G까지 가는 경로와 11의 거리로 D까지 가는 경로에 대한 원소를 힙큐에 추가합니다.

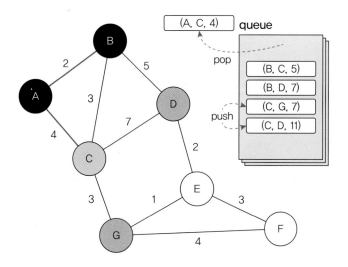

이번에는 B에서 C로 가는 5의 거리를 지닌 원소가 힙큐에서 출력되었습니다. 그러나 C는 이미 방문했으므로 B에서 C로 가는 경로는 무시합니다.

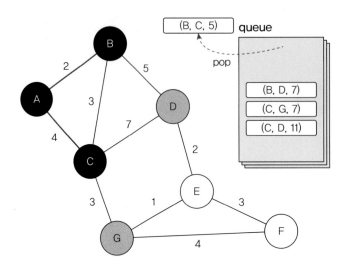

이번엔 7의 거리를 가진 B에서 D로 가는 원소를 힙큐에서 출력하여 D를 방문합니다. 주변에 9의 거리로 정점 E까지 가는 경로에 대한 원소를 힙큐에 추가합니다.

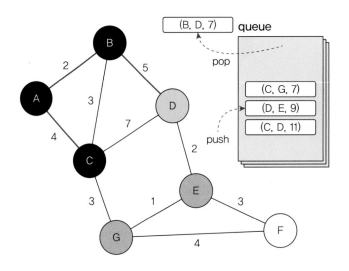

이번에도 7의 거리를 가진 C에서 G로 가는 원소를 힙큐에서 출력하여 G를 방문합니다. 주변에 8의 거리로 정점 E까지 가는 경로에 대한 원소와 11의 거리로 정점 F까지 가는 원소를 힙큐에 추가합니다.

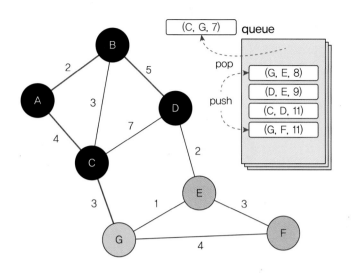

이번에도 8의 거리를 가진 G 에서 E로 가는 원소를 힙큐에서 출력하여 E를 방문합니다. 주변에 11의 거리로 F까지 가는 경로에 대한 원소를 힙큐에 추가합니다. 이후 9의 거리로 D에서 E로 가는 경로와 11의 거리로 C에서 D로 가는 원소는 이미 방문했던 정점이므로 힙큐에서 제거합니다.

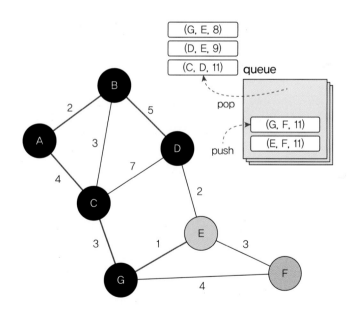

마지막으로 11의 거리를 가진 G에서 F로 가는 원소를 힙큐에서 출력하여 F를 방문합니다. 이제 모든 정점을 방문했고 힙큐에 남은 E에서 F로 가는 마지막 원소는 이미 방문한 F로 향하고 있으므로 제거합니다.

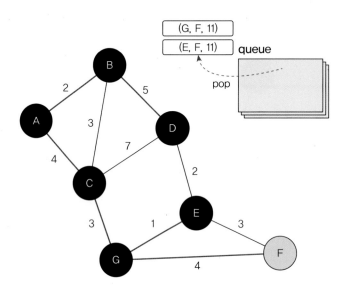

이제 모든 정점을 방문했습니다. 그래프의 A에서 최단 경로(비용)로 모든 정점을 방문하는 경로는 다음과 같습니다.

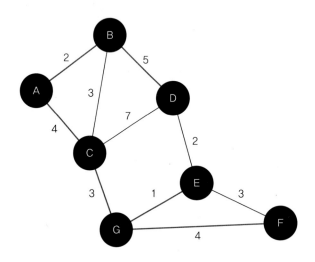

| 구현 코드

우선순위 탐색을 구현하는 코드를 작성하면 다음과 같습니다.

| 우선순위 탐색 | 파일 Chapter04/4.2.3_priority_first_search.py |

```
001: def prio_first_search(start_name, edges):
002:     g = collections.defaultdict(lambda: collections.defaultdict(int))
003:
004:     for u, v, w in edges:
005:         g[u][v] = w
006:         g[v][u] = w
007:
008:     q = [(0, 'A', 'A')]
009:     visited = set()
010:     edges = []
011:
012:     while q:
013:         dist, src, u = heapq.heappop(q)
014:         if u in visited:
015:             continue
016:
017:         visited.add(u)
018:         edges += (src, u),
019:
020:         for v, w in g[u].items():
021:             heapq.heappush(q, (dist + w, u, v))
022:
023:     return edges
```

4~6행은 주어진 간선을 이용해 그래프를 생성합니다. 이후 8행에서 최초로 방문할 경로를 큐에 추가한 다음 12행의 while문을 수행하면서 힙큐에서 최소 비용을 지닌 경로를 출력하여 방문하고 해당 경로를 edges에 저장합니다. 이후 방문한 정점의 주변 정점까지 가는 비용을 포함한 경로를 힙큐에 추가합니다. 이렇게 반복을 모두 마치면 방문에 사용했던 간선들을 저장하고 있는 edges를 함수의 수행 결과로 반환합니다.

이렇게 구현한 알고리즘을 다음 코드로 실행하면 다음과 같이 출력됩니다.

```
001: edges = prio_first_search('A', edges)
002: for u, v in edges:
003:     print(u, v)
```

```
A A
A B
A C
B D
C G
G E
E F
```

출력 결과를 보면 마지막 방문 간선이 동작 방식에서 설명했던 것과 같이 G에서 F가 아닌 E에서 F임을 볼 수 있습니다. 둘 중 어느 간선으로 경로를 잡아도 A에서 F로 가는 비용은 동일하므로 결과는 같습니다.

다익스트라

다익스트라^{dijkstra} (혹은 데이크스트라) 알고리즘은 그래프의 한 정점을 지정하고 해당 정점부터 다른 정점까지 가는 데 필요한 최소 비용을 산출하는 알고리즘으로, 최단거리를 찾는 우선순위 탐색 알고리즘과 유사합니다. 다른 점이 있다면 더 이상 방문할 필요가 없는 간선은 방문 대상으로 고려하지 않는다는 것입니다. 바로 예제를 통해 자세히 알아보겠습니다.

동작 방식

다음과 같은 가중치 그래프가 주어졌을 때 1번 정점에서 7번 정점까지 최소 비용으로 방문하는 경로를 찾고자 합니다. 이때 1번 정점부터 다른 정점까지의 거리를 다익스트라 알고리즘으로 산출해보겠습니다.

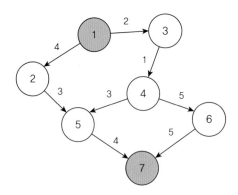

처음 시작하는 1번 정점의 거리는 0으로 설정하고 0과 다른 모든 노드와의 거리는 **무한**infinite 으로 설정합니다. 여기서 무한이라는 것의 의미는 노드와 노드 간의 거리가 측정 불가능할 정도로 멀다는 것을 의미합니다. 알고리즘에서는 보통 무한을 의미하는 단어인 infinite를 줄여 INF라고 표현합니다.

💡Tip. 파이썬에서는 INF를 float('inf')로 지원합니다. 이를 지원하지 않는 언어는 보통 거리를 표현할 때 사용한 변수 타입의 가장 큰 값을 지정합니다.

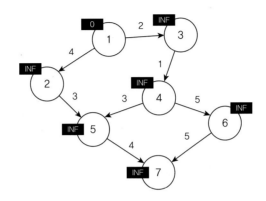

1번을 방문하면서 현재 정점까지 가는 데 필요한 비용인 0과 주변 정점까지의 거리를 합한 값을 구하면 3번은 2, 2번은 4가 됩니다. 2번과 4번은 주변 정점이 가진 도달 거리 값인 무한 (INF)보다 작으므로 각 정점이 지닌 도달 거리 값을 2와 4로 갱신합니다. 이 값을 힙큐에 추가합니다. 반대로 주변 정점이 가진 도달 거리 값보다 크면 갱신을 하지 않습니다.

💡Tip. 힙큐에는 거리, 정점, 번호를 튜플로 저장합니다.

다음 방문할 정점은 힙큐에 저장한 원소 중 가장 작은 값, 즉 순서상 앞에 있는 값을 빼내어 결정합니다. 현재 (2, 3)이 가장 작은 값이므로 3번 정점을 방문합니다.

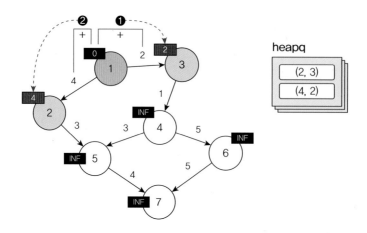

3번과 연결된 정점에는 이미 방문한 1번과 4번이 있습니다. 1번으로 연결된 간선이 존재하지 않으므로 4번만 처리합니다. 3번까지의 거리 2와 간선 1을 더한 값인 3을 4번의 거리로 갱신하고 4번을 방문하기 위해 (3, 4)를 힙큐에 추가합니다. 이제 힙큐에서 가장 작은 거리 값을 가진 원소는 방금 추가한 (3, 4)입니다.

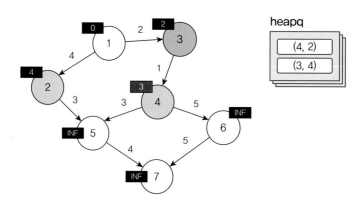

이번에는 4번 정점을 방문합니다. 먼저 4번 주변에 위치한 정점을 처리합니다. 5번의 거리가 INF이므로 4번이 가진 거리 3에 간선 3을 더하여 5번의 거리를 6으로 갱신합니다. 그리고 6과 거리 5를 힙큐에 추가합니다.

6번을 살펴보면 마찬가지로 거리가 INF이므로 4번 정점까지의 거리 3과 간선 5를 더하여 8로 갱신합니다. 6번도 거리 8과 함께 힙큐에 추가합니다.

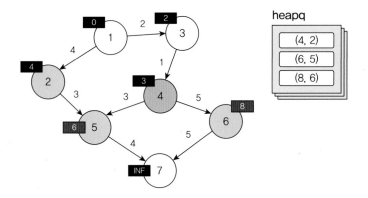

이번에는 2번 정점을 방문합니다. 2번 주변에는 5번이 있고, 5번의 거리 6은 2번의 거리 4에 간선 3을 더한 7보다 작습니다. 즉, 방문하여 거리 값을 갱신할 필요가 없습니다.

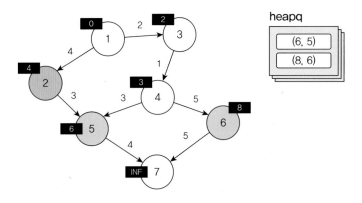

이번에는 5번 정점을 방문합니다. 5번 주변에 있는 7번의 거리를, 5번까지의 거리 6과 간선 4를 더하여 10으로 갱신합니다. 이로써 7번 정점도 힙큐에 추가합니다.

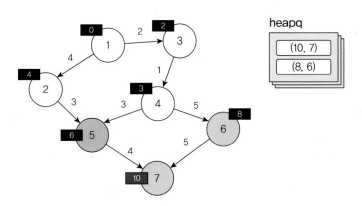

다음으로 6번 정점을 방문합니다. 주변에 7번이 있으나 7번의 거리는 6번까지의 거리에 간선을 더한 13보다 작습니다. 마지막으로 힙큐에 7번이 남아 있지만, 7번에는 다른 정점이 연결되어 있지 않으므로 탐색을 종료합니다.

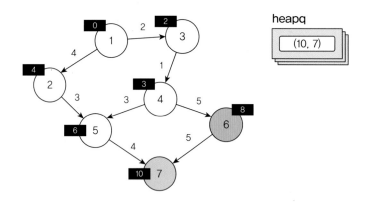

구현 코드

다익스트라 알고리즘을 구현한 코드를 살펴보겠습니다. 우선 그래프를 초기화합니다. 그래프는 딕셔너리를 사용해서 초기화합니다.

그래프 초기화 | 파일 Chapter04/4.2.4_dijkstra.py

```
001: edges = [[1, 2, 4], [1, 3, 2], [2, 5, 3], [3, 4, 1], [4, 5, 3], [4, 6, 5], [5, 7, 4], [6, 7, 5]]
002: g = defaultdict(lambda: defaultdict(int))
003:
004: for u, v, w in edges:
005:     g[u][v] = w
006:
007: start = 1
```

다음은 초기화된 그래프로 다익스트라 알고리즘을 수행하는 코드입니다.

다익스트라 | 파일 Chapter04/4.2.4_dijkstra.py

```
001: dists = defaultdict(lambda: float('inf'))
002: dists[start] = 0
003: q = [(0, start)]
004:
005: while q:
```

```
006:     dist, u = heapq.heappop(q)
007:
008:     if dists[u] < dist:
009:         continue
010:
011:     for v, w in g[u].items():
012:         if dist + w < dists[v]:
013:             dists[v] = dist + w
014:             heapq.heappush(q, (dist + w, v))
```

먼저 모든 정점의 거리를 저장할 dists 변수를 선언합니다. 이는 딕셔너리이며 각 정점의 거리를 무한(INF) 값으로 초기화합니다. 그리고 시작 정점의 거리 값만 0으로 초기화합니다. 이는 0부터의 거리를 저장할 용도이기 때문입니다.

힙큐에 시작 거리 값, 시작 정점 번호를 넣고 탐색을 시작합니다. 힙큐에서 가장 거리가 짧은 원소를 꺼내 방문하려는 정점의 거리가 현재까지 누적된 정점의 거리보다 작으면 갱신하지 않습니다. 반대로 방문하려는 정점의 주변 정점을 순회하면서 자신의 거리에 간선을 더한 값이 주변 정점의 거리보다 작다면 더한 값으로 갱신한 다음 방문을 위해 주변 정점을 힙큐에 추가합니다.

다익스트라 알고리즘에서는 우선순위 큐에서 꺼낸 노드들을 탐색할 때 노드와 연결된 노드들만 탐색합니다. 따라서 최악의 경우 간선의 개수만큼만 반복됩니다. 하나의 간선을 처리하는 데 최대 $O(\log E)$의 시간을 소모하게 되지만 E는 V의 제곱보다 항상 작기 때문에 $O(\log E)$는 $O(\log V)$가 됩니다. 이에 최종적으로 다익스트라의 시간 복잡도는 $O(E \log V)$가 됩니다.

시작 정점부터 거리가 저장되어 있는 딕셔너리 dists의 값을 출력한 결과는 다음과 같습니다.

```
print('dists = ', dists)
```

```
... {1: 0, 2: 4, 3: 2, 4: 3, 5: 6, 6: 8, 7: 10})
```

플로이드-워셜

플로이드-워셜floyd-warshall 알고리즘은 모든 정점의 도달 가능성 또는 모든 정점에서 다른 모든 정점 간의 최단 거리를 구하는 데 사용합니다. 플로이드-워셜 알고리즘의 특징은 **이행적 폐쇄**transitive closure를 가지고 동작한다는 것입니다.

다음 그래프를 보면 1에서 2로 가는 간선과 2에서 3으로 가는 간선이 있습니다. 즉, 1에서 3으로 바로 가는 경로는 없지만 2를 거쳐서 3으로 갈 수 없습니다. 이처럼 직접 연결된 경로는 없지만, 우회 경로가 있을 때 1에서 3으로 가는 간선을 연결한 그래프를 이행적 폐쇄라고 합니다.

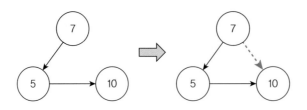

구현 코드

플로이드–워셜 알고리즘은 모든 노드와 노드의 최단 경로를 구해야 하므로 인접 행렬을 이용하면 간단하게 구현할 수 있습니다.

| 플로이드–워셜 | 파일 Chapter04/4.2.5_wshall.py |

```
001: def wshall(adj_matrix, n):
002:     path = [[0]*n for _ in range(n)]
003:     dists = copy.deepcopy(adj_matrix)
004:
005:     for k in range(n):
006:         for i in range(n):
007:             for j in range(n):
008:                 if dists[i][j] > dists[i][k] + dists[k][j]:
009:                     dists[i][j] = dists[i][k] + dists[k][j]
010:                     path[i][j] = k
011:
012:     return dists, path
013:
014: edges = [
015:     [1, 2, 2], [1, 5, 3], [2, 3, 1], [2, 4, 3], [2, 5, -1],
016:     [3, 1, 4], [3, 4, 1], [4, 5, 1], [5, 2, 2], [5, 3, 4]
017: ]
018:
019: n = 5
020: adj_matrix = [[float('inf')]*n for _ in range(n)]
021: for i in range(n):
022:     adj_matrix[i][i] = 0
```

```
023:
024: for u, v, w in edges:
025:     adj_matrix[u - 1][v - 1] = w
026: res, path = wshall(adj_matrix, len(adj_matrix))
027:
028: for i in range(len(res)):
029:     print(res[i])
030: print()
031:
032: for i in range(len(path)):
033:     print(path[i])
```

i 정점에서 k 정점으로 가는 간선이 존재하고 k 정점에서 j 정점으로 가는 간선이 존재할 때 이 길이가 i에서 j로 가는 간선의 길이(처음에는 INF)보다 작다면 i에서 j로 가는 간선의 길이를 갱신합니다. 이를 모든 정점과 정점 그리고 중간에 거치는 정점으로 반복하면 모든 정점 사이의 최단 거리로 간선이 연결되고 이행적 폐쇄 형태가 됩니다.

인접 행렬로 그래프를 초기화하고 플로이드-워셜 알고리즘을 수행하면 다음과 같은 결과가 출력됩니다.

```
[0, 2, 3, 4, 1]
[5, 0, 1, 2, -1]
[4, 4, 0, 1, 2]
[8, 3, 4, 0, 1]
[7, 2, 3, 4, 0]
```

i에서 j 사이에 연결된 정점도 확인할 수 있습니다.

```
[0, 0, 1, 2, 1]
[2, 0, 0, 2, 0]
[0, 4, 0, 0, 3]
[4, 4, 4, 0, 0]
[2, 0, 1, 2, 0]
```

크러스컬

최소 비용 신장 트리^{minimum cost spanning tree}, 즉 MCST는 모든 정점을 최소 비용으로만 연결하는 그 래프로, 사이클 없이 트리 형태로 변환된다는 특징이 있어 교통, 운송, 네트워크 등에서 많이 사용됩니다.

MCST를 구현하는 대표적인 방법은 우선순위 큐로 구현하는 방법과 **크러스컬**^{kruskal} 알고리즘, **솔린**^{Sollin} 알고리즘 등이 있습니다.

이 중 크러스컬 알고리즘은 사이클이 없는 그래프에서 간선의 비용 합이 최소인 트리를 생성하는 알고리즘입니다. 예를 들어 다음과 같은 무향 그래프가 주어졌을 때 그래프의 모든 정점을 최소 비용으로 연결하려면 다음과 같이 연결되어야 합니다.

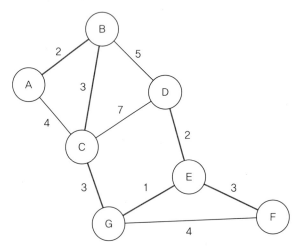

▲ 최소 비용으로 모든 정점을 연결한 무향 그래프

이처럼 크러스컬 알고리즘으로 최소 비용 신장 트리를 만들면 모든 정점은 최소 비용으로 연결됩니다. 단, 크러스컬 알고리즘을 수행하려면 먼저 유니온 파인드 알고리즘을 이해하고 있어야 합니다.

유니온 파인드^{union-find} 알고리즘이란, 이름처럼 여러 노드를 집합으로 묶고, 특정 노드가 같은 집합에 있는지 확인하는 알고리즘입니다. 예시를 살펴보겠습니다. 다음 그래프처럼 간선이 없는 A, B, C라는 3개의 정점이 있을 때 테이블을 보면 각 정점은 독립적인 상태이므로 모두 자기 자신의 정점 이름을 가진 것을 볼 수 있습니다.

A	B	C	정점
A	B	C	집합 이름

이번엔 A와 B를 연결하여 같은 집합에 속하게 하고, B 집합을 A 집합에 속하게 합니다(반대로 A 집합을 B 집합에 속하게 할 수도 있습니다). 이때 집합을 표시하는 테이블에 B가 속한 집합의 이름을 A로 변경합니다.

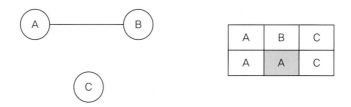

A	B	C
A	A	C

이번에는 B와 C를 연결했습니다. B는 이미 A와 연결되어 있으므로 B의 연결은 변경하지 않습니다. 그런데 B는 A를 가진 그룹에 속하므로 B와 C가 연결되면서 A가 C에 연결됩니다. 따라서 A는 C의 값을 가지고, C는 C의 값을 가집니다.

Tip. 같은 값을 가진 경우 해당 집합의 '루트 집합'이 됩니다.

A는 C 집합에 속하고, A와 C는 같은 집합임을 확인할 수 있습니다. 마찬가지로 B는 A의 값을 가지고 있으므로 A가 속한 집합의 이름인 C를 찾습니다. C는 자기 자신인 C 집합에 포함되어 있으므로 B 역시 C 집합에 포함되었음을 알 수 있습니다.

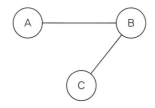

A	B	C
C	A	C

｜동작 방식

먼저 모든 정점이 서로 속한 집합이 없도록, 즉 테이블에서 각 정점의 값이 모두 자기 자신이 되도록 설정합니다.

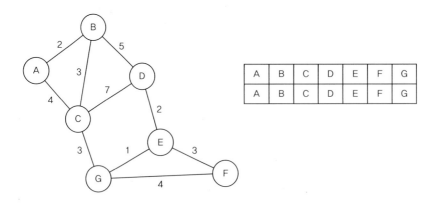

우선 간선 중 가장 비용이 작은 간선을 선택하고 해당 간선이 연결하는 두 정점을 하나의 집합으로 묶습니다. 이 그래프에서는 정점 G와 E를 연결하는 간선을 선택합니다. 그런 다음 집합 정보를 나타내는 테이블에서 정점 E의 값을 G로 변경합니다.

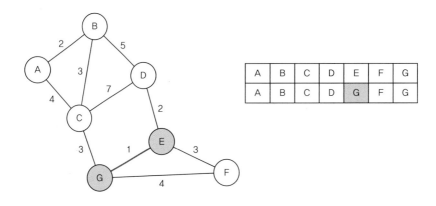

두 번째로 비용이 작은 간선은 2개입니다. 이 중 정점 A와 B를 연결하는 간선을 선택하고 A와 B를 하나의 집합으로 묶습니다.

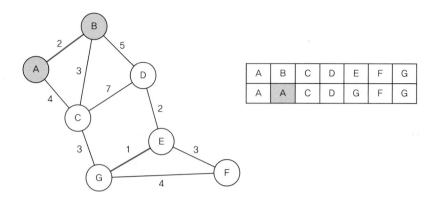

A	B	C	D	E	F	G
A	A	C	D	G	F	G

이번에는 정점 D와 E를 연결하는 간선을 선택하고 간선 E가 속한 G와 D를 하나의 집합으로 묶습니다.

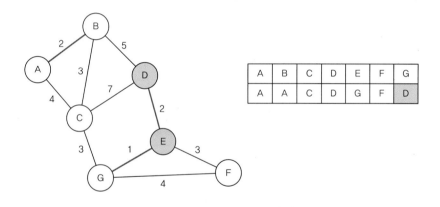

A	B	C	D	E	F	G
A	A	C	D	G	F	D

남은 간선 중 가장 비용이 작은 정점 B와 C를 연결하는 간선을 선택합니다. 마찬가지로 B와 C를 하나의 집합으로 묶습니다. 테이블에서는 B가 속한 집합인 A의 값을 C로 변경합니다.

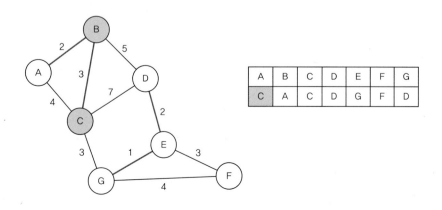

A	B	C	D	E	F	G
C	A	C	D	G	F	D

정점 C와 G를 잇는 간선을 선택하여 두 정점을 하나의 집합으로 묶습니다. 이번에는 정점 G가 속한 집합 D의 값을 C로 변경합니다.

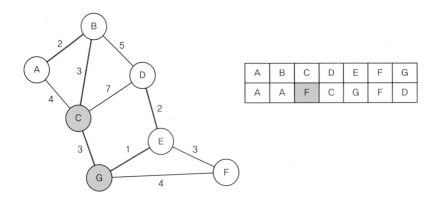

A	B	C	D	E	F	G
A	A	F	C	G	F	D

이번에는 정점 E와 F를 잇는 간선을 선택하고 E와 F를 하나의 집합으로 묶기 위해 정점 E가 속한 정점 C의 값을 F로 변경합니다.

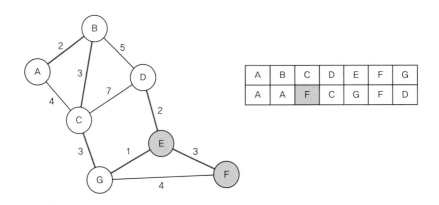

A	B	C	D	E	F	G
A	A	F	C	G	F	D

이제 남은 간선 중 무엇을 선택해도 간선 끝에 위치한 두 정점은 모두 같은 집합이므로 더 이상 간선을 확장하지 않고 알고리즘을 종료합니다.

구현 코드

크러스컬 알고리즘으로 최소 비용 신장 트리를 구현하는 코드를 살펴보겠습니다.

| 크러스컬 | 파일 Chapter04/4.2.6_kruskal |

```
001: links = [
002:     ['A', 'B', 2],
003:     ['A', 'B', 4],
004:     ['B', 'C', 3],
005:     ['B', 'D', 5],
006:     ['C', 'D', 7],
007:     ['C', 'G', 3],
008:     ['G', 'E', 1],
009:     ['D', 'E', 2],
010:     ['F', 'E', 3],
011:     ['F', 'G', 4]
012: ]
013:
014:
015: def get_root(group, key):
016:     while group[key] != key:
017:         key = group[key]
018:
019:     return key
020:
021:
022: def kruskal_mcst():
023:     group = collections.defaultdict(int)
024:     q = []
025:     vertices = set()
026:
027:     for u, v, w in links:
028:         q += (u, v, w),
029:         vertices.add(u)
030:         vertices.add(v)
031:
032:     for i, vertex in enumerate(list(vertices)):
033:         group[vertex] = vertex
034:
035:     q = collections.deque(sorted(q, key=lambda p: p[2]))
036:     live_edges = []
037:
```

```
038:     while q:
039:         u, v, w = q.popleft()
040:
041:         u_gid = get_root(group, u)
042:         v_gid = get_root(group, v)
043:
044:         if u_gid != v_gid:
045:             group[v_gid] = u_gid
046:             live_edges += (u, v, w),
047:
048:     return live_edges
049:
050:
051: live_edges = kruskal_mcst()
052:
053: for u, v, w in live_edges:
054:     print(u, v, w)
```

먼저 유니온 연산을 사용하기 위해 group의 키(정점의 이름)가 주어지면 키가 속한 최상위 루트 키를 찾아서 반환하는 함수를 정의합니다. 22~30행을 보면 유니온으로 사용할 변수 group을 딕셔너리로 선언합니다. 그리고 모든 간선 정보를 담을 큐를 선언하고 마지막으로 정점의 종류를 담을 vertices를 선언합니다. 이후 모든 연결 정보를 큐에 추가합니다. 그리고 어떤 정점이 있는지 파악하기 위해 vertices에 정점을 추가합니다.

Tip. 큐에 복사하지 않고 links를 사용해도 됩니다.

32~33행에서 유니온 정보를 담을 group의 각 정점이 자기 자신의 값을 갖고 모두 다른 집합이 되도록 값을 할당합니다. 35행에서는 입력으로 주어진 간선의 정보를 가중치가 작은 순서에서 큰 순서대로 정렬합니다. 36행에서는 최소 가중치로 연결되는 간선의 정보를 담기 위한 리스트 live_edges를 선언합니다.

이제 간선을 하나씩 빼오면서 간선을 잇는 각 정점이 어떤 집합에 속하는지 찾습니다. 두 정점이 같은 집합에 속하지 않는다면(찾은 집합의 이름이 같지 않다면) 하나의 정점으로 만들고 해당 간선은 최소 비용 신장 트리를 만드는 간선으로 선택합니다. 모든 간선에 이 과정을 거치면 최소 비용 신장 트리를 구성하는 간선에 대한 정보가 모두 live_edges 리스트에 저장되고 수행 결과로 이 리스트를 반환합니다.

코드를 실행한 결과는 다음과 같습니다.

```
GE1
AB2
DE2
BC3
CG3
FE3
```

위상 정렬

위상位相이란 '어떤 사물이 다른 사물과의 관계 속에서 가지는 위치나 상태'를 뜻합니다. 즉, 사물과 사물 간에 관계가 서로 영향을 미친다는 의미입니다. 전산학에서 **위상 정렬**topological sort은 주로 그래프 이론에서 다루며 그래프의 정점 간 관계에 의해 정점의 처리 순서가 결정되는 것을 의미합니다. 예를 들어 다음과 같은 학교 수업 커리큘럼 그래프를 살펴보겠습니다.

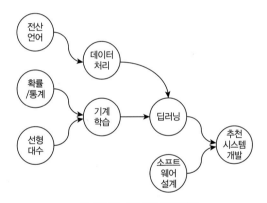

▲ '순서'가 있는 위상 정렬 그래프의 예

이 커리큘럼은 수강하는 '순서'가 있으며 순서는 방향 그래프로 나타냅니다. 그러나 순서는 있지만 순환은 없습니다. 위상 정렬에 사용하는 그래프의 특징 중 하나가 그래프에 순환이 없다는 것입니다. 순환이 없어야 먼저 처리해야 할 정점이 무엇인지 알 수 있기 때문에 위상 정렬에서 사용되는 그래프는 반드시 **유향 비순환 그래프**directed acyclic graph, DAG 형태여야 합니다.

따라서 '추천 시스템 개발'을 듣기 위해서는 '딥러닝'과 '소프트웨어 설계'를 선수 과목으로 들어야 합니다. '딥러닝'을 듣기 위해서는 먼저 '기계학습'과 '데이터 처리'를 들어야 하고 '기계학습'을 듣기 위해서는 '확률/통계와 선형대수'를 들어야 하며, '데이터 처리'를 듣기 위해서는 '전산 언어'를 들어야 합니다. 이런 식으로 어떤 일을 수행할 때 순서가 정해져 있고, 이 순서대로 일을 처리해야 할 때 위상 정렬을 사용합니다.

위상 정렬은 순서 보장뿐 아니라 모든 노드를 단 1회만 방문하도록 보장한다는 장점도 있습니다. 즉, 알고리즘 처리 시간을 향상시킬 수 있습니다. 그렇다면 위상 정렬은 구체적으로 어떻게 동작하는지 살펴보겠습니다.

| 동작 방식

앞서 살펴본 수업 커리큘럼을 숫자로 대체한 그래프로 위상 정렬의 동작 방식을 살펴보겠습니다. 가장 먼저 수행할 일은 각 정점이 가진 **진입 차수**(간선의 수)를 파악하는 것입니다.

각 정점으로 유입되는 진입 차수는 정점 위에 검은색으로 표시했습니다. 방문이 가능한 정점은 진입 차수가 0인 정점입니다. 이 정점을 방문하기 위해서 큐에 진입 차수가 0인 정점 [1, 2, 4, 7]을 추가합니다.

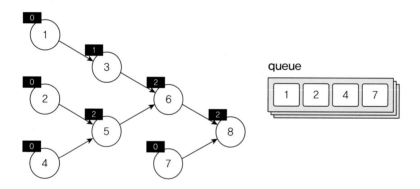

먼저 큐 가장 앞에 위치한 정점 1을 방문합니다. 1 주변에는 3이 있습니다. 1은 이미 방문했으므로 3으로 유입되는 간선을 하나 줄입니다. 이제 3으로 유입되는 간선의 수는 0이 되었고, 3을 방문할 수 있게 되었으므로 이를 큐 맨 끝에 추가합니다.

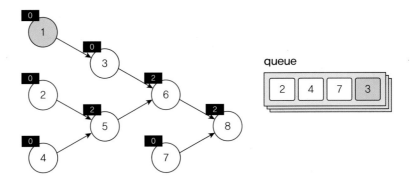

이제 2를 방문합니다. 2 주변에는 5가 있으므로 5로 유입되는 간선 차수를 하나 줄입니다. 그러나 5로 유입되는 간선이 하나 남았으므로 아직 큐에 5를 추가할 수는 없습니다.

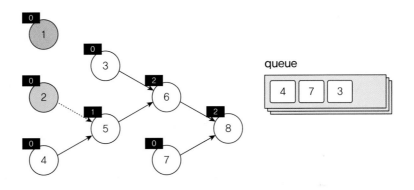

4를 방문하면 5로 유입되는 간선이 0개가 됩니다. 이제 5도 방문할 수 있게 되었으므로 큐에 5를 추가합니다

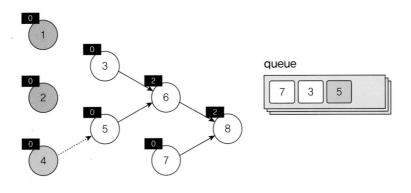

이번에는 7을 방문합니다. 7 주변에는 8이 있으므로 8의 유입 간선 수를 1 줄입니다. 그러나 8로 유입되는 간선이 아직 하나 있으므로 큐에 추가하지는 않습니다.

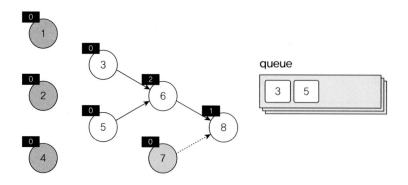

이번에는 차례대로 3과 5를 방문합니다. 방문하면서 주변에 있는 6의 유입 간선 차수를 줄이면 6으로 유입되는 간선 수가 0이 되었으므로 다음 방문을 위해 6을 큐에 추가합니다.

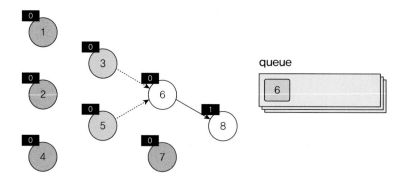

이제 6을 방문하면 남아 있는 정점은 8뿐입니다. 마지막 정점 8로 유입되는 간선 차수를 하나 줄이고 8을 큐에 넣은 다음 8을 방문하면 그래프의 모든 정점을 방문하게 됩니다.

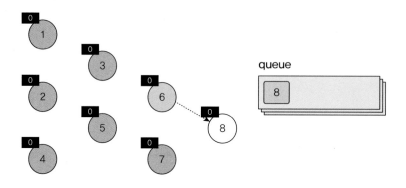

역위상 정렬

역위상 정렬은 위상 정렬의 정반대 순서로 정점을 방문하는 방법입니다. 즉, 유입되는 간선의 차수가 아니라 출력되는 간선의 차수를 기준으로 방문 순서를 결정합니다.

예를 들어 다음 그래프에서 정점 8을 방문할 때 8로 간선을 내보내는 정점의 출력 차수를 1만큼 감소하여 다음으로 방문할 간선을 결정합니다.

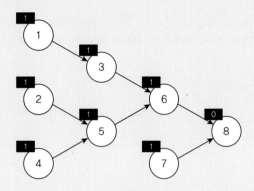

따라서 역위상 정렬을 사용하면 다음 순서대로 간선을 방문하게 됩니다.

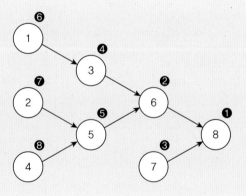

구현 코드

위상 정렬은 기존 그래프의 방문 코드에 유입 차수를 관리하는 indegree만 추가하여 구현할 수 있습니다.

```python
001: def visit_in_topological_order(links):
002:     g = collections.defaultdict(list)
003:     indegree = collections.defaultdict(int)
004:     for u, v in links:
005:         g[u] += v,
006:         indegree[u] = indegree[u]
007:         indegree[v] += 1
008:
009:     q = collections.deque([vertex for vertex, degree in indegree.items() if 0 == degree])
010:
011:     visit_trace = []
012:     visited = set()
013:
014:     for vertex in q:
015:         visited.add(vertex)
016:
017:     while q:
018:         u = q.popleft()
019:         visit_trace += u,
020:
021:         for v in g[u]:
022:             indegree[v] -= 1
023:             if 0 == indegree[v] and v not in visited:
024:                 q += v,
025:                 visited.add(v)
026:
027:     return visit_trace
```

먼저 그래프를 표현할 변수 g와 유입 차수를 기록할 변수 indegree를 collections의
defaultdict 타입으로 선언합니다. 4행에서 모든 링크의 정보를 순회하고 5행에서 그래프의
간선을 추가합니다. 유향 비순환 그래프이므로 간선은 한쪽 방향에만 추가합니다.

6행에서는 같은 값을 할당하고 있는데, 이는 defaultdict의 특징을 활용한 것입니다.
defaultdict는 키와 값이 딕셔너리에 존재하지 않을 때 키에 대한 값을 읽어 들이면 기본 값
(지정하지 않으면 int 타입의 경우 0)을 가져옵니다. 이를 그대로 다시 읽어 들였던 키에 할당
하여 현재 처리된 키는 0이 되도록 보장합니다.

7행에서는 간선이 유입되는 v 정점의 유입 차수를 1만큼 증가시킵니다. 9~15행에서 유입 차

수가 0인 정점만 찾아 최초로 방문할 정점을 정하고 이를 큐에 추가합니다. 11행에서 방문 기록을 저장할 리스트 변수 visit_trace를 선언하고, 12행에서 방문한 노드를 기록할 visited 라는 셋 타입 변수를 선언합니다. 14행에서 먼저 방문할 정점을 재방문하지 않도록 visited 에 정점들을 추가합니다.

이제 큐에서 정점을 하나씩 빼면서 방문한 다음 21~22행에서 주변 정점을 처리하기 위한 반복문을 수행하고 주변 정점의 유입 간선 차수를 1만큼 감소시킵니다. 만약 정점의 유입 간선이 0이 되었고 이전에 방문하지 않은 정점이라면 24행에서 해당 정점을 방문하도록 큐에 추가합니다. 그리고 재방문하지 않도록 25행에서 visited에 정점의 정보를 기록합니다.

이 과정을 반복하면서 정점을 반복하면 위상 정렬의 순서대로 방문한 기록이 visit_trace에 모두 저장되고 이를 수행 결과로 반환합니다.

4.3 문자열 검색

문자열 검색이란 말 그대로 문자열로 주어진 문자 배열에서 원하는 패턴의 배열을 찾는 것입니다. 문자열을 검색하는 가장 흔한 방법은, 문자열의 길이가 M이고 찾고자 하는 부분 문자열의 길이가 N이라고 할 때 $O(MN)$의 시간 복잡도로 찾는 것입니다. 그러나 KMP 알고리즘 그리고 라빈-카프 알고리즘 등은 문자열 검색을 $O(N)$의 시간 복잡도로 수행할 수 있습니다. 이번에는 바로 이 효율적인 문자열 검색 알고리즘을 살펴보겠습니다.

라빈-카프 알고리즘

라빈-카프rabin-karp 알고리즘은 전체 문자열에서 부분 문자열을 매우 빠른 $O(N)$의 시간 복잡도로 찾아내는 알고리즘입니다. 우선 성능이 좋지 않은 문자열 검색 알고리즘의 예를 살펴보겠습니다.

라빈-카프 알고리즘은 ababac라는 문자열에서 abac라는 부분 문자열이 몇 개인지 찾기 위해 한 칸씩 이동하면서 문자 수를 비교해 모두 일치하는 경우를 찾습니다. 그림을 보면서 좀 더 자세히 설명하겠습니다.

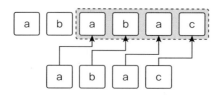

먼저 문자열의 첫 번째 문자부터 시작합니다. 즉, 첫 번째 문자가 기준 위치가 되는 셈입니다. 첫 번째 문자에 부분 문자열의 첫 번째 문자를 나란히 두고 문자를 비교합니다. 첫 번째 문자인 a는 일치하지만 두 번째 문자인 b가 일치하지 않습니다.

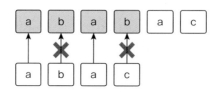

이번에는 두 번째 문자부터 시작해 다시 한번 부분 문자열의 길이인 4만큼 문자를 비교합니다. 이번엔 모두 일치하지 않으므로 다시 한 칸 오른쪽으로 기준 위치를 이동합니다.

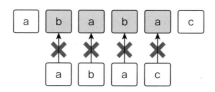

다시 한번 한 칸 이동해 세 번째 문자에서 부분 문자열과 비교합니다. 이번에는 4개의 문자가 모두 일치합니다. 따라서 입력으로 주어진 문자열에 찾으려던 부분 문자열이 존재하는 것을 확인할 수 있습니다.

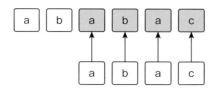

그런데 이 방법은 입력 문자열의 길이가 N이고 부분 문자열의 길이가 M이라고 할 때 O(NM)의 시간 복잡도를 갖습니다. 문자열 검색에 있어서 이런 성능의 알고리즘은 좋은 성능을 보이

는 알고리즘이 아닙니다. 이와 같이 단순한 방식으로 문자열을 검색하는 알고리즘의 구현 코드
는 다음과 같습니다.

문자열 검색	파일 Chapter04/4.3_string_search.py

```
001: def search_string(src, offset, pattern):
002:     len_src = len(src)
003:     len_pat = len(pattern)
004:
005:     for start in range(offset, len_src - len_pat):
006:         i = start
007:         j = 0
008:
009:         while i < start + len_pat and j < len_pat:
010:             if src[i] != pattern[j]:
011:                 break
012:
013:             i += 1
014:             j += 1
015:
016:         if j == len_pat:
017:             return start
018:
019:     return -1
020:
021:
022: def find_all_string(src, pattern):
023:     idx = 0
024:
025:     while True:
026:         idx = search_string(src, idx, pattern)
027:         if -1 == idx:
028:             break
029:
030:         print(idx)
031:         idx += 1
```

원본으로 주어진 입력의 시작 위치를 한 칸씩 오른쪽으로 이동하면서 찾을 문자열 패턴의 길이
만큼을 원본 문자열에서 offset으로 떨어진 위치부터 비교하여 모든 문자열이 같을 시 문자열
패턴을 찾게 됩니다. 이후 문자열 패턴이 출현한 위치에 1만큼 offset을 증가한 후 다시 검색
을 반복하여 수행합니다.

이제 다음과 같이 입력 문자열과 찾고자 하는 부분 문자열을 입력하면 부분 문자열과 일치하는 위치를 출력 결과로 볼 수 있습니다.

```
find_all_string("kkabbzpabbq", "abb")
```

```
2
7
```

이런 검색 속도를 개선하고자 나온 알고리즘이 라빈-카프 알고리즘입니다. 이 알고리즘을 사용하면 $O(N)$의 시간으로 부분 문자열을 찾을 수 있습니다. 라빈-카프 알고리즘의 아이디어는 간단합니다. 찾고자 하는 문자열 길이에 해당하는 문자를 슬라이딩 윈도우에 넣고 각 문자를 특정 해시 값으로 변경합니다. 그리고 이 값의 총합으로 윈도우에서 해당하는 문자를 식별하는 방식입니다. 즉, 문자열의 패턴을 하나의 해시 값으로 대응하여 빠르게 찾는 것입니다.

💡Tip. 슬라이딩 윈도우란 고정된 크기의 큐와 같은 자료구조를 의미합니다. 입력 배열의 왼쪽 끝에서 오른쪽 끝까지 한 칸씩 이동하면서 오른쪽엔 값을 추가하고 왼쪽에서는 제거하는 데 사용하는 자료구조입니다.

해시 값이 같은 경우도 발생할 수 있지만 해당 경우에만 문자열을 비교하면 되며 매우 간헐적으로 발생하므로 성능에 영향을 주지 않습니다. 이처럼 윈도우 영역에 포함되는 문자들의 해시 값을 계산하는 방법을 **롤링 해시**rolling hash라고 합니다. 그렇다면 어떻게 값을 생성하는지 예시를 통해 살펴보겠습니다.

| 동작 방식

슬라이딩 윈도우는 문자열의 해시 값을 구하고 윈도우가 이동하면서 해시 값을 갱신해 일치하는 문자를 방법입니다. 구체적인 예를 들어 설명하겠습니다. 먼저 찾고자 하는 문자열의 해시 값을 구합니다.

해시 값을 구할 때는 Rabin fingerprint라는 롤링 해시 함수를 사용합니다. 이는 각 문자의 아스키ASCII 값에 각 문자의 자릿수에 해당하는 만큼 2의 지수승을 곱합니다. 이 값을 모두 합하여 윈도우의 모든 문자에 대한 대표 해시 값을 구할 수 있습니다.

먼저 찾고자 하는 부분 문자열의 a, b, a, c의 해시 값을 구하면 1461이 나옵니다. 이제 주어진 문자열에서 1461이라는 해시 값을 지니는 문자열을 찾으면 됩니다.

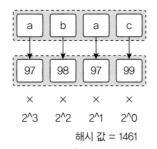

해시 값 = 1461

전체 문자에서 첫 번째 문자를 기준으로 찾을 부분 문자열을 나란히 두고 해시 값을 비교합니다. 전체 문자열의 왼쪽 끝에서부터 4번째까지 문자인 a, b, a, b의 롤링 해시 1460입니다. 찾으려는 부분 문자열의 해시 값인 1461과 일치하지 않으므로 오른쪽으로 한 칸 이동합니다.

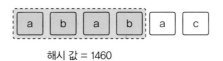

해시 값 = 1460

두 번째 문자부터 4개의 문자에 대한 롤링 해시 값은 98 x 2^3 + 97 x 2^2 + 98 x 2 + 97 = 1465입니다. 찾으려는 문자열의 해시 값보다 4가 크기 때문에 일치하지 않으므로 다시 오른쪽으로 한 칸 이동합니다.

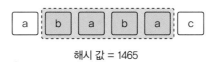

해시 값 = 1465

세 번째 문자부터 4개의 롤링 해시 값은 97 x 2^3 + 98 x 2^2 + 97 x 2 + 99 = 1461입니다. 찾고자 하는 문자열의 롤링 해시 값과 일치하므로 알고리즘을 종료합니다.

해시 값 = 1461

구현 코드

슬라이딩 윈도우를 사용하여 롤링 해시로 구현한 라빈-카프 알고리즘의 코드는 다음과 같습니다.

라빈-카프 알고리즘	파일 Chapter04/4.3.1_rabin_karp.py

```
001: base = 2
002: modulo = base**63 - 1
003:
004:
005: def calc_rolling_hash(s, n):
006:     rh = 0
007:     for i in range(n):
008:         rh *= base
009:         rh += ord(s[i])
010:         rh %= modulo
011:
012:     return rh
013:
014:
015: def find_substr_rabin_karp(src, part, rh, target):
016:     weight = pow(base, len(part), modulo)
017:
018:     for i in range(len(part), len(src)):
019:         rh *= base
020:         rh -= ord(src[i - len(part)]) * weight
021:         rh += ord(src[i])
022:         rh %= modulo
023:
024:         if target == rh:
025:             return i - len(part) + 1
026:
027:     return -1
028:
029:
030: def find_substr(src, part):
031:     target = calc_rolling_hash(part, len(part))
032:     rh = calc_rolling_hash(src, len(part))
033:     if target == rh:
034:         return 0
035:
036:     return find_substr_rabin_karp(src, part, rh, target)
```

```
037:
038:
039: idx = find_substr('ababac', 'abac')
040: if -1 != idx:
041:     print('found @', idx)
```

먼저 n개의 문자에 대한 롤링 해시 값을 구하는 함수를 정의합니다. 롤링 해시를 계산할 때 곱할 값으로는 2의 제곱 값을 사용합니다. 15~27행에서는 롤링 해시 값을 슬라이딩 윈도우 이동에 따라 갱신하면서 찾고자 하는 해시 값과 같은 최초의 위치를 찾아 반환하는 함수를 정의합니다.

20행을 보면 윈도우 이동에 따라 가장 왼쪽에 위치한 값을 롤링 해시 값에서 제거합니다. 그리고 21행에서 새롭게 추가되는 문자에 대한 값을 롤링 해시에 더합니다. 그리고 전체 해시 값이 특정한 값을 넘지 않도록 22행에서 모듈로 연산을 수행합니다.

30~36행은 앞서 구현한 두 함수로 입력 문자열 src에 부분 문자열 part가 있는지 찾는 함수를 정의합니다. 이 함수는 src에서 부분 문자열을 찾아 위치를 반환합니다. 이제 구현한 함수를 문자열 ababac와 부분 문자열 abac로 수행합니다. 부분 문자열을 찾으면 idx 값은 -1이 아닌 양의 정수 값으로 반환되고, 찾지 못하면 -1을 반환합니다. 함수 수행 결과는 다음과 같습니다.

```
found @ 2
```

> **NOTE** **다른 문자열에 같은 해시 값이 나올 때**
>
> 라빈-카프 알고리즘은 $O(N)$의 시간 복잡도로 문자열을 빠르게 찾을 수 있다는 장점이 있지만, 롤링 해시 값이 다른 문자열에도 같은 값이 나올 수 있다는 문제가 있습니다. 해시 값의 충돌이 발생할 경우를 대비해 문자열을 비교하는 방어 코드를 추가하는 방법도 있습니다. 앞서 살펴본 예제에서는 충돌 발생 확률이 매우 낮기 때문에 방어 코드까지는 추가하지 않았지만, 실제 제품에 이 알고리즘을 사용한다면 방어 코드를 추가해야 합니다.
>
> 앞서 구현한 것은 pat[0] x $2^{(n-1)}$ + pat[1] x $2^{(n-2)}$ + … pat[n - 1] x 2^0을 이용한 코드입니다. 하지만 2의 멱승의 가중치를 반대 순서로 부여해야 하는 경우도 있습니다. 상황에 따라 적당한 방법으로 가중치를 적용해야 문제를 해결할 수 있다는 것을 염두에 두어야 합니다.

KMP 알고리즘

KMP 알고리즘의 시간 복잡도는, 입력으로 주어진 문자열의 길이가 M이고 찾고자 하는 문자열 패턴의 길이가 N이라면 O(M+N)으로, O(MN)에 비하면 비교할 수 없을 만큼 성능이 빠른 알고리즘입니다. KMP 알고리즘의 핵심은 LPS$^{\text{longest prefix suffix}}$, 즉 찾고자 하는 문자열 패턴의 앞뒤에 같은 문자를 찾는 것입니다. 이를 찾으면 같은 문자열은 반복해서 처리할 필요가 없다는 점을 이용해 문자열 검색 성능을 높인 알고리즘입니다.

▎동작 방식

문자열 caabaabaaad에서 aabaa를 찾는 예를 통해 KMP 알고리즘이 어떻게 동작하는지 설명하겠습니다. 가장 먼저 해야 할 일은 찾아야 할 문자열의 LPS 테이블을 생성하는 것입니다.

찾고자 하는 문자열 패턴의 가장 왼쪽을 left 포인터가 가리키게 하고, 바로 오른쪽을 right 포인터가 가리키게 합니다. 그리고 문자열 패턴의 길이와 동일한 LPS 정보를 저장할 테이블의 모든 원소 값이 0이 되도록 합니다. left 위치의 값과 right 위치의 값은 모두 a입니다. 두 값이 같으므로 LPS 테이블의 right 위치인 1번에 left 위치 값인 0에 1을 더한 값인 1을 저장합니다. 그런 다음 left와 right 둘 다 1칸 오른쪽으로 이동합니다.

이번에 left 위치의 값은 a, right 위치의 값은 b로, 값이 다릅니다.

left의 위치를 LPS 테이블의 left의 위치 값인 1에서 1을 뺀 0번째로 갱신합니다. 이제 left의 위치 값은 다시 0이 되었습니다. left와 right 위치의 값이 서로 다르므로 LPS 테이블에서 right의 위치인 2번 위치의 값을 0으로 갱신합니다. 이후 right를 오른쪽으로 1만큼 이동합니다.

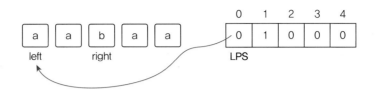

이제 left의 위치인 0번째 값과 right의 위치인 3번째 값은 모두 a로 같습니다. 따라서 LPS 테이블의 right 위치인 3번째 위치에 left의 위치에 1을 더한 값인 1로 갱신합니다. 그리고 left와 right를 오른쪽으로 1만큼 이동합니다.

left의 위치인 1번 위치의 값과 right의 위치인 4번째 값 역시 모두 a로 동일합니다. 따라서 LPS 테이블의 right 위치인 4번 위치에 left의 값 1에 1을 더한 값인 2로 갱신합니다. 그리고 left와 right를 오른쪽으로 1만큼 이동합니다.

이제 right가 문자열 패턴의 범위를 벗어났으므로 LPS 테이블 생성 과정을 종료합니다. 최종적으로 생성한 LPS 테이블은 다음과 같습니다.

이제 입력 문자열의 첫 번째 위치의 값 c와 찾고자 하는 문자열 패턴의 첫 번째 위치의 값 a를 비교합니다. 두 값은 다르므로 입력 문자열의 위치만 오른쪽으로 1칸 이동합니다.

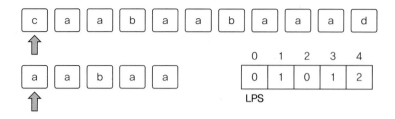

입력 문자열의 두 번째 문자와 문자열 패턴의 첫 번째 문자 a는 동일합니다. 따라서 두 문자열의 위치를 모두 오른쪽으로 1칸 이동합니다.

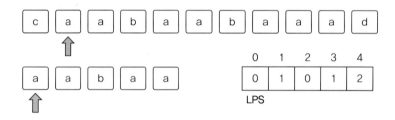

다음 위치에서도 두 문자열의 문자는 동일합니다. 그런데 자세히 보면 aabaa를 모두 찾을 때까지 문자열이 동일함을 확인할 수 있습니다. 문자열이 동일한 동안 계속 두 문자열의 현재 위치를 오른쪽으로 이동합니다.

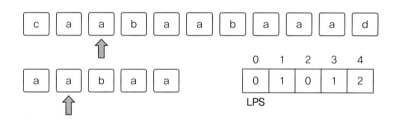

찾을 문자열 패턴의 마지막 문자까지 같으므로 두 문자열의 현재 위치를 모두 오른쪽으로 1칸 이동합니다. 그러면 문자열 패턴의 위치 값이 5가 되어 길이가 같아집니다. 즉, 찾고자 하는 문자열 패턴을 온전히 다 찾았으므로 현재 위치에서 찾을 문자열 패턴의 길이만큼 뺀 위치를 결과로 반환할 리스트에 저장합니다.

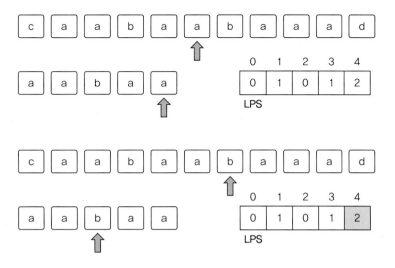

다음 위치부터 검색할 때 LPS의 오른쪽 마지막 원소의 값으로 찾을 문자열 패턴의 현재 위치를 설정합니다. 이는 앞쪽 aa인 prefix와 뒤쪽 aa인 suffix가 동일하고 이 길이는 2이며 입력으로 주어진 문자열의 현재 위치에서 앞의 두 문자가 찾을 문자열 패턴의 앞의 두 문자와 같음을 의미합니다. 즉, 2개만큼은 이미 같다는 것을 알고 있으므로 입력 문자열의 위치를 변경하지 않고 현재 위치부터 검색을 찾을 문자열 패턴의 세 번째 위치부터 비교해 나가면서 검색을 진행해도 됩니다.

이번에도 입력 문자열의 현재 위치부터 찾을 문자열 패턴을 모두 찾을 수 있습니다. 마찬가지로 LPS의 마지막 값으로 문자열 패턴의 현재 위치를 설정합니다. 이번에는 입력 문자열의 현재 위치 값은 a이고, 문자열 패턴의 현재 위치 값은 b입니다. 이 둘은 다르므로 LPS 테이블에서 문자열 패턴의 현재 위치 값 2에서 1을 뺀 값인 1의 위치에 있는 값인 1로 문자열 패턴의 현재 위치 값을 갱신합니다. 적어도 하나의 prefix와 suffix는 사용할 수 있다는 것을 의미합니다.

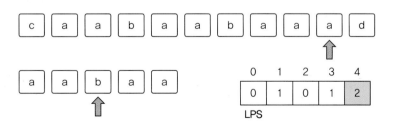

이제 입력 문자열의 현재 위치 값 a와 문자열 패턴의 현재 위치 값 a는 동일하므로 두 위치 모두 오른쪽으로 1칸 이동합니다.

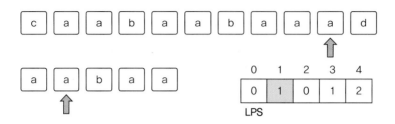

이번에는 두 문자열의 현재 위치 값이 d와 b로 다릅니다. 이번에도 LPS 테이블에서 문자열 패턴의 현재 위치인 3에서 1을 뺀 2번 위치의 값인 1로 문자열 패턴의 현재 위치를 갱신합니다.

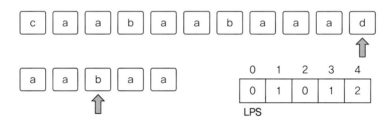

이번에도 두 문자열의 현재 위치 값이 다릅니다. 문자열 패턴의 현재 위치를 LPS 테이블의 문자열 패턴의 현재 위치 값인 1에서 1을 뺀 값인 0번째 위치 값으로 갱신합니다.

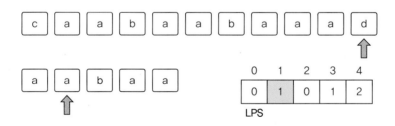

이제 문자열 패턴의 현재 위치가 0이 되었으므로 더 이상 찾을 prefix와 suffix가 없기에 입력 문자열의 현재 위치를 1칸 오른쪽으로 이동합니다.

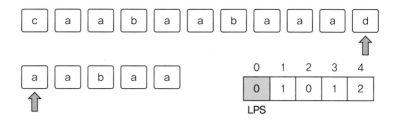

이제 문자열의 모든 문자들을 검색했으므로 알고리즘을 종료합니다.

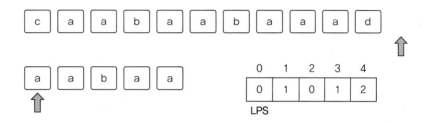

| 구현 코드

먼저 LPS를 구하는 코드입니다.

KMP 알고리즘 – LPS 구하기 | 파일 Chapter04/4.3.2_kmp.py

```
01: def compute_lps(pat, n, lps):
02:     left = 0;
03:     right = 1
04:
05:     while right < n:
06:         if pat[right] != pat[left]:
07:             if 0 < left:
08:                 left = lps[left - 1];
09:             else:
10:                 lps[right] = 0
11:                 right += 1
12:             continue
13:
14:         lps[right] = left + 1
15:         left += 1
16:         right += 1
```

이 코드는 앞서 알고리즘 동작 과정에서 설명했던 left와 right 포인터 위치를 이동하면서 동일한 prefix와 suffix의 개수를 가지고 LPS 테이블 내 동일 개수를 갱신하는 과정입니다. 반복문을 돌면서 입력으로 주어진 문자열 패턴의 left 포인터와 right 포인터 위치의 값이 다른 경우 left 위치의 값이 0보다 클 때, 즉 하나 이상의 prefix와 suffix가 동일할 때 left 포인터의 값을 LPS 내 left 포인터의 위치에서 1을 뺀 값의 위치 값으로 갱신합니다. left 포인터가 0인 경우 LPS 테이블 내 right 포인터 위치에 0의 값으로 갱신하고 right 포인터의 위치를 1만큼 증가합니다. 문자열 패턴의 left 포인터 위치 값과 right 포인터 위치 값이 같은 경우 LPS 테이블 내 right 포인터 위치 값을 left 포인터의 위치 값에 1을 더한 값으로 갱신합니다. 이후 left 포인터와 right 포인터 둘 다 1만큼 증가합니다.

이렇게 계산한 LPS로 문자열의 패턴을 찾는 부분을 구현한 코드는 다음과 같습니다.

| KMP 알고리즘 – 문자열 패턴 찾기 | 파일 Chapter04/4.3.2_kmp.py |

```
001: def find_pattern_using_kmp(text, pattern):
002:     len_text = len(text)
003:     len_patt = len(pattern)
004:     lps = [0]*len_patt
005:     res = []
006:
007:     compute_lps(pattern, len_patt, lps)
008:
009:     i = 0
010:     j = 0
011:
012:     while i < len_text:
013:         if text[i] == pattern[j]:
014:             i += 1
015:             j += 1
016:
017:             if j == len_patt:
018:                 res += i - j,
019:                 j = lps[j - 1]
020:             continue
021:
022:         if i < len_text:
023:             if j == 0:
024:                 i += 1
025:             else:
026:                 j = lps[j - 1]
```

```
027:
028:        return res
```

입력으로 주어진 문자열 text와 찾고자 하는 문자열 패턴 pattern의 현재 위치 값이 같다면, 두 문자열의 위치 값을 1만큼 증가합니다. 이후 찾을 문자열 패턴을 모두 찾았다면 패턴이 문자열에서 출현한 위치를 결과 리스트 res에 저장한 후 문자열 패턴의 현재 위치 값을 LPS 테이블의 마지막 값으로 갱신합니다. 즉, LPS 테이블을 통해 찾지 않아도 되는 문자열은 불필요한 검색을 수행하지 않도록 함으로써 검색 성능이 높아집니다.

두 문자열의 현재 위치 값이 다를 때 문자열 패턴의 위치가 0번이, 즉 하나도 일치하는 것이 없다면 문자열의 위치 i 값만 1만큼 증가합니다. 그렇지 않고 문자열 패턴의 위치가 1보다 크다면 문자열 패턴의 위치를 LPS 테이블의 값으로 갱신하여 검색하지 않아도 되는 만큼 검색을 생략합니다.

이제 다음 코드를 수행하면 1번, 4번 위치에서 문자열 패턴을 찾았다는 결과를 얻을 수 있습니다.

```
res = find_pattern_using_kmp ("caabaabaaad", "aabaa")
print(res)
```

```
[1, 4]
```

알고리즘별 문제 풀이 I

—

PART 3에서는 개발자라면 반드시 알아야 하고 문제 해결 능력을 증진시키는 데 도움이 되는 핵심 알고리즘을 다룹니다. 알고리즘 이론을 학습한 후 실전 감각을 기를 수 있도록 엄선한 문제 풀이도 살펴봅니다.

PART

03

CHAPTER 5

재귀

재귀 알고리즘은 큰 문제를 작게 쪼개 해결하는 방법 중 하나로, 자기 자신(함수)을 호출한다는 특징 때문에 **재귀**recursion라고 불립니다. 재귀의 또 다른 대표적 특징은 큰 문제를 작게 쪼개기 위해 명제가 성립함을 증명하고 귀납 단계에서 최종 명제가 참임을 증명하는 귀납적 사고를 통해 접근한다는 것입니다. 수학적 귀납법과 유사한 원리로 문제를 분할하게 되죠.

재귀가 핵심 알고리즘으로 손꼽히는 이유는 강력한 범용성 때문입니다. 탐색 알고리즘에서도 재귀가 쓰이죠. 재귀 알고리즘은 개념은 간단하지만 명확한 이해 없이 제대로 구현하는 것이 그리 쉽지 않습니다. 이번 챕터에서는 재귀 알고리즘의 동작 방식과 규칙을 이해하고 문제를 통해 활용 방법을 살펴보겠습니다.

5.1 왜 재귀인가?

A부터 Z까지 출력하기 위해서는 함수 `print_a_to_z`와 for문으로 간단하게 구현할 수 있습니다.

```
001: def print_a_to_z():
002:     for letter in range(ord('A'), ord('Z') + 1):
003:         print(chr(letter), end=' ')
```

```
A B C D E F G H I J K L M N O P Q R S T U V W X Y Z
```

그렇다면 AA, AB, … ZA, ZB를 출력해야 한다면 어떻게 해야 할까요? 새로운 조건을 만족시키려면 기존 코드를 재사용하지 못하고 함수 print_aa_to_zz를 활용해 새로운 코드를 작성해야 합니다.

```
001: def print_aa_to_zz():
002:     for letter1 in range(ord('A'), ord('Z') + 1):
003:         for letter2 in range(ord('A'), ord('Z') + 1):
004:             print(''.join([chr(letter1), chr(letter2)]), end=' ')
```

```
AA AB AC AD AE AF AG AH AI AJ AK AL AM AN AO AP … ZX ZY ZZ
```

그렇다면 AAA, AAB, … ZZZ와 같이 출력해야 할 때는 어떻게 해야 할까요? 또 다시 새로운 코드를 작성하는 대신 효율적으로 처리하는 방법이 없을까요? 다양한 경우를 모두 조합하여 처리할 수 있는 강력한 알고리즘이 있습니다. 바로 **재귀**입니다. 재귀를 사용하면 다음과 같이 구현할 수 있습니다.

```
001: def print_start_end(n):
002:     def dfs(cur, seq):
003:         if cur == n:
004:             print(seq, end=' ')
005:             return
006:
007:         for letter in range(ord('A'), ord('Z') + 1):
008:             dfs(cur + 1, seq + chr(letter))
009:
010:     dfs(0, '')
```

먼저 1행에서 print_start_end 함수를 호출할 때 값으로 1을 전달하면 처음 원하던 결과를 얻을 수 있고, 2를 전달하면 두 번째 원하던 결과를 얻을 수 있습니다. 즉, 원하는 출력 결과가 세 자리, 네 자리로 바뀌어도 문제없이 동작하는 코드를 만들었습니다.

> 🔵Tip. 재귀 횟수가 제한된 호출 횟수를 초과하면 '예외'가 발생합니다.

이처럼 재귀 알고리즘은 간단하지만 무척 강력해 여러 알고리즘의 기반이기도 합니다. 하지만 알고리즘을 처음 접하는 입문자에겐 개념을 이해하지 못하면 제대로 구현하기 쉽지 않은 알고리즘이죠. 재귀 알고리즘이 어떤 역할을 하고 어떻게 결과를 출력하는지 동작 방식을 자세히 살펴보겠습니다.

5.2 재귀 알고리즘의 동작 방식

다음과 같이 자기 자신을 다시 호출하는 함수가 포함된 코드가 있습니다.

```
001: def do_some():
002:     …
003:     do_some()
```

이 함수는 호출을 거듭하며 함수 호출 정보를 기록하는 **스택 메모리**stack memory의 사용량을 계속 증가시킵니다. 그리고 어느 순간 할당된 스택의 크기를 초과하면 **스택 오버플로 익셉션**stack overflow exception 문제가 발생합니다. 스택이 깨지면 스택에 저장된 반환 주소의 저장 값이 깨지기 때문에 현재 위치에서 과거 위치, 즉 현재 함수 호출 이전 위치로 복귀할 수가 없게 되고 결국 프로그램은 정상적인 처리가 더는 불가능하게 됩니다.

이런 문제를 방지하기 위해 파이썬은 재귀 호출 횟수를 제한합니다. 기본으로 설정된 호출 횟수는 1000회이므로 호출 횟수를 높이려면 다음 API를 사용해야 합니다.

```
001: import sys
002: sys.setrecursionlimit(limit)
```

이렇게 횟수를 제한함으로써 스택이 깨져 발생하는 오류를 미리 방지할 수 있습니다. 하지만 앞서 만든 do_some 함수는 재귀 횟수를 늘려도 재귀 호출을 무한으로 수행하기 때문에 여전히 재귀 호출 횟수 제한 문제를 발생하게 합니다. 따라서 재귀 함수를 구현할 때는 다음 2가지 규칙을 준수해야만 합니다.

> **재귀 함수 구현 시 준수할 규칙**
>
> ① 자기 자신을 호출하되 **서브셋**으로 호출해야 합니다.
> ② 반드시 재귀 **탈출 지점**이 존재해야 합니다.

각 규칙에 따라 재귀를 구현하는 방법을 살펴보겠습니다.

재귀 함수 규칙 ① 서브셋으로 호출하기

첫 번째 규칙, '서브셋으로 호출하기'를 살펴보기 위해 피보나치 수열 계산 문제를 재귀로 구현해보겠습니다. **서브셋**subset이란 전체 집합에서 일부 요소들만으로 구성된 부분 집합을 의미합니다. 피보나치 수열에서는 n이 0일 때와 n이 1인 두 서브셋을 가지고 n이 2일 때를 계산합니다. 이렇듯 전체, 즉 n이 2인 경우를 계산하기 위해 n이 0인 서브셋과 n이 1인 서브셋을 먼저 처리하는 것입니다. 피보나치 수열을 생성하는 점화식은 다음과 같습니다.

```
f(0) = 0, f(1) = 1, f(n+2) = f(n+1) + f(n)
```

여기서 n이 5라면 다음과 같습니다.

```
f(5) = f(4) + f(3)
f(4) = f(3) + f(2)
f(3) = f(2) + f(1)
f(2) = f(1) + f(0)
```

피보나치 함수를 구현하면 다음과 같은 서브셋을 호출합니다. 다음 코드는 앞서 설명했던 재귀 함수 형태입니다.

```
001: def fibonacci(n):
002:     return fibonacci(n - 1) + fibonacci(n - 2)
```

그러나 앞서 구현한 **fibonacci** 함수는 스택 오버플로 오류를 피할 수 없습니다. n이 계속 작아지면서 함수가 재귀로 끊임없이 호출되고, 어느 순간 정상적으로 재귀 호출 수행하지 못합니다. 탈출 코드가 존재하지 않기 때문입니다. 따라서 재귀 함수를 구현한다면 반드시 탈출 지점을 추가해야 합니다.

재귀 함수 규칙 ② 탈출 지점 정의하기

탈출 지점이란 더 이상 재귀 호출을 수행하지 않고 함수를 종료하는 것을 의미합니다. 일반적으로 탈출 지점은 함수의 가장 앞부분에 정의합니다. 이는 탈출 조건이 뒤따라오는 다른 코드의 영향을 받지 않게 하기 위함입니다. 피보나치 함수에 탈출 조건을 추가한 코드는 다음과 같습니다.

```
000: def fibonacci(n):
001:     if n == 1 or n == 2:
002:         return 1
003:     return fibonacci(n - 1) + fibonacci(n - 2)
```

이제 탈출 지점으로 재귀 호출이 무한 반복되지 않습니다. 이와 같이 탈출 지점을 먼저 처리하고 재귀 코드가 마지막에 나오는 형태를 **꼬리 재귀**^{tail call}라고 합니다.

이제 코드를 실행해보면 n을 5로 지정하고 호출하면 5가 출력됩니다.

```
fibonacci(5)
5
```

먼저 최초 5의 호출은 서브셋인 `fibonacci(4)`와 `fibonacci(3)`의 합으로 구성됩니다. 마찬가지로 `fibonacci(4)`는 3과 2를 가지고 호출한 재귀 호출 결과의 합으로 구성됩니다. 이는 2 혹은 1을 만날 때까지 반복하며 다음과 같은 **콜 트리**^{call tree} 형태를 띠게 됩니다.

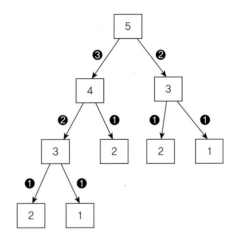

정리하면 재귀 호출은 서브셋으로 호출해야 하고 재귀 함수는 반드시 탈출 조건이 존재해야 합니다. 이제 문제를 통해 실전 알고리즘에서 어떻게 재귀가 적용되는지 살펴보겠습니다.

난이도 ☆ | 키워드 힌트: 재귀를 통한 탐색 | 파일 Chapter05/01_flood_fill.py | leetcode #733

문제 정의

플러드 필flood fil, seed fill, 일명 '홍수 채우기' 문제는 재귀를 학습한 직후 탐색 문제를 이해하는 데 매우 유용합니다. 이 문제는 2차원 배열에서 같은 값으로 연결된 여러 셀cell을 새로운 값으로 교체하는 문제입니다.

예를 들어 다음과 같이 일부 셀이 칠해진 2차원 그리드grid가 있을 때 X로 표시된 부분은 파란색으로 채워야 합니다. 파란색으로 채우기 위해 이동 가능한 방향은 동서남북 네 방향일 때와 셀을 둘러싼 모든 셀로 이동 가능한 여덟 방향일 때 2가지가 있습니다. 우리는 동서남북 네 방향으로만 이동하면서 셀을 채워 보겠습니다.

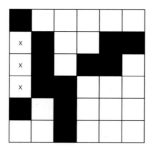 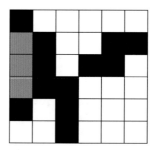

▲ 파란색으로 채워야 하는 그리드(왼쪽)와 파란색으로 채운 그리드(오른쪽)

문제 해결

홍수 채우기 문제 해결에는 재귀를 사용하며 문제 해결을 위한 **의사코드**pseudocode는 다음과 같습니다.

> 💡Tip. '의사코드'란, 알고리즘을 설명하기 위해 사용되는 언어로, 특정 프로그래밍 언어를 의미하지는 않습니다. 사람이 알고리즘을 이해하기 쉽게 논리적 구조를 표현하는 데 쓰입니다.

의사코드

1. 교체될 색상과 교체할 색상이 같다면 반환

2. 탐색 위치의 색상과 교체될 색상이 같지 않다면 반환

3. 색상 교체

4. 홍수 채우기 – 동쪽으로 이동, 교체될 색상, 교체할 색상

5. 홍수 채우기 – 서쪽으로 이동, 교체될 색상, 교체할 색상

6. 홍수 채우기 – 남쪽으로 이동, 교체될 색상, 교체할 색상

7. 홍수 채우기 – 북쪽으로 이동, 교체될 색상, 교체할 색상

의사코드에서 4~7행은 재귀에서 전형적인 탐색 처리에 해당합니다. 우선 4행이 반복적으로 호출됩니다. 즉, 동쪽 끝까지 우선 탐색합니다. 이러한 탐색을 **깊이 우선 탐색**이라고 합니다.

> 💡 Tip. '깊이 우선 탐색'에 대한 자세한 설명은 '4.2 그래프 알고리즘'을 참고하세요.

해결 코드

앞서 살펴본 의사코드는 다음과 같이 파이썬으로 구현할 수 있으며 매우 간결하게 작성할 수 있습니다. 무척 간결하여 의사코드로 작성하는 것이 번거롭다고 느껴질 정도입니다.

8행에 의사코드에서 존재하지 않던 경계 처리 코드가 추가된 것을 볼 수 있습니다. 새롭게 탐색할 위치가 그리드를 벗어날 경우 IndexError가 발생하고 코드가 진행되지 않습니다. 실제 코드를 구현할 때는 이러한 오류를 방지하는 방어 코드가 반드시 추가되어야 합니다.

홍수 채우기 | 파일 Chapter05/01_flood_fill.py

```
001: def fill(y, x, color, targetColor):
002:     if grid[y][x] != color or grid[y][x] == targetColor:
003:         return
004:
005:     grid[y][x] = targetColor
006:
007:     for ny, nx in [(y + 1, x), (y - 1, x), (y, x + 1), (y, x - 1)]:
008:         if not (0 <= ny < rows) or not (0 <= nx < cols):
009:             continue
010:         fill(ny, nx, color, targetColor)
```

코드를 더 자세히 살펴보겠습니다. 2행에서 함수를 실행하면 먼저 색이 같은지를 확인합니다. 현재 탐색하려는 위치의 색상과 교체될 색상이 다르다면 색상을 교체하면 안 되기에 반환합니다. 또, 현재 위치의 색상과 교체할 색상이 같을 때도 색상 교체를 할 필요가 없으므로 반환합니다. 이후 5행에서 현재 위치의 색상을 교체합니다.

7행에선 동서남북으로 셀을 탐색합니다. 파이썬은 탐색하고자 하는 행과 열의 위치 값을 하나의 리스트로 정의한 다음 이를 for문에 사용할 수 있습니다. (y+1, x)는 북쪽 이동, (y−1, x)는 남쪽 이동, (y, x+1)은 동쪽 이동, (y, x−1)은 서쪽 이동을 의미합니다. 이 코드에 의해 동서남북으로 이동하는 위치 값이 ny, nx에 순서대로 할당됩니다. 8~10행은 잘못된 경계를 수행하지 않도록 방어 코드를 지나 문제없는 위치가 되면 continue를 수행하지 않고 재귀 호출 코드를 진행합니다.

재귀 호출의 콜 스택은 다음 그림과 같이 형성됩니다.

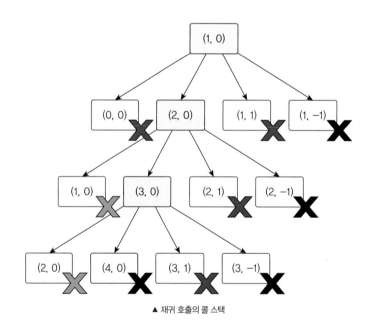

▲ 재귀 호출의 콜 스택

최초 (1, 0)을 수행하면 주변 네 방향을 탐색합니다. 이때 (0, 0), (1, 1)은 다른 색상으로 채워진 영역으로 처리할 수 없으며(파란색 X) (1, −1)은 그리드를 벗어나는 영역으로 처리가 불가능합니다(검정색 X). (2, 0)은 처리가 가능하므로 색상을 변경합니다. 이후 이 위치에서 (1, 0)을 수행하면 이미 색상이 변경된 영역으로 처리하지 않으며(녹색 X) (2, 1)과 (2,

-1)은 처리가 불가능한 영역입니다. (3, 0)은 처리가 가능한 영역이기에 색상을 변경합니다. (3, 0)에서는 fill을 재귀적으로 수행할 수 있는 영역이 더는 존재하지 않으므로 재귀 호출 없이 자신의 호출을 종료(반환)합니다.

콜 트리로 처리를 완료하면 다음과 같이 원하는 색상으로 채워진 결과를 얻을 수 있습니다.

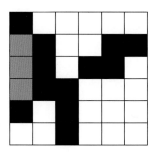

▲ '홍수 채우기' 문제의 결과

'홍수 채우기' 문제를 통해서 재귀와 탐색의 개념 그리고 구체적인 알고리즘을 살펴봤습니다. 재귀는 피보나치 수열처럼 서브셋 처리나 탐색에 많이 사용합니다.

단, 재귀를 구현할 때 늘 스택 오버플로 문제가 발생한다는 것을 염두에 두어야 합니다. 그래서 탐색은 재귀보다 큐나 스택 자료구조로 구현하기도 합니다. 여기에 대한 자세한 내용은 'Chapter 6 탐색'에서 다루도록 하겠습니다.

이진 트리의 최대 깊이

난이도 ☆ | 키워드 힌트: 트리의 재귀 | 파일 Chapter05/02_max_depth_of_binary_tree.py | leetcode #104

| 문제 정의

이 문제는 말 그대로 이진 트리의 최대 깊이를 알아내는 문제로, 재귀를 이용하면 간단하고 쉽게 해결할 수 있습니다. 다음과 같은 이진 트리가 있습니다. 루트 노드의 깊이가 1일 때 이진 트리의 최대 깊이는 4가 됩니다. 최대 깊이를 재귀로 알아내려면 어떻게 해야 할까요?

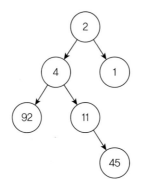

| 문제 해결 – 상향식

이런 유형의 문제는 보통 **하향식**top-down이나 **상향식**bottom-up으로 풀 수 있습니다. 상향식은 밑에서 위로 올라가면서 답을 찾는 방식입니다. 이진 트리의 최대 깊이를 찾을 때는 트리의 가장 밑에 위치한 잎 노드(혹은 말단 노드)부터 위로 올라가면서 깊이를 1씩 추가합니다. 먼저 상향식으로 문제를 해결하는 방법을 살펴보겠습니다.

의사코드

1. 노드가 nil이면 반환
2. 현재 노드의 왼쪽 자식으로 getDepth를 재귀 호출
3. 현재 노드의 오른쪽 자식으로 getDepth를 호출
4. 왼쪽 자식으로 재귀 호출한 결과와 오른쪽 자식으로 재귀 호출한 결과 중 더 큰 값을 선택
5. 선택한 값에 +1한 값을 반환

의사코드를 살펴보면 먼저 왼쪽 자식 노드로 재귀 호출을 수행합니다. 따라서 최초로 nil을 반환하는 노드는 값이 92인 노드의 왼쪽 자식 노드(nil 값)가 됩니다.

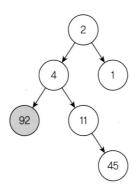

이후 92 노드에서 왼쪽 자식 노드의 재귀 호출 결과인 0과 오른쪽 자식 노드의 재귀 호출 결과인 0 중 가장 큰 값인 0에 +1을 하여 1을 반환합니다.

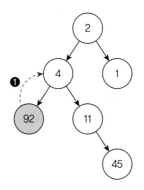

다음으로 수행하는 잎 노드는 45번 노드입니다. 역시 1을 반환합니다.

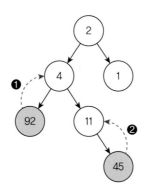

11번 노드는 왼쪽 자식 노드의 반환 값인 0과 오른쪽 자식 노드의 반환 값인 1중 더 큰 값인 1에 +1을 하여 2를 반환합니다.

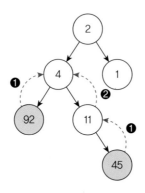

이 과정을 반복하면 각 노드는 다음 그림에서 표시된 값을 반환합니다. 루트 노드는 3과 1을 받는데, 이 중 3에 +1을 해 최종적으로 4를 반환합니다. 즉, 해당 이진 트리의 최대 깊이는 4임을 알 수 있습니다.

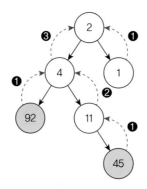

해결 코드

앞서 설명한 과정을 코드로 구현하면 다음과 같이 무척 간단한 코드가 완성됩니다.

이진 트리의 최대 깊이 : 상향식	파일 Chapter05/02_max_depth_of_binary_tree.py

```
001: def get_depth(node: TreeNode) -> int:
002:     if not node:
```

```
003:            return 0
004:
005:      return max(get_depth(node.left), get_depth(node.right)) + 1
```

| 문제 해결 – 하향식

이번엔 하향식으로 문제를 푸는 방법을 살펴보겠습니다. 하향식은 상향식과 반대로 위에서 아래로 내려가면서 문제를 해결하는 방법입니다. 먼저 루트 노드에 depth 0을 전달하고 자식 노드로 넘어갈 수록 depth를 1씩 증가시킵니다. 이후 잎 노드에 다다르면 자신이 가지고 있는 depth 값으로 최댓값을 갱신합니다. 하향식으로 문제를 해결하기 위한 의사코드는 다음과 같습니다.

의사코드

1. 노드가 nil이면 반환
2. 잎 노드인 경우 depth 값으로 maximum depth를 갱신 후 반환
3. 왼쪽 자식에 대해 depth 값을 1 증가하여 재귀 호출
4. 오른쪽 자식에 대해 depth 값을 1 증가하여 재귀 호출

하향식에서는 최초 루트 노드에 depth 값으로 1이 전달됩니다. 이후 자식 노드에는 depth 값에 1을 증가하여 전달합니다.

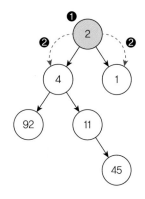

마찬가지로 4번 노드는 자신이 지닌 depth 값에 +1을 한 값을 왼쪽, 오른쪽 자식 노드에 전달합니다. 이후 왼쪽 자식 노드 92번은 3의 값으로 최대 depth 값을 갱신합니다.

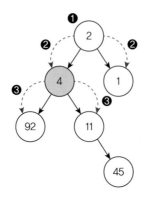

11번 노드는 왼쪽 자식 노드가 없고 오른쪽 자식 노드로만 자신의 depth 값에 +1한 값을 전달합니다. 45번 노드는 잎 노드이므로 4라는 값으로 최대 depth 값을 갱신합니다. 이 시점에 모든 노드가 처리되었으며 max_depth 변수에는 4가 저장됩니다. 따라서 하향식과 마찬가지로 해당 이진 트리의 최대 깊이는 4라는 것을 도출할 수 있습니다.

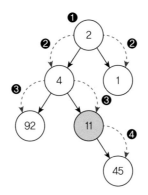

해결 코드

앞서 설명한 알고리즘이 실제로 동작하는 코드를 살펴보겠습니다.

이진 트리의 최대 깊이 : 하향식	파일 Chapter05/02_max_depth_of_binary_tree.py

```
001: def update_depth(node: TreeNode, depth, max_depth):
002:     if not node:
003:         return
004:
```

```
005:     if not node.left and not node.right:
006:        max_depth[0] = max(max_depth[0], depth)
007:        return
008:
009:     update_depth(node.left, depth + 1, max_depth)
010:     update_depth(node.right, depth + 1, max_depth)
011:
012: max_depth = [0]
013: update_depth(root, 1, maxDepth)
014: return max_depth[0]
```

1~3행까지는 상향식처럼 노드가 nil인 경우 반환합니다. 단, 하향식은 반환 값을 지정하지 않습니다. 5행은 잎 노드인지를 확인하는 코드며 left와 right 자식이 모두 nil인 노드가 잎 노드가 됩니다. 6행에서는 전달받은 depth 값으로 최대 depth 값을 갱신합니다. 잎 노드에서 수행할 작업을 모두 마치면 7행에서 반환을 통해 재귀 호출을 종료합니다.

잎 노드가 아니라면 9행에서 depth에 1을 더해 left 자식 노드로 재귀 호출을 수행합니다. 마찬가지로 10행에서는 depth에 1을 더해 right 자식 노드로 재귀 호출을 수행합니다. 마지막으로 13~14행에서 재귀 호출을 끝내고 max_depth[0]을 반환합니다.

> **NOTE** **파이썬에서 함수의 인자 값을 갱신하는 방법**
>
> 파이썬 변수에는 포인터 개념이 없습니다. 즉, 함수의 인수로 전달받은 변수는 값의 사본입니다. 그러나 배열 혹은 클래스 인스턴스는 복사가 아닌 참조로 전달받습니다. 이러한 파이썬 언어 특징에 의해 함수의 인수로 전달한 값을 갱신하고 싶다면 배열, 즉 리스트로 정의된 변수를 인수로 전달하거나 클래스 인스턴스를 인수로 전달하는 방법이 있습니다. 앞서 살펴본 하향식 구현 코드에서는 함수의 반환 값이 아닌 함수의 인자 중 max_depth를 리스트로 전달하여 인자 값을 갱신하는 방법을 사용했습니다.

문제 03 괄호 생성하기

난이도 ☆☆ | 키워드 힌트: 재귀 | 파일 Chapter05/03_parenthesis_genration.py | leetcode #22

문제 정의

이 문제는 열고 닫는 괄호 개수가 입력되면 생성 가능한 모든 괄호의 조합을 생성하여 반환하는 문제입니다. 단, 괄호는 반드시 여닫는 기호가 쌍을 이루어야 합니다. 예를 들어 다음과 같이 n으로 2가 입력되면 2쌍의 괄호로 생성할 수 있는 조합은 (())와 ()()입니다.

```
input: n = 2
output: ['(())', '()()']
```

이때 열린 괄호와 닫힌 괄호가 쌍을 이루어야 유효하다고 판단합니다. 즉,)(와 같은 결과는 유효하지 않은 것으로 간주하고 결과에 포함하지 않아야 합니다.

문제 해결

먼저 유효한 열린 괄호 (을 선택해야 합니다. (이후에 유효한 괄호를 생성하기 위해서는) 혹은 (만 추가되어야 합니다. 또, 닫힌 괄호를 추가할 때는 열림 횟수를 넘어서는 안 됩니다. 이러한 제약이 없다면 n이 2일 때 ())(와 같은 잘못된 결과를 출력할 수 있기 때문입니다.

따라서 괄호의 열림과 닫힘 처리에 따른 재귀 호출이 이 문제의 핵심이고, 문제 해결을 위한 의사코드는 다음과 같이 작성할 수 있습니다.

의사코드 : generate(열림 횟수, 닫힘 횟수)

1. 열림 횟수와 닫힘 횟수가 n이 되면 반환
2. 열린 괄호 수가 n보다 작으면 열림을 추가하는 재귀 호출
3. 닫힌 괄호 수가 열린 괄호 수보다 작으면 닫힌 괄호를 추가하는 재귀 호출

| 해결 코드

앞서 설명한 알고리즘이 실제로 동작하는 코드를 살펴보겠습니다.

```
괄호 생성하기                            | 파일 Chapter05/03_parenthesis_genration.py
001: def generate(openCnt, closeCnt, sequence, results):
002:     if openCnt == n and closeCnt == n:
003:         results.append(sequence)
004:         return
005:
006:     if openCnt < n:
007:         generate(openCnt + 1, closeCnt, sequence + '(', results)
008:     if closeCnt < openCnt:
009:         generate(openCnt, closeCnt + 1, sequence + ')', results)
```

함수가 호출된 후 openCnt와 closeCnt 둘 다 n과 같은 값일 경우 열린 괄호와 닫힌 괄호 수가 모두 n개가 되었으므로 함수의 실행을 종료합니다. 그리고 지금까지 생성한 괄호 쌍들을 결과 리스트인 results에 추가하고 함수를 종료합니다.

openCnt 혹은 closeCnt가 n과 같지 않을 때, openCnt가 n개보다 작다면 openCnt를 하나 증가 시켜서 함수를 재귀 호출합니다. 이후 8행에서 closeCnt가 openCnt 보다 작으면 closeCnt를 1 증가시킨 후 함수를 재귀 호출합니다.

반대로 openCnt가 n과 같거나 closeCnt가 n과 같을 때, 즉 열린 괄호와 닫힌 괄호의 개수가 n과 같으면 더 이상 재귀 호출을 수행하지 않고 여태까지 생성한 문자열을 결과에 저장한 다음 함수 호출 수행을 종료합니다.

6~9행에서는 열린 괄호의 개수와 닫힌 괄호의 개수 그리고 최대 허용 개수 n값을 비교하여 열 린 괄호를 추가할지 닫힌 괄호를 추가할지 혹은 아무 처리도 하지 않을지를 결정합니다. 6행에 서 열린 괄호의 개수가 n보다 작다면 열린 괄호를 추가하여 함수를 재귀 호출합니다. 8~9행 에서는 닫힌 괄호 개수가 열린 괄호 개수보다 작다면 닫힌 괄호를 추가해도 괜찮은 상황이기에 닫힌 괄호를 추가하여 함수를 재귀 호출합니다.

이 코드를 n이 2인 경우 호출했을 때의 콜 스택은 다음과 같습니다.

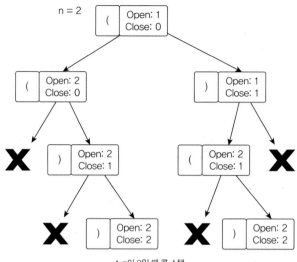

▲ n이 2일 때 콜 스택

먼저 열린 괄호를 추가한 후 열린 괄호의 개수가 아직 n보다 작을 경우 괄호 열기를 수행합니다. 이후에는 열린 괄호의 개수가 n보다 작지 않기에 더 이상 괄호 열기를 수행하지 않고 괄호 닫기를 수행합니다. 닫힌 괄호의 개수가 2에 다다르면 더 이상 재귀 호출을 하지 않습니다. 여기까지가 콜 트리에서 루트의 왼쪽에 해당하는 부분이었습니다. 이를 수행하지 않으면 루트의 오른쪽과 같이 콜이 수행되는데, 이때 닫힌 괄호의 개수 0이 열린 괄호의 개수인 1보다 작기에 괄호 닫기를 수행합니다.

이후 열린 괄호의 개수와 닫힌 괄호의 개수가 같아졌으므로 괄호 닫기를 할 수 없으니 괄호 열기를 추가해 열린 괄호의 개수가 2가 됩니다. 열린 괄호의 개수는 n과 동일해졌으므로 더 이상 괄호 열기를 수행하지 않고 괄호 닫기를 수행합니다. 따라서 열린 괄호의 개수와 닫힌 괄호의 개수가 모두 2가 되면서 재귀를 종료합니다.

이제 함수를 호출하면 다음과 같은 출력 결과를 확인할 수 있습니다.

```
001: n = 2
002: results = []
003: generate(0, 0, '', results):
004: print(results)
```

```
['(())', '()()']
```

연결 리스트의 노드 교환하기

난이도 ☆☆ | 키워드 힌트: 재귀를 통한 노드 교환 | 파일 Chapter05/04_swap_nodes_in_pairs.py | leetcode #24

문제 정의

이 문제는 주어지는 단방향 연결 리스트에서 인접한 노드를 짝지어 위치를 교환하는 문제입니다. 이해하기 쉬운 간단한 문제지만, 재귀를 사용해 해결해야 합니다.

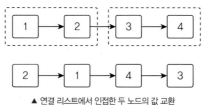

▲ 연결 리스트에서 인접한 두 노드의 값 교환

이 문제는 노드의 값을 스왑하거나 위치 정보를 변경하는 방법으로 해결할 수 있습니다. 먼저 노드의 값을 스왑하는 방법부터 살펴보겠습니다.

문제 해결 – 스왑

교체할 노드의 값을 스왑하는 방식으로 문제를 해결하기 위해선 다음과 같은 의사코드를 작성합니다.

> **의사코드 : swap_pairs(head)**
>
> 1. head 혹은 head의 next가 nil이면 반환
> 2. head와 head의 next가 지닌 값을 변경
> 3. head의 next의 next로 재귀 호출
> 4. 재귀 호출 결과를 head의 next의 next로 설정
> 5. head를 반환

🔅 Tip. nil은 NULL과 같이 아무것도 가리키지 않고 있음을 의미합니다.

처리가 불가능한 head 혹은 head의 next가 **nil**인 경우에는 재귀 호출을 종료합니다. 이 부분이 탈출 지점이 됩니다. 이후 head와 head의 next의 값을 교체, 즉 스왑합니다. 다음으로 head의 next의 next로 재귀 호출을 하게 되는데, 이는 하나를 건너뛰고 2개 단위로 처리를 하기 위해서입니다. 이후 현재 노드인 head의 next의 next를 재귀 호출의 반환으로 교체합니다.

처음 함수를 호출하면 다음 첫 번째 노드와 두 번째 노드가 한 쌍이 되어 서로의 값을 스왑합니다.

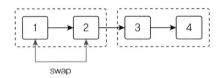

이후 세 번째와 네 번째 노드를 처리하기 위한 재귀 함수를 호출하고 두 노드 역시 값을 스왑합니다.

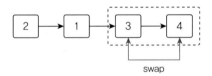

다시 최초 콜 스택으로 돌아오면 다음과 같이 원하는 형태로 값이 정렬됩니다.

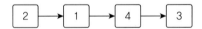

| 해결 코드

앞서 설명한 알고리즘이 실제로 동작하는 코드를 살펴보겠습니다.

연결 리스트의 노드 교환 : 스왑	파일 Chapter05/04_swap_nodes_in_pairs.py

```
001: def swap_pairs(head: ListNode) -> ListNode:
002:     if not head or not head.next:
```

```
003:        return head
004:
005:    head.val, head.next.val = head.next.val, head.val
006:    swap_pairs(head.next.next)
007:    return head
```

다음과 같이 파이썬에서는 temp 변수 등을 선언하지 않고도 서로 교환할 변수들을 교차해서 할당하는 것만으로 간단하게 값을 스왑할 수 있습니다.

```
var1, var2 = 1, 2
var1, var2 = var2, var1
# var1에는 2가 var1에는 1이 저장되어 있습니다.
```

문제 해결 – 위치 정보 변경

노드의 값을 스왑하는 대신 위치 정보를 변경해서 노드를 교환하는 식으로 문제를 해결할 수도 있습니다. 이 경우 의사코드는 다음과 같습니다.

의사코드 : swap_pairs(first)

1. first 혹은 first의 next가 nil인 경우에는 반환
2. first의 next node를 second에 저장
3. first의 next의 next로 재귀 호출
4. 재귀 호출 결과를 first의 next로 설정
5. second의 next를 first로 설정
6. second를 반환

```
006:    head.next = swap_pairs(head.next.next)
```

6행을 수행하면 1번 노드는 재귀 호출의 반환 값으로 반환되는 3번과 4번 노드 중 하나를 가리키게 됩니다.

```
007:        second.next = head
```

7행을 수행하면 다음과 같이 두 번째 노드는 첫 번째 노드를 가리키게 됩니다.

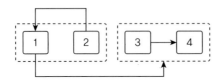

이를 순서대로 다시 그리면 앞의 두 노드에 대해서는 다음과 같이 원하는 형태로 스왑한 모양이 됩니다.

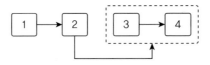

6행을 수행하면 다음과 같이 뒤의 두 노드를 재귀 호출한 결과를 볼 수 있으며 반환 값은 4입니다. 즉, 1을 가진 두 번째 노드는 4를 가리키게 됩니다.

이제 원하는 순서를 지닌 연결 리스트를 얻게 되었습니다. 최종적으로 2 값을 지닌 첫 번째 노드를 반환합니다.

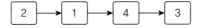

| 해결 코드

이를 구현한 코드는 다음과 같습니다.

연결 리스트의 노드 교환 : 위치 정보 변경 | 파일 Chapter05/04_swap_pairs.py

```python
001: def swap_pairs(head: ListNode) -> ListNode:
002:     if not head or not head.next:
003:         return head
004:
005:     second = head.next
006:     head.next = swap_pairs(head.next.next)
007:     second.next = head
008:     return second
```

1~3행까지는 앞서 노드 값을 스왑할 때의 코드와 동일합니다. 1~3행의 first가 nil이거나 first의 next가 nil이면 재귀 호출을 더 이상 수행하지 않고 해당 함수 call을 반환하는 부분은 이전 알고리즘과 동일합니다. 그러나 5행부터는 값이 아닌 연결 관계를 변경한다는 점에서 차이가 있습니다. 여기서는 first의 next와 first의 next의 next를 교환하는 처리를 수행합니다. 즉, 값이 아닌 연결 관계를 변경합니다. 이때 first의 next는 재귀 호출의 결괏값으로 설정합니다. 이후 함수는 순서의 교체를 위해 second를 반환하면서 종료됩니다.

지금까지 트리라는 자료구조를 처리할 때 재귀를 어떻게 사용하는지 그리고 재귀 처리에서 값을 처리할 때 하향식으로 처리할지, 상향식으로 처리할지를 알아봤습니다. 또, 재귀라는 알고리즘을 탐색, 트리, 연결 리스트, 문자열 처리(괄호 생성) 등에 응용하는 방법도 살펴봤습니다.

사실 재귀는 문제 해결에 기본적으로 쓰이는 알고리즘으로, 재귀 자체가 문제로 제시되는 경우는 드뭅니다. 그렇다면 핵심 알고리즘이 아닌 '2부 기본 자료구조와 알고리즘'에서 다뤄야 하는 것이 아닌가 하는 생각할 수 있습니다. 그럼에도 재귀라는 항목으로 따로 분류한 이유는 앞서 다뤘던 문제들이 반드시 재귀로 풀 필요는 없기 때문입니다. 여러 문제 해결 방법 중 단지 재귀를 사용해 해결하는 방법을 살펴본 것이고, 이 문제들이 재귀를 응용하는 데 유용하기 때문입니다.

이어서 재귀와 마찬가지로 응용하는 방법이 무궁무진한 알고리즘, 탐색을 알아보겠습니다.

CHAPTER 6

탐색

넓은 2차원 행렬에서 최단 거리를 찾거나 장애물을 피하면서 유일한 출구를 찾을 때는 행렬의 크기, 장애물의 위치, 출구의 위치 등이 테스트 케이스마다 다르게 입력되기 때문에 경우의 수가 무척 많습니다. 이렇게 일일이 코딩하는 것이 무척 비효율적일 때는 발생 가능한 모든 경로를 수행하면서, 즉 **탐색**하면서 문제를 해결할 수 있는지 없는지를 판단해야 합니다.

앞서 **Chapter 5 재귀**에서 언급한 것처럼 탐색 문제 해결 방법은 2가지가 있습니다. 첫 번째는 재귀 방식으로 방문 가능한 곳을 모두 방문하는 것이고, 두 번째는 큐 혹은 스택 자료구조를 사용해 모든 경로를 탐색하는 것입니다. 이번에서는 이러한 탐색 문제의 기본 구조와 해결 방법 그리고 대표적인 문제를 살펴보겠습니다.

난이도 ☆☆ | 키워드 힌트: 큐를 통한 탐색 | 파일 Chapter06/05_maze.py | leetcode #490

문제 정의

벽과 공간으로 구성된 미로에 공이 하나 있습니다. 이 공은 위, 아래, 왼쪽, 오른쪽으로 한 번에 한 칸만 이동할 수 있으며 벽을 통과하지 못합니다. 미로와 함께 시작 지점 좌표와 종료 지점 좌표가 주어집니다. 이 미로의 시작 위치에서 종료 위치까지 공이 도달할 수 있는지를 알아내고 결과를 반환하는 것이 이 문제의 목표입니다.

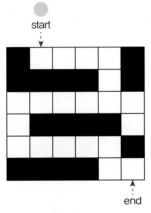

▲ 벽과 공간으로 구성된 미로

이 미로를 코드로 표현하면 다음과 같습니다.

```
maze = [
[1, 0, 0, 0, 0, 1],
[1, 1, 1, 1, 0, 1],
[0, 0, 0, 0, 0, 0],
[0, 1, 1, 1, 1, 0],
[0, 0, 0, 0, 0, 1],
[1, 1, 1, 1, 0, 0]
]
```

문제 해결

이제 미로를 탐색해보겠습니다. 미로를 탐색하기 전에 가장 먼저 알아야 할 것은 미로의 크기, 즉 행과 열의 개수입니다. 미로의 크기를 모른다면 어디까지 갈 수 있는지 알 수 없기 때문에 기본적으로 미로의 크기부터 파악합니다. 또, 미로에서 빠져나오지 못하고 무한히 알고리즘이 수행되는 것을 방지하기 위해 한 번 방문한 곳을 재방문하지 못하는 장치도 마련해야 합니다.

이제 미로를 어떻게 탐색할지 결정합니다. 미로를 탐색하는 방법은 **깊이 우선 탐색**depth first search, DFS과 **너비 우선 탐색**breath first search, BFS 2가지입니다. 이는 앞서 살펴본 탐색에서 사용하는 기본 알고리즘이며 어떤 탐색 기법을 사용해도 문제가 없습니다. 이 문제에서는 너비 우선 탐색으로 미로를 빠져나가 보겠습니다.

이 문제를 해결하기 위한 의사코드는 다음과 같습니다.

> **의사코드**
>
> 1. 탐색을 시작할 지점을 큐에 넣습니다.
> 2. 큐에 값이 존재하는 동안 다음 과정을 반복합니다.
>   A. 큐에서 위치 정보를 얻습니다.
>   B. 얻은 위치 정보가 목적지와 같다면 목적지를 찾았음을 반환하여 알고리즘을 종료합니다.
>   C. 현재 위치를 기준으로 위, 아래, 오른쪽, 왼쪽을 탐색합니다.
>   ⅰ. 벽 혹은 경계를 만나기 전까지 이동합니다.
>   ⅱ. 현재 위치가 이전에 방문한 적이 없는 위치라면 큐에 위치 정보를 추가하고 방문 처리합니다.
> 3. 큐의 모든 위치를 처리했음에도 목적지에 도착하지 못했다면 찾지 못했음을 반환하여 알고리즘을 종료합니다.

이 과정은 앞서 너비 우선 탐색에서 설명했던 과정과 거의 동일합니다. 차이가 있다면 주변에 방문할 대상이 노드가 아니라 인접한 네 방향의 위치 정보라는 점입니다. 복잡할 것이 없는 알고리즘이므로 바로 코드를 설명하겠습니다.

해결 코드

너비 우선 탐색으로 미로를 탐색하는 코드는 다음과 같습니다. 전체 코드는 공백을 포함하여 24행 정도 되는 짧은 코드입니다.

```
001: def maze(maze, sy, sx, dy, dx):
002:     rows = len(maze)
003:     cols = len(maze[0])
004:     visited = {(sy, sx)}
005:     queue = collections.deque([(sy, sx)])
006:
007:     while queue:
008:         y, x = queue.popleft()
009:         if y == dy and x == dx:
010:             return True
011:
012:         for oy, ox in [(1, 0), (-1, 0), (0, -1), (0, 1)]:
013:             my = y
014:             mx = x
015:             while (0 <= my + oy <= rows-1 and
016:                     0 <= mx + ox <= cols-1 and
017:                     maze[my + oy][mx + ox] == 0):
018:                 my += oy
019:                 mx += ox
020:
021:             if (my, mx) not in visited:
022:                 visited.add((my, mx))
023:                 q.append((my, mx))
024:
025:     return False
```

먼저 4~5행에서 visited라는 set 자료형 변수를 선언합니다. 선언과 동시에 시작 위치 sy와 sx를 튜플로 묶어서 visited에 저장합니다. 시작 지점은 더 이상 방문하지 않겠다는 의미이며, 방문 처리를 위해 다음 행에서 queue를 선언합니다. 파이썬에서는 큐와 스택 모두 기본 자료형인 list로 처리할 수 있습니다. 여기서는 queue라는 변수를 collections의 deque로 선언했으며 시작 위치 정보인 sy와 sx는 튜플 원소로 만들어 저장했습니다. 이제 반복문에 진입합니다.

NOTE **파이썬의 튜플 응용하기**

튜플은 배열처럼 여러 개의 값을 순서쌍으로 저장하는 데 사용합니다. 리스트와 비슷하게 보이지만 가장 큰 차이점은 튜플의 값은 바꿀 수 없는 순서쌍이란 점입니다. 즉, 상수로 처리되며 바로 이런 특징 덕분에 파이썬에서는 튜플을 고유의 키값으로 사용할 수 있습니다. 덕분에 방문 처리를 할 때 좌표를 튜플로 묶어서 set과 같은 자료구조에 넣을 수 있습니다.

탐색은 큐에 값이 존재하는 동안 계속 진행합니다. 8~10행을 보면 queue에서 방문할 좌표를 하나 빼냅니다. 이때 파이썬 deque 클래스의 popleft를 사용합니다. 이는 리스트의 가장 앞에 위치한 원소를 빼냅니다. 이는 깊이 우선이 아니라 너비 우선으로 탐색하겠다는 의미입니다. 이렇게 방문한 좌표가 최종 목적지라면 True를 반환합니다.

12~14행에서는 목적지에 도착하지 못했을 때 위, 아래, 오른쪽, 왼쪽 네 방향으로 탐색을 수행합니다. 탐색을 수행할 이동에 대한 값을 oy와 ox라는 변수에 할당합니다(각각 offset y, offset x). 그리고 현재 위치를 my, mx (modified y, x)에 저장합니다.

15~19행을 보면 벽을 만나기 전 혹은 경계를 빠져나가기 전까지 진행하려는 방향(oy, ox)으로 나아갑니다. 유효한 좌표이며 벽이 아닌 한 my와 mx에 계속 진행하려는 방향에 대한 offset인 oy, ox를 더하여 위치 값을 변화시킵니다.

21~23행은 더 이상 진행하지 못할 위치에 도달하면 해당 위치가 이미 방문을 했던 위치인지 아닌지를 판별합니다. 만약 방문하지 않았던 위치라면 visited에 현재 위치를 추가하여 방문 처리를 한 다음 queue에 좌표를 추가합니다. 이제 다시 while문으로 이동하며 앞서 설명했던 코드들을 반복합니다.

마지막으로 queue에 더 이상 처리할 좌표가 존재하지 않는다면 목적지를 찾지 못한 것이므로 False를 반환합니다.

앞서 미로에서 방문하는 곳을 표시하면 다음과 같습니다.

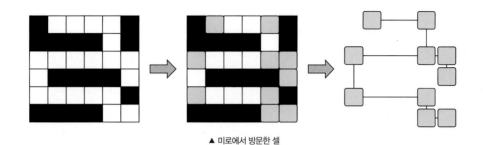

▲ 미로에서 방문한 셀

이는 그래프의 연결로도 생각해볼 수 있습니다. 결국 탐색 문제는 그리드로 주어지든 그래프로 주어지든 모두 그래프로 생각해서 문제를 풀 수 있습니다. 노드 간의 이동을 그래프에서는 인접 리스트 등으로 처리하고, 그리드에서는 좌표 이동으로 처리한다는 차이만 있습니다.

최솟값으로 목적지 찾기

난이도 ☆☆☆ | **키워드 힌트: 너비 우선 탐색** | **파일 Chapter06/06_minimum_cost_in_a_grid.py** | **leetcode #1368**

| 문제 정의

m개의 행과 n개의 열로 이루어진 m×n 크기의 그리드가 주어집니다. 그리드의 각 셀에는 다음으로 이동할 방향을 뜻하는 숫자가 있고, 이 숫자가 가리키는 방향으로 이동해야만 합니다. 방향은 오른쪽, 왼쪽, 아래쪽, 위쪽 네 방향이며 오른쪽은 1, 왼쪽은 2, 아래쪽은 3, 위쪽은 4입니다.

표지 모양	표지 표현 숫자
➡	1
⬅	2
⬇	3
⬆	4

예를 들어, 다음과 같은 입력이 주어질 때 그리드 바깥으로 향하는 표지(화살표)는 따를 수 없고, 탐색을 시작하는 위치는 (0, 0) 입니다(각각 y, x). 목적지는 (m−1, n−1)입니다.

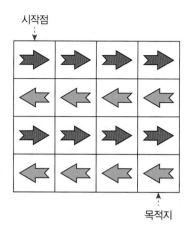

시작점

목적지

하지만 그리드를 살펴보면 표지대로 가서는 (0, 0)에서 (m-1, n-1)까지 갈 수가 없습니다. 따라서 잘못된 방향으로 향하는 표지를 만나면 방향을 바꿀 수 있습니다. 예를 들어 (0, 3), (1, 3), (1, 0)과 같이 그리드 바깥쪽을 가리키는 표지는 아래쪽을 가리키는 표지로 바꿉니다. 이때 방향 표시에 소모되는 비용은 1 입니다. 이렇게 방향을 변경하면서 (m-1, n-1)까지 진행할 수 있습니다. 단, 이 문제는 이 위치까지 도달하는 데 '최소한의' 방향 표시 변경 횟수 반환을 요구합니다.

기본적으로 이 문제 역시 탐색 문제이므로 앞서 살펴봤던 탐색 알고리즘을 그대로 적용합니다. 다른 점이 있다면 ① 방향 변경 가능, ② 방향 변경 횟수 최소화가 이 문제의 핵심이자 가장 큰 차이점입니다. 이 2가지를 고려하면서 문제 해결 과정을 살펴보겠습니다.

문제 해결

이 문제를 해결하는 데 필요한 알고리즘을 정리해보겠습니다. 여기서는 최솟값을 반환하는 우선순위 큐인 힙큐 자료구조를 사용합니다.

의사코드

1. 시작 지점 (0, 0)과 현재까지 방향 변경에 사용한 비용 0을 힙큐에 추가합니다.
2. 셀별 최소 비용을 저장하는 자료구조에 시작 위치와 비용 정보를 추가합니다.
3. 힙큐에 원소가 있는 동안 다음 과정을 반복합니다.

    A. 힙큐에서 (최소 비용으로 도달한)위치와 비용 정보를 추출합니다.

    B. 현재 위치가 목적지라면 최소 비용을 반환하고 알고리즘을 종료합니다.

ⅰ. 위, 아래, 왼쪽, 오른쪽 네 방향으로 탐색합니다.

ⅱ. 진행 방향이 표지와 일치하지 않으면(방향을 바꾸면) 비용에 1이 증가합니다.

ⅲ. 진행 방향이 방문을 했던 방향이거나 현재 비용이 진행 방향의 비용 이상이라면 방문하지 않고 '3. A'부터 다시 시작합니다.

ⅳ. 힙큐에 진행 방향에 대한 위치 정보와 비용 정보를 추가합니다.

ⅴ. 진행 방향에 대한 최소 비용 정보도 현재의 비용으로 갱신합니다.

이제 앞서 살펴본 그리드를 이용해 최소 비용으로 목적지에 가는 과정을 설명하겠습니다. 시작 지점인 (0, 0)을 힙큐에 넣고 반복문에 진입하면 가장 먼저 (0, 0)을 힙큐에서 빼내어 처리합니다. 시작 위치인 (0, 0)부터 (0, 3)까지는 셀에 표시된 방향대로 진행할 수 있습니다. 방향 변경을 하지 않았기에 지나온 각 셀의 위치에서의 방향 변경 비용은 0입니다.

방향 변경

좌표 (0, 3)의 표지가 그리드 바깥쪽을 가리키고 있으므로 방향 변경이 필요합니다. 오른쪽은 그리드 바깥쪽이고, 왼쪽은 방향 변경 비용이 0이므로 변경할 수 있는 방향은 아래쪽뿐입니다.

Tip. 방문을 했던 방향이거나 현재 비용이 진행 방향의 비용 이상이라면 방문하지 않습니다.

이 문제의 핵심은 '방향 변경 최소화(최소 비용)'이므로 이미 방문한 셀이 현재 위치보다 작거나 같은 값일 때 이동할 필요가 없습니다.

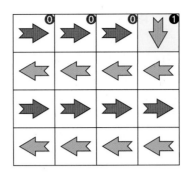

이제 (1, 3)에서 (1, 0)까지 방향 변경 없이 진행할 수 있지만 (1, 0)에 도달하면 또 한번 방향 변경이 필요합니다. 따라서 방향 변경 비용을 2로 증가하고 아래쪽으로 방향을 변경합니다.

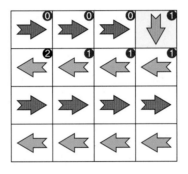

(1, 0)에서 아래쪽으로 방향을 변경하면 (2, 3)까지 그대로 진행할 수 있습니다. (2, 3)의 표지 역시 그리드 바깥쪽을 가리키고 있으므로 다시 한번 방향을 변경하고 방향 표시 변경 비용을 3으로 증가시킵니다.

이미 지나쳐왔던 위쪽과 아래쪽으로는 현재 위치에서 지니고 있는 방향 변경보다 비용이 낮은 위치들이므로 진행할 필요가 없습니다. 여기서도 갈 수 있는 방향은 아래쪽 한 곳입니다.

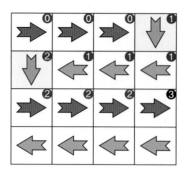

(2, 3)에서 아래로 이동하면 드디어 목적지 (m-1, n-1)인 (3, 3)에 도달합니다. 여기까지 도달하는 데 소모된 최소 방향 변경 비용은 3입니다.

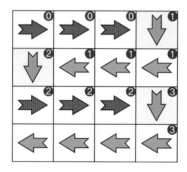

NOTE **우선순위 큐에 들어간 원소의 값이 같다면?**

우선순위 큐에 들어간 원소의 값이 같을 경우 먼저 들어간 값이 먼저 출력됩니다. 그러면 다음과 같이 (0, 0)에서 (1, 0)으로 이동하는 경로로 진행되었을 수도 있습니다. 그러나 이는 자료구조의 구현에 따른 차이이며 최종 결과는 동일합니다.

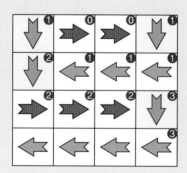

해결 코드

앞서 살펴본 문제 해결 과정이 실제로 동작하는 코드를 살펴보겠습니다.

| 최솟값으로 목적지 찾기 | 파일 Chapter06/06_minimum_cost_in_a_grid.py |

```
001: def turn_cost(grid):
002:     m = len(grid)
003:     n = len(grid[0])
004:     hq = [(0, 0, 0)]    # (cost, y, x)
005:     turn_cost = collections.defaultdict(int, {(0, 0): 0})
006:
007:     while hq:
008:         cost, y, x =  heapq.heappop(hq)
009:         if y == m - 1 and x = n - 1:
010:             return cost
011:
012:         for direction, ny, nx in [(1, y, x + 1), (2, y, x - 1), (3, y + 1, x),
(4, y - 1, x)]:
013:             if not (0 <= ny < rows and 0 <= nx < cols):
014:                 continue
015:             next_cost = cost if direction == grid[y][x] else cost + 1
016:             if (ny, nx) in turn_cost and turn_cost[(ny, nx)] <= next_cost:
017:                 continue
018:             heapq.heappush(pq, (next_cost, ny, nx))
019:             turn_cost[(ny, nx)] = next_cost
020:
021:     return -1
```

먼저 m, n을 정의하고 힙큐로 사용할 hq 변수를 선언합니다. 여기에 초기 변경 비용과 시작 지점을 저장합니다. 그리고 각 위치의 최소 방향 변경 비용을 저장할 turn_cost를 정의합니다. turn_cost는 int 값을 저장하는 딕셔너리로 정의하는 동시에 초깃값으로서 (0, 0) 위치는 0이라는 비용을 저장합니다.

이후 힙큐에 값이 있는 동안 반복문을 수행하며 최소 비용인 위치 정보를 가져옵니다. 만약 여기서 가져온 위치 정보가 목적지라면 그대로 cost 값을 반환하고 알고리즘을 종료합니다. 그렇지 않다면 네 방향으로 탐색을 수행합니다.

13~14행은 탐색하고자 하는 방향이 유효한 그리드 내 범위가 아니라면 해당 방향으로의 탐색은 수행하지 않습니다. 15행에서 현재 탐색하고자 하는 방향과 셀의 방향이 맞지 않으면 방향 변경이 필요하므로 방향 변경 비용에 1을 증가합니다.

16~17행은 탐색하고자 하는 위치를 이미 방문했을 때 현재 탐색 비용이 더 작지 않은 한 탐색을 하지 않습니다.

18~19행에서 탐색하고자 하는 위치의 탐색 비용을 turn_cost에 갱신하고 해당 위치를 탐색하기 위해 힙큐에 위치 정보와 변경 비용을 저장합니다.

코드에서는 다음과 같이 방향을 나타내는 정수 값을 지닌 list의 list 형태로 입력이 주어집니다. 출력은 (0, 0)에서 (m-1, n-1)까지 도달하는 데 필요한 최소한의 방향 표시 변경 횟수인 3을 반환합니다.

```
[[1,1,1,1],
 [2,2,2,2],
 [1,1,1,1],
 [2,2,2,2]]
```

```
3
```

NOTE **파이썬의 collections library 사용 시 주의사항**

딕셔너리에서 키가 존재하지 않을 땐 KeyError가 발생합니다. 그래서 키가 없으면 반환할 기본 값을 지정하거나 혹은 키가 있는지를 먼저 확인한 후에 키를 가져오도록 구현해야 합니다. 이 모든 것이 번거롭다면, 이때 사용할 수 있는 것이 collections의 defaultdict입니다. collections를 사용하면 키가 있는지 없는지, 없다면 어떤 값을 반환할지 지정할 필요가 없습니다. 예를 들어 프로그래밍 언어의 학습 난도를 정수로 저장할 때 다음과 같이 collections를 사용할 수 있습니다.

```
lanDifficulty = collections.defaultdict(int)
lanDifficulty["Python"] = 1
lanDifficulty["Java"] = 2
lanDifficulty["C++"] = 3
```

이와 같이 딕셔너리 변수를 선언하고 3가지 언어에 대한 학습 난도 값을 저장했습니다. 이후 Java라는 언어의 학습 난도를 다음과 같이 출력할 수 있습니다.

```
    print(lanDifficulty["Java"])    # 2가 출력됩니다.
```

이때 실수로 저장하지 않은 언어의 난도를 출력하려고 하면 존재하지 않는 키에 접근했다는 KeyError가 발생하는 대신 0 값을 반환합니다.

```
    print(lanDifficulty["Golang"])    # 0이 출력됩니다.
```

이때 0이 아닌 기본 값을 반환하려면 다음과 같이 람다 함수에 원하는 표현식을 지정할 수 있습니다. 기본 난도를 1로 설정하면 다음과 같이 입력할 수 있습니다.

```
    lanDifficulty = collections.defaultdict(lambda: 1)

    print(lanDifficulty["Golang"])    # 1이 출력됩니다.
```

| 성능 분석

그리드에 m×n개의 위치가 존재하지만 모든 위치를 방문하지 않을 수도 있고, 한 번 방문했던 위치를 다시 방문할 수도 있습니다. 최대한 재방문한다고 가정해도 turn_cost의 비용이 충분히 낮아지면 재방문을 안 하게 되기에 어떤 임의의 상수만큼 방문할 수 있습니다. 상수는 big-O 표기법에서 무시하기에 총 방문은 $O(mn)$이 됩니다.

각 위치를 방문할 때 인접한 네 방향으로 방문을 할 수 있는지 확인을 한 다음 가능하다면 힙큐에 푸시 연산을 수행합니다. 힙큐에 최대한 많은 원소가 들어가는 경우 총 푸시 연산에 걸리는 시간은 $\log(mn)$이 되고 pop은 $O(1)$의 시간을 소모합니다. 즉, 이들을 모두 곱하면 $O(mn \times \log(mn))$의 시간이 소모됨을 알 수 있습니다.

문제 07 생존 게임

난이도 ☆☆ | 키워드 힌트: 주변 탐색 | 파일 Chapter06/07_survival_game.py | leetcode #289

| 문제 정의

m×n 크기의 보드가 주어집니다. 보드의 각 셀은 생존 또는 죽음이라는 2개의 값 중에 하나를 갖고 있습니다. 어떤 셀이 생존하고 어떤 셀이 죽느냐는 주변 셀에 달려 있습니다. 이 생존 게임의 규칙은 다음과 같습니다.

'죽은' 셀의 규칙

- 주변에 '생존'한 셀이 2개보다 적은 경우 인구 부족으로 해당 셀은 죽습니다.
- 주변에 '생존'한 셀이 4개 이상인 경우 과잉인구로 인해 해당 셀은 죽습니다.

'생존' 셀의 규칙

- 주변에 '생존'한 셀이 2개에서 3개인 경우 해당 셀은 계속 생존합니다.
- 주변에 3개의 '생존' 셀이 존재하면 해당 셀은 다시 살아납니다.

이번 문제는 셀의 주변 상태를 보고 해당 셀이 생존할지 죽을지에 대한 정보를 갱신하는 것이 목표입니다. 입력은 다음과 같이 m×n 크기의 2차원 리스트로 주어집니다. 주어진 입력 예제는 4×3 크기의 보드로, 0은 죽은 셀, 1은 생존 셀을 의미합니다. 이 입력으로 주어진 규칙대로 모든 셀을 방문한 결과는 다음과 같습니다.

```
[[0,1,0],
 [0,0,1],
 [1,1,1],
 [0,0,0]]
```

```
[[0,0,0],
 [1,0,1],
 [0,1,1],
 [0,1,0]]
```

문제 해결

다음과 같은 보드가 주어진다고 가정하겠습니다. 이 보드의 모든 셀을 방문하여 주변의 셀의 상태를 파악해야 합니다. 각 셀의 상태가 변경되어야 하는지 테이블에 알고리즘을 정리하면 다음과 같습니다.

♀Tip. 방문할 각 셀에 대한 처리가 테이블의 한 행에 해당합니다.

현재 방문한 셀	현재 셀 상태	주변 셀 상태	현재 셀의 다음 상태	셀의 다음 상태
	죽음	생존: 1 죽음: 2	주변에 생존한 셀이 3개 이하이므로 '**죽음**' 유지	
	생존	생존: 1 죽음: 4	주변에 생존한 셀이 1개 이므로 다음 상태는 '**죽음**'	
	죽음	생존: 2 죽음: 2	주변에 생존한 셀이 3개 이하이므로 '**죽음**' 유지	

	죽음	생존: 3 죽음: 2	주변에 생존한 셀이 3개 이므로 다음 상태는 '**생존**'	
	죽음	생존: 5 죽음: 3	주변에 생존한 셀이 4개 이상이므로 '**죽음**' 유지	
	생존	생존: 3 죽음: 2	주변에 생존한 셀이 3개 이므로 '**생존**' 유지	
	생존	생존: 1 죽음: 4	주변에 생존한 셀이 1개 이므로 다음 상태는 '**죽음**'	
	생존	생존: 3 죽음: 5	주변에 생존한 셀이 3개 이므로 '**생존**' 유지	

	생존	생존: 2 죽음: 3	주변에 생존한 셀이 2개 이므로 '**생존**' 유지	
		생존: 2 죽음: 1	주변에 생존한 셀이 3개 이하이므로 '**죽음**' 유지	
	죽음	생존: 3 죽음: 2	주변에 생존한 셀이 3개 이므로 다음 상태는 '**생존**'	
	죽음	생존: 2 죽음: 1	주변에 생존한 셀이 3개 이하이므로 '**죽음**' 유지	

최종적으로 보드의 셀들 상태는 다음과 같이 됩니다.

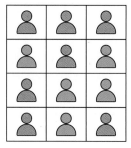

▲ 최종 상태로 갱신된 생존 게임 보드

해결 코드

앞서 살펴본 문제를 해결하는 코드를 다음과 같이 구현할 수 있습니다.

생존 게임	파일 Chapter06/07_survival_game.py

```python
001: def update_next_state(board):
002:     dirs = [(-1, -1), (-1, 0), (-1, 1), (0, 1), (1, 1), (1, 0), (1, -1), (0, -1)]
003:     rows = len(board)
004:     cols = len(board[0])
005:
006:     for y in range(rows):
007:         for x in range(cols):
008:             cnt = 0
009:
010:             for oy, ox in dirs:
011:                 ny = y + oy
012:                 nx = x + ox
013:                 if not (0 <= ny < rows and 0 <= nx < cols):
014:                     continue
015:
016:                 if abs(board[ny][nx]) == 1:
017:                     cnt += 1
018:
019:             if board[y][x] == 0 and cnt == 3:
020:                 board[y][x] = 2
021:
022:             if board[y][x] == 1 and (cnt < 2 or cnt > 3):
023:                 board[y][x] = -1
024:
025:     for y in range(rows):
```

```
026:        for x in range(cols):
027:            if board[y][x] >= 1:
028:                board[y][x] = 1
029:            else:
030:                board[y][x] = 0
```

먼저 각 셀 주변의 셀들을 처리하기 위해 dirs이라는 변수에 주변 셀 8개의 좌표 y, x와 offset 값을 저장합니다. 그리고 보드의 행 개수를 rows, 열 개수를 cols에 저장합니다.

6행부터 모든 셀을 방문하기 위해서 y축과 x축 각각을 이중 for문으로 반복합니다. 각 셀 주변에 '생존'한 셀들의 수를 세야 하기 때문에 cnt라는 변수를 0으로 초기화하여 선언합니다. 각 셀 주변의 dirs에서 절댓값 1을 지닌 셀이 몇 개인지 파악합니다.

절댓값을 취하는 이유는 19~22행에서 알 수 있습니다. 현재 위치(y, x)는 죽은 셀이지만, 주변에 생존한 셀이 3개일 경우 현재 셀을 2로 처리합니다. 혹은 현재 셀이 생존한 셀이지만 주변에 생존한 셀이 2개보다 작거나 3개보다 클 때는 −1로 값을 갱신합니다. 즉, 죽은 셀로 상태를 변경합니다.

이때 앞으로 생존할 셀의 값에 2를 주는 이유는 1을 할당하면 다음으로 방문할 셀의 주변 상태를 파악할 때 잘못된 처리를 하기 때문입니다. 마찬가지 이유로 죽은 셀로 처리할 때도 0을 할당하는 것이 아니라 −1을 할당합니다. 즉, 죽은 셀이 생존하면 2로, 생존한 셀이 죽으면 −1로 값을 갱신합니다. 생존한 셀은 다음 셀을 처리할 때 1이어야 하기 때문에 셀의 생존 여부를 판단할 때 절댓값으로 변환하여 개수를 셉니다.

> 💡 Tip. 굳이 추가로 변수를 할당하지 않는 이유는 복사본 없이 인수로 주어진 보드 하나만으로 처리하는 것이 문제의 또 다른 조건이기 때문입니다.

이제 마지막으로 −1로 표시된 생존할 셀들에 1을 할당하고, 2로 표시된 죽을 셀들에 0을 할당합니다.

| 성능 분석

이 문제는 m×n 개의 셀과 주변 셀의 상태를 확인해야 합니다. 주변 셀은 총 8개이므로 m×n×8, 즉 O(8mn)의 시간을 소비합니다. 상수는 생략하므로 O(mn)의 시간 복잡도를 지닌 알고리즘입니다.

자물쇠 열기

난이도 ☆☆ | 키워드 힌트: 큐와 방문 처리 | 파일 Chapter06/08_open_lock.py | leetcode #752

문제 정의

여기 0000으로 초기화한 자물쇠가 있습니다. 번호를 계속 바꿔가면서 자물쇠의 잠금 해제 번호를 찾고자 합니다(잠금 해제 번호는 정해져 있습니다). 이때 최소한 몇 번을 풀었을 때 잠금 해제 번호를 알아내 자물쇠를 열 수 있을지 찾는 것이 문제입니다.

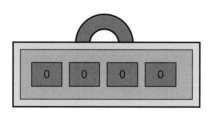

▲ 네 자리 잠금 해제 번호가 필요한 자물쇠

잠금 해제 번호를 찾는 과정에서 주의할 점은 초기화 번호가 존재한다는 점입니다. 예를 들어 0201을 만나면 더 이상 번호를 바꿔가면서 잠금 해제 번호를 찾을 수 없게 됩니다. 초기화 번호를 만나면 이때까지 변경한 번호는 모두 무효가 됩니다.

이렇게 만나선 안 되는 번호는 stalemates라는 리스트에 나열되어 있습니다. unlock number는 자물쇠의 잠금 해제 번호가 들어 있습니다. 번호를 바꿔가면서 조합을 생성하다 이 잠금 해제 번호 조합을 만나면 자물쇠가 열립니다.

```
stalemates = ["0201","0101","0102","1212","2002"]
unlock number = "0202"
```
```
6
```

이 문제는 최소한 6번의 번호 변경 시도 이후 목표 값을 만날 수 있습니다.

문제 해결

전형적인 탐색 문제이므로 너비 우선 탐색 혹은 깊이 우선 탐색을 고려해볼 수 있습니다. 그러나 문제에서 요구하는 조건 중 하나가 '최소한의 번호 변경'입니다. 잘못된 쪽으로 깊이 들어가면 최소한의 변경이 아니라 최대한의 변경 횟수가 목표인 조합을 발견할 수 있으므로 깊이 우선 탐색은 사용하지 않습니다. 즉, 너비 우선 탐색을 사용해서 문제를 풀도록 합니다.

한 가지 고려할 점은 새로운 탐색 조합을 어떻게 생성하느냐입니다. 처리하려는 숫자의 조합이 목표하는 조합이 아니라면 첫 번째 자리부터 네 번째 자리까지 각각 +1 혹은 −1을 적용하여 값을 바꿔가면 됩니다. 그리고 전형적인 탐색 문제이므로 한 번 처리한 숫자 조합은 다시 처리하지 않도록 해주면 무한 반복 없이 문제를 풀 수 있습니다. 이 과정을 의사코드로 정리하면 다음과 같습니다.

의사코드

1. 큐에 "0000"을 추가합니다.
2. 큐에 값이 존재하는 동안 다음 과정을 반복합니다.
   A. 큐에서 값을 하나 빼냅니다.
   B. 값이 목표하는 숫자 조합이면 이때까지 숫자를 변경한 횟수를 반환합니다.
   C. 값이 stalemates에 든 값과 동일하면 해당 숫자 조합으로 새로운 조합을 만드는 것을 중지합니다.
   D. 0번째 자리부터 4번째 자리에 대해서 다음 규칙을 적용합니다.
      ⅰ. +1 혹은 −1을 수행하되 값이 10이 되지 않도록 합니다.
      ⅱ. 새로 생성한 숫자 조합이 처리된 적이 없다면 큐에 넣습니다.

이 의사코드대로 시작 조합인 0000에서 잠금 해제 번호인 0202를 찾는 과정을 설명하면 다음과 같습니다.

먼저 1단계에서 시작 값인 0000에 자리마다 +1, −1을 적용하여 새로운 숫자 조합을 생성합니다. 이렇게 새로운 값 8개가 생성됩니다. 그런 다음 각 값이 잠금 해제 번호와 같은지 비교합니다. 찾는 값이 없다면 2단계를 수행합니다.

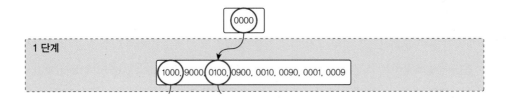

2단계에서는 1단계의 각 값에 +1, −1을 수행해 다시 8가지 숫자 조합을 생성합니다. 즉 8×8을 한 64개의 값이 생성됩니다. 2단계에서 생성한 값 중 주의 깊게 살펴봐야 할 값은 1100과 0200입니다. 먼저 2단계에서 오른쪽에 표시한 0200을 따라가 보겠습니다.

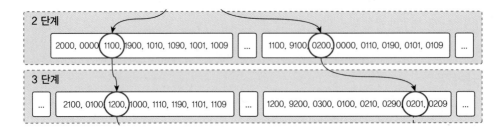

3단계에서는 2단계에서 생성한 0200으로 다시 8개의 값을 생성합니다. 이중 0201을 선택하면 4단계에서 0202를 생성할 수 있습니다. 그러나 아쉽게도 0201은 stalemates에 속한 값 중 하나입니다. 즉, 0201을 만나면 더 이상 진행할 수가 없습니다.

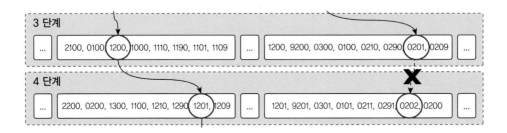

다시 2단계로 돌아가 보겠습니다. 2단계에서 1100이 0202를 생성하는 가장 빠른 숫자 조합입니다. 1100은 3단계에서 1200으로, 1200은 4단계에서 1201로, 그리고 이는 다시 5단계에서 1202로 변경되어 6단계에서는 원하는 조합인 0202를 생성할 수 있습니다.

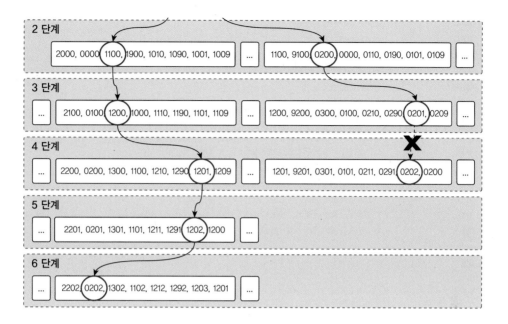

이 stalemates에 포함된 혹은 이미 처리했던 숫자 조합들을 다시 만날 수 있는데, 이들을 모두 처리하면 무한 탐색을 수행합니다. 즉, 결과를 얻을 수 없습니다. 따라서 한 번 탐색했던 값은 다시 처리를 하지 않아야 하고 이런 재처리를 하지 말아야 할 숫자 조합의 몇 가지 예를 위 그림에서 2단계와 3단계에 붉은색으로 표시했습니다.

최종적으로 6단계에서 0202라는 목표 값을 생성할 수 있으므로 6을 결괏값으로 반환하면 됩니다.

해결 코드

앞서 설명한 알고리즘이 실제로 동작하는 코드를 살펴보겠습니다.

자물쇠 열기	파일 Chapter06/08_open_lock.py

```
000: def open_lock(deadends: List[str], unLockNum: str) -> int:
001:     q = collections.deque([('0000', 0)])
002:     visited = set('0000')
003:
004:     while q:
005:         curNum, dist = q.popleft()
```

```
006:        if curNum in deadends:
007:            continue
008:
009:        if curNum == unLockNum:
010:            return dist
011:
012:        for i in range(4):
013:            for inc in [1, -1]:
014:                diff = str((int(curNum[i]) + inc) % 10)
015:                nextNum = curNum[:i] + diff + curNum[i + 1:]
016:                if nextNum in visited:
017:                    continue
018:                q += (nextNum, dist + 1),
019:                visited.add(nextNum)
020:
021:    return -1
```

가장 먼저 탐색에 사용할 큐를 선언합니다. 큐 선언 시 최초로 처리할 값인 0000과 이 값까지 변경한 횟수를 하나의 튜플로 묶어 원소로 추가합니다. 아직 변경한 적이 없으므로 변경 횟수는 0입니다. 그런 다음 큐에 들어 있는 원소들을 처리하기 위해 반복문을 수행합니다.

반복문에서 가장 먼저 해야 할 일은 큐에서 원소를 획득하는 일입니다. 탐색하려는 숫자 조합과 이 숫자 조합을 생성하는 데 든 변경 횟수를 큐에서 얻습니다.

여기서 얻은 숫자 조합이 잠금 해제 번호라면 변경 횟수를 반환하고 알고리즘을 종료합니다. 잠금 해제 번호가 아니라면 숫자 조합의 첫 번째 자리부터 네 번째 자리까지 각 숫자에 +1 혹은 −1을 해 새로운 숫자 조합을 생성합니다. 이때 변경할 숫자가 10이 되지 않도록 10으로 **모듈로 연산**modulo operation을 수행합니다.

> **NOTE** **모듈로 연산이란?**
>
> 값이 특정 범위에 포함될 수 있도록 수정하는 연산입니다. 이는 값을 원하는 범위의 최댓값으로 나눈 나머지를 취하는 방법으로 수행됩니다. 예를 들어 최댓값의 범위가 10일 때 11이라는 값에 모듈로 연산을 수행합니다. 그러면 11을 10으로 나눠 나머지인 1을 값으로 취합니다.

14행의 현재 변경하려는 값 curNum[i]는 문자입니다. 산술 연산을 적용하기 위해 먼저 정수로 변환합니다. 이후 inc라는 변수를 통해 현재 변경하려는 숫자에 +1 혹은 −1을 합니다. 이 값이 10이 넘지 않도록 %10이라는 모듈로 연산을 수행해 값이 0에서 9 사이를 유지하도록 합니다. 이렇게 생성한 값을 diff라는 변수에 저장하고 다음에 생성할 숫자 조합에 추가합니다.

15행의 curNum에 1234가 저장되어 있고 i 값은 2, inc는 1이라고 가정해보겠습니다. 이때 curNum[:i]은 처음부터 두 번째 이전까지의 값들이 되고 12라는 값을 지니게 됩니다. curNum[i+1:]은 세 번째부터 마지막까지의 값이 되기에 4를 지니게 됩니다. 이때 curNum[i]는 3이라는 값이기에 14행에서 적용한 연산 결과 diff에는 4가 저장됩니다. 즉, 12+4+4가 nextNum에 할당됩니다.

이후 새롭게 생성한 숫자 조합이 이미 방문했던 숫자 조합이라면 해당 조합은 무시합니다. 방문하지 않은 조합이라면 큐에 추가합니다. 숫자 변경 횟수에도 1을 더하고 더 이상 방문 처리되지 않도록 visited에 생성된 숫자 조합을 추가합니다.

| 성능 분석

잠금 해제 번호 4자리는 하나의 값으로, 그래프로 치면 하나의 노드라고 볼 수 있습니다. 4자리로 생성할 수 있는 모든 경우의 수는 10입니다. 자리마다 0부터 9까지의 숫자를 선택할 수 있기 때문입니다. 물론 첫 번째 자리에서 특정 값을 선택했다고 다음 자리에서 그 값을 선택하지 못할 이유는 없습니다. 즉, 같은 값을 계속 해서 뽑을 수 있는 복원 추출 과정을 4자리 모두 수행할 수 있습니다.

결국 뽑을 수 있는 모든 경우의 수는 10x10x10x10이므로 10^4이 됩니다. 0000부터 9999까지의 수가 10000이므로 사실 계산할 필요도 없이 간단합니다.

각 숫자 조합들을 하나의 값이라고 보면 대부분의 경우 모든 상태를 방문하지는 않을 것입니다. 그러나 최악의 경우 모든 상태를 방문할 수 있으므로 성능은 $O(N)$이 되고 이때 N은 4자리 값의 개수가 됩니다.

난이도 ☆☆ | 키워드 힌트: 너비 우선 탐색 | 파일 Chapter06/09_distance_from_sea.py | leetcode #542

문제 정의

다음과 같은 그리드가 주어집니다. 각 셀의 파란색은 바다를, 갈색은 땅을 의미합니다. 이 땅의 주인은 각 땅이 바다로부터 얼마나 멀리 떨어져 있는지를 알고 싶어합니다.

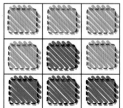

예를 들어 다음 그림과 같이 바다는 0, 땅은 1이라는 입력이 주어졌을 때 바다와 인접한 땅은 1, 인접하지 않은 주변 땅 중 가장 가까운 땅에 +1을 할당해 오른쪽과 같이 그리드 값이 변경되어야 합니다.

단, 이 문제에서 대각선의 거리는 고려하지 않습니다.

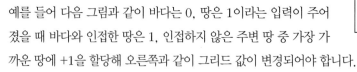

이 문제의 입력은 다음과 같이 주어집니다.

```
[[0, 0, 0],
 [0, 1, 0],
 [1, 1, 1]]
```

문제 해결

이 문제는 어디부터 탐색을 시작해야 한다는 시작 위치가 주어지지 않았습니다. 대신 바다, 즉 0에서 땅인 1까지의 거리를 구하는 것이 문제이므로 0이 시작 위치임을 알 수 있습니다. 즉, 앞서 다뤘던 문제들과 달리 시작 위치가 많습니다.

이후의 과정은 **문제 06) 최솟값으로 목적지 찾기**와 거의 동일합니다. 이 문제를 해결하는 의사코드를 정리하면 다음과 같습니다.

의사코드

1. 큐에 0으로 표시된 모든 좌표에 0 값을 쌍으로 묶어서 추가합니다.

2. 큐가 비어 있지 않은 동안 다음 과정을 반복합니다.

   A. 큐에서 원소 하나를 획득합니다(y, x 좌표와 바다로부터의 거리).

   B. 위, 아래, 왼쪽, 오른쪽 네 방향으로 탐색합니다.

   ⅰ. 탐색하려는 위치가 경계를 벗어나면 해당 위치는 무시합니다.

   ⅱ. 탐색하는 위치가 첫 방문이거나 이미 방문했지만 바다로부터 거리가 현재 획득한 거리 +1보다 클 때는 거리를 갱신하고 큐에 탐색할 위치로 추가합니다.

3. 갱신된 그리드를 반환합니다.

이제 의사코드에 따라 이 문제를 해결하는 과정을 살펴보겠습니다. 먼저 큐에 값으로 0을 가진 좌표들을 모두 저장합니다. 이제 큐에 있는 값을 하나씩 빼서 좌표를 탐색해보겠습니다.

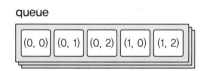

먼저 큐에서 (0, 0) 원소를 빼내 방문합니다. (0, 0) 주변에는 1이 존재하지 않습니다. 더 이상 처리할 대상이 없기에 이 좌표는 별다른 작업을 수행하지 않습니다.

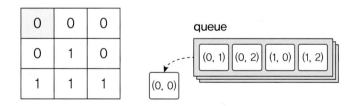

이번에는 큐에서 (0, 1) 원소를 빼내 방문합니다. (0, 1) 주변의 (1, 1)에 1이 존재합니다. (1, 1)은 최초로 방문하므로 큐에 (1, 1)을 추가하고 방문 처리를 합니다. (1, 1)은 1이므로 갱신하려는 값 1과 동일해 값을 갱신할 필요는 없습니다. 그러나 알고리즘의 일관성을 위해 (1, 1)에 기존과 동일한 값인 1을 할당합니다. 이제 (0, 2)를 방문합니다.

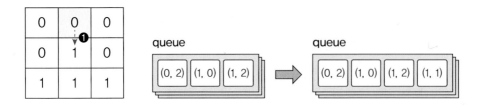

(0, 2) 주변에는 1이 없습니다. (0, 0)과 마찬가지로 별다른 처리를 하지 않습니다.

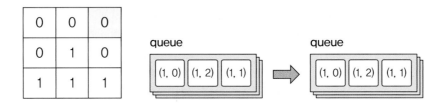

이제 (1, 0) 좌표를 방문합니다. 여기서는 오른쪽의 (1, 1)은 이미 방문했던 위치이므로 무조건 방문하지는 않습니다. 오른쪽 (1, 1)이 가진 바다로부터의 거리 값이 현재 위치에서 가진 값 +1보다 클 때만 더 작은 값을 가질 수 있도록 방문합니다. 그러나 현재 위치 +1의 값과 오른쪽의 값이 모두 1로 동일하므로 중복해서 방문하지 않습니다.

(2, 0)은 최초 방문하는 위치이므로 이미 가지고 있는 값과 동일한 1을 할당합니다. 그런 다음 (2, 0)을 방문하기 위해 큐에 추가합니다.

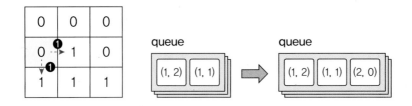

이제 큐에서 (1, 2)를 빼냅니다. 주변의 (1, 1)은 앞서 방문했던 (1, 0)에서와 같은 이유로 방문하지 않습니다. (2, 2)는 방문한 적 없는 위치이므로 큐에 추가합니다.

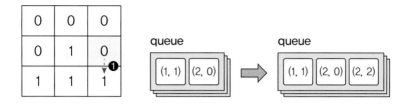

이번엔 (1, 1)을 방문합니다. 주변에 (2, 1)이 존재합니다. 이 위치는 방문한 적이 없기에 큐에 추가하고, (1, 1)이 가지고 있는 거리 1에 +1을 한 값이 (2, 1)이 가지고 있는 거리 1보다 크기에 값을 2로 갱신합니다.

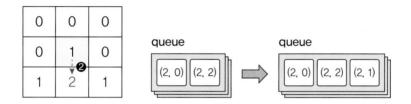

(2, 0)을 방문합니다. 주변은 모두 방문했던 혹은 큐에 들어 있는 위치들입니다. (2, 0)에서 바다까지의 거리 +1은 2가 됩니다. 이 값은 오른쪽 (2, 1)이 가진 거리 값이 더 작으므로 추가로 방문하지 않습니다.

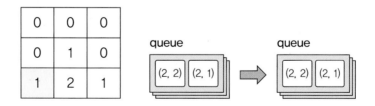

(2, 2)에서는 왼쪽만 고려합니다. 그러나 (2, 1)이 가진 값이 2이므로 마찬가지로 추가 방문하지는 않습니다.

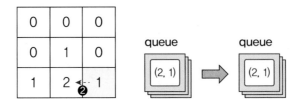

이제 마지막으로 (2, 1)을 방문합니다. 주변에 방문 가능한 위치는 위쪽, 왼쪽, 오른쪽입니다. 그러나 셋 다 바다로부터의 거리가 더 가까우므로 추가 방문 처리를 할 필요가 없습니다. 이제 큐에 더 이상 처리할 좌표 값이 존재하지 않기에 알고리즘을 종료합니다.

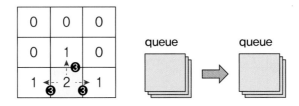

| 해결 코드

이제 지금까지 살펴봤던 알고리즘이 실제로 동작하는 코드를 살펴보겠습니다.

바다와의 거리 구하기	파일 Chapter06/09_distance_from_sea.py

```
001: def update_matrix(grid):
002:     rows = len(grid)
003:     cols = len(grid[0])
004:     q = collections.deque()
005:     visited = set()
006:
007:     for y in range(rows):
008:         for x in range(cols):
009:             if 0 == grid[y][x]:
010:                 q += (y, x, 0),
011:                 visited.add((y, x))
012:
```

```
013:    while q:
014:        y, x, dist = q.popleft()
015:
016:        for ny, nx in [(y + 1, x), (y - 1, x), (y, x + 1), (y, x + -1)]:
017:            if not (0 <= ny < rows and 0 <= nx < cols):
018:                continue
019:
020:            if (ny, nx) not in visited or \
021:                ((ny, nx) in visited and grid[ny][nx] > dist + 1):
022:                visited.add((ny, nx))
023:                grid[ny][nx] = dist + 1
024:                q.append((ny, nx, dist + 1))
025:
026:    return grid
```

7~11행은 q에 방문하고자 하는 바다, 즉 값이 0인 좌표를 추가하는 코드입니다. 이후 q에 값이 존재하는 동안 반복문을 수행합니다. 14행의 반복문의 시작 부분에서 탐색하고자 하는 좌표와 바다로부터의 거리를 얻어옵니다. 이후 해당 좌표 기준으로 네 방향을 탐색할지 결정하는 코드가 따라옵니다. 17행에서 새롭게 탐색하려는 좌표가 grid의 유효한 범위에 존재하지 않는다면 해당 좌표는 처리하지 않습니다.

이후 방문한 적이 없는 좌표 혹은 방문은 했으나 거리가 현재 좌표의 거리에 1을 증가한 거리보다 큰 경우에는 방문할 수 있도록 q에 좌표와 거리에 +1을 합니다. 이제 다시 13행으로 이동하여 q에 값이 있다면 14행부터의 처리를 반복합니다. 마지막으로 갱신된 grid를 그대로 반환하면서 알고리즘을 종료합니다.

문제 10   썩은 사과

난이도 ☆☆ | 키워드 힌트: 너비 우선 탐색 | 파일 Chapter06/10_rotting_orange.py | leetcode #994

∣ 문제 정의

다음과 같이 싱싱한 사과와 썩은 사과가 섞인 3×3 크기의 그리드가 주어집니다. 만약 썩은 사과 옆에 싱싱한 사과가 있다면 싱싱한 사과도 곧 썩게 됩니다. 1분마다 썩은 사과 옆의 싱싱한 사과들이 썩는다면 모든 사과가 썩을 때까지 소요되는 시간을 구하는 것이 이 문제의 목표입니다. 만약 싱싱한 사과 옆에 썩은 사과가 없다면 이 사과는 썩지 않습니다.

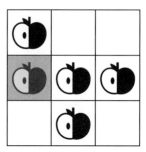

▲ 싱싱한 사과와 썩은 사과가 섞인 그리드

이때 모든 사과가 썩는 과정은 다음과 같습니다. 먼저 (1, 0)의 위치에 썩은 사과가 존재합니다.

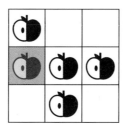

1분이 지난 후 (1, 0)의 주변에 위치한 사과 2개(각각 위, 오른쪽)가 썩습니다.

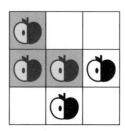

2분이 지나면 (1, 1)의 오른쪽 사과와 아래에 위치한 2개의 사과도 함께 썩습니다. 결국 2분이라는 시간이 지나면 모든 사과가 썩게 됩니다.

이 문제의 입력과 출력은 다음과 같습니다.

```
grid = [
 [1,0,0],
 [2,1,1],
 [0,1,0]
]
```

```
2
```

| 문제 해결

썩은 사과는 2, 싱싱한 사과를 1이라고 했을 때 앞서 살펴본 그리드를 다음과 같이 표현할 수 있습니다. 먼저 썩은 사과의 위치 (1, 0)를 0분에서 처리할 수 있도록 큐에 좌표를 추가합니다.

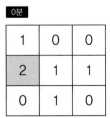

0분일 때 썩은 사과의 위치 (1, 0)을 방문해 1분에 썩을 사과의 위치를 큐에 추가합니다.

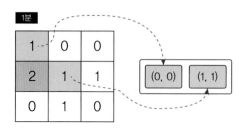

1분에 썩은 사과의 위치 (0, 0)을 먼저 방문합니다. 주변에는 싱싱한 사과(1)가 없으므로 1분에 썩은 다음 사과인 (1, 1)을 방문합니다. (1, 1)의 오른쪽과 왼쪽에 싱싱한 사과가 있습니다. 이제 이 사과들을 2분에 썩을 사과로 처리하고자 큐에 추가합니다.

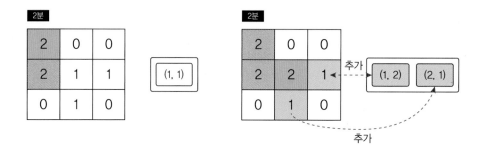

2분에 썩은 사과들 주변에는 더 이상 싱싱한 사과가 존재하지 않습니다. 3분에 처리할 사과는 없으므로 큐에 더 이상 사과의 좌표를 추가하지 않습니다.

이제 싱싱한 사과(1의 값을 지닌 위치)가 하나도 존재하지 않습니다. 따라서 2분이라는 시간 동안 모든 사과가 썩었다는 것을 확인했으므로 경과 시간인 2를 결과로 반환하며 알고리즘을 종료합니다.

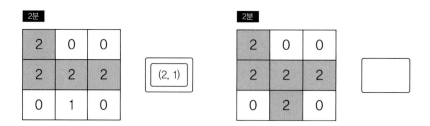

해결 코드

이제 지금까지 살펴봤던 문제 해결 알고리즘이 실제로 동작하는 코드를 살펴보겠습니다.

썩은 사과	파일 Chapter06/10_rotting_orange.py

```
001: def find_elapse_time(grid: List[List[int]]) -> int:
002:     rows = len(grid)
003:     cols = len(grid[0])
004:
005:     q = collections.deque()
006:     visited = set()
007:     elapse = 0
008:
009:     for y in range(rows):
010:         for x in range(cols):
011:             if 2 == grid[y][x]:
012:                 q += (y, x, 0),
013:                 visited.add((y, x))
014:
015:     while q:
016:         y, x, elapse = q.popleft()
017:
018:         for ay, ax in [(y + 1, x), (y - 1, x), (y, x + 1), (y, x - 1)]:
019:             if (ay, ax) in visited:
020:                 continue
021:
022:             if not (0 <= ay < rows and 0 <= ax < cols):
023:                 continue
024:
025:             if 1 == grid[ay][ax]:
026:                 q += (ay, ax, elapse + 1),
027:                 grid[ay][ax] = 2
028:                 visited.add((ay, ax))
029:
030:     if any([1 == cell for line in grid for cell in line]):
031:         return -1
032:
033:     return elapse
```

9~10행에서 모든 셀을 방문하기 위해 y축과 x축으로 반복문을 수행합니다. 11행에서 만약 현재 방문한 셀이 2, 즉 썩은 사과라면 이 위치를 큐에 추가합니다. 그리고 더 이상 방문하지 않도록 visited에 좌표를 추가합니다.

15~28행에서는 반복문으로 큐에 저장한 썩은 사과의 위치를 방문합니다. 우선 큐에서 썩은 사과의 위치와 사과가 썩은 시간을 함께 얻습니다. 이후 18행에서 주변을 방문합니다. 이때 방문했던 적이 없는 위치라면 싱싱한 사과인지를 확인합니다(11행). 싱싱한 사과라면 이 사과는 다음 시간(1분 뒤)에 썩을 것이므로 썩은 사과 처리를 위해 큐에 위치를 추가합니다. 그런 다음 사과의 상태를 썩은 상태(2)로 변경하고 재방문하지 않도록 visited에 위치를 추가합니다.

썩은 사과를 모두 처리하고 난 후에 싱싱한 사과(1)가 하나라도 남아 있다면 31행에서 -1을 반환합니다. 싱싱한 사과가 남아 있지 않다면 33행에서 마지막 사과가 썩은 시간을 담고 있는 elapse 변수 값을 반환하고 알고리즘을 종료합니다.

| 성능 분석

이 알고리즘은 모든 셀을 두 번 방문하므로 $O(N)$의 시간 복잡도를 가지고 있습니다.

CHAPTER 7

공간

알고리즘 문제 중에는 기하학적인 특징을 파악해서 풀어야 하는 문제들이 있습니다. 불규칙하게 분포되어 있는 항목들을 균등하게 분포하는 방법을 찾는 문제라든가, 위치별로 서로 다른 특성을 가지고 있는지를 찾아내야 하는 문제, 공간에 배치된 숫자들을 순회 규칙에 따라서 방문해야 하는 문제 등 공간의 특징을 파악해야 해결이 가능한 문제들이 있습니다.

이번 챕터에서는 공간의 모양, 상대적 위치, 구성 등을 분석해서 풀어야 하는 몇 가지 문제들을 다뤄보겠습니다.

난이도 ☆☆ | **키워드 힌트:** 정렬 | **파일 Chapter07/11_magic_beans.py** | **leetcode #2171**

콩이 최소 1개에서 최대 1만 개가 들어 있는 가방들이 주어집니다. 이 콩을 날라야 하는 짐꾼들은 가방에 든 콩이 최대한 가볍거나 수량이 공평하길 바랍니다. 그러나 제거할 수 있는 콩의 개수는 최소한이어야 하며 콩을 담을 수 있는 가방 역시 최소 1개에서 1만 개입니다. 즉, 콩을 최대한 공평하게 나눈 다음 가방마다 든 콩의 개수가 같도록 콩이 많이 든 콩은 제거하되 그 수가 최소한인 경우를 찾아야 합니다.

이 문제의 입력 조건은 다음과 같습니다.

- 가방은 최소 1개에서 최대 1만 개가 주어집니다.
- 하나의 가방에는 최소 1개에서 최대 1만 개의 콩이 들어 있습니다.

```
beans = [4, 2, 1, 3]
```
```
4
```

입력 예에서는 4개의 가방이 주어지고 각 가방에 든 콩은 4개, 2개, 1개, 3개입니다. 이때 모든 가방에 든 콩의 개수를 2개로 맞추면 제거하는 최소한의 콩은 4개가 됩니다. 이렇게 4개의 콩을 제거하여 비어 있지 않은 모든 가방에 든 콩의 개수를 동일하게 맞출 수 있습니다. 왜 4개의 콩을 제거하면 되는지 문제 해결 과정을 자세히 다뤄보겠습니다.

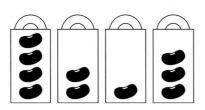

▲ 최소한의 콩 제거로 공평하게 나누기

문제 해결

4개의 가방에 각각 4개, 2개, 1개, 3개의 콩이 들어 있습니다. 이를 그리드로 표현하면 다음과 같습니다. 각 열이 가방이고 채워진 셀이 콩의 개수입니다. 가방에 들어 있는 콩의 개수를 모두 동일하게 맞추려면 어떻게 해야 할까요?

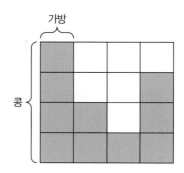

먼저 모든 가방에 들어 있는 콩의 **평균**average을 구해보겠습니다. 전체 콩의 수를 가방의 수로 나눠서 얻을 수 있는 평균은 대략 2입니다. 2를 맞추기 위해서는 첫 번째 가방에서는 2개를 제거해야 하고 세 번째 가방은 콩이 1개이므로 모든 콩을 제거해 빈 가방을 만들어야 합니다. 그리고 마지막 가방에서는 1개의 콩을 제거해야 합니다. 이렇게 하면 총 4개의 콩만 제거해, 비어 있지 않은 모든 가방에 2개의 콩을 담을 수 있습니다. 이 경우는 우연히 평균으로 개수를 맞춰도 제거에 필요한 콩의 개수가 최소한의 개수로 맞아 떨어지는 경우입니다.

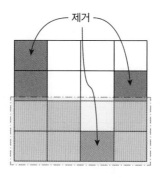

사실 평균을 기준으로 중간값을 맞추는 것은 무척 어렵습니다. 실제로는 **이상치**outlier라 불리는 값이 존재하기 때문에 평균이 전체 값(모집단의 표본)의 중간이 되기 쉽지 않기 때문입니다.

예를 들어 다음과 같은 경우를 생각해보겠습니다. 이런 경우 평균으로 모든 가방에 든 콩의 개수를 맞추려면 6개의 콩을 제거해야 합니다.

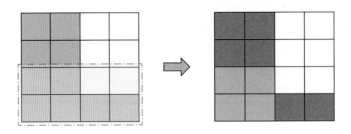

하지만 다음과 같이 2개의 콩만 제거하여 모든 비어 있지 않은 가방에 든 콩의 개수를 동일하게 맞출 수 있습니다.

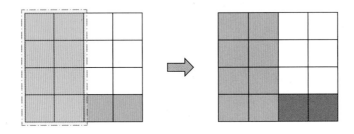

전체를 동일한 수준으로 맞추기 위해 많은 것은 제거하고 적은 것은 줄이는 과정을 거치고자 한다면 평균보다는 **중앙값**median을 사용하는 것이 적절합니다. 입력으로 주어진 콩들을 오름차순으로 정렬하면 중앙값은 2 또는 3이 됩니다. 즉, 가방에 든 콩의 개수를 2 또는 3으로 맞추면 최소한의 제거로 콩의 개수를 동일하게 맞출 수 있습니다.

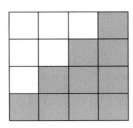

다음과 같이 2개 또는 3개로 맞추는 경우 모두 동일하게 4개의 콩만 제거하면 됩니다.

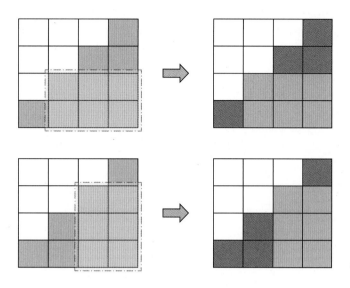

만약 1개 또는 4개로 맞춘다면, 즉 중앙값이 아닌 끝에 위치한 이상치에 맞춘다면 제거해야 하는 콩의 수가 최소한이 아니게 됩니다.

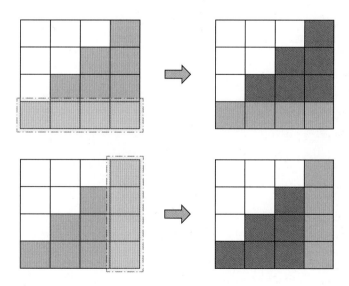

아쉽게도 중앙값으로도 해결하지 못할 정도로 이상치가 매우 큰 경우가 있습니다. 앞서 입력된 값인 [2, 9, 3, 1]은 중앙값이 2나 3이 되지만 2로 맞출 경우 9개를 제거해야 하며, 3으로 맞출 경우에도 9개를 제거해야 합니다. 그런데 9로 맞출 경우 6개만 제거하면 됩니다. 결국 평균도, 중앙값도 모든 경우를 만족하는 최적의 값을 찾을 수 없기 때문에 입력으로 주어진 각 가방에 든 콩을 모두 사용하여 최소한으로 필요한 콩의 개수를 파악해야 합니다.

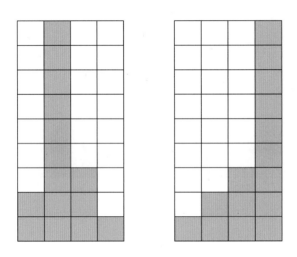

그렇기에 이 문제는 다음과 같이 간단하게 모든 경우를 시도해보는 접근 방식을 적용해볼 수 있습니다. 다음 그림처럼 콩 1개로 맞추면 제거할 콩은 6개, 2개로 맞추면 4개, 3개로 맞추면 4개, 4개로 맞추면 다시 6개를 제거해야 합니다. 따라서 최소한의 콩을 제거하는 2개 또는 3개가 이 문제의 답이 됩니다.

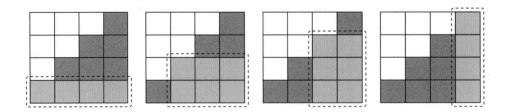

| 해결 코드

최소한의 콩을 제거해 주어진 모든 가방에 동일한 콩을 넣는 문제는 다음 코드로 구현할 수 있습니다.

```python
001: def get_min_magic_bean(beans: List[int]) -> int:
002:     n = len(beans)
003:     diffs = []
004:
005:     for i, num in enumerate(sorted(beans)):
006:         diffs += (n - i) * num,
007:
008:     return sum(beans) - max(diffs)
```

맞추고자 하는 수보다 더 적은 수의 콩이 담긴 가방은 처리할 수 없으므로(콩을 모두 제거해야 하므로) 가장 적은 양의 콩이 담긴 가방부터 처리해야 합니다. 따라서 우선 입력으로 주어진 **beans**를 오름차순으로 정렬합니다. 이후 현재 가방에 든 콩의 수보다 같거나 많은 가방에서 현재 콩의 수만큼만 남겼을 때 얼마만큼의 콩이 남는지를 **diffs**라는 리스트에 저장합니다. 이렇게 저장한 값 중 가장 큰 값, 즉 가장 많이 남길 수 있는 콩의 수를 전체 콩의 수에서 제거하면 제거해야 할 최소한의 콩의 수를 파악할 수 있습니다.

다음과 같이 [4, 2, 1, 3]이 입력된 알고리즘을 실행하면 결과로 4가 출력되는 것을 확인할 수 있습니다.

```python
print(get_min_magic_bean([4, 2, 1, 3]))
```

```
4
```

| 성능 분석

주어진 리스트에서 모든 가방(리스트 내 각 항목)을 반복하며 남겨질 콩의 개수를 계산하는 데 O(N)의 시간을 사용합니다. 이후 모든 가방(리스트 내 각 항목)에 있는 전체 콩의 개수를 더하는 데 O(N)을 (해결 코드에서는 sum 함수를 사용), 그리고 계산된 남겨질 콩의 개수 중 최댓값을 찾는 데 O(N)을 사용해 총 O(3N)의 시간을 사용합니다. 따라서 이 알고리즘의 시간 복잡도는 O(N)임을 알 수 있습니다.

난이도 ☆☆ | 키워드 힌트: 방문 처리 | 파일 Chapter07/12_spiral_matrix.py | leetcode #54

문제 정의

다음과 같이 나선 방향으로 원소에 접근할 수 있는 m×n 크기의 행렬이 입력으로 주어집니다. 모든 원소를 나선 방향으로 방문하고 방문한 순서대로 값을 리스트에 넣어 반환해야 합니다.

1	2	3
8	9	4
7	6	5

행렬의 각 셀은 양의 정수를 가지고 있습니다. (0, 0)에서 시작해 나선형으로 모든 셀을 방문하는 것이 이 문제의 목표입니다. 이 문제의 입력 조건은 다음과 같습니다.

- 행렬의 가로 · 세로 길이는 최소 1에서 최대 10까지입니다.
- 행렬의 각 셀은 최소 1에서 최대 100까지 값을 가질 수 있습니다.

입력으로 주어진 행렬을 (0, 0)부터 나선형으로 탐색할 경우 1부터 9까지 모든 셀을 차례대로 방문해 [1, 2, 3, 4, 5, 6, 7, 8, 9]라는 방문 결과를 얻게 됩니다.

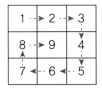

▲ 시작 지점부터 나선형으로 모든 셀을 방문하는 경로

```
matrix = [[1, 2, 3], [8, 9, 4], [7, 6, 5]]
```

```
[1, 2, 3, 4, 5, 6, 7, 8, 9]
```

이 문제는 간단한 탐색 문제입니다. 단, 한 번 방문한 곳은 재방문하지 않아야 하고 방문했던 곳으로는 더 이상 진행하지 않는다는 점, 이 2가지만 주의하면 쉽게 해결할 수 있습니다.

문제 해결

우선 시작 위치 (0, 0)에서 동쪽으로 갈 수 있을 때까지 진행했다가 막다른 지점에서 다시 남쪽으로 갈 수 있을 때까지 진행합니다. 이후 서쪽으로 갈 수 있을 때까지 진행했다가 막다른 지점에서 다시 북쪽으로 갈 수 있을 때까지 진행합니다. 이렇게 네 방향으로 1회 진행하면 8까지 도달합니다.

이번에는 8에서부터 다시 동, 남, 서, 북으로 갈 수 있는 곳까지 진행해야 합니다. 그러나 9까지만 진행하면 더 이상 갈 수 있는 셀이 주변에 존재하지 않으므로 탐색을 종료합니다.

해결 코드

이 알고리즘의 핵심은 방문했던 위치를 기억하고 재방문하지 않는 것 그리고 해당 위치는 더 이상 진행할 수 없는 위치로 식별할 수 있는 것입니다. 무척 간단한 알고리즘이므로 바로 구현 코드를 설명하도록 하겠습니다.

나선 행렬	파일 Chapter07/12_spiral_matrix.py

```
001: def traverse_spiral_order(matrix: [[int]]) -> [int]:
002:     rows = len(matrix)
```

```
003:        cols = len(matrix[0])
004:
005:        visited = set()
006:        res = [matrix[0][0]]
007:        y = 0
008:        x = 0
009:
010:        while True:
011:            visited.add((y, x))
012:            cnt = 0
013:
014:            for oy, ox in [(0, 1), (1, 0), (0, -1), (-1, 0)]:
015:                while (0 <= y + oy < rows and 0 <= x + ox < cols):
016:                    if (y + oy, x + ox) in visited:
017:                        break
018:
019:                    y += oy
020:                    x += ox
021:
022:                    visited.add((y, x))
023:                    res += matrix[y][x],
024:                    cnt += 1
025:
026:            if not cnt:
027:                break
028:
029:        return res
```

먼저 5행에서 현재 방문 중인 위치를 방문 처리하기 위해 셋^set 자료구조인 visited를 선언하고 결과를 저장할 리스트 res에 (0, 0) 위치를 저장합니다. 이제 y와 x를 모두 0으로 설정한 다음 반복문에 진입합니다. 반복문에 진입하자마자 현재 위치를 visited에 추가합니다.

이후 14행에서 나선 방향으로 이동하는 반복문을 수행합니다. 먼저 동쪽으로 진행한 다음 남쪽, 서쪽 마지막으로 북쪽으로 진행하도록 이동할 y와 x 값을 oy와 ox 변수에 할당합니다.

15행에서는 갈 수 있는 데까지 가는 동안 반복문을 수행합니다. 이동하고자 하는 좌표가 유효하고 방문한 적이 없다면(visited에 포함되지 않는다면) 해당 위치로 이동하고 방문 처리와 결과 리스트의 해당 좌표가 가진 값을 저장합니다.

24행에서는 현재 순회에서 몇 개의 셀을 방문했는지 기록하기 위해 cnt 변수에 1을 추가합니다. 네 방향 각각에 방문 가능한 위치를 모두 방문하면 26행에서 방문한 행이 0인지 아닌지를 판단합니다. 만약 0이라면 더 이상 방문할 수 있는 셀이 없는 상태이므로 전체 반복문과 함께 알고리즘을 종료합니다.

지금까지 살펴본 행렬을 입력으로 넘겨서 호출하면 다음과 같이 1부터 9까지 나선형 방향으로 셀들을 방문한 결과를 얻을 수 있습니다.

```
print(traverse_spiral_order([[1,2,3],[8,9,4],[7,6,5]]))
```

```
[1, 2, 3, 4, 5, 6, 7, 8, 9]
```

| 성능 분석

입력으로 주어진 행렬의 모든 셀을 나선형으로 순회하면 정확히 1회씩 방문하게 됩니다. 각 셀을 방문할 때 방문 표시를 하기 위해 $O(1)$의 시간을 사용하여 셋에 값을 추가합니다. 그리고 결과 리스트에 값을 추가하는 과정만 추가로 수행하므로 전체 시간 복잡도는 $O(N)$가 됩니다.

문제 13 · 최소한의 벽돌 뚫기

난이도 ☆☆ | 키워드 힌트: 위치별 빈도 확인 | 파일 Chapter07/13_pipeline_laying.py | leetcode #554

문제 정의

여기 n개의 행으로 쌓아 올린 벽돌로 만든 담이 있습니다. 각 행을 구성한 벽돌의 길이는 조금씩 다릅니다. 다음 그림을 보면 첫 번째 행은 길이가 2인 벽돌과 길이가 1인 벽돌 2개 그리고 길이가 2인 벽돌 이렇게 4개의 벽돌로 구성되어 있습니다. 두 번째 행은 길이가 1인 벽돌 하나와 길이가 3인 벽돌, 그리고 길이가 2인 벽돌로 구성되어 있습니다. 이렇듯 벽돌들은 서로 제각각 다른 길이를 가지고 있습니다.

▲ 길이가 다른 벽돌로 구성된 담

이 담을 뚫고 관을 하나 매설하려고 합니다. 벽돌을 뚫는 데는 많은 시간과 노력이 필요하기에 가능하면 최소한의 벽돌만 뚫어서 관을 매설해야 합니다. 즉, 어느 위치에 관을 매설해야 최소 개수의 벽돌을 뚫어서 관을 매설할 수 있는지 알아내는 것이 이 문제의 목표입니다. 이 문제의 입력 조건은 다음과 같습니다.

- 담의 높이는 최소 1에서 최대 1만입니다.
- 한 행에 쌓인 벽돌의 개수는 최소 1개에서 최대 1만 개입니다.
- 벽돌의 길이는 최소 1에서 최대 2^31−1입니다.

```
wall = [
    [2,1,1,2],
    [1,3,2],
    [2,3,1],
```

```
        [2,1,3],
        [4,1]
    ]
```

```
2
```

문제 해결

벽돌의 최소 길이인 1을 기준으로 세로선을 그어 1칸마다 끝나는 벽돌이 몇 개인지를 파악합니다. 첫 번째 선에서 끝나는 벽돌은 1개, 두 번째 선에서 끝나는 벽돌은 3개입니다. 이런 식으로 칸마다 벽돌이 끝나는 개수를 세면 다음 그림과 같습니다.

끝나는 벽돌이 가장 많은 위치가 가장 뚫을 벽돌이 적은 위치임을 알 수 있습니다. 따라서 벽돌 3개가 끝나는 두 번째 위치를 뚫으면 단 2개의 벽돌만 뚫어서 관을 매설할 수 있습니다. 즉, 다음과 같이 의사코드를 구성할 수 있습니다.

▲ 칸마다 끝나는 벽돌의 수

의사코드

1. 최소 길이 1을 기준으로 세로선을 그어 각 선에 끝나는 벽돌이 몇 개인지를 파악합니다.
2. 벽돌이 끝나는 지점의 수가 가장 많은 위치를 파악합니다.
3. 2에서 파악한 위치에서 뚫어야 하는 최소한의 벽돌 개수를 파악합니다.

해결 코드

앞서 설명한 알고리즘이 실제로 동작하는 코드를 살펴보겠습니다.

최소한의 벽돌 뚫기 | 파일 Chapter07/13_pipeline_laying.py

```python
001: def find_num_bricks_to_break(wall: List[List[int]]) -> int:
002:     holes = collections.defaultdict(int)
003:
004:     for row in wall:
005:         pos = 0
006:         for i in range(len(row) - 1):
```

```
007:            pos += row[i]
008:            holes[pos] += 1
009:
010:    return len(wall) - max(holes.values()) if holes.values() else len(wall)
```

우선 담의 위치별로 몇 개의 구멍이 있는지 저장할 딕셔너리 변수 holes를 선언합니다. 이후 4행에서 반복문을 돌며 각 행을 처리합니다. 각 행이 끝나는 지점을 제외하고 중간의 끝나는 모든 지점에 대해서 위치를 계산한 후 holes[pos]에 1씩 추가합니다. 그런 다음 해당 위치에서 몇 개의 벽돌이 끝나는지를 누적하여 기록합니다.

모든 행에 벽돌이 끝나는 위치를 계산해 딕셔너리 holes에 기록하면, 이 딕셔너리가 가진 값 중 가장 큰 값이 가장 구멍이 많은 위치이므로 이 위치의 값을 찾습니다. 그리고 총 행의 개수에서 해당 값을 뺀 값을 결과로 반환합니다.

💡Tip. 만약 벽돌 길이가 모두 동일할 경우 어느 위치든 모두 동일한 수의 벽돌을 뚫어야 하므로 이 경우에는 벽돌의 행의 개수를 결과로 반환합니다.

따라서 다음 코드를 입력하면 출력 결과로 2를 반환합니다.

```
001: print(find_num_bricks_to_break([
002:     [2,1,1,2],
003:     [1,3,2],
004:     [2,3,1],
005:     [2,1,3],
006:     [4,1]])
007: )
```

```
2
```

| 성능 분석

이 문제에서 계산해야 할 주요 숫자는 입력으로 주어진 모든 벽돌의 길이와 끝나는 지점의 수입니다. 이를 기록하는 연산은 딕셔너리의 값을 1씩 증가하므로 $O(1)$의 시간 복잡도를 갖습니다. 입력으로 주어진 모든 벽돌의 수를 N이라고 하면 N개에 대해 $O(1)$의 값 증가 연산을 수행하므로 이 알고리즘의 시간 복잡도는 $O(N)$임을 알 수 있습니다.

문제 14 일정 등록

난이도 ☆☆ | 키워드 힌트: 구간 겹침 여부 확인 | 파일 Chapter07/14_register_schedule.py | leetcode #252

문제 정의

일정을 등록하고 관리하는 프로그램을 만들고자 합니다. 특정 일과 일정의 시작 시간, 종료 시간이 주어집니다. 이 일정을 정상적으로 등록할 수 있다면 일정을 추가하고 그렇지 않다면 일정을 등록하지 않아야 합니다. 간단한 프로그램이지만 몇 가지 규칙과 제약이 있습니다.

규칙 및 제약
- 일정의 시작 시간은 반드시 종료 시간보다 빨라야 합니다.
- 정수로 주어지는 시간 단위는 미정입니다.
- 일정은 최대 1만 개까지 주어질 수 있다고 가정합니다.

다음 리스트와 같이 입력이 주어질 때 리스트의 각 원소는 리스트며 리스트의 첫 번째 원소는 일정의 시작 시간, 두 번째 원소는 종료 시간을 의미합니다. 일정을 등록하면 True, 등록할 수 없다면 False를 반환합니다.

```
[[5, 10], [9, 15], [10, 15], [8, 12]]
```

```
[True, False, True, False]
```

이 문제를 해결하는 데는 주어진 입력을 테이블로 만드는 방법과 트리로 만드는 방법 2가지가 있습니다. 각 방법의 장단점을 하나씩 살펴보겠습니다.

문제 해결 1 - 테이블

이 문제를 해결하는 가장 간단한 방법은 일정이 이미 등록되어 있는지 시작부터 종료까지 시간의 범위를 확인하는 것입니다.

먼저 입력으로 주어진 일정의 최소 시작 시간과 최대 종료 시간으로 테이블을 생성합니다. 그런 다음 첫 번째 입력인 [5, 10) 구간에 대해 일정 등록이 가능한지 확인합니다. 현재 5에서 9까지는 할당된 일정이 없으므로 일정을 등록합니다.

Tip. '구간'을 표현할 때 반열린 구간 또는 반닫힌 구간을 ')'로 표현해서 [a, b)와 같이 나타냅니다.

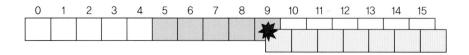

다음으로 주어진 일정은 [9, 15)입니다. 9가 앞서 등록한 일정과 시간이 겹치므로 이 일정은 등록할 수 없습니다.

세 번째 일정 [10, 15)는 등록된 일정과 겹치는 구간이 없으므로 새로운 일정으로 등록합니다.

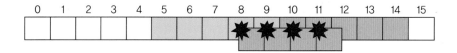

마지막 일정인 [8, 12)는 앞서 등록한 일정과 모두 겹칩니다. 즉, 마지막 일정은 등록할 수 없습니다.

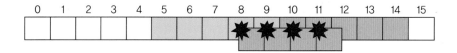

이렇게 입력을 테이블로 만드는 방식의 일정 등록은 선형 탐색으로 간단하게 할 수 있지만, 사실 이 방법은 크게 2가지 문제가 있습니다. 첫 번째 문제는 구간을 늘 선형적으로 탐색하여 일정이 있는지 없는지를 확인해야 한다는 점입니다. 최악의 경우 모든 일정이 유효 범위를 다 채워서 들어온다면 $O(10000 \times$ 입력 개수$)$의 시간이 소모됩니다. 두 번째 문제로 일정이 0개여도 항상 10000 크기의 메모리 공간을 잡게 됩니다.

| 문제 해결 2 - 트리

입력을 테이블로 만드는 문제 해결 방식이 가진 단점을 개선하려면 트리 형태의 자료구조를 사용할 수 있습니다. 먼저 처음 일정을 저장하는 트리는 비어 있으므로 첫 번째 일정을 루트 노드로 등록됩니다.

두 번째 일정인 [9, 15)는 첫 번째로 등록된 일정과 겹치는 구간이 있기 때문에 정상적으로 등록할 수 없습니다.

세 번째 일정인 [10, 15)는 등록된 일정과 겹치지 않기에 트리에 새로운 일정으로 등록합니다. 첫 번째 일정의 종료 시간인 9보다 해당 일정의 시작 시간이 크기에 첫 번째 일정의 오른쪽 자식 노드로 해당 일정을 등록합니다.

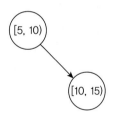

마지막 일정인 [8, 12)는 첫 번째 루트 노드의 일정 구간과 겹치기 때문에 등록이 불가능합니다.

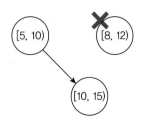

이렇게 이진 탐색 트리를 응용하여 빠르고 효과적으로 공간을 사용하는 알고리즘을 만들 수 있습니다.

│ 해결 코드

다음은 이진 트리를 활용해 일정을 등록하는 알고리즘을 구현한 코드입니다.

일정 등록	│ 파일 Chapter07/14_register_schedule.py

```
001: class ScheduleRegisterer:
002:     def __init__(self):
003:         self.root = None
004:
005:     def search(self, start, end):
006:         cur = self.root
007:
008:         while cur:
009:             if cur.start < end and start < cur.end:    # 일정이 겹치는지 확인
010:                 return True
011:
012:             if cur.start < start:
013:                 cur = cur.right
014:             else:
015:                 cur = cur.left
016:
017:         return False
018:
019:     def insert(self, start, end):
020:         cur = self.root
021:
022:         while cur:
023:             if cur.start < start:
024:                 if not cur.right:
025:                     cur.right = TreeNode(start, end)
026:                     return True
027:
028:                 cur = cur.right
029:             else:
030:                 if not cur.left:
031:                     cur.left = TreeNode(start, end)
032:                     return True
033:
```

```
034:                cur = cur.left
035:
036:        return False
037:
038:    def book(self, start: int, end: int) -> bool:
039:        if not self.root:
040:            self.root = TreeNode(start, end)
041:            return True
042:
043:        if False == self.search(start, end):
044:            self.insert(start, end)
045:            return True
046:
047:        return False
```

코드는 길지만 진행 과정은 앞서 문제 해결에서 봤듯이 간단합니다. 먼저 일정의 시작 시간과 종료 시간을 받는 book 메서드가 호출되면 가장 먼저 입력된 일정을 루트 노드로 등록합니다. 루트 노드 이후 입력받은 일정의 시작 시간, 종료 시간과 등록된 일정의 시간이 겹치는지 확인하기 위해 search 메서드로 일정을 검색합니다. search 메서드는 트리의 이진 검색을 수행하며 겹치는 일정이 없다는 결과를 회신받으면 insert로 신규 일정을 저장합니다.

앞서 구현한 일정 등록 알고리즘은 다음과 같이 테스트할 수 있습니다. 예제에서 살펴본 4개의 일정 등록에 대한 실행 결과는 다음과 같습니다

```
001: schedules = [[5, 10], [9, 15], [10, 15], [8, 12]]
002: sr = ScheduleRegisterer();
003: res = []
004: for start, end in schedules:
005:     res += sr.book(start, end),
006:
007: print(res)
```

```
[True, False, True, False]
```

| 성능 분석

이진 탐색 트리를 활용하여 알고리즘을 구현할 경우 새로운 일정을 등록할 때 이진 검색에 필요한 시간인 $O(logN)$이 소모됩니다. 또, 공간은 일정한 개수만큼만 사용합니다.

CHAPTER 8

순열과 조합

중고등학교 시절에 배운 확률통계를 기억하나요? 확률과 통계에서 가장 먼저 짚고 넘어가야하는 것은 확률과 통계의 정의입니다. 통계란, 조사하고자 하는 전체 집단(모집단)의 일부(표본)를 획득해 평균, 분산 등 다양한 수치를 산출하는 것을 뜻하고, 확률이란 경우의 수 중 특정 사건이 발생할 가능성을 뜻합니다. 특히 확률에서는 경우의 수를 아는 것이 무척 중요한데요. 이때 발생 가능한 경우의 수를 모은 집합을 **표본 공간**이라 합니다.

이런 발생 가능한 모든 경우의 수를 찾는 문제 혹은 모든 조합을 찾는 알고리즘 문제들은 가장 자주 접하는 문제 유형 중 하나로, 이번 챕터에서 이와 관련된 몇 가지 문제들을 살펴보겠습니다. 여기서 살펴볼 문제들의 해결 과정을 익히면 앞으로 다양한 문제를 해결하는 데 응용할 수 있습니다.

문제를 살펴보기 앞서 먼저 경우의 수와 순열, 조합에 대해 살펴보겠습니다.

8.1 경우의 수

경우의 수를 계산할 때는 **덧셈 법칙**, **곱셈 법칙** 그리고 **포함 배제의 원리**라는 3가지 법칙을 활용할 수 있습니다. 각 법칙의 특징과 방식을 하나씩 살펴보겠습니다.

덧셈 법칙

덧셈 법칙이란, 사건들이 독립이 아닐 때 경우의 수를 계산하는 법칙입니다. 예를 들어 학교에서 영어학과 10명과 수학과 15명 중 1명을 학교 대표로 선발하려고 할 때 경우의 수는 10+15=25가지가 됩니다. 표본을 추출할 때 영어학과와 수학과를 독립적인 표본 공간으로 간주하는 것이 아니라 하나의 표본 공간으로 다루기 때문입니다.

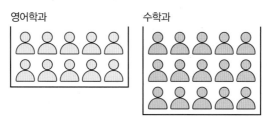

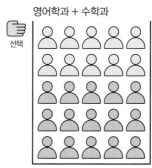

▲ 2개의 표본을 하나의 표본 공간으로 다루는 '덧셈 법칙'의 예

곱셈 법칙

각 사건이 독립적일 때는 **곱셈 법칙**으로 모든 경우의 수를 파악할 수 있습니다. 대부분의 표본 추출은 모두 이 곱셈 법칙이 적용되는(독립적인) 사건으로, 표본 공간에 표본이 매우 많을 경우 곱셈 법칙이 적용되는 복원 추출이 아니어도 복원 추출로 간주할 수 있습니다.

예를 들어 영어학과와 수학과에서 각각 1명씩을 학교 대표로 선출하는 경우의 수를 고려할 수 있습니다. 영어학과 10명 중 1명, 수학과 15명 중 1명을 선출할 때 경우의 수는 10x15=150가지가 됩니다.

먼저 영어학과에서 1명을 뽑은 다음 수학과에서 1명을 뽑아야 하는데, 이때 수학과 15명 중 한 명을 뽑게 됩니다. 이후 영어학과에서 두 번째로 1명을 뽑으면 마찬가지로 수학과에서도 15명 중 1명을 뽑게 됩니다. 이렇듯 독립적인 공간(영어학과와 수학과는 독립적인 사건 공간)에서 각각 하나씩 선택하는 경우의 수는 덧셈 법칙의 경우의 수보다 훨씬 많아집니다.

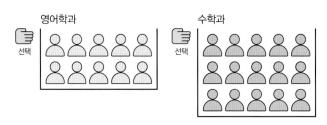

▲ 독립적인 각 사건을 다루는 '곱셈 법칙'의 예

포함 배제의 원리

포함 배제의 원리는 전체 표본 공간에서 특정 사건들을 제외해 표본 공간의 크기를 줄이고 경우의 수를 고려하는 방법입니다. 예를 들어 영어 과목 수강생은 5명이고, 수학 과목 수강생은 8명, 둘 다 수강하는 학생의 수는 3명일 때, 수학 과목만 수강하는 학생의 수는 몇 명일까요? 이는 표본 공간들을 벤 다이어그램으로 그려보면 쉽게 파악할 수 있습니다.

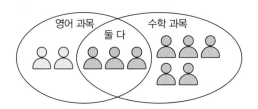

▲ 표본 공간을 줄이고 경우의 수를 고려하는 '포함 배제의 원리'의 예

수학 과목을 수강생 수에서 두 과목 모두 수강하는 학생 수를 제외하면 5명이 수학 과목만 수강하는 것을 알 수 있습니다.

8.2 순열

순열permutation이란, 서로 다른 N개의 원소 중에서 r개를 특정 규칙에 따라 순서대로 나열하는 것입니다. 간단한 예를 살펴보겠습니다. 자루에 빨간색, 녹색, 파란색 3개의 공이 있습니다. 이 공을 A, B 두 사람이 무작위로 꺼냅니다. 이때 A가 먼저 공을 꺼냈다가 다시 넣고 B가 꺼냈을 때 나올 수 있는 순열은 다음과 같이 9개가 있습니다.

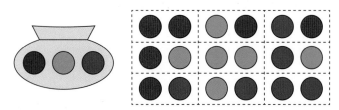

▲ 3개의 공을 2명이 무작위로 꺼낼 때의 순열

이처럼 빼냈던 것을 다음에 다시 뽑기 위해 원상 복귀시키는 것을 **복원 추출**이라 하고, 이렇게 생성한 순열을 **중복 순열**이라고 합니다.

순열에서 흔히 쓰는 "순서에 상관 있게 뽑는다"의 의미는 같은 것을 두 번 뽑아도 순서가 다르면 다른 순열의 원소로 간주한다는 의미입니다. 이 예에서 중복 순열을 생성하는 알고리즘은 재귀와 스택 2가지가 있습니다. 먼저 재귀부터 살펴보겠습니다.

재귀로 순열 생성하기

1. permutate(r, sampleSpace, perm, perms):

2. perm의 길이가 r과 같아지면(뽑은 원소의 수가 r개가 되면) perm을 perms에 저장하고 반환

3. sampleSpace의 각 원소에 대해

   A. perm에 sampleSpace의 원소를 더하여 permuate를 재귀 호출

이 알고리즘이 실제로 동작하는 코드를 살펴보겠습니다. 3개의 공 색에 빨간색은 R, 초록색은 G, 파란색은 B라고 칭하겠습니다.

```
001: def permutate(r, space, perm, perms):
002:     if len(perm) == r:
003:         perms.append(perm)
004:         return
005:
```

```
006:     for i in range(len(space)):
007:         permutate(r, space, perm + space[i], perms)
```

먼저 r은 n개의 원소 중 뽑고자 하는 원소의 개수, space는 sample space를 의미합니다. 이 예제에서 sample은 ['R', 'G', 'B']가 됩니다. perm은 생성된 하나의 순열을 의미하며 여러 순열을 저장하는 리스트입니다.

함수의 콜 스택으로 순열을 생성하면 다음과 같이 2단계로 형성됩니다. 레벨 1은 permutate 함수의 첫 번째 호출 스택, 레벨 2는 두 번째 호출 순서를 의미합니다. 2개의 원소만 선택하는, 즉 r이 2이므로 2단계가 형성된 것입니다.

📍Tip. 더 자세한 설명은 'Chapter 5 재귀'에서 다룹니다.

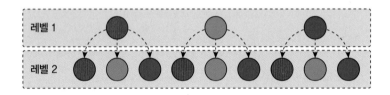

이 코드를 다음과 같이 실행하면 총 9개의 순열이 생성되는 것을 볼 수 있습니다. 이는 중복 순열의 경우의 수를 구하는 공식 N^r에 대해 각각 3과 2를 대입하면 3^2이므로 간단히 계산할 수 있습니다.

```
001: perms = []
002: permutate(2, ['R', 'G', 'B'], '', perms)
003: print(perms)
```

```
['RR', 'RG', 'RB', 'GR', 'GG', 'GB', 'BR', 'BG', 'BB']
```

만약 r을 3으로 설정하면 총 27개 (3^3)가 생성된 것을 확인할 수 있습니다.

```
['RRR', 'RRG', 'RRB', 'RGR', 'RGG', 'RGB', 'RBR', 'RBG', 'RBB', 'GRR', 'GRG', 'GRB',
 'GGR', 'GGG', 'GGB', 'GBR', 'GBG', 'GBB', 'BRR', 'BRG', 'BRB', 'BGR', 'BGG', 'BGB',
 'BBR', 'BBG', 'BBB']
```

만약 한 번 뽑은 공은 다시 뽑을 수 없다면 어떻게 해야 할까요? 이런 경우를 **비복원 추출**이라 하며 방법은 간단합니다. 3개의 공 중 2개를 뽑으면 첫 시도에서 1개만 뽑을 수 있고, 남은 2개 중 1개를 뽑을 수 있으니 발생 가능한 경우의 수는 3x2=6이 됩니다. 이를 구현하는 코드는 앞서 설명했던 코드를 조금만 수정하면 됩니다.

```
001: def permutate(r, space, perm, perms):
002:     if len(perm) == r:
003:         perms.append(perm)
004:         return
005:
006:     for i in range(len(space)):
007:         if space[i] in perm:
008:             continue
009:
010:         permutate(r, space, perm + space[i], perms)
```

앞서 중복 순열을 생성하는 코드와 다른 부분은 추가된 7~8행입니다. 추가된 코드는 처리 중인 순열에 추가하려는 값이 이미 존재한다면 그 값을 무시하라는 내용입니다. 즉, 처음 3개의 공 중에 R을 선택했는데 다음 선택에서 또 R이 나오면 무시하는 로직이 추가된 것입니다. 그외 함수 호출 부분은 중복 순열에서 호출했던 코드와 차이가 없습니다.

이렇게 두 행을 추가하고 함수를 호출하면 순열은 n!/(n − r)!개의 경우의 수를 생성합니다. 이 경우 3개 중 2개만 선택하므로 3x2=6개의 경우의 수가 출력됩니다.

```
001: perms = []
002: permutate(2, ['R', 'G', 'B'], '', perms)
003: print(perms)
```

```
['RG', 'RB', 'GR', 'GB', 'BR', 'BG']
```

스택으로 순열 생성하기

앞서 재귀로 알고리즘을 구현했지만, 실제로 서비스하는 코드에 재귀 함수 호출로 구현한 코드를 넣을 땐 스택 오버플로가 발생하지 않도록 매우 주의해야 합니다. 만약 이 때문에 스택 영역이 아니라 힙 영역의 메모리를 사용하고 싶다면 다음과 같이 재귀 호출 없이 스택 자료구조를 사용해 구현할 수도 있습니다

```
001: def permutate_with_stack(r, space, stk, perms):
002:     while stk and r:
003:         nstk = []
004:
005:         while stk:
006:             cur = stk.pop()
007:
008:             for i in range(len(space)):
009:                 nstk += cur + space[i],
010:
011:         stk = nstk
012:         r -= 1
013:
014:     for item in stk:
015:         perms.append(item)
```

앞서 재귀 호출로 순열을 생성하던 코드와 호출 방식의 차이점은 처음 스택에 들어갈 초깃값을 지정한다는 것입니다. 이 코드를 다음과 같이 실행했을 때 결과는 재귀 호출과 동일합니다.

```
001: perms = []
002: permutate_with_stack(2, ['R', 'G', 'B'], ['R', 'G', 'B'], perms)
003: print(perms)
```

```
['RG', 'RB', 'GR', 'GB', 'BR', 'BG']
```

스택이 비어 있지 않은 동안 반복문을 수행한다는 점에서 탐색 코드와 유사합니다. 그러나 자세히 살펴보면 반복문이 이중으로 되어 있으며 9행에 nstk(next stack)를 선언하고 값을 채우는 부분이 있습니다. 스택에 들어 있는 값을 모두 처리하기 전에는 스택에 새로운 탐색 값을 추가해서는 안 됩니다.

따라서 11행에서 nstk라는 변수를 따로 선언하여 스택의 값들을 처리하는 동안 발생하는 다음에 처리할 값들을 여기에 저장합니다. 이후 stk의 내용을 모두 처리한 다음에는 stk에 nstk를 대입하여 stk를 갱신합니다.

성능 분석

레벨 0에서는 입력 원소 N에 대해 한 번씩 수행하기에 N이 됩니다. 레벨 1에서는 이보다 증가한 N+Nx(N-1)이 됩니다. 레벨 2에서는 N+Nx(N-1)+Nx(N-1)x(N-2)가 됩니다. 이런 재귀의 형태는 다음과 같이 표현할 수 있습니다.

```
T(N) = N + N x T(N - 1)
```

또는 다음과 같이 표현할 수도 있습니다.

```
T(n) = n + n * ((n - 1) + (n - 1) * T(n - 2))
T(n) = n + n * (n - 1) + n * (n - 1) * T(n - 2)
…
T(n) = n + n * (n - 1) + n * (n - 1) * (n - 2) + … + n! + n!
T(n) = (( n! / (n-1)! ) + ( n! / (n-2)! ) + … + ( n! / 2! )) + 2 * n!
T(n) = n! * (( 1 / (n-1)! ) + ( 1 / (n-2)! ) + … + ( 1 / 2! )) + 2 * n!
```

$((1/(n-1)!)+(1/(n-2)!)+ \cdots + (1/2!))$ 이 급수는 n-2가 0보다 큰 $(n-(n-2))$까지 계속됩니다. 급수의 평균 값이 0.6에 근사한다고 가정하고 이를 상수 C로 둔다면 다음과 같이 작성할 수 있습니다.

```
T(n) = C * n! + 2 * n!
T(n) = (C + 2) * n!
```

이와 같이 재귀 호출을 확장하다 보면 결과적으로 $T(n)=(C+2) \times n!$이 되는 것을 알 수 있습니다. 이때 만약 여기에 빅 오 표기법을 적용하면 상수는 무시됩니다. 따라서 시간 복잡도는 $O(n!)$이 됩니다.

8.3 조합

조합도 순열과 마찬가지로 n개의 항목에서 r개를 선택한다는 점에서 같습니다. 다른 점은 순열과 달리 조합은 순서를 무시한다는 점입니다.

예를 들어 앞서 순열에서는 같은 공을 두 번 꺼내도 순서가 다르면 다른 순열로 식별했으나 조합은 순서 관계없이 같은 공을 두 번 꺼내면 같은 것으로 식별합니다. 즉, 순서를 고유한 순열을 식별하는 데 사용하지 않습니다. 따라서 최종 조합의 수가 순열의 수보다 적습니다. 앞서 3가지 색깔의 공을 두 명이 무작위로 꺼냈을 때 생성 가능한 조합의 수는 다음과 같습니다.

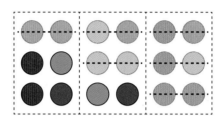

▲ 3가지 색의 공으로 만들 수 있는 조합의 수

[R, R], [G, G], [B, B]는 같은 값이 2번 반복되어 결과에서 배제되었고 [R, G]와 [R, B], [G, B]가 나왔기에 이후에 생성된 [G, R]과 [G, B], [B, G] 등도 중복으로 간주해 함께 제거됩니다.

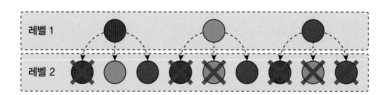

조합의 생성 과정을 살보면 특정한 패턴을 발견할 수 있습니다. 레벨 1에서 처음 R이 호출되었을 때는 레벨 2에서 R, 즉 첫 번째 자리를 제외하고 두 번째, 세 번째 자리에서 원소를 선택하여 조합을 생성합니다. 또, 레벨 1에서 G가 선택되었을 때를 살펴보면 G는 두 번째 자리입니다.

레벨 2에서는 세 번째 자리부터 원소를 선택합니다. 마지막 B를 보면 레벨 1에서 세 번째 원소를 선택합니다. 레벨 2에서는 네 번째 이후의 원소를 선택해야 하는데 세 번째 이후로는 원소가 존재하지 않아 다른 조합을 생성하지 않습니다. 즉, 조합을 생성하는 과정을 다음과 같이 구현할 수 있습니다.

```
001: def combinate(r, start, space, seq, res):
002:     if len(seq) == r:
003:         res.append(seq)
```

```
004:        return
005:
006:    for i in range(start, len(space)):
007:        combinate(r, i + 1, space, seq + space[i], res)
```

앞서 살펴봤던 중복 순열을 생성하는 코드와 거의 비슷합니다. 그러나 함수의 인수를 살펴보면 start라는 변수가 추가된 것을 확인할 수 있습니다. 이 start를 통해 레벨 2에서의 원소 선택 시작 부분이 제어됩니다. R로 해당 함수가 최초 호출되었을 때 start는 0입니다. 이때 R, G, B 중 하나를 선택하여 함수를 재귀 호출합니다. 여기서 R(즉, 첫 번째가)이 선택되었다면 다음 재귀 호출 시 start 값은 1이 됩니다. 즉, 다음 재귀 호출에서는 R을 다시 선택할 수가 없게 됩니다. 이런 방법으로 손쉽게 조합을 생성하는 코드를 작성할 수가 있습니다.

성능 분석

조합의 시간 복잡도는 $2^n = (1+1)^n = nC0 + nC1 + nC2 + \cdots + nCn$이 됩니다. 이는 nCr로 표현되며, 이를 풀어 쓴 조합 수식은 $n!/((n-r)! \times r!)$이 됩니다.

문자열 순열 생성

난이도 ☆☆ | 키워드 힌트: 너비 우선 탐색 | 파일 Chapter08/15_letter_permutation.py | leetcode #784

| 문제 정의

이 문제는 a1b2와 같이 알파벳과 숫자가 섞인 문자열이 주어졌을 때 모든 알파벳이 각각 소문자일 때와 대문자일 때의 순열을 생성하여 반환하는 것이 목표입니다.

```
s = "a1b2"
```

```
["a1b2", "a1B2", "A1b2", "A1B2"]
```

앞서 살펴본 순열 알고리즘을 거의 그대로 적용할 수 있어 무척 간단합니다. 차이점이 있다면 순열을 생성하는 규칙이 어떤 표본 공간에서 하나를 선택하는 것이 아니라, 주어진 입력에서 알파벳 문자를 만나면 해당 알파벳을 가지고 소문자로 새로운 문자열을 생성하고 다음에는 대문자로 생성한다는 점입니다. 즉, 기본적인 알고리즘의 틀은 동일하나 값을 선택하는 부분만 다르게 구현하면 됩니다.

| 문제 해결

이 문제 해결을 위한 의사코드는 다음과 같습니다.

의사코드 : permutate(s, idx, perm, perms):

   1. 생성된 순열 perm의 길이가 s의 길이와 같으면 perm을 perms에 저장하고 반환

   2. s 내 idx 위치의 값이 숫자인 경우

      A. perm에 s[idx] 위치 값을 더하고 idx에 +1하여 permutate를 재귀 호출

   3. s 내 idx 위치의 값이 영문자인 경우

      A. s[idx]의 값을 lower로 변환 후 perm에 더하고 idx에 +1 하여 permutate를 재귀 호출

      B. s[idx]의 값을 upper로 변환 후 perm에 더하고 idx에 +1 하여 permutate를 재귀 호출

앞서 살펴본 순열을 생성하는 알고리즘보다 더 단순합니다. 함수에 반복문이 없기 때문입니다. 사실 반복문으로 구현할 수도 있으나 이 문제는 대문자, 소문자라는 규칙이 있기 때문에 각 대소문자의 재귀 호출을 별도로 수행했습니다. 즉, 재귀로 구현하기 때문에 간단하게 작성할 수 있습니다.

새로운 값을 추가하는 부분에서 순열 생성 알고리즘과의 차이점은 값이 숫자냐 알파벳이냐에 따라 생성 방법이 다르다는 것입니다. 이 알고리즘을 수행했을 때 순열이 생성되는 과정은 다음과 같습니다.

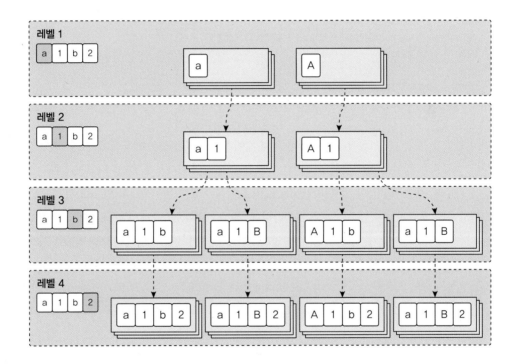

레벨 1에서 입력된 첫 번째 문자는 알파벳입니다. 이 경우 소문자와 대문자로 알파벳을 변환하여 순열에 추가한 다음 재귀 단계로 이동합니다. 레벨 2에서 입력된 두 번째 문자는 숫자이므로 그대로 순열에 추가하고 다음 단계로 이동합니다. 레벨 3에서 입력된 문자는 알파벳이므로 다시 소문자와 대문자로 변환한 결과를 순열에 추가합니다. 마지막으로 레벨 4에서 입력된 문자는 숫자이므로 그대로 추가하면 순열 생성이 완료됩니다.

| 해결 코드

앞서 설명한 알고리즘이 실제로 동작하는 코드를 살펴보겠습니다.

문자열 순열 생성	파일 Chapter08/15_letter_permutation.py

```
001: def permutate(s, idx, seq, res):
002:     if len(seq) == len(s):
003:         res.append(seq)
004:         return
005:
006:     if not s[idx].isalpha():
007:         permutate(idx + 1, seq + s[idx], res)
008:         return
009:
010:     permutate(s, idx + 1, seq + s[idx].lower(), res)
011:     permutate(s, idx + 1, seq + s[idx].upper(), res)
```

먼저 함수가 호출되면 지금까지 생성한 순열의 길이가 목표하는 길이에 도달했는지를 검사합니다. 목표하는 길이에 이르면 함수 호출을 종료합니다. 그리고 새로운 값을 추가하여 재귀 호출을 하는데, 현재 처리해야 할 위치인 idx 값의 위치 값이 알파벳이 아니라면 idx 위치 값을 그대로 순열에 추가하여 함수를 재귀 호출합니다. 물론 idx 값을 +1해서 다음 재귀 호출에서는 다음 문자를 처리할 수 있도록 합니다. 알파벳이 아니라면 소문자와 대문자를 별도로 생성해서 재귀 호출을 해야 하므로 10~11행에서처럼 한 번은 소문자로 만들어서 순열에 추가하고 다른 호출에서는 문자를 대문자로 만들어 재귀 호출을 수행합니다.

이 구현 코드는 다음과 같이 호출하여 동작할 수 있습니다.

```
001: res = []
002: permutate('a1b2', 0, '', res)
003: return res
```

성능 분석

입력으로 주어진 s가 aaaa와 같이 모두 알파벳으로만 이뤄진 경우 각 재귀 호출의 레벨별로 2벌의 재귀 호출의 파생이 발생해 2x2x2x2=16가지 결과가 발생합니다. 즉, 입력의 길이가 n인 경우 $O(2^n)$의 성능을 보이게 됩니다.

중복 없는 조합 찾기

난이도 ☆☆ | 키워드 힌트: 재귀, 탐색 | 파일 Chapter08/16_generation_combination.py | leetcode #39

문제 정의

이 문제는 이름 그대로 조합에 대한 문제로, 앞서 살펴본 조합의 알고리즘으로 쉽게 해결할 수 있습니다. 단, 조합을 이루는 각 수열의 원소 합이 목표 값과 동일해야만 결과 조합으로 사용합니다. 입력 값으로 [2, 3, 6, 7]이 주어지고 각 값을 조합했을 때 더한 값이 7인 경우만 모아 반환하고자 합니다. 결과로 생성된 조합은 다음과 같습니다.

```
samples = [2, 3, 6, 7]
target = 7
```

```
[[2, 2, 3], [7]]
```

그런데 이 문제는 추가 제약이 있습니다. 결과로 생성된 각 조합에는 중복이 없어야 합니다. 그리고 조합은 순서를 무시하므로 [2, 2, 3]과 [2, 3, 2] 그리고 [3, 2, 2]는 모두 같은 조합으로 간주합니다. 즉, [2, 2, 3] 하나만 결과에 포함되어야 합니다. 결국 [[7], [2, 2, 3]] 2개의 조합이 결과로서 반환되어야 합니다.

```
[[2, 2, 3], [2, 3, 2], [3, 2, 2], [7]]
```

문제 해결

이 문제를 풀기 위한 의사코드를 살펴보겠습니다.

의사코드 : combinate_sum():

1. 수열에 저장된 값의 합이 목표 값을 초과하면 함수 호출을 종료합니다.

2. 수열에 저장된 값의 합이 목표 값이면 결과에 추가합니다.

3. 입력에서 이전에 선택했던 원소의 위치부터 원소의 끝까지 반복합니다.

    A. 시작 위치를 현재 처리하는 입력 원소의 위치로 한 후

    B. 수열에 현재 위치 값을 추가하여 combinate_sum을 재귀 호출합니다.

앞서 살펴봤던 조합 생성 예제와의 차이점은 현재 생성한 조합에서 각 원소의 합이 목표 값과 같을 때에만 결과에 저장한다는 점입니다. 또, 한 번 선택한 원소도 중복으로 선택할 수 있습니다.

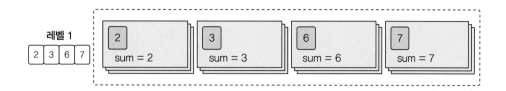

첫 재귀 호출 때는 2, 3, 6, 7과 같이 각각의 값을 지닌 수열이 생성됩니다. 이때 네 번째 값인 7은 목표 값이므로 결과에 추가합니다. 이제 첫 번째에 있는 [2]를 선택하면 [2, 3, 6, 7] 중 첫 번째 원소이므로 두 번째에서도 첫 번째 원소 2부터 선택이 가능합니다. 즉 4가지 수열이 생성됩니다. 그런데 세 번째와 네 번째 수열은 원소의 총 합이 목표 값 7보다 크기 때문에 이 값들은 버립니다.

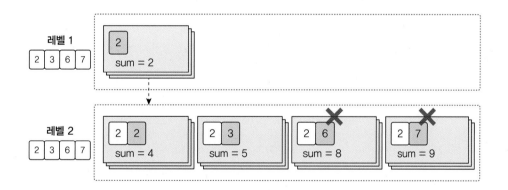

[2, 2]를 선택하면 레벨 3에서 첫 번째 원소부터 값을 사용해 각 수열에 값을 추가합니다. 첫 번째 수열은 [2, 2, 2]로, 아직 목표 값 7보다 작습니다. 그러나 두 번째 수열은 [2, 2, 3]이므로 원소의 합이 목표 값과 동일합니다. 따라서 [2, 2, 3]을 결과에 추가합니다. 세 번째와 네 번째는 목표 값 7을 초과하므로 이 값들은 버립니다.

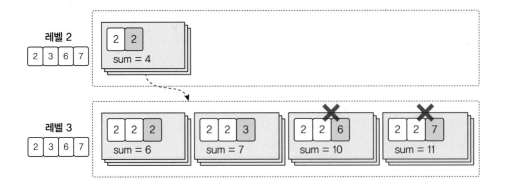

레벨 2에서 두 번째 값인 3을 추가하면 레벨 3에서는 두 번째 값부터 사용할 수 있고 각각 [2, 3, 3], [2, 3, 6], [2, 3, 7]이라는 3개의 수열이 생성됩니다. 그러나 수열의 합이 목표 값을 초과하므로 모두 버려야 합니다.

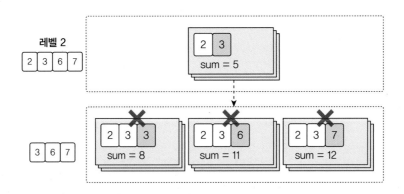

지금까지 레벨 1에서 첫 번째 값을 선택했을 때 뒤따라오는 재귀 호출에서 어떻게 값을 추가하는지 살펴봤습니다. 레벨 1에서 두 번째 값인 3을 선택한 경우와 6을 선택한 경우 그리고 7을 선택한 경우 모두 같은 과정으로 처리됩니다.

재귀 호출 시 목표 값에 맞게 생성하는 경우는 2로 시작해 [2, 2]를 거쳐 [2, 2, 3]을 생성하는 경우와 [2, 3]을 거쳐 [2, 3, 2]를 생성하는 경우 그리고 처음에 7을 선택한 경우입니다. 이때 [2, 2, 3]과 [2, 3, 2]는 합이 같으므로 [2, 3, 2]는 무시되고 결과적으로 [2, 2, 3]과 [7] 2개가 됩니다.

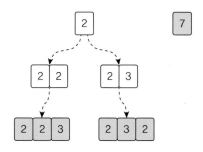

해결 코드

앞서 설명한 조합의 합 문제를 해결하는 코드를 살펴보겠습니다.

중복 없는 조합 찾기	파일 Chapter08/16_generation_combination.py

```
001: def generate_combination(start, inc, seq, res):
002:     if inc > target:
003:         return
004:
005:     if inc == target:
006:         res += seq,
007:         return
008:
009:     for i in range(start, len(candidates)):
010:         generate_combination(i, inc + candidates[i], seq + [candidates[i]], res)
```

재귀 함수의 첫 부분에 탈출 조건이 있습니다. 지금까지 수열에 추가한 원소의 총 합이 목표 값보다 큰 경우 더 이상 처리할 필요가 없으므로 반환 처리합니다. 5행에서는 총 합이 목표 값과 동일한지 비교하고, 동일하다면 생성된 수열을 결과 리스트에 추가한 후 반환합니다.

9행에서는 함수의 인수로 전달받은 입력 내 원소의 탐색 시작 위치 start부터 마지막 원소까지 처리하기 위한 반복문을 수행합니다. 반복문에서는 현재 처리하는 위치(i)에 있는 원소의 값을 수열에 추가하고 현재 위치를 다음 재귀 호출 시 처리할 시작 위치(start)로 설정하여 함수를 재귀 호출합니다.

이 함수는 다음과 같이 호출할 수 있습니다.

```
001: candidates = [2, 3, 6, 7]
002: target = 7
003: res = []
004: generate_combination(0, 0, [], res)
```

> **NOTE** **append 대신 +=,**
>
> 이번 예제에서 작성한 해결 코드를 보면 리스트에 원소를 추가하는 함수로 append가 아닌 +=을 사용하고 있습니다. 이처럼 리스트에서 append 대신 +=으로 원소 또는 리스트를 추가할 수 있습니다. 단, 마지막에 ,(콤마)를 붙여서 append임을 알려줘야 합니다. ,가 없다면 이는 extend로 처리됩니다. 즉, 두 리스트의 합으로 처리가 됩니다.
>
> ```
> >>> a = [1, 2]
> >>> b = [3, 4]
> >>> a += b,
> a=[1, 2, [3, 4]]
>
> >>> a += b
> a=[1, 2, 3, 4]
> ```

가장 가까운 시간 생성하기

난이도 ☆☆ | 키워드 힌트: 조합의 정렬 | 파일 Chapter08/17_next_closest_time.py | leetcode #681

문제 정의

이번 문제에서는 19:34와 같은 형태로 시간이 주어집니다. 이때 [1, 9, 3, 4]라는 4개의 숫자를 조합하여 17:31 바로 다음으로 큰 시간을 생성하는 것이 이 문제의 목표입니다. 각 숫자는 중복해서 사용할 수 있습니다. 즉, 4개의 수를 4번 선택하는 조합이 생성되고 이를 유효한 시간으로 바꿨을 때 가장 크고, 19:34분에 가장 가까운 시간을 생성해야 합니다.

"19:34"

"19:39"

문제 해결

입력된 시간을 구성하는 숫자는 [1, 9, 3, 4]입니다. 이 숫자들을 중복해서 선택해 4자리의 새로운 수열을 생성해야 합니다.

또, [1, 9]와 [9, 1]은 서로 다른 수열로 봅니다. 즉, 중복 순열을 생성하는 것이 가장 먼저 수행해야 할 과제입니다. 중복 순열이므로 4x4x4x4=256가지의 순열이 생성됩니다. 생성된 순열 중 19:34 다음으로 큰 수를 찾아야 합니다.

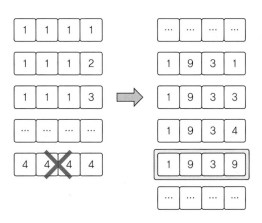

이 문제 해결을 위한 의사코드는 다음과 같습니다.

의사코드

1. permutate(samples, perm, perms):

   A. perm의 길이가 4가 되면 유효한 시간인지 확인하고 유효한 시간은 perms에 저장한 다음 함수를 반환합니다.

   B. 4자리 숫자마다 이 과정을 반복합니다.

   ⅰ. perm에 현재 자리의 sample 값을 추가하여 permutate를 재귀 호출합니다.

2. permutate를 호출하여 순열들을 생성합니다.

3. 생성된 순열을 오름차순으로 정렬합니다.

4. 순열 중에서 입력 시간이 들어갈 위치를 찾습니다.

5. 위치가 순열의 길이를 벗어나면 가장 처음 시간 값을 반환합니다.

6. 그렇지 않다면 순열 중 찾은 위치 값에 해당하는 순열의 시간 값을 반환합니다.

해결 코드

앞서 설명한 알고리즘이 실제로 동작하는 코드를 살펴보겠습니다.

가장 가까운 시간 생성하기	파일 Chapter08/17_next_closest_time.py

```
001: def get_next_time(time):
002:     time = ''.join([ch for ch in time if ch.isdigit()])     # 입력에서 숫자 값만 추출합니다.
003:
004:     def convert(time):
005:         return time[:2] + ':' + time[2:]
006:
007:     def permutate(seq, seqs):
008:         if len(seq) == len(time):     # 4자리의 숫자를 모았다면 유효한 시간인지 확인합니다.
009:             hour = int(seq[:2])
010:             minute = int(seq[2:])
011:             if 0 <= hour <= 24 and 0 <= minute < 60 and not (hour == 24 and minute > 0):
012:                 seqs.append(seq)     # 유효한 시간이면 seqs에 저장합니다.
013:             return
014:
015:         for i in range(len(time)):     # 항상 0부터 반복하여 중복 순열을 생성합니다.
016:             permutate(seq + time[i], seqs)
017:
018:     seqs = []
```

```
019:        permutate('', seqs)
020:        seqs.sort()        # 유효한 시간들을 오름차순으로 정렬합니다.
021:
022:        idx = bisect.bisect_right(seqs, time)
023:        if idx == len(seqs):
024:            idx = 0
025:
026:        return convert(seqs[idx])
```

이 코드는 저장하는 값이 시간이라는 것을 제외하곤 중복 순열 부분에서 살펴본 코드와 거의 흡사합니다. 저장하는 값이 시간이다 보니 seq에 저장한 길이가 time과 동일한 경우 시간과 분에 대한 값이 유효한지를 확인하는 부분이 필요합니다. 시간은 0부터 24 사이여야 하고, 분은 0에서 59 사이여야 합니다. 또, 시간이 24라면 분이 0보다 크면 안 됩니다. 이런 시간과 관련된 처리 부분을 제외하고 전체적인 알고리즘은 중복 순열을 생성하는 알고리즘과 동일합니다.

이와 같이 구현된 알고리즘을 수행하면 다음과 같은 결과를 출력합니다.

```
001: print(get_next_time ("19:34"))
```

```
"19:39"
```

> **NOTE** **bisect.bisect_right 함수**
>
> bisect는 검색에 필요한 다양한 알고리즘을 제공하는 파이썬의 기본 라이브러리입니다. 이진 검색 기능을 의미하는데, 이 중에서도 bisect_right는 이진 검색 후 원하는 값을 찾지 못했을 때 값이 오른쪽으로 한 칸 이동하여 추가될 위치를 반환합니다. bisect_left는 값을 찾지 못했을 때 값이 들어갈 위치를 왼쪽으로 한 칸 이동한 위치로 반환합니다.

성능 분석

이 알고리즘은 중복 순열을 생성하는 알고리즘이므로 $O(n\hat{\ }k)$의 시간을 소모합니다. 그러나 이 문제는 n과 k가 고정 상수이며 이는 256이 됩니다.

숫자로 만들 수 있는 문자 조합 찾기

난이도 ☆☆ | 키워드 힌트: 재귀 | 파일 Chapter08/18_combination_of_phone_number.py | leetcode #17

문제 정의

다음과 같이 숫자와 문자를 변환해 입력할 수 있는 키패드가 있습니다. 이 문제의 목적은 입력받은 숫자로 만들 수 있는 문자들의 조합을 생성하는 것입니다.

▲ 숫자 키의 문자 조합

예를 들어 56이라는 숫자들이 입력으로 주어진다면 5에서는 abc 중 하나를 고르고, 6에서는 mno 중 하나를 골라 조합을 생성해야 합니다.

```
"56"
```

```
['jm', 'jn', 'jo', 'km', 'kn', 'ko', 'lm', 'ln', 'lo']
```

이 문제는 딕셔너리를 사용해 숫자와 문자를 연결하는 테이블을 생성하면 됩니다. 다소 번거롭지만 앞서 다뤘던 조합 문제와 동일하므로 간단히 해결할 수 있습니다.

해결 코드

간단한 문제이므로 바로 코드를 통해 알고리즘을 살펴보겠습니다.

숫자로 만들 수 있는 문자 조합 찾기　　| 파일 Chapter08/18_combination_of_phone_number.py

```
001: import collections
002:
```

```
003:
004: keys = collections.defaultdict(list)
005: keys['2'] = ['a', 'b', 'c']
006: keys['3'] = ['d', 'e', 'f']
007: keys['4'] = ['g', 'h', 'i']
008: keys['5'] = ['j', 'k', 'l']
009: keys['6'] = ['m', 'n', 'o']
010: keys['7'] = ['p', 'q', 'r', 's']
011: keys['8'] = ['t', 'u', 'v']
012: keys['9'] = ['w', 'x', 'y', 'z']
013:
014: def permutate(digits, k, start, seq, res):
015:     if k == 0:
016:         res += seq,
017:         return
018:
019:     for i in range(len(keys[digits[start]])):
020:         permutate(digits, k - 1, start + 1, seq + keys[digits[start]][i], res)
021:
022: digits = "56"
023: res = []
024: permutate(digits, len(digits), 0, '', res)
```

우선 collections를 import 합니다. 이후 각 숫자 키에 매칭되는 문자들을 할당합니다. 2는 a, b, c 그리고 3은 d, e, f … 이런 식으로 0부터 9까지 문자를 모두 할당합니다.

14~20행을 보면 순열을 생성하는 함수 permutate, 입력 문자열을 담은 digits가 있습니다. 이는 입력 문자열이며 코드에서는 "56"의 값을 지니고 있습니다. k는 지금까지 남아 있는 문자의 수, start는 digits에서 현재 뽑아야 할 문자의 위치를 의미합니다. seq는 지금까지 생성한 조합을 담고 있고, res는 생성이 완료된 조합을 담을 결과 리스트입니다.

먼저 k가 모든 숫자를 다 선택했는지를 판단합니다. k가 0이라면 모든 숫자를 다 뽑은 상태이기에 res에 현재까지 모은 문자열 seq를 담습니다. 만약 k가 0이 아니라면, 반복문을 돌며 현재 키값에 대해 사용 가능한 모든 문자를 가지고 새로운 조합을 생성하기 위해 permutate를 재귀 호출합니다. permutate의 재귀 호출 시 seq에는 현재 위치 키에서 선택할 문자를 하나 seq에 추가합니다. 그리고 문자를 seq에 추가했으므로 k에서 1을 차감합니다.

22~24행을 보면 digits이 56이라는 값을 가졌으므로 permutate 함수를 호출해 res에 9개의 생성된 순열들이 저장됩니다.

CHAPTER 9

배열

Chapter 9에서는 특정 구간에 겹치지 않는 시간을 찾거나 여러 거래 내역에서 유효하지 않은 거래를 찾는 등 문제 상황에 배열이 주어지는 유형의 알고리즘을 살펴봅니다. 배열 유형이지만 해결에 다양한 알고리즘을 사용할 수 있습니다.

단, 배열 유형은 일관된 패턴이 존재하지 않기 때문에 이론부터 학습하는 것보다 문제를 직접 살펴보면서 빠르게 해결 방법을 알아보겠습니다.

필요한 회의실 개수 구하기

난이도 ☆☆ | **키워드 힌트:** 겹치는 구간의 개수 기록 | **파일** Chapter09/19_metting_rooms.py | leetcode #253

다음과 같이 3개의 회의 일정이 있습니다. 주어진 입력은 3개의 회의 시작 시간과 종료 시간이고, 이 일정을 모두 소화하려면 최소 몇 개의 회의실이 필요한지 파악하는 것이 이 문제의 목표입니다.

```
[(6, 15), (13, 20), (6, 17)]
```
```
3
```

주어진 3개의 회의 시작과 종료 시간을 그림으로 그리면 다음과 같습니다. 처음 주어진 회의 시작 시간은 6시, 종료 시간은 15시입니다. 이때 종료 시간 15시는 회의 시간에 포함되지 않습니다. 즉, 회의는 14시 59분에 종료되어 15시부터 같은 회의실에 다른 회의를 잡을 수 있습니다.

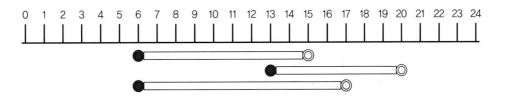

문제 해결

이 문제는 그림을 그리면 직관적으로 3개의 회의실이 필요하다는 것을 바로 알 수 있습니다. 하지만 알고리즘을 이용해 3개의 회의실이 필요하다는 것을 어떻게 알 수 있을까요? 먼저 시간 별로 필요한 회의실을 표시하면 다음과 같습니다.

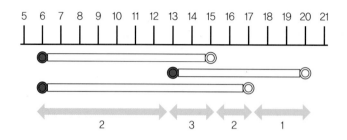

6시에서 13시까지는 2개의 회의실이 필요합니다. 이후 13시부터 15시까지는 3개, 15시부터 17시까지 2개, 마지막으로 17시부터 20시까지 1개의 회의실이 필요합니다. 자, 눈치 챘습니까? 방법은 간단합니다. 회의가 시작되는 시간에는 +1, 끝나는 시간에 −1을 하면 됩니다.

- 6시에 2개 필요 (+2) 이후 유지
- 13시에 3개 필요 (+1) 이후 유지
- 15시에 2개 필요 (−1) 이후 유지
- 17시에 1개 필요 (−1) 이후 유지

시간별로 필요한 회의실 수를 표시하는 배열은 다음과 같습니다. 먼저 6시에 회의실 2개를 사용했으므로 6시에 +2를 합니다.

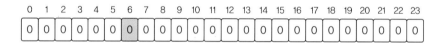

12시까지 2를 유지하다가 13시에 회의실이 하나 더 필요하므로 +1을 합니다.

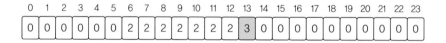

그런 다음 15시에 필요한 회의실 수가 1개 줄었으므로 1을 감소합니다.

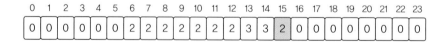

다시 16시까지 2를 유지하다가 17시에 1을 감소합니다.

0	1	2	3	4	5	6	7	8	9	10	11	12	13	14	15	16	17	18	19	20	21	22	23
0	0	0	0	0	0	2	2	2	2	2	2	2	3	3	2	2	1	0	0	0	0	0	0

마지막으로 20시에 1을 감소하면 모든 일정이 마무리됩니다.

0	1	2	3	4	5	6	7	8	9	10	11	12	13	14	15	16	17	18	19	20	21	22	23
0	0	0	0	0	0	2	2	2	2	2	2	2	3	3	2	2	1	1	1	0	0	0	0

하지만 더 간단하게 표현하려면 이 배열을 유지할 필요도 없습니다. 카운트 변수를 하나 두고 값을 변경하기만 하면 됩니다. 이는 코드로 설명하겠습니다.

해결 코드

앞서 설명한 필요한 회의실 개수를 구하는 문제를 코드로 간단하게 구현하면 다음과 같습니다.

필요한 회의실 개수 구하기	파일 Chapter09/19_metting_rooms.py

```
001: cnt = 0
002: mx = 0
003: times = []
004:
005: for start, end in intervals:
006:     times += (start, 1),
007:     times += (end, -1),
008:
009: times.sort(key=lambda p: p[0])
010:
011: for time, inc in times:
012:     cnt += inc
013:     mx = max(mx, cnt)
014:
015: return mx
```

먼저 회의가 시작할 때는 1이 증가, 종료할 때는 1이 감소한다는 정보를 리스트(times)에 저장합니다. 이후 회의 시작·종료 시간이 순차적으로 들어오지 않을 수도 있으므로 시간에 맞춰 오름차순으로 정렬을 수행합니다. 이제 정렬된 시간을 기준으로 필요한 회의실 수를 증감합니다. 이 과정에서 필요한 회의실의 최댓값을 갱신해 이 값을 결과로 반환합니다.

성능 분석

이 문제에서는 회의실을 사용하는 시간(interval) 값이 중복되어 들어올 수 있으므로 정렬 과정이 필요합니다. 이 부분이 $O(NlogN)$의 시간 복잡도를 지니고 있으므로 이 알고리즘의 성능은 $O(NlogN)$이 됩니다.

겹치는 구간 병합하기

난이도 ☆☆ | 키워드 힌트: 스택, 데크 | 파일 Chapter09/20_interval_merge.py | leetcode #56

문제 정의

다음과 같이 시작 값과 종료 값이 있는 여러 구간이 배열 형태로 주어집니다. 이 중 겹치는 구간을 모두 병합하는 것이 이번 문제에서 해결할 과제입니다.

앞서 **문제 19) 필요한 회의실 개수 구하기**처럼 주어진 구간을 그림으로 표현하면 훨씬 간단해집니다. 다음과 같이 입력이 주어졌을 때 겹치는 구간을 병합하면 다음과 같이 2개의 구간이 출력됩니다.

[[2,3],[4,5],[6,7],[8,9],[1,6]]

[[1, 7], [8, 9]]

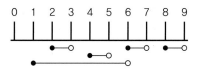

문제 해결

입력된 5개의 구간 중 가장 먼저 출현하는 구간을 현재 구간으로 설정합니다. 입력된 구간에서 가장 먼저 출현하는 구간은 [1, 6]이므로 이를 현재 구간으로 설정합니다. 이어서 두 번째 구간 [2, 3]과 첫 번째 구간이 겹치는지를 확인합니다. 두 번째 구간의 시작과 끝이 모두 첫 번째 구간에 포함되어 있기에 겹치는 것을 알 수 있습니다. 따라서 두 구간을 현재 구간으로 병합합니다. 단, 두 번째 구간이 첫 번째 구간에 완전히 포함되므로 현재 구간 값을 갱신할 필요는 없습니다.

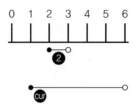

이번에는 세 번째 구간 [4, 5]와 현재 구간을 병합합니다. 역시 현재 구간의 값에는 변화가 없습니다.

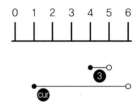

네 번째 구간 [6, 7]은 현재 구간의 끝쪽에 추가됩니다. 따라서 1부터 7까지 현재 구간을 갱신합니다.

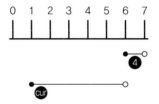

마지막 다섯 번째 구간 [8, 9]는 현재 구간과 겹치지 않습니다. 따라서 현재 구간을 결과 리스트에 포함한 다음 다섯 번째 구간을 현재 구간으로 설정합니다. 이제 더 이상 처리할 구간이 없으므로 현재 구간도 결과 리스트에 포함합니다.

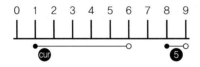

해결 코드

구간 병합을 할 때는 반드시 가장 먼저 출현하는 구간을 현재 구간으로 삼습니다. 따라서 이어서 나오는 구간과 병합이 되는지 안 되는지를 확인하면 간단하게 해결할 수 있습니다.

```
겹치는 구간 병합하기                                    | 파일 Chapter09/20_interval_merge
001: intervals = collections.deque(sorted(intervals))
002: res = []
003: pre = intervals.popleft()
004:
005: while intervals:
006:     cur = intervals.popleft()
007:
008:     if pre[1] >= cur[0] and pre[0] <= cur[1]:
009:         pre[0] = min(pre[0], cur[0])
010:         pre[1] = max(pre[1], cur[1])
011:     else:
012:         res.append(pre)
013:         pre = cur
014:
015: res += pre,
```

먼저 1~3행에서 주어진 intervals를 오름차순으로 정렬합니다. 그리고 가장 앞에 위치한 구간을 pre라는 변수에 저장합니다. 이제 intervals가 존재하는 동안 구간을 하나씩 빼서 cur라는 변수에 저장합니다.

8행에서 구간이 겹치는지를 확인합니다. 이때 구간이 겹친다면 두 구간의 최솟값을, 합칠 구간의 시작 값으로, 최댓값을 합칠 구간의 종료 값으로 갱신합니다. 만약 겹치지 않는다면 지금까지 병합한 구간 pre를 결과 리스트 res에 추가하고 새롭게 병합을 시작할 pre 변수에 현재 cur 구간을 할당합니다. 반복문을 종료한 시점에 pre는 결과 리스트에 포함되어 있지 않기에 이를 포함시킵니다.

성능 분석

이 문제는 전체 리스트를 순회하면서 값을 비교하는 알고리즘이므로 시간 복잡도는 $O(N)$입니다.

난이도 ☆ | 키워드 힌트: 구간의 시작 종료 위치 | 파일 Chapter09/21_valid_attack_time.py | leetcode #495

문제 정의

슈팅 게임에서 공격이 시작된 시간과 공격을 한 시간, 즉 공격을 유지한 시간이 입력으로 주어집니다. 이를 가지고 공격한 총 시간을 알아내는 것이 이 문제의 목표입니다 예를 들어 다음과 같이 0~3초 사이에 2번 공격한 시간을 표현하면 다음과 같습니다.

```
attack_start_times = [0, 3], duration = 2
```

```
4
```

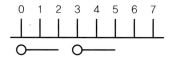

이 입력을 살펴보면 0초와 3초에 총 2번의 공격이 발생했고 각 공격은 2초간 유지됩니다. 즉, 총 4초 동안 공격이 지속되었음을 알 수 있습니다.

문제 해결

이 문제는 공격 시작 시간과 종료 시간을 더하면 쉽게 해결할 수 있습니다. 그러나 입력에서는 공격의 시작 시간(attac_start_times)만 주어지기 때문에 유지 시간(duration)을 사용해서 종료 시점을 생성해야 합니다.

먼저 0초에서 발생한 공격에 대해서 [0, 1], [2, -1]을 저장합니다. 각 리스트의 앞쪽 값은 시작 혹은 종료 시간을 의미하며 뒤쪽 값은 공격 구간이 시작됨을 표시하는 데 사용할 +1 혹은 공격 구간이 종료되었음을 표시하는 데 사용할 -1을 할당합니다.

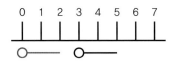

이번에는 두 번째 공격에 대해 [3, 1]과 [5, −1]을 생성합니다. 이제 생성한 공격 정보 리스트에는 [[0, 1], [2, −1], [3, 1], [5, −1]]이 저장되어 있습니다.

💡Tip. 이 예제에는 시간 순서대로 정렬되어 있지만, 그렇지 않은 경우가 발생할 수 있으므로 정렬하는 과정을 거칩니다.

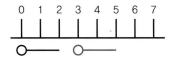

이렇게 공격이 끝나는 위치에서 이전 위치의 차를 뺀 다음 더하면 총 구간을 쉽게 구할 수 있습니다.

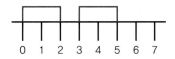

> **NOTE** **정렬을 해야 하는 이유**
>
> 앞서 예시에서 볼 수 있듯 구간이 겹칠 때는 구간의 시작, 종료 처리 순서에 따라 잘못된 값이 도출될 수 있습니다. 직전에 입력 예를 살펴보자면, 첫 번째 구간의 시작과 종료 위치에 대해 먼저 처리할 경우 이 구간은 두 번째 구간과 일부 겹치게 됩니다. 즉, 잘못된 레벨 값으로 처리하게 되기에 위 알고리즘으로는 정확한 총 구간을 파악할 수가 없습니다. 따라서 반드시 모든 공격 구간의 시작 지점과 종료 지점을 기준으로 리스트의 원소를 정렬해야 올바른 값을 구할 수 있습니다.

이 문제는 무척 단순했습니다. 이번에는 좀 더 복잡한 경우를 살펴보겠습니다. 2개의 공격이 각각 0초와 2초에서 시작(attac_start_times)하고 유지 시간(duration)은 4초입니다. 이때 총 공격 시간은 얼마일까요? 먼저 공격 시작 시간과 유지 시간을 그림으로 표현하면 다음과 같이 공격 구간이 겹치는 것을 볼 수 있습니다.

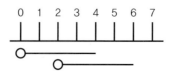

겹치는 부분을 단계(겹치는 구간의 개수)로 표현하면 두 공격이 겹치는 [2, 4] 구간에서는 1단계 (유효한 공격의 개수)가 되고 [0, 2]와 [6, 7]은 2단계입니다.

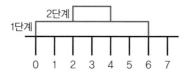

이렇듯 일부 구간이 겹칠 수 있기 때문에 이 문제를 해결할 때는 구간별로 유효한 공격의 개수를 표현하는 단계 개념을 적용해서 총 공격 시간을 파악해야 합니다. 먼저 0의 값을 받았을 때는 이전에 출현한 공격 구간이 없으므로 단계도 0입니다. 0에서 +1을 하면 1단계가 됩니다. 이후 두 번째 공격이 시작되는 2초에서는 1단계가 됩니다. 즉, 앞서 공격이 있었다는 것을 알 수 있으며 앞선 공격의 시작은 0초입니다. 즉, 현재 위치 2초에서 0초까지의 구간 거리 2를 총 공격 시간에 추가합니다.

두 번째 공격이 출현한 시점에는 2단계가 됩니다. 이번에는 4초에서 첫 번째 공격이 종료됩니다. 이 시점에서 레벨은 2이며 0보다 크므로 직전에 유효한 공격이 1 이상 있었음을 알 수 있습니다. 이전에 2초를 처리했으므로 현재 위치 4초에서 2초를 뺀 구간의 길이 2를 총 공격 시간에 추가합니다. 그리고 공격이 하나가 끝났으므로 단계에 −1을 합니다.

두 번째 공격은 6초에서 종료됩니다. 단계를 보니 1이므로 직전에 유효한 공격이 있었음을 알 수 있습니다. 바로 이전에 처리한 시간인 4초부터 현재 시간 6초까지의 기간인 2를 총 공격 시간에 추가합니다. 이제 레벨을 1 감소하면 레벨은 0이 됩니다.

해결 코드

앞서 설명한 알고리즘이 실제로 동작하는 코드를 살펴보겠습니다.

```
총 공격 시간 계산하기                              | 파일 Chapter09/21_valid_attack_time
001: points = []
002: for time in attack_start_times:
003:     points += (time, 1),
004:     points += (time + duration, -1),
005:
006: points.sort(key=lambda p: p[0])
007:
008: pre_point = points[0][0]
009: level = 0
010: duration = 0
011:
012: for point, inc in points:
013:     if level > 0:
014:         duration += point - pre_point
015:
016:     pre_point = point
017:     level += inc
```

먼저 입력으로 전달받은 공격 시작 시간에 1을 증가하는 값을, 공격이 끝나는 시간에는 1을 감소하는 값을 함께 저장합니다. 6행에서는 시간의 증가 순서에 따라 차례대로 처리될 수 있도록 리스트를 시간 기준으로 정렬합니다.

8~10행에서는 첫 번째 공격의 시작 지점(pre_point)과 단계(level) 그리고 유지 시간 (duration)을 초기화합니다. 12행부터는 시간별로 단계가 0보다 클 때 이전 시간과 현재 시간의 차이를 총 구간에 더합니다. 이후 현재 시간을 이전 시간으로 설정한 후 단계를 증감하여 총 공격 시간의 합을 계산할 수 있습니다.

풍선을 모두 터뜨리는 데 필요한 화살 개수

난이도 ☆ | 키워드 힌트: 딕셔너리 | 파일 Chapter09/22_requried_arrows.py | leetcode #452

문제 정의

여기 형형색색의 풍선 5개가 다음 그림과 같이 놓여 있습니다. 이 문제의 목표는 이 풍선을 모두 터뜨리는 데 필요한 최소한의 화살 개수를 구하는 것입니다. 참고로 풍선은 매우 약해서 같은 x축에 놓은 풍선들은 모두 하나의 화살로 터뜨릴 수 있다고 가정합니다.

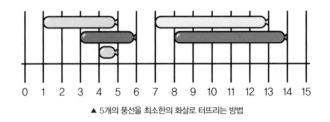

▲ 5개의 풍선을 최소한의 화살로 터뜨리는 방법

이 풍선 5개의 시작점과 마지막 점이 다음과 같이 입력으로 주어졌을 때 이 풍선을 한번에 터뜨리는 데 필요한 화살 수는 2개입니다.

```
[[1, 5], [3, 6], [4, 5], [7, 13], [8, 14]]
```
```
2
```

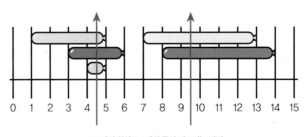

▲ 2개의 화살로 5개의 풍선 터뜨리는 방법

우리는 그림을 보면 직관적으로 2개의 화살만으로 모두 터뜨릴 수 있다는 걸 알지만, 이를 알고리즘으로 어떻게 풀 수 있는지 문제 해결 과정을 자세히 살펴보겠습니다.

문제 해결

먼저 마지막 점이 가장 앞쪽에 있는 풍선을 찾습니다. 그런 다음 마지막 점의 위치보다 앞에 있는 풍선들의 시작점을 살펴보면 3개의 풍선이 겹치는 것을 발견할 수 있습니다. 이 3개의 풍선은 화살 1개로 제거합니다.

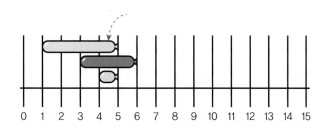

이제 뒤쪽 2개의 풍선에 같은 과정을 반복합니다. 마지막 점이 가장 앞쪽에 있는 풍선을 찾고 그 앞에 있는 풍선의 시작점을 찾으면 2개의 풍선이 겹치는 위치를 발견할 수 있습니다. 이제 이 2개의 풍선도 화살 1개로 터뜨립니다.

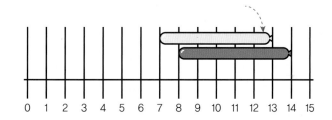

해결 코드

5개의 풍선을 터뜨리는 데 최소 몇 개의 화살이 필요한지 구하는 문제는 다음과 같이 간단한 코드로 구현할 수 있습니다.

풍선을 모두 터뜨리는 데 필요한 화살 수	파일 Chapter09/22_requried_arrows.py

```
001: points = collections.deque(sorted(points, key=lambda p: p[1]))
002: end = points[0][1]
003: cnt = 1
004:
005: while points:
```

```
006:    if points[0][0] <= end:
007:        points.popleft()
008:    else:
009:        end = points[0][1]
010:        cnt += 1
011:
012: return cnt
```

먼저 풍선들의 시작점, 마지막 점의 위치를 담은 points 리스트를 마지막 점의 위치인 [1]을 기준으로 정렬합니다. 이후 가장 앞에 있는(가장 먼저 끝나는) 풍선의 마지막 점을 end 변수에 할당합니다. 그리고 풍선의 개수 cnt를 1로 설정합니다(최소한 하나가 필요). 단, points 는 None이 아니어야 합니다.

그런 다음 points에 값이 있는 동안 가장 앞에 있는 풍선의 시작점과 end를 비교합니다. end가 더 크다면 points에서 제거하고 그렇지 않다면 겹치는 풍선이 없다는 뜻이므로 points 리스트 가장 앞에 있는 값을 end로 재설정하고 필요한 화살 수를 1 증가시킵니다.

| 성능 분석

필요한 화살 개수를 파악하는 데는 O(N)의 시간이 소모되나, 풍선의 위치를 정렬하는 데 O(NlogN)의 시간이 소모되므로 이 알고리즘의 성능은 O(NlogN)이 됩니다.

여기서 성능을 더 높이려면 points 리스트에서 pop 연산을 수행합니다. 그러나 이 연산은 리스트의 모양을 변경하는 연산이기에 상당한 CPU 시간이 소모됩니다. 대신 간단하게 for문으로 해결하면 더 나은 성능의 코드를 구현할 수 있습니다(단, O(NlogN)이라는 시간 복잡도에는 영향이 없습니다.).

최댓값의 부분 배열 찾기

난이도 ☆☆ | 키워드 힌트: 최댓값 | 파일 Chapter09/23_maximum_subarray.py | leetcode #53

문제 정의

이 문제의 목표는 다음과 같이 [-1, 4, 3, -1, 8, -10, 5]가 주어졌을 때 연속적으로 나열되어 있으며 합이 최대가 되는 부분 배열을 찾은 다음 이 값들로 나올 수 있는 최댓값을 반환하는 것입니다.

```
[-1, 4, 3, -1, 8, -10, 5]
```

```
14
```

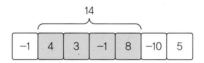

이 문제에서 해결해야 할 가장 중요한 부분은 첫 번째 값이 음수일 때 이 값을 무시하고 누적 합과 현재 값을 비교하면서 최댓값을 찾는 것입니다. 어떤 과정을 거쳐 문제를 해결할지 자세히 살펴보겠습니다.

문제 해결

먼저 순차적으로 값을 비교해야 합니다. 첫 번째 값은 -1입니다. 이를 **누적 합**^{prefix sum}에 더하면 -1이 됩니다. 두 번째 값은 4이며 누적 합에 더하면 3이 됩니다. 3은 두 번째 값 4보다 작기 때문에 첫 번째 값인 음수 대신 두 번째 값 4를 누적 합으로 설정합니다. 즉, 이전의 누적 합에 현재 값을 합한 값과 현재 값을 비교했을 때 현재 값이 크면 기존의 누적 합을 버립니다. 이 과정을 반복하면서 최댓값을 구하는 것입니다.

만약 첫 번째 값이 음수일 때 이를 무시하려면 이전까지의 누적 합을 -INF(무한)으로 설정합니다(0으로 설정해도 됩니다). 이렇게 설정하면 첫 번째 원소를 처리할 때 이전까지의 누적 합을 무시할 수 있습니다. 그런 다음 −INF+−1, 즉 −INF와 −1 중 더 큰 값을 inc에 할당하고 최댓값(mx)을 −1로 갱신합니다.

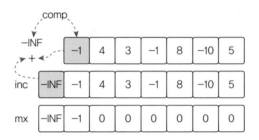

그리고 누적 값 −1+4=3과 현재 값 4를 비교하여 inc와 mx를 모두 4로 갱신합니다. 현재 값이 크므로 두 번째 원소에서도 이전까지의 누적합을 버립니다.

누적 합 4에 세 번째 값 3을 합한 값 7이 세 번째 값 3보다 크기에 inc와 mx 모두 7로 갱신합니다.

누적 합 7과 −1을 합한 값 6이 −1보다 크기에 inc는 6으로 갱신합니다. 그러나 이미 최댓값을 지닌 mx는 갱신하지 않습니다.

	-1	4	3	-1	8	-10	5
inc	-INF	-1	4	7	-1	8	-10	5
mx	-INF	-1	4	7	7	0	0	0

누적 합 6과 8의 합인 14는 8보다 크므로 inc와 mx 모두 14로 갱신합니다.

	-1	4	3	-1	8	-10	5
inc	-INF	-1	4	7	6	14	-10	5
mx	-INF	-1	4	7	7	14	0	0

누적 합 14에 -10을 합한 4는 -10보다 크므로 inc는 4로 갱신하고 mx는 갱신하지 않습니다.

	-1	4	3	-1	8	-10	5
inc	-INF	-1	4	7	6	14	4	5
mx	-INF	-1	4	7	7	14	14	0

누적 합 4와 5를 합한 9는 5보다 크므로 inc를 9로 갱신하고 mx는 갱신하지 않습니다. 이제 mx에 들어 있는 값이 바로 부분 배열 합의 최댓값입니다.

	-1	4	3	-1	8	-10	5
inc	-INF	-1	4	7	6	14	4	9
mx	-INF	-1	4	7	7	14	14	14

| 해결 코드

앞서 설명한 알고리즘이 실제로 동작하는 코드를 살펴보겠습니다.

최댓값의 부분 배열 찾기		파일 Chapter09/23_maximum_subarray.py

```python
001: def get_max_length_of_sub_array(nums: List[int]) -> int:
002:     inc = mx = float('-inf')
003:
004:     for num in nums:
005:         inc = max(num, inc + num)
006:         mx = max(mx, inc)
007:
008:     return mx
```

inc와 mx를 가장 작은 값 float('-inf')로 설정합니다. 4행부터 nums의 각 값에 반복문을
수행해 num이 큰지 inc에 num을 더한 값이 큰지 파악합니다. 그리고 더 큰 값을 inc에 할당한
다음 최댓값 mx를 갱신합니다.

| 성능 분석

이 알고리즘은 입력으로 주어진 nums의 모든 원소를 1회씩 반복하므로 $O(N)$의 시간 복잡도
를 지닙니다.

두 수의 합으로 목표 값 찾기

난이도 ☆ | 키워드 힌트: 너비 우선 탐색 | 파일 Chapter09/24_two_sum.py | leetcode #1

문제 정의

정수로 이루어진 배열과 목표 값이 주어집니다. 이 배열의 원소 중 정확히 2개의 원소를 더해 목표 값을 만들 수 있다면 두 수의 위치를 정렬해서 반환하고, 목표 값을 만들 원소가 없다면 [-1, -1]을 반환하는 것이 이 문제의 목표입니다.

예를 들어 [1, 2, 3, 6]이라는 값이 주어지고 2개의 원소를 더해 만들어야 할 목표 값이 5라면 다음과 같은 결과를 출력해야 합니다.

```
nums=[1, 2, 3, 6], target=5
```
```
[1, 2]
```

이 문제를 해결하는 방법은 여러 가지가 있지만, 가장 간단하게는 이중 반복문을 활용할 수 있습니다.

```
000: for i in range(len(nums)):
001:     for j in range(i + 1, len(nums)):
002:         if target == nums[i] + nums[j]:
003:             return [i, j]
004:
005: return [-1, -1]
```

무척 간단해 보이지만 이 방법은 두 수의 모든 조합을 계산해야 하므로 조합의 시간 복잡도인 nC2를 갖게 됩니다. 이는 결과적으로 O(N^2)의 시간 복잡도를 갖게 됩니다.

그렇다면 문제에 제한을 걸어서 O(N^2)보다는 더 적은 시간을 소모하는 알고리즘을 작성해야 한다면 어떻게 해야 할까요? 이럴 때 사용하기 적합한 알고리즘에는 **투 포인터**와 **검색**이 있습니다. 투 포인터로 해결하는 방법부터 살펴보겠습니다.

| 문제 해결 1 – 투 포인터

먼저 입력으로 주어진 배열의 원소들을 오름차순으로 정렬합니다. 이제 배열 맨 앞의 가장 작은 값과 맨 끝의 가장 큰 값부터 더하기 시작해 목표 값인 5가 나올지 찾습니다. 만약 두 수의 합이 목표 값보다 작거나 크다면 두 수 중 하나를 키우거나 줄여서 맞출 수 있는지 파악해야 합니다.

정렬된 배열 [1, 2, 3, 6]에서 두 수의 합이 5인 두 원소를 찾아야 합니다. 먼저 가장 왼쪽 값 1과 가장 오른쪽 값 6을 더합니다. 1과 6의 합은 7이므로 5보다 큽니다. 두 수의 합이 목표 값 5보다 크기 때문에 오른쪽의 큰 값을 줄이기 위해 오른쪽에서 한 칸 왼쪽으로 이동합니다.

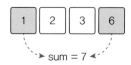

이번엔 왼쪽은 그대로 두고 오른쪽에서 두 번째 값인 3을 더합니다. 1과 3의 합은 4이므로 5보다 작습니다. 두 수의 합이 목표 값 5보다 작기 때문에 이번에는 값을 키우기 위해 왼쪽에서 한 칸 오른쪽으로 이동합니다.

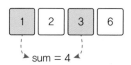

이번에는 2와 3을 더하고 목표 값 5를 구성하는 두 수의 합을 찾습니다.

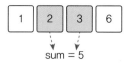

이 방식은 배열의 모든 원소를 한 번씩만 처리하는 알고리즘입니다. 심지어 중간에 목표 값을 찾으면 남아 있는 원소를 처리하지 않고 알고리즘을 종료합니다. 따라서 최대 연산 시간은 모든 원소를 한 번씩 처리하는 $O(N)$이 되고 배열을 정렬하는 과정이 필요하다면 이 과정에서

O(NlogN)의 시간이 소모됩니다. 결과적으로 O(NlogN+N)의 수행 시간이 필요한 알고리즘이므로 시간 복잡도는 O(NlogN)이 됩니다.

문제 해결 2 – 검색

두 번째 해결 방법은 검색을 활용하는 것입니다. 먼저 첫 번째 값인 1과 목표 값 5로 1+x=5라는 연산식을 세워 x가 4임을 찾아냅니다. 배열의 첫 번째 원소를 제외한 나머지 원소들 [2, 3, 6] 중에서 4를 검색합니다. 이 중에는 4가 없으므로 두 번째 값 2로 이동합니다.

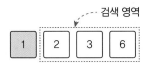

목표 값 5에서 두 번째 값인 2를 빼면 3이므로 남은 원소인 [3, 6]에서 3을 검색합니다. 첫 번째 원소가 3이므로 목표 값 5를 합으로 구성하는 두 원소를 모두 찾았습니다.

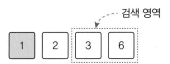

이 방법은 각 원소와 나머지 원소에 검색을 수행하므로 검색에 드는 시간 복잡도는 O(logN)이며 최악의 경우 모든 입력에 검색을 수행하므로 O(NlogN)의 시간이 소모됩니다. 처음 검색을 하기 전에 배열을 정렬하는 데 O(NlogN)의 시간이 소모되므로 최종적으로 이 알고리즘의 시간 복잡도는 O(NlogN)이 됩니다.

해결 코드

앞서 설명한 알고리즘이 실제로 동작하는 코드를 살펴보겠습니다. 먼저 첫 번째 해결 방법인 정렬 알고리즘으로 문제를 해결하는 코드입니다.

```
001: l = 0
002: r = len(nums) - 1
003:
004: nums = [(nums[i], i) for i in range(len(nums))]
005: nums.sort(key=lambda p: p[0])
006:
007: while l < r:
008:     tot = nums[l][0] + nums[r][0]
009:     if target == tot:
010:         return sorted([nums[l][1], nums[r][1]])
011:
012:     if target < tot:
013:         r -= 1
014:     else:
015:         l += 1
016:
017: return sorted([nums[l][1], nums[r][1]])
```

4행에서 입력과 좌표를 하나의 쌍으로 묶어 다시 nums에 저장합니다. 반환할 값은 2개의 원소 값이 아니라 두 원소의 위치이므로 반환 시 좌표 값만 사용합니다. 바로 다음 행에서 입력을 값으로 정렬합니다. 이때 입력된 값의 위치가 바뀌면 쌍으로 묶인 좌표 값은 순차적으로 증가하지 않게 됩니다.

7행에서 두 반복문을 수행하는데 왼쪽 값이 오른쪽보다 작은 동안 반복문을 수행합니다. 8행에서는 왼쪽(l이 가리키는) 값과 오른쪽(r이 가리키는) 값 2개를 더하고, 다음 행에서 두 수의 합이 목표 값과 같은지를 판단합니다. 만약 같다면 이 두 수의 좌표 값을 리스트로 만들고 정렬하여 반환합니다. 만약 두 수의 합이 목표 값보다 크다면 오른쪽의 위치를 하나 감소하고 두 수의 합이 목표 값보다 작다면 왼쪽의 위치를 하나 증가합니다.

다음은 두 번째 방법인 검색을 이용하는 방법을 구현한 코드입니다.

```
001: def search(nums, l, target):
002:     r = len(nums) - 1
003:
004:     while l <= r:
```

```
005:        m = (l + r) // 2
006:        if nums[m][0] == target:
007:            return m
008:
009:        if nums[m][0] > target:
010:            r = m - 1
011:        else:
012:            l = m + 1
013:
014:    return -1
015:
016: snums = [(num, i) for i, num in enumerate(nums)]
017: snums.sort(key=lambda p:p[0], reverse=False)
018:
019: for i, num in enumerate(snums):
020:     m = search(snums, i + 1, target - num[0])
021:     if -1 != m:
022:         return [snums[i][1], snums[m][1]]
023:
024: return [-1, -1]
```

1~14행까지는 이진 검색 코드가 구현되어 있습니다. 이 코드는 배열의 중간 값이 목표 값과 같은지를 확인합니다. 만약 중간 값이 목표 값과 같지 않다면 왼쪽의 시작 위치 혹은 오른쪽의 끝 위치를 조절해 가면서 목표 값을 검색합니다.

Tip. 검색에 대한 자세한 내용은 'Chapter 11 검색'을 참고하세요.

16행에서는 값에 위치를 더해 리스트를 만들고 다음 행에서 이를 크기 기준으로 정렬합니다. 19행에서 원소를 하나씩 반복 처리하고 20행에서 각 원소의 다음 위치부터 모든 값에 **target** 값에서 현재 처리하고자 하는 값 **num[0]**을 뺀 값이 현재 원소 이후의 모든 원소 중에 존재하는지를 검색합니다. 만약 존재한다면 현재 원소의 위치와 찾은 원소의 위치를 리스트로 만들어서 반환합니다.

단조 증가 수열 만들기 I

난이도 ☆☆ | 키워드 힌트: 값들의 관계 | 파일 Chapter09/25_increasing_array.py | leetcode #665

문제 정의

주어진 배열에서 최대 하나의 숫자만 바꿔서 모든 원소를 **단조 증가 수열**, 즉 수열의 모든 원소가 이전 원소보다 크거나 같은 수열을 만들어야 합니다.

예를 들어 [8, 6, 7]이라는 배열이 주어졌을 때 첫 번째 원소인 8보다 두 번째 원소인 6이 더 작습니다. 즉, 두 수는 감소 관계이므로 이를 제거해야 합니다. 이를 제거하고 앞쪽 수를 뒤쪽 수인 6으로 바꿔 [6, 6, 7]을 만들면 단조 증가 수열을 만들 수 있습니다.

그렇다면 이보다 조금 더 고려해야 할 것이 많은 [3, 4, 2, 3]이라는 배열이 주어졌을 때는 어떻게 단조 증가 수열을 만드는지 해결 과정을 통해 하나씩 알아보겠습니다.

만약 단조 증가 수열을 만들 수 있다면 True, 없다면 False를 반환합니다.

```
[3, 4, 2, 3]
```

```
False
```

문제 해결

입력으로 주어진 [3, 4, 2, 3]은 단조 증가 수열이 아니므로 하나 이상의 값을 변경해야 합니다. 왼쪽부터 원소를 하나씩 살펴보면서 순차적으로 증가하도록 값을 변경해보겠습니다. 먼저 첫 번째와 두 번째 원소는 3, 4로 순차 증가 관계이므로 값을 변경하지 않습니다.

두 번째와 세 번째 원소는 감소 관계입니다. 값을 변경하여 감소하지 않도록 만들어야 합니다. 두 번째 값을 세 번째 위치에 할당하면 증가 수열이 됩니다.

세 번째와 네 번째 원소 역시 감소 관계입니다. 이번에도 세 번째의 값을 네 번째 위치에 할당하면 비감소 수열이 됩니다. 그러나 값을 변경할 수 있는 횟수는 1회뿐이므로 여기에서 위치를 변경하면 전체 배열을 비감소 수열로 변경할 수 없습니다.

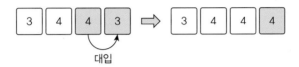

또 다른 예로 [−1, 4, 2, 3]을 살펴보겠습니다. 이 배열 역시 첫 번째와 두 번째 값은 증가 관계입니다. 그러나 두 번째와 세 번째 값의 관계는 감소 관계입니다. 이때 세 번째 값을 두 번째에 할당하면 증가 관계로 만들 수 있습니다. 하지만 값 변경 1회로 비감소 관계를 만들 수는 없습니다. 그렇다면 세 번째 값을 앞에 할당하지 않고 반대로 하면 어떻게 될까요?

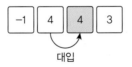

이번엔 2를 앞쪽에 할당했습니다. 그러자 1회의 값 변경으로 배열의 모든 값이 비감소 관계를 갖게 됩니다. 이 문제의 가장 큰 함정이 바로 값 변경은 1회만 허용한다는 점입니다.

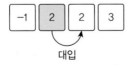

그렇다면 앞서 배열에서 −1을 빼고 [4, 2, 3]이 주어지면 어떻게 해야 할까요? 4와 2에 대해서도 뒤쪽의 값을 앞에 할당하여 [2, 2, 3]을 만들면 1회의 값 변경을 통한 비감소 수열을 만들 수 없습니다.

이처럼 첫 번째 두 번째 원소를 비교할 때는 첫 번째 원소 앞쪽은 고려할 필요가 없으므로 다음과 같이 두 번째 값을 첫 번째 위치에 할당합니다.

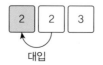

대입

지금까지 살펴본 모든 예제에 대응하려면 다음의 3가지 조건을 수행하면 됩니다.

- 첫 번째와 두 번째 원소 중 첫 번째 원소가 큰 경우
  - 첫 번째 위치에 두 번째 원소 할당
- 비교 중인 두 원소의 하나 앞에 원소가 비교 중인 두 번째 원소보다 작거나 같은 경우
  - 비교 중인 두 원소 중 앞쪽 값을 뒤쪽으로 할당(ex. 1, 5, 2 → 1, 2, 2)
- 비교 중인 두 원소 중 앞의 값이 큰 경우
  - 앞쪽 원소의 값을 뒤쪽 원소의 위치에 할당

해결 코드

앞서 설명한 3가지 경우를 모두 처리하는 구현 코드를 살펴보겠습니다.

| 단조 증가 수열 만들기 | 파일 Chapter09/25_increasing_array.py |

```
001: allowed = True
002:
003: for i in range(1, len(nums)):
004:     if nums[i - 1] > nums[i]:
005:         if not allowed:
006:             return False
007:
008:         allowed = False
009:         if i == 1:
010:             nums[i - 1] = nums[i]
011:         elif i > 1 and nums[i - 2] <= nums[i]:
012:             nums[i - 1] = nums[i]
013:         else:
014:             nums[i] = nums[i - 1]
015:
016: return True
```

현재 비교 중인 두 값이 감소 관계일 때 첫 번째, 두 번째 원소를 비교한다면 뒤쪽 값을 앞쪽에 할당합니다. 비교 중인 두 원소보다 앞의 값이 비교 중인 두 원소 중 두 번째 값보다 작거나 같다면 앞쪽에 뒤쪽 값을 할당합니다. 마지막으로 비교 중인 두 원소 중 앞쪽 값이 크다면 앞쪽 값을 뒤에 할당합니다.

유일한 단어 찾기

난이도 ☆☆ | 키워드 힌트: 빈도 테이블 | 파일 Chapter09/26_find_uncommon_words.py | leetcode #884

| 문제 정의

2개의 문자열이 주어집니다. 이 문자열에 출현하는 단어의 빈도를 구하고 정확히 1번만 출현하는 단어들만 모아 리스트로 반환하는 것이 이 문제의 목표입니다. 즉, 빈도를 계산하는 문제입니다. 파이썬에서는 빈도를 어떻게 다루는지 살펴보겠습니다.

```
sentence1 = "I have an expensive doll"
sentence2 = "I have an adorable doll"
```

```
["expensive", "adorable"]
```

| 문제 해결

파이썬에서 빈도를 구하려면 먼저 딕셔너리로 사용할 변수를 선언해야 합니다. 이후 두 문장을 단어 단위로 **분리**^{tokenize}합니다. 첫 번째 문장은 다음과 같이 분리됩니다.

> 💡Tip. 다른 언어에서는 딕셔너리를 맵(map) 또는 해시(hash)를 가리킵니다.

이제 각 단어의 출현 빈도를 계산합니다. 각 단어가 정확히 1번씩 출현했음을 알 수 있습니다.

단어	빈도
I	1
have	1
an	1
expensive	1
doll	1

같은 방식으로 두 번째 문장에서도 단어의 출현 빈도를 계산한 앞서 첫 번째 문장에서 만든 출현 빈도 테이블(딕셔너리)을 갱신합니다. 그러면 1회만 출현한 단어는 2개인 것을 확인할 수 있습니다.

단어	빈도
I	2
have	2
an	2
expensive	1
doll	2
adorable	1

해결 코드

두 문장에서 유일하게 출현한 단어를 찾는 알고리즘을 구현한 코드를 살펴보겠습니다.

유일한 단어 찾기 | 파일 Chapter09/26_find_uncommon_words.py

```
001: def update_frequency(sentence, freq):
002:     for word in sentence.split():
003:         if word not in freq:
004:             freq[word] = 0
005:
006:         freq[word] += 1
007:
008: freq = {}
009: update_frequency(sentence1, freq)
010: update_frequency(sentence2, freq)
011:
012: res = []
013: for item, num in freq.items():
014:     if 1 == num:
015:         res.append(item)
016:
017: return res
```

먼저 단어들의 출현 빈도를 갱신하는 부분을 구현하고 이후 8행에서 빈도를 저장할 딕셔너리 변수를 선언합니다. 9행에서는 첫 번째 문장, 10행에서는 두 번째 문장으로 단어의 빈도를 구하고 갱신합니다. 이후 13행에서 앞서 구한 출현 빈도 수로 작성한 빈도 테이블(딕셔너리를 테이블이라 표현하기도 합니다)을 가지고 정확히 1회 출현한 단어들만 결과 변수 res에 추가합니다. 마지막으로 17행에서 결과 리스트를 반환합니다.

> **NOTE** **collections와 Counter로 빈도 수를 구하는 방법**
>
> 이 코드는 파이썬에서 제공하는 기본 문법만 사용해 구현했습니다. 또 다른 방법으로 구현하고 싶다면 collections의 Counter를 사용하면 아주 간단히 빈도를 계산할 수가 있습니다.
>
> ```
> 001: freq = collections.Counter(s1.split()) + collections.Counter(s2.split())
> 002: return [item for item, num in freq.items() if num == 1]
> ```
>
> 이 코드는 앞서 빈도를 구하는 코드와 정확히 같은 동작을 수행합니다. 빈도는 collections의 Counter 클래스를 사용하면 정확히 한 줄로 구현이 가능합니다. 심지어 Counter 클래스 인스턴스끼리는 더하기 연산이 가능합니다. 이렇게 간단히 빈도 테이블 freq를 얻어 1회 출현한 단어만 추출하여 리스트로 만들어 반환합니다.

난이도 ☆☆ | **키워드 힌트: 투 포인터** | **파일 Chapter09/27_remove_duplicates_from_array.py** | **leetcode #80**

문제 정의

주어진 배열에서 연속으로 중복되는 값을 최대 2개만 허용하고 그 이상 중복되는 값은 배열에서 제거하고자 합니다. 제거 후 배열에 남은 원소의 수를 반환하는 것이 이 문제의 목표입니다.

예시로 다음과 같이 1과 2가 연속으로 3개가 중복된 배열이 주어졌을 때 네 번째 원소인 1과 일곱 번째 원소인 2를 제거해서 중복되는 값이 최대 2개가 되도록 해야 합니다. 이렇게 2개의 값을 제거하고 남은 배열의 원소 수인 6을 반환해야 합니다.

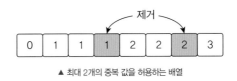

▲ 최대 2개의 중복 값을 허용하는 배열

```
[0, 1, 1, 1, 2, 2, 2, 3]
```

```
6
```

문제 해결

먼저 배열의 위치 정보를 담고 있는 left와 right 포인터를 정의합니다. 이 배열에서 left는 첫 번째 원소, right는 두 번째 원소를 가리키게 합니다. 이렇게 포인터를 이동시키면서 중복 값이 2개보다 많은지를 확인합니다. 먼저 첫 번째와 두 번째 값을 확인합니다.

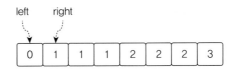

left의 값 0과 right의 값 1은 같지 않으므로 먼저 left를 오른쪽으로 1칸 옮깁니다. 옮긴 left의 위치에 right가 가지고 있는 값을 할당한 다음 right를 오른쪽으로 1칸 이동합니다.

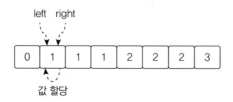

이번에는 left와 right의 값이 동일합니다. 연속 중복은 최대 2개가 가능하기 때문에 이번에도 left를 먼저 오른쪽으로 1칸 옮기고 left에 right의 값을 할당합니다. 즉, 세 번째 원소의 값이 1에서 1로 할당됩니다. 이제 right도 오른쪽으로 1칸 이동합니다단, 현재 가리키는 값에 중복이 있음을 표시하기 위해 dup(중복)에 1을 추가합니다.

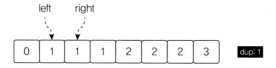

다음 위치로 이동하니 이번에도 left와 right의 값이 같습니다. 연속 중복은 최대 2개이므로 이번에는 right만 오른쪽으로 1칸 이동합니다.

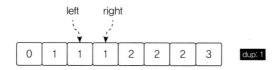

이번에는 left와 right의 값이 다릅니다. 값이 다를 때도 left를 먼저 오른쪽으로 이동하고 right의 값을 left에 할당합니다. 이후 중복이 없음을 표시하기 위해서 dup의 값을 0으로 초기화합니다. 이제 right도 오른쪽으로 1칸 이동합니다.

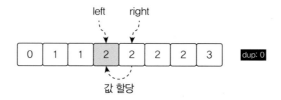

left와 right의 값이 모두 2이므로 left를 오른쪽으로 1칸 옮기고 right의 값을 left에 할당합니다. 이후 dup을 1 증가시키고 right도 오른쪽으로 1칸 이동합니다.

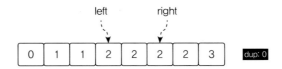

이번에도 두 위치의 값은 동일합니다. 그런데 dup의 값이 이미 1이므로 right만 오른쪽으로 1칸 이동합니다.

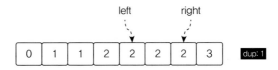

이번에는 두 위치의 값이 다르므로 left를 오른쪽으로 1칸 이동한 뒤 right의 값을 left에 할당합니다.

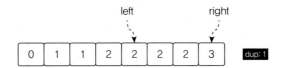

dup을 0으로 초기화하고 right를 1칸 오른쪽으로 이동합니다. 이제 right 오른쪽은 배열을 벗어나므로 left의 최종 위치에 1을 더한 값을 반환합니다.

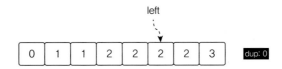

│ 해결 코드

앞서 설명한 알고리즘이 실제로 동작하는 코드를 살펴보겠습니다.

```
001: def remove_continuous_duplicates(nums: List[int]) -> int:
002:     if not nums:
003:         return 0
004:
005:     l = 0
006:     r = 1
007:     dup = 0
008:
009:     while r < len(nums):
010:         if nums[l] != nums[r]:
011:             l += 1
012:             nums[l] = nums[r]
013:             dup = 0
014:         elif dup == 0:
015:             l += 1
016:             nums[l] = nums[r]
017:             dup += 1
018:
019:         r += 1
020:
021:     return l + 1
```

먼저 2행에서 배열에 유효한 원소가 없는 경우 0을 반환하고 유효한 원소가 있다면 left를 기록할 변수 l과 right를 기록할 변수 r을 모두 0으로 초기화합니다. 반복문에서는 left와 right를 비교해 값이 다르다면 왼쪽의 위치를 1만큼 증가시키고 right의 값을 left에 할당합니다. 이 둘은 같은 값이 아니었기 때문에 연속으로 같은 값이 발생한 중복 수, dup을 0으로 초기화합니다.

만약 left의 값과 right의 값이 같고 dup이 0이라면 아직 연속해서 중복이 발생한 적이 없다는 뜻이므로 left를 1만큼 증가한 후 left에 right의 값을 할당합니다. 이후 연속으로 같은 값이 발생한 횟수를 기록하는 dup 변수의 값을 1만큼 증가합니다. 조건문을 모두 처리하면 right 위치 r을 1만큼 증가합니다.

성능 분석

이 알고리즘은 입력으로 주어진 배열의 각 원소를 순차적으로 1번 비교하므로 시간 복잡도는 $O(N)$이 됩니다.

레이블에서 가장 큰 값 찾기

난이도 ☆☆ | 키워드 힌트: 그리디 | 파일 Chapter09/28_largest_value_per_label.py | leetcode #1090

문제 정의

제품의 레이블과 값이 각각 리스트로 주어집니다. 단, 레이블에 대한 값은 고정이 아닙니다. 예를 들어 값이 5인 레이블 1의 제품과 값이 3인 레이블 1의 제품 2개가 함께 주어질 수도 있고 같은 레이블의 제품이 여러 번 반복 제공될 수 있습니다. 즉, 이 문제의 목표는 같은 레이블의 제품에서 최댓값을 얻을 수 있도록 제품을 선택하는 것입니다. 이때 레이블별 제품은 최대 label_limit개를 선택하며 동시에 선택한 모든 제품의 수는 total_limit을 초과하면 안 됩니다.

다음과 같이 리스트가 주어졌을 때 레이블 5에 값이 8인 제품과 레이블 4에 값이 7인 제품 2개를 선택하면 최댓값인 15를 얻을 수 있습니다.

```
cost = [6, 3, 6, 7, 8], label = [5, 2, 2, 4, 5], total_limit = 2, label_limit = 1
15
```

문제 해결

이 문제는 **그리디 알고리즘**으로 풀 수 있는 전형적인 문제입니다. 주어진 조건에서 가장 좋은 선택을 하기 위해 반복해서 문제를 푸는 방법으로, 여러 단계를 고려하는 방식은 아닙니다.

이 문제에서 레이블과 값은 별도의 리스트로 주어지므로 우선 이들을 하나의 자료구조로 통합해보겠습니다. 키는 레이블로 정하고, 값은 입력으로 주어진 값의 리스트를 갖는 딕셔너리를 정의합니다. 그리고 값의 리스트인 costs와 레이블들이 주어진 labels 두 리스트의 값을 정의한 딕셔너리로 합칩니다.

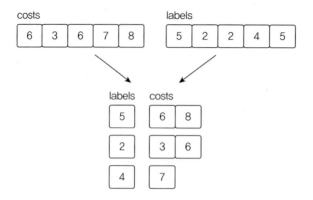

이후 레이블(키)을 내림차순으로 정렬하면 각 리스트에서 가장 큰 값이 앞에 위치하게 됩니다.

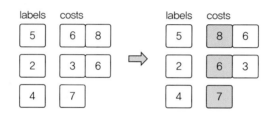

각 레이블에서 선택할 수 있는 원소가 1개씩이라면 가장 큰 값인 [8, 6, 7]을 꼽을 수 있습니다. 여기서 가장 큰 값 2개의 합을 반환해야 하므로 내림차순으로 정렬해 [8, 7, 6]을 만들고 앞에서 2개, 즉 가장 큰 값 2개인 8과 7을 더한 값을 반환합니다.

| 8 | 7 | 6 |

❙ 해결 코드

앞서 설명한 알고리즘이 실제로 동작하는 코드를 살펴보겠습니다.

| 레이블에서 가장 큰 값 찾기 | 파일 Chapter09/28_largest_value_per_label.py |

```
001: def take_largest_values_per_label(values: List[int], labels: List[int], total_
limit, label_limit) -> int:
003:     costs = collections.defaultdict(list)
004:
```

```
005:     for label, value in zip(labels, values):
006:         heapq.heappush(costs[label], -1*value)
007:
008:     high_costs = []
009:     for label in set(labels):
010:         for i in range(label_limit):
011:             if not costs[label]:
012:                 break
013:             high_costs += -1 * heapq.heappop(costs[label]),
014:
015:     return sum(sorted(high_costs, reverse=True)[:total_limit])
```

먼저 costs라는 딕셔너리 변수를 선언하여 레이블별 값을 저장합니다. 이후 labels과 values의 각 원소들에 레이블별로 유지되는 리스트에 값을 추가합니다. 이때 리스트는 힙큐로, 값을 넣거나 뺄 때 정렬되도록 합니다. 그러나 힙큐는 작은 값부터 $O(1)$의 속도로 빼오는 자료구조입니다. 그런데 우리는 큰 값을 먼저 빼오고 싶으므로 값을 힙큐에 추가할 때 −1을 곱해 대소 관계가 역전되도록 합니다.

costs에 레이블별로 선택 가능한(label_limit) 개수의 제품들을 선택합니다. 이때 힙큐의 pop을 사용하면 가장 작은 값이 나오므로 −1을 곱하여 원래 값으로 복원합니다. 이제 pop한 값들은 모두 가장 값이 큰 제품이고, 이 중에서 total_limit개의 합을 반환합니다.

거스름돈 계산하기

난이도 ☆ | 키워드 힌트: 그리디 | 파일 Chapter09/29_change.py | leetcode #860

문제 정의

한 가게에서 주스를 한 잔에 50원에 팔고 있습니다. 가게를 찾은 손님들은 50원, 100원 200원 단위로 주스 값을 지불할 수 있고 1명당 1잔만 구입한다고 가정합니다. 잔돈 없이 손님을 받기 시작했을 때 방문하는 모든 손님에게 문제없이 거스름돈을 지불할 수 있으면 True, 없으면 False를 반환해야 합니다.

입력으로는 5명의 손님이 주스를 받고 지불한 단위가 주어집니다.

```
[50, 50, 50, 100, 200]
```

```
True
```

3명의 손님에게 50원짜리 잔돈 3개를 받고 네 번째 손님에게는 이 중 하나를 잔돈으로 거슬러 줍니다. 그러면 50원짜리 2개와 100원짜리 1개를 잔돈으로 사용할 수 있습니다. 마지막 손님이 지불한 200원에서 150원을 거슬러 주기엔 잔돈이 충분하므로 결과로 True를 반환합니다.

이 문제도 **문제 28) 레이블에서 가장 큰 값 찾기**와 마찬가지로 전형적인 **그리디 알고리즘**에 관한 문제입니다.

문제 해결

다음과 같이 대기열에 5명의 손님이 있고 각 손님이 지불할 금액을 표시했습니다. 1인당 주스는 1잔만 구매할 수 있고 가격은 50원입니다. 손님이 주스를 구입하는 순서는 왼쪽부터입니다. 보유 중인 잔돈은 오른쪽과 같이 테이블로 표현했습니다. 아직 손님을 받지 않았으므로 잔돈은 모두 0개입니다.

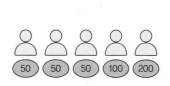

돈 단위	개수
50	0
100	0
200	0

다행히 가장 먼저 방문하는 손님은 50원을 지불하고 주스를 구입합니다. 두 번째, 세 번째 손님도 50원을 지불하고 주스를 구입해 세 번째 손님까지 거스름돈을 주지 않아도 됩니다. 이제 가게에는 50원이 3개 있습니다.

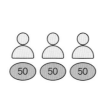

돈 단위	개수
50	3
100	0
200	0

네 번째 손님은 주스 값으로 100원을 지불합니다. 거스름돈 50원을 주고 가게에 남은 돈은 50원 2개, 100원 1개가 됩니다.

돈 단위	개수
50	2
100	1
200	0

마지막 손님은 주스 값으로 200원을 지불합니다. 100원 1개와 50원 1개를 잔돈으로 거슬러 줍니다. 가게에는 50원 1개와 200원 1개가 남고 모든 손님에게 잔돈을 거슬러 줄 수 있었습니다.

돈 단위	개수
50	1
100	0
200	1

| 해결 코드

5명의 손님에게 잔돈을 거슬러 주는 과정을 다음과 같이 구현할 수 있습니다.

거스름돈 계산하기	파일 Chapter09/29_change.py

```
001: def return_change(bills: List[int]) -> bool:
002:     change = collections.defaultdict(int)
003:
004:     for bill in bills:
005:         left = bill - 50
006:
007:         if left:
008:             for unit in [200, 100, 50]:
009:                 while change[unit] and left >= unit:
010:                     left -= unit
011:                     change[unit] -= 1
012:
013:         if left:
014:             return False
015:
016:         change[bill] += 1
017:
018:     return True
```

먼저 잔돈을 저장할 딕셔너리 변수를 하나 선언합니다. 이후 5명의 손님이 주스 값으로 지불하는 금액을 차례대로 입력받습니다. 주스 값은 50원이며 손님이 지불하는 금액은 50원, 100원, 200원 중 하나만 가능합니다.

받은 금액에서 50원을 빼고 거슬러 줘야 하는 나머지(left)가 있는지 확인합니다. 만약 나머지가 0이 아니라면 200원, 100원, 50원 순서로 잔돈이 있는지 확인하고 잔돈이 있다면 손님에게 거슬러 줍니다. 만약 잔돈이 부족하다면 False를 반환하면서 함수를 종료합니다.

반대로 잔돈을 줄 수 있다면 손님에게 받은 금액을 잔돈 딕셔너리에 추가합니다. 이후 금액이 남아 있다면 반복문을 반복하고 그렇지 않다면 True를 반환하며 함수를 종료합니다.

단조 증가 수열 만들기 II

난이도 ☆☆ | 키워드 힌트: 값의 관계 | 파일 Chapter09/30_monotone_increasing_digits.py | leetcode #738

문제 정의

양의 정수가 주어집니다. 예를 들어 573이라는 숫자가 주어지면 5는 7보다 작으므로 두 수의 관계는 증가 관계지만, 7은 3보다 크므로 감소 관계입니다. 이 경우 569와 같이 모두 증가하는 수로 구성되도록 숫자를 바꿔 전체 숫자를 증가 관계로 만드는 것이 이번 문제의 목표입니다.

```
n = 573
```

```
569
```

문제 해결

이 문제는 무척 간단하게 해결할 수 있습니다. 현재 위치의 숫자와 바로 뒤에 숫자를 비교하여 값이 감소 관계, 즉 현재 위치의 숫자가 더 크면 1만큼 감소하고 뒤의 수를 9로 만들면 됩니다. 이 알고리즘을 정리해보면 다음과 같습니다.

의사코드

1. 이전의 숫자들을 현재 숫자가 아닌 임의의 값으로 할당

2. 무한 반복문

    A. 첫 번째 숫자부터 마지막 직전의 숫자까지 차례대로 방문

        ⅰ. 현재 숫자가 다음 숫자보다 크다면 현재 숫자에서 1만큼 감소,
           다음 숫자 이후의 모든 숫자를 9로 설정

    B. 이전의 숫자들과 현재의 숫자들이 같다면 변한 것이 없으므로 반복문 탈출

    C. 현재의 숫자들을 이전의 숫자로 할당

이 알고리즘에서는 이전의 숫자들을 저장하고 무한 반복을 수행합니다. 이후 각 값을 모두 처리하고 이전 숫자와 현재 숫자에 변경이 없으면 반복문을 탈출합니다.

만약 입력된 값이 [5, 7, 3]이라면 두 번째와 세 번째 원소를 변경해 [5, 6, 9]를 만들면 원소를 1번 순회하고 처리하는 것으로 단조 증가 수열을 만들 수 있습니다.

그러나 입력된 숫자가 [8, 8, 3]일 때는 두 번째와 세 번째의 원소를 바꾸면 첫 번째 원소와 두 번째 원소가 감소 관계로 바뀝니다.

이런 경우 첫 번째 원소와 두 번째 원소를 다시 처리해야 하므로 무한 반복문과 이전 숫자들과 현재 숫자에 변경이 있는지 확인하는 과정이 필요합니다.

▌해결 코드

단조 증가 수열을 만드는 알고리즘을 코드로 구현하면 다음과 같습니다.

| 단조 증가 수열 만들기 II | 파일 Chapter09/30_monotone_increasing_digits.py |

```python
001: def make_increasing_sequence(n: int) -> int:
002:     nums = list(map(int, str(n)))
003:     prev = []
004:
005:     while True:
006:         for i in range(len(nums) - 1):
007:             if nums[i] > nums[i + 1]:
008:                 nums[i] -= 1
009:                 nums[i + 1:] = [9]*(len(nums) - (i + 1))
010:
011:         if prev == nums:
012:             break
013:
014:         prev = nums[:]
015:
016:     return int(''.join([str(num) for num in nums]))
```

먼저 계산이 편하도록 입력된 정수들을 리스트로 저장하고 prev 변수에 빈 리스트를 할당합니다(None으로 할당해도 됩니다). 이후 5행에서 반복문을 시작합니다. 6행에서 nums의 첫 번째 숫자부터 마지막 직전 숫자까지 반복문을 수행합니다.

현재 위치의 숫자가 뒤쪽 숫자보다 크다면 값을 변경하여 증가 형태로 만들어야 합니다. 이때 8행에서 앞쪽 숫자를 1만큼 줄입니다. 만약 앞쪽 숫자가 0이라면 뒤쪽 숫자는 0보다 클 것이므로 감소 관계가 아니기 때문에 조건문을 만족할 수 없습니다. 따라서 8행에서 −1을 해도 문제되지 않습니다.

다음 9행에서 nums의 현재 이후의 위치에 저장한 값을 모두 9로 변경합니다. 이제 nums의 마지막 원소를 제외하고 모든 원소를 처리했으므로 이전 값에 변경된 부분이 없다면 5행의 반복문을 탈출합니다.

▌ 성능 분석

이 알고리즘은 이상적인 경우 각 원소에 대해 1회 반복만 수행합니다. 그러나 최악의 경우 각 원소를 원소의 개수만큼 반복할 수 있으므로 이 알고리즘의 시간 복잡도는 $O(N^2)$가 됩니다.

난이도 ☆☆ | 키워드 힌트: 항목 간 값 비교 | 파일 Chapter09/31_detect_invalid_transaction.py | leetcode #1169

문제 정의

이 문제에는 다음과 같이 은행 출금 거래 기록들이 주어집니다. 하나의 거래 기록에는 사용자 이름, 시간, 총 금액, 거래가 진행된 도시에 대한 정보가 포함되어 있습니다.

▲ 거래 기록에 주어지는 정보들

이 중 이상 거래를 검출하고자 합니다. 이상 거래로 판단할 수 있는 조건은 다음과 같습니다.

이상 거래 판단 기준

- 같은 이름의 사용자가 다른 도시에서 60분 이내에 거래했을 때
- 거래의 총 금액이 1000만 원을 넘을 때

즉, 주어진 입력에서 이상 거래 기록을 출력하는 것이 이 문제의 목표입니다.

```
["Jay,10,900,Seoul", "Rick,30,700,Tokyo", "Jay,40,500,Beijing", "Rick,55,1100,Tokyo"]
```

```
['Jay,10,900,Seoul', 'Jay,40,500,Beijing', 'Rick,55,1100,Tokyo']
```

문제 해결

먼저 거래 내역들은 다음과 같이 시간 순서로 사용자 이름, 거래 금액, 도시 정보로 구성되어 있습니다. 이상 거래를 검출하는 규칙에 따르면 1번 거래와 3번 거래가 같은 사용자임에도 서

로 다른 지역에서 60분 내에 거래되었으므로 이상 거래로 검출해야 합니다. 마지막 거래도 1000만 원을 넘기에 이상 거래로 검출되어야 합니다.

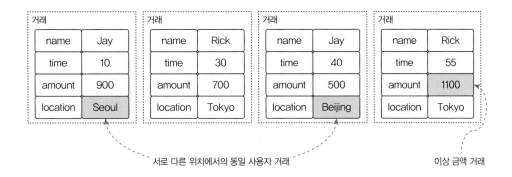

규칙에 의하면 같은 사용자가 다른 도시에서 진행한 거래를 탐지해야 하므로 사용자별로 거래를 모으면 좋을 것 같습니다. 다음과 같이 사용자와 거래 시간을 기준으로 정렬해보겠습니다. 정렬 순서에 따라 가장 앞에 위치한 Jay라는 고객부터 이상 거래가 있는지 확인해보면 60분 이내에 다른 도시에서 거래가 발생했으므로 이상 거래로 검출합니다.

거래			거래			거래			거래	
name	Jay		name	Jay		name	Rick		name	Rick
time	10		time	40		time	30		time	55
amount	900		amount	500		amount	700		amount	1100
location	Seoul		location	Beijing		location	Tokyo		location	Tokyo

Rick이라는 고객의 거래 중 네 번째 거래는 1000만 원을 넘으므로 이 역시 이상 거래로 검출합니다. 이처럼 이번 문제는 사용자를 기준으로 정렬하면 문제를 쉽게 해결할 수 있습니다.

거래			거래			거래			거래	
name	Jay		name	Jay		name	Rick		name	Rick
time	10		time	40		time	30		time	55
amount	900		amount	500		amount	700		amount	1100
location	Seoul		location	Beijing		location	Tokyo		location	Tokyo

그렇다면 사용자와 거래 시간을 기준으로 검색하는 과정을 좀 더 자세히 살펴보겠습니다. 다음과 같이 정렬되어 있지 않은 거래들이 있을 때 우선 이름으로 모든 거래를 정렬합니다. 즉, 정렬을 수행하는 대상은 '모든 거래'며 정렬 기준은 '사용자 이름'이 됩니다.

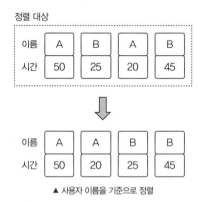

▲ 사용자 이름을 기준으로 정렬

하지만 시간을 기준으로 다시 정렬하면 이번에는 이름으로 정렬되지 않는 문제가 발생합니다. 따라서 이름을 기준으로 먼저 정렬하고, 시간을 기준으로 부분 정렬을 해야 원하는 결과를 얻을 수 있습니다. 이렇게 정렬된 거래 내역들을 가지고 이상 거래인지 여부를 검출해야 합니다.

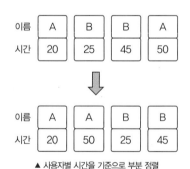

▲ 사용자별 시간을 기준으로 부분 정렬

해결 코드

규칙에 따라 이상 거래를 감지하는 알고리즘이 동작하는 코드를 살펴보겠습니다.

이상 거래 감지	파일 Chapter09/31_detect_invalid_transaction.py

```python
001: trs = [tr.split(',') for tr in transactions]
002: trs.sort(key=lambda p: (p[0], int(p[1])))
003: res = []
004: suspicious = set()
005:
006: for l, tr in enumerate(trs):
007:     fraud = False
008:     r = l + 1
009:
010:     while r < len(trs) and tr[0] == trs[r][0] and int(tr[1]) + 60 >= int(trs[r][1]):
011:         if tr[3] != trs[r][3]:
012:             fraud = True
013:         r += 1
014:
015:     if fraud:
016:         i = l
017:         while i < r:
018:             suspicious.add(i)
019:             i += 1
020:
021:     if int(tr[2]) > 1000 and l not in suspicious:
022:         suspicious.add(l)
023:
024: for i in sorted(suspicious):
025:     res += ','.join(trs[i]),
026:
027: return res
```

1행의 **transactions**에는 여러 거래가 문자열 형태로 포함되어 있습니다. 입력받은 각 거래의 상세 내역이 하나의 문자열로 구성되어 있으므로 이를 분리하기 위해 split하여 trs라는 리스트에 저장합니다.

이후 거래들을 처리하기 용이하도록 정렬을 수행하는데 정렬의 기준은 사용자 이름과 같은 사용자의 거래 시간입니다. 파이썬에서는 이를 매우 간단하게 수행할 수 있습니다. 2행에서 정렬에 사용하기 위한 익명 함수를 lambda 함수로 전달하고 있습니다. lambda 함수는 인수를 첫 번째 원소와 두 번째 원소를 정렬할 수 있도록 비교할 두 값을 쌍으로 묶어서 반환합니다. 이렇게 파이썬에서는 2가지 이상의 비교 조건을 쌍으로 묶어서 반환하는 익명 함수를 sort 함수에 지정하면 2가지 조건으로 검색을 할 수 있습니다. 3~4행에서는 결과를 저장할 리스트 res와 이상 거래들의 항목 번호를 담을 suspicious라는 set을 선언합니다.

💡 **Tip.** set으로 선언한 이유는 거래를 여러 번 반복해서 검사하던 중 이상 거래를 중복으로 기입하는 것을 막기 위한 목적입니다.

이후 정렬한 거래들을 순차적으로 처리합니다. 가장 먼저 거래에 이상이 없다는 표시로 fraud에 False를 할당합니다. 그리고 현재 거래(1번째 위치의 거래)를 기준으로 이후 거래들을 조사하기 위한 위치 r을 l+1의 값을 할당하여 선언합니다.

10~13행에서는 현재 거래와 이후의 거래(r 위치의 거래)에서 사용자 이름이 같고 거래 시간이 60분 이내인 거래 중 도시(3번 항목)가 다른 경우가 있는지를 확인합니다. 만약 다른 도시에서 수행된 거래가 존재한다면 이상 거래가 발생했음을 표시하기 위해 fraud에 True를 할당합니다. 이상 거래가 발견되면 검사에 사용한 모든 거래를 이상 거래 리스트에 추가합니다. 또, 거래 금액이 1000만 원을 넘을 때도 이상 거래로 검출합니다.

여기까지 수행한 후 다시 6행의 반복문으로 되돌아갑니다. 그런데 l값, 즉 현재 처리하는 거래의 항목은 1만큼 증가한 바로 다음의 거래를 처리합니다. 직전 거래와 이후 거래들이 모두 이상 거래로 검출되었을 경우 이 모든 거래를 건너뛰지 않습니다.

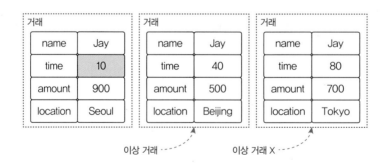

같은 사용자가 거래한 내역 중 '첫 번째 거래 시간'을 기준으로 잡았을 때는 두 번째 거래 하나만 이상 거래로 검출됩니다. 그러나 세 번째 거래도 이상 거래이므로 이를 검출하려면 두 번째 거래를 기준으로 다시 검사해야 합니다. 그래서 l은 1만큼씩만 증가해야 합니다. 이제 이상 거래로 검출된 모든 거래를 결과 리스트인 res에 추가하고 이를 반환합니다.

| 성능 분석

이 알고리즘은 모든 거래를 반복해서 탐색하므로 $O(N^2)$의 시간 복잡도를 가집니다.

CHAPTER 10

정렬

대부분 정렬 문제의 목적은 주어진 값을 오름차순 혹은 내림차순으로 배치하는 것입니다. 단순히 주어진 숫자들을 오름차순 혹은 내림차순으로 정렬하는 문제만 존재한다면 우리가 흔히 알고 있는 퀵 정렬, 머지 정렬과 같은 알고리즘만 파악하고 있으면 됩니다.

그러나 문자열의 출현 빈도에 따른 정렬이라든가, 행렬 내 대각선 방향으로 원소들을 정렬해야 하는 등 정렬을 하는 다양한 규칙이 주어지고 이 규칙을 만족하는 알고리즘을 찾아야 하는 문제들이 있습니다.

이번 챕터에서는 기본 정렬 문제는 물론이고 이러한 다양한 조건에 따라 입력으로 주어진 항목들을 정렬하는 문제들을 살펴보겠습니다.

홀수와 짝수로 정렬하기

난이도 ☆☆ | 키워드 힌트: 투 포인터 | 파일 Chapter10/32_check_odd_even.py | leetcode #905

문제 정의

정수로 구성된 배열이 주어집니다. 이 배열에 존재하는 모든 짝수를 배열의 앞에, 홀수를 그 뒤쪽에 배치해야 합니다. 짝수와 홀수로 구분된 정수는 정렬이 되어 있지 않아도 됩니다. 예를 들어 [5, 3, 8, 12]라는 4개의 정수가 주어졌을 때 [12, 8, 5, 3]도 [8, 12, 3, 5]도 모두 유효한 결과로 간주합니다. 단, 추가 공간을 할당하지 않고 해결하는 것이 이 문제의 조건입니다.

```
nums = [5, 3, 8, 12]
```

```
[8, 12, 5, 3]
```

문제 해결

입력으로 3, 1, 2, 4라는 정수가 주어졌을 때 홀수와 짝수를 구분해 정렬하겠습니다. 먼저 left와 right라는 2개의 포인터를 준비합니다. right가 앞서가는 포인터이며 left는 뒤따라가는 포인터입니다. 처음 두 포인터는 모두 같은 위치를 가리키고 있습니다.

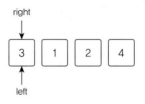

첫 번째 값인 3은 홀수이므로 별다른 처리를 하지 않고 right만 1칸 오른쪽으로 이동합니다. right가 두 번째 값인 1을 가리키고 있습니다. 이 역시 홀수이기에 별다른 처리를 하지 않고 오른쪽으로 이동합니다.

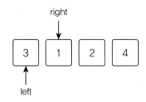

이번에 right는 세 번째 값인 2를 가리키고 있으며 2는 짝수입니다. left가 가리키고 있는 값과 right가 가리키고 있는 값을 교환합니다.

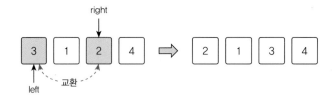

이번에는 right와 left 둘 다 오른쪽으로 1칸 이동합니다. right는 마지막 값인 4를 가리키고 있으며 이는 짝수입니다. 따라서 left가 가리키고 있는 값과 교환합니다.

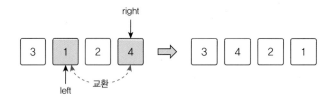

이제 마지막 원소까지 처리하면 짝수는 배열의 왼쪽에, 홀수는 배열의 오른쪽에 정렬됩니다.

┃ 해결 코드

앞서 설명한 알고리즘이 실제로 동작하는 코드를 살펴보겠습니다.

홀수와 짝수로 정렬하기	파일 Chapter10/32_check_odd_even.py

```
001: def sort_even_odd(nums: List[int]) -> List[int]:
002:     l = 0
003:     r = 0
004:
```

```
005:    while r < len(nums):
006:        if 0 == nums[r] % 2:
007:            nums[l], nums[r] = nums[r], nums[l]
008:            l += 1
009:        r += 1
010:
011:    return nums
```

먼저 2, 3행에 left와 right(코드에서는 l과 r)를 준비하고 6행에서 right를 하나씩 증가시키면서 가리키는 값이 짝수인지 홀수인지를 파악합니다. 만약 right가 가리키는 값이 짝수라면 7행에서 left가 가리키는 값과 교환하면서 값을 정렬합니다.

| 성능 분석

이 알고리즘은 선형적으로 모든 원소를 1회씩 탐색하므로 시간 복잡도는 $O(N)$입니다.

빈도에 따라 정렬하기

난이도 ☆☆ | **키워드 힌트: 빈도** | **파일 Chapter10/33_sort_by_frequency.py** | **leetcode #451**

문제 정의

happoap와 같이 문자가 한 번 혹은 여러 번 나오는 하나의 문자열이 주어졌을 때 출현하는 빈도가 높은 문자부터 정렬하는 것이 이 문제의 목표입니다. 단, 어느 문자를 먼저 정렬하느냐에 대한 기준은 없습니다.

```
s = "happoap"
```

```
"pppaaho"
```

문제 해결

가장 먼저 할 일은 주어진 문자열에서 각 문자의 출현 빈도를 계산하는 것입니다. 출현 빈도를 계산하면 다음과 같이 p가 3회, a가 2회, h가 1회, o가 1회 출현하는 것을 확인할 수 있습니다.

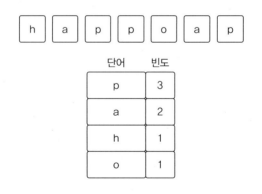

그리고 출현 빈도가 높은 문자 순서로 문자열을 재구성합니다. 먼저 가장 많이 출현한 p를 맨 앞에 추가합니다. 이후 다음으로 많이 출현한 a를 추가하고 1번씩 출현한 h와 o를 그 뒤에 추가합니다. 이러한 정렬 과정을 거치면 문자열이 pppaaho로 정렬됩니다.

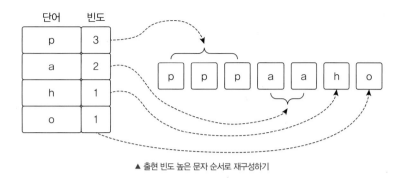

▲ 출현 빈도 높은 문자 순서로 재구성하기

| 해결 코드

출현한 문자의 빈도에 따라 문자열을 정리하는 알고리즘은 다음과 같이 간단하게 작성할 수 있습니다.

빈도에 따라 정렬하기	파일 Chapter10/33_check_odd_even.py

```
001: def sort_by_frequency(s: str) -> str:
002:     freq = sorted(collections.Counter(s).items(), key=lambda p: p[1], reverse=True)
003:     return ''.join([k*v for k, v in freq])
```

먼저 파이썬의 기본 라이브러리인 collections의 Counter 클래스를 사용하여 각 문자의 출현 빈도를 계산합니다. 이후 결과 딕셔너리의 모든 키와 값을 items로 획득하여 정렬 함수인 sorted에 인수로 넣습니다. 정렬 과정에서 사용할 정렬 함수 lambda도 추가합니다. 정렬의 기준은 빈도입니다.

정렬이 완료되면 각 문자와 출현 빈도가 하나의 쌍으로 구성된 리스트를 반환하며 이를 freq에 저장합니다. 마지막으로 join 함수로 freq에 저장한 문자와 빈도를 문자열로 재구성하여 반환합니다.

| 성능 분석

이 알고리즘에서 가장 큰 시간 복잡도를 갖는 부분은 정렬 부분입니다. 따라서 전체 알고리즘의 시간 복잡도는 O(NlogN)입니다.

들쭉날쭉 정렬하기

난이도 ☆☆ | 키워드 힌트: 최댓값, 최솟값 | 파일 Chapter10/34_rugged_sort.py | leetcode #280

문제 정의

주어진 숫자를 크기순으로 정렬하는 것이 아니라 가장 작은 값 다음에 가장 큰 값, 다음으로 작은 값, 다음으로 큰 값 순으로 들쭉날쭉하게 정렬하고자 합니다. 예를 들어 [1, 2, 3, 4]와 같은 입력이 주어지면 가장 작은 1이 맨 앞에, 가장 큰 4가 두 번째, 다음으로 작은 2가 세 번째, 다음으로 큰 3이 네 번째에 정렬되는 것입니다.

간단해 보이지만 이 문제에는 조건이 하나 있습니다. 추가로 메모리를 할당하지 않고 주어진 배열로만 정렬해야 한다는 점입니다.

```
[1, 2, 3, 4]
```

```
[1, 4, 2, 3]
```

문제 해결

앞서 살펴본 입력과 출력은 문제 설명을 위한 간단한 예시였고, 본격 문제로는 좀 더 많은 것을 고려해야 하는 [4, 8, 1, 2, 9, 3]이라는 배열을 살펴보겠습니다. 먼저 가장 작은 값과 첫 번째 위치에 있는 값을 교환합니다.

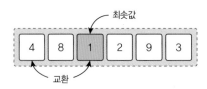

이제 두 번째 값부터 가장 큰 값을 찾습니다. 9가 가장 큰 값이므로 두 번째 위치에 있는 값과 교환합니다.

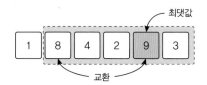

이번에는 세 번째 값부터 가장 작은 값을 찾을 차례입니다. 남은 값 중 가장 작은 값인 2와 세 번째 위치에 있는 값을 교환합니다.

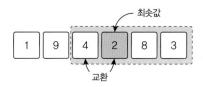

이번에는 네 번째 값부터 가장 큰 값을 찾아 네 번째 위치에 있는 값과 교환합니다.

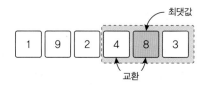

이제 남은 값 중 가장 작은 값인 3을 다섯 번째 위치에 있는 값과 교환합니다.

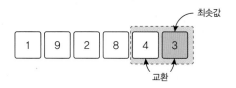

마지막 값은 교환할 대상이 없으므로 따로 처리하지 않고 그대로 둡니다.

이 문제는 값을 처리할 때마다 대소 관계를 비교하는 과정이 필요합니다. 추가 메모리를 사용하지 않고 구현하기 위해서죠. 만약 추가 메모리를 할당하는 데 제약이 없다면 입력 배열을 정렬하는 배열을 추가 할당하여 최댓값과 최솟값을 구하는 데 사용할 수 있습니다.

해결 코드

작은 값과 큰 값이 번갈아가며 정렬하는 알고리즘이 동작하는 코드를 살펴보겠습니다.

| 들쭉날쭉 정렬하기 | 파일 Chapter10/34_rugged_sort.py |

```
001: toggle = True
002:
003: for i in range(len(nums)):
004:     if toggle:
005:         min_max = min(nums[i:])
006:     else:
007:         min_max = max(nums[i:])
008:
009:     idx = nums[i:].index(min_max)
010:     nums[i], nums[i + idx] = nums[i + idx], nums[i]
011:     toggle = not toggle
```

앞서 문제 해결에서 살펴본 과정을 그대로 따라가므로 코드도 무척 간단합니다. 가장 작은 값을 찾고 다음에는 가장 큰 값을 찾아 현재 위치의 값과 교환하는 과정을 수행합니다. 이 과정을 반복하면 작은 값, 큰 값이 번갈아가며 정렬이 이루어집니다.

성능 분석

모든 원소를 반복하면서 각 원소마다 모든 원소에서 최댓값 혹은 최솟값을 구하는 과정이 들어가기에 알고리즘의 시간 복잡도는 $O(N^2)$가 됩니다.

맞춤 정렬하기

난이도 ☆☆ | 키워드 힌트: 빈도 | 파일 Chapter10/35_custom_sort.py | leetcode #791

문제 정의

2개의 문자열이 주어집니다. 첫 번째 문자열(order)은 단 한 번만 출현하는 문자로 구성되어 있으며 임의로 정렬되어 있고 이 순서는 변경할 수 없습니다. 두 번째 문자열(input)은 첫 번째 문자열에서 출현한 문자들이 1회 이상 출현하며 순서를 변경할 수 있습니다. 두 번째 문자열을 첫 번째 문자열의 정렬 순서에 따라 정렬하여 반환하고자 합니다.

즉, 첫 번째 문자열인 order는 문자열을 정렬하기 위한 순서 정보입니다. 정렬해야 하는 문자열은 input이라는 변수로 주어지며 order에서 주어진 순서대로 정렬을 수행해야 합니다.

```
order="kqep", input="pekeqr"
```
```
"kqeepr"
```

문제 해결

order에서 가장 먼저 출현한 문자는 k입니다. 따라서 input에서 k를 추출해 결과를 저장할 변수인 sorted에 k를 먼저 배치합니다.

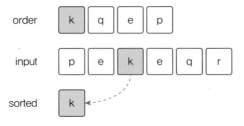

order에서 두 번째로 출현하는 문자는 q입니다. input에서 q를 추출해 sorted의 두 번째 자리에 넣습니다.

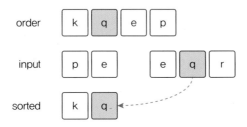

세 번째로 출현하는 문자 e는 input에 2개가 있습니다. 모두 찾아서 sorted에 넣습니다.

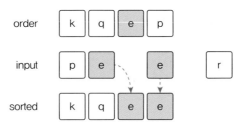

마지막으로 출현하는 문자는 p입니다. input에서 p를 찾아 sorted에 넣습니다.

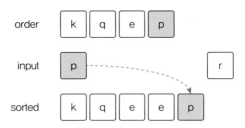

이제 input에 남은 문자는 r뿐입니다. r은 order에 없는 문자로, 순서가 정의되어 있지 않습니다. 이처럼 정렬 순서가 정의되지 않은 문자들은 input에 출현한 순서대로 맨 마지막에 넣습니다.

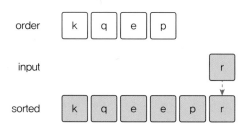

| 해결 코드

제시된 순서대로 문자열을 재구성하는 과정을 구현한 코드는 다음과 같습니다.

| 맞춤 정렬하기 | | 파일 Chapter10/35_custom_sort.py |

```
001: def custom_sort_string(order: str, input: str) -> str:
002:     pos = collections.defaultdict(list)
003:     uniq = set(order)
004:     suffix = ''
005:     sorted = ''
006:
007:     for i, letter in enumerate(input):
008:         if letter not in uniq:
009:             suffix += letter
010:             continue
011:
012:         pos[letter] += i,
013:
014:     for letter in order:
015:         for i in pos[letter]:
016:             sorted += input[i]
017:
018:     sorted += suffix
019:     return sorted
```

7~12행을 보면 input에서 문자의 위치를 찾아 pos에 저장합니다. 이후 14~16행까지 order에서 문자들이 출현하는 순서에 따라 pos에 저장된 문자를 sorted에 저장합니다. 18행에서는 order에는 없지만 input에는 존재하는 문자들은 sorted 문자열의 가장 뒤에 추가합니다.

이 코드를 좀 더 간단하게 구현하는 방법도 있습니다.

맞춤 정렬하기 II | 파일 Chapter10/35_custom_sort.py

```python
001: def custom_sort_string(order: str, input: str) -> str:
002:     res = ''
003:     for ch in order:
004:         cnt = input.count(ch)
005:         res += ch*cnt
006:
007:     for ch in input:
008:         if ch not in order:
009:             res += ch
010:
011:     return res
```

먼저 order에서 문자의 출현 순서에 따라 input에 각 문자가 몇 개인지 파악합니다. 그런 다음 문자의 수만큼 res에 추가합니다. 이후 input에만 있는 문자들을 결과에 추가하여 반환합니다.

성능 분석

첫 번째 해결 코드는 order를 가지고 set 연산을 수행하여 uniq를 만드는 데 $O(N)$의 시간을 사용하고 input의 문자들이 uniq에 존재할 경우 위치를 저장하는 데 $O(N)$, 그리고 order에는 없고 input에만 존재하는 문자들을 결과에 저장하는 데 $O(N)$의 시간을 소모합니다. 결과적으로 첫 번째 알고리즘의 시간 복잡도는 $O(N)$입니다.

두 번째 해결 코드 역시 두 번의 입력에 대한 반복문을 수행하므로 시간 복잡도는 $O(N)$이 됩니다.

문제 36 가장 많이 출현한 단어 정렬하기

난이도 ☆☆ | 키워드 힌트: 빈도 | 파일 Chapter10/36_top_k_frequent_words.py | leetcode #692

문제 정의

여러 단어가 들어 있는 리스트가 주어집니다. 이 리스트에 출현한 횟수가 가장 높은 r개의 단어들을 반환하고자 합니다. 단, 반환하는 단어들은 알파벳 순서대로 정렬되어 있어야 합니다. 정리하면 다음의 2가지 조건만 만족하면 됩니다.

- 출현 빈도가 가장 높은 r개의 단어
- 알파벳 순서대로 정렬

```
words = ["this", "is", "some", "good", "time", "to", "code", "some", "good", "code"]
r = 3
```

```
['code', 'good', 'some']
```

문제 해결

이 문제는 무척 간단하게 해결할 수 있습니다. ["this", "is", "some", "good", "time", "to", "code", "some", "good", "code"]라는 리스트가 주어졌다면, 우선 단어별로 출현 빈도를 계산해 출현 빈도 테이블을 얻을 수 있습니다.

단어	빈도
this	1
is	1
some	2

단어	빈도
good	2
time	1
to	1

단어	빈도
code	2

이 단어들을 출현 빈도를 기준으로 내림차순 정렬합니다.

단어	빈도
some	2
good	2
code	2
this	1
is	1
time	1
to	1

이 중 출현 빈도 수가 1개 이상인 r개, 즉 3개를 선택하여 알파벳 순서로 정렬하면 됩니다. 정렬한 순서는 ['code', 'good', 'some']이 됩니다.

만약 반환해야 할 단어가 3개가 아니라 4개라면 고려할 것이 많아집니다. 빈도 테이블에서 네 번째 행의 단어인 this가 아니라 마지막 행의 단어인 to를 결과에 추가해야 합니다. 즉, 다음과 같이 정렬된 테이블이 필요합니다.

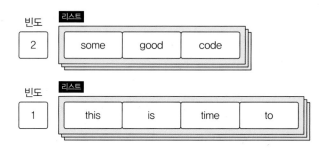

빈도별로 단어들이 모여 있는 형태를 만들어야 합니다. 번거롭지만 다음과 같은 작업이 필요합니다.

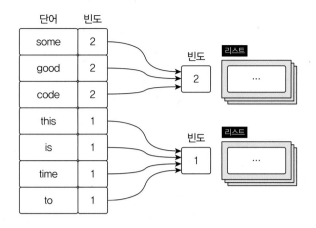

이후 각 리스트를 정렬하고 빈도 수가 높은 리스트로부터 r개를 추출하고 반환하면 됩니다.

해결 코드

앞서 문제 해결 과정을 살펴보면 구현하는 과정이 무척 번거로울 것 같지만 파이썬의 기본 라이브러리를 활용하면 단 4줄로 해결 코드를 구현할 수 있습니다.

가장 많이 출현한 단어 정렬하기	파일 Chapter10/36_top_k_frequent_words.py

```
001: def pick_frequent_words(nums: [str], k: int) -> [str]:
002:     freq = collections.Counter(nums)
003:     freq = sorted(freq.items(), key=lambda p: (p[1], p[0]), reverse=True)
004:     return sorted([item[0] for item in freq[:k]])
```

먼저 2행에서 단어의 출현 빈도를 계산합니다. 이후 4행에서 2가지 조건으로 빈도 테이블을 정렬합니다. 첫 번째 조건은 출현 빈도가 높은 순이며, 두 번째 조건은 알파벳순입니다. 이 과정을 거치면 테이블이 다음과 같이 정렬됩니다.

단어	빈도
some	2
good	2
code	2
to	1
time	1
this	1
is	1

| 성능 분석

이 알고리즘은 빈도 테이블(딕셔너리)을 만들고 정렬하는 과정을 거치므로 시간 복잡도는 $O(NlogN)$이 됩니다.

문제 37 | 대각 원소 정렬하기

난이도 ☆☆ | 키워드 힌트: 대각 요소 리스트 | 파일 Chapter10/37_sort_diagonal_component.py | leetcode #1329

| 문제 정의

m×n 크기에 셀마다 임의의 값이 든 행렬이 주어집니다. 이 행렬의 대각 원소들을 오름차순으로 정렬하고자 합니다. 예를 들어 다음과 같은 입력이 주어졌을 때 (0, 0) 위치의 9를 기준으로 대각 원소는 [9, 3, 9]며 이를 오름차순으로 정렬하면 [3, 9, 9]가 됩니다. 그리고 대각 원소가 없는 (0, 4) 위치의 3은 그대로 둡니다. 이렇게 각 대각 원소를 정렬하여 반환하는 것이 이번 문제의 목표입니다.

```
mat = [[9,7,2,3],[0,3,8,1],[3,3,9,4]]
```
```
[[3, 4, 1, 3], [0, 9, 7, 2], [3, 3, 9, 8]]
```

▲ 대각 원소를 오름차순으로 정렬한 행렬

| 문제 해결

우선 y값이 0일 때 대각 원소들과 1일 때 대각 원소들, 2일때의 대각 원소들은 다음과 같습니다.

▲ y가 0일 때 대각 원소   ▲ y가 1일 때 대각 원소   ▲ y가 2일 때 대각 원소

첫 번째 행렬을 보면 y는 0에서 2까지, x도 0에서 2까지 가면 됩니다. 두 번째 행렬은 y는 1에서 2, x는 0부터 시작하며 1까지 진행하면 됩니다. 마지막 행렬은 y는 2부터 2까지, x는 0부터 0까지 진행하면 됩니다.

각 대각 원소를 정렬하는 방법을 정형화하면 다음과 같습니다.

- y가 행(row)보다 작고 x가 열(cols)보다 작은 동안 반복하면서 행렬의 y, x 위치의 원소들을 저장
- 저장한 대각 원소를 정렬하고 다시 앞서 방문했던 대각 원소들의 위치에 정렬된 값들을 재할당

해결 코드

앞서 설명한 대각 원소를 정렬하는 알고리즘이 동작하는 코드를 살펴보겠습니다.

대각 원소 정렬하기	파일 Chapter10/37_sort_diagonal_component.py

```
001: def sort_diagonal_elements(mat: [[int]]) -> [[int]]:
002:     def sort_diag(mat, sy, sx):
003:         y = sy
004:         x = sx
005:         diag = []
006:
007:         while y < m and x < n:
008:             diag += mat[y][x],
009:             y += 1
010:             x += 1
011:
012:         diag.sort()
013:
014:         i = 0
015:         y = sy
016:         x = sx
017:
018:         while y < m and x < n:
019:             mat[y][x] = diag[i]
020:             i += 1
021:             y += 1
022:             x += 1
023:
024:     m = len(mat)
025:     n = len(mat[0])
026:
```

```
027:    for sy in range(m):
028:        sort_diag(mat, sy, 0)
029:
030:    for sx in range(1, n, 1):
031:        sort_diag(mat, 0, sx)
032:
033:    return mat
```

대각 원소가 시작하는 y, x 좌표를 입력으로 받는 **sort_diag**를 정의합니다. 입력으로 받은 **sy, sx** 좌표부터 시작하여 y 혹은 x축으로 더 이상 진행할 수 없을 때까지 진행하면서 대각 원소들의 값을 저장합니다. 12행에서 저장한 대각 원소들을 정렬하고 다시 18행부터 정렬된 대각 원소들의 값으로 갱신합니다.

24~28행에서는 y가 0인 경우부터 y 값이 행의 총 개수 −1일 때 대각 원소의 값들을 처리합니다. 30~31행에서는 x가 1부터 시작하는 대각 원소들의 정렬을 수행합니다.

9	7	2	3
0	3	8	1
3	3	9	4

9	7	2	3
0	3	8	1
3	3	9	4

9	7	2	3
0	3	8	1
3	3	9	4

| 성능 분석

이 알고리즘에는 행렬에 존재하는 대각 원소들을 모으고 저장하는 과정이 포함되어 있지만 가장 시간을 많이 소모하는 부분은 정렬 부분이므로 $O(N \log N)$의 시간 복잡도를 갖습니다.

CHAPTER 11

검색

검색은 복잡한 알고리즘을 풀어나갈 때 필요한 가장 기본적인 알고리즘으로, 입력으로 주어진 배열에서 특정 값을 찾는 문제에 흔히 쓰입니다. 또, 검색 알고리즘은 다른 복잡한 알고리즘을 해결하는 데 부품처럼 사용되기도 하므로 같은 검색 기능을 제공해도 보다 빠르게 검색할 수 있는 효율적인 알고리즘을 구현하는 것이 중요합니다.

난이도 ☆☆ | 키워드 힌트: 분할 정복 | 파일 Chapter11/38_binary_search.py | leetcode #704

정렬된 수열에서 특정 값을 찾을 때 여러 가지 검색 알고리즘을 사용하는데, 그중 가장 손쉽게 구현할 수 있는 알고리즘이 바로 이진 탐색 알고리즘입니다.

💡Tip. 이진 탐색 알고리즘에 대한 자세한 설명은 '3.5 트리'를 참고하세요.

이진 검색의 원리는 매우 간단합니다. 다음과 같이 [2, 4, 5, 9, 11, 24, 70, 101]이라는 수열이 주어졌을 때 5라는 값이 존재하는지 찾는 것입니다.

0	1	2	3	4	5	6	7
2	4	5	9	11	24	70	101

주어진 수열에 원하는 값이 있다면 True, 없다면 False를 반환합니다.

```
nums = [2, 4, 5, 9, 11, 24, 70, 101]
```

```
True
```

문제 해결

최초 검색은 전체 수열의 중간값이 목표 값인지 비교하면서 시작합니다. 주어진 수열은 [2, 4, 5, 9, 11, 24, 70, 101]이고 목표 값은 5, 중간값은 11입니다.

11이 5보다 크므로 목표 값을 찾기 위해선 중간값을 기준으로 왼쪽을 탐색해야 한다는 것을 알 수 있습니다.

0	1	2	3	4	5	6	7
2	4	5	9	11	24	70	101
low							high

이제 탐색할 범위인 2에서 9 사이의 중간값인 4가 목표 값 5와 같은지 비교합니다. 중간값이 목표 값보다 작으므로 탐색 범위를 중간값의 오른쪽으로 줄입니다.

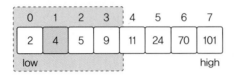

줄어든 탐색 범위에서 다시 중간값을 찾습니다. 그러나 값이 2개뿐이므로 첫 번째 값과 비교합니다. 목표 값 5와 동일하므로 알고리즘을 종료합니다.

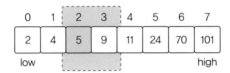

해결 코드

중간값을 기준으로 원하는 값을 찾는 이진 검색 알고리즘은 다음과 같이 구현할 수 있습니다.

| 이진 검색하기 | 파일 Chapter11/38_binary_search.py |

```
001: def search(nums: List[int], target: int) -> int:
002:     if not nums:
003:         return -1
004:
005:     n = len(nums)
006:     left = 0
007:     right = n - 1
008:
009:     while left <= right:
010:         mid = (left + right) // 2
011:         if nums[mid] == target:
012:             return mid
013:
014:         if nums[mid] < target:
015:             left = mid + 1
016:         elif nums[mid] > target:
```

```
017:             right = mid - 1
018:
019:     return -1
```

search는 2개의 인수를 받습니다. 첫 번째는 정렬된 원소들을 가진 배열 nums, 두 번째는 목표 값 target입니다. nums는 [2, 4, 5, 9, 11, 24, 70, 101]이며 target은 5입니다. 즉, 다음과 같이 함수를 호출합니다.

```
001: arr = [2, 4, 5, 9, 11, 24, 70, 101]
002: search(arr, 5)
```

최초 while문을 실행할 때 left는 0, right는 7입니다. 즉, 중간값인 mid는 3이므로 배열의 네 번째 요소인 9와 target인 5를 비교합니다. 9가 5보다 크기에 right를 mid에서 −1을 한 값을 할당합니다.

두 번째 반복에서 left는 0, right는 2입니다. mid는 1이므로 4와 5를 비교합니다. 4가 5보다 작으므로 left를 mid에서 +1을 한 값으로 할당합니다. left는 2, right도 2 그리고 mid도 2이므로 nums의 5와 target 5를 비교합니다. 이 둘은 값이 같기에 찾은 위치인 2를 반환합니다.

성능 분석

앞서 알고리즘에서 값을 찾기까지 수행한 연산 횟수는 3회입니다. 전체 수열의 길이가 8인데 3회만에 원하는 값을 찾은 것입니다. 즉, 각 연산에서 전체 처리해야 할 범위를 반씩 계속 줄여나가므로 평균적으로 탐색에 소모되는 시간은 $O(\log N)$입니다. 이 경우 $\log 8 = 3$이니 정확히 평균 시간이 걸리는 경우입니다.

문제 39 | 정점 찾기

난이도 ☆☆ | 키워드 힌트: 분할 정복 | 파일 Chapter11/39_peak_element.py | leetcode #162

문제 정의

정수가 들어 있는 배열이 주어집니다. 이 정수 중 정점, 즉 주변의 원소 중 가장 큰 값을 찾아 그 위치를 반환하는 것이 이번 문제의 목적입니다. 만약 정점이 하나 이상이어도 하나만 반환해야 하며 O(logN) 시간 안에 정점을 찾아야 합니다.

```
nums = [2, 4, 6, 8, 9, 3, 1]
```

```
4
```

문제 해결

배열에서 정점을 찾는 방법은 무척 간단합니다. 현재 처리하는 원소가 양옆의 원소보다 큰지 확인하면 됩니다. 하지만 O(logN) 시간 안에 찾아야 한다는 조건이 붙으면 이진 검색의 도움이 필요합니다. 이진 검색을 적용해 정점을 찾아보도록 하겠습니다.

먼저 배열의 양 끝에 인접한 값보다 1만큼 작은 값을 추가합니다. 정점을 찾을 때는 첫 번째 원소와 마지막 원소는 없다고 가정하므로 구현 코드를 간단하게 하기 위한 과정입니다.

그런 다음 중간값인 8이 정점인지 양옆 원소와 크기를 비교합니다. 8은 왼쪽의 6보다는 크지만, 오른쪽의 9보다는 작습니다. 즉, 정점이 아닙니다.

이제 4번 위치의 값이 정점이 아님을 알았으며 왼쪽의 값보다 오른쪽의 값이 더 크므로 탐색의 범위를 오른쪽으로 이동하겠습니다. 탐색 범위는 5~7로 바뀌었으며 여기서 중간값은 3입니다.

0	1	2	3	4	5	6	7	8
1	2	4	6	8	9	3	1	0

양옆의 값과 비교하면 왼쪽의 9가 더 크기 때문에 왼쪽으로 탐색의 범위를 좁히겠습니다. 탐색 범위는 5번 원소 하나입니다. 5번 원소를 살펴보면 주변 값보다 큰 값을 가지고 있어 정점임을 알 수 있습니다.

0	1	2	3	4	5	6	7	8
1	2	4	6	8	9	3	1	0

해결 코드

주변 값과 비교해 정점을 찾는 알고리즘을 구현한 코드는 다음과 같습니다. 먼저 $O(logN)$이라는 시간 제한이 없다면 다음과 같이 간단하게 알고리즘을 구현할 수 있습니다.

정점 찾기(시간 제한 없을 때)　　　　　　　　　　　　| 파일 Chapter11/39_peak_element.py

```
001: def search_peak_index(nums):
002:     if not nums:
003:         return
004:
005:     n = len(nums)
006:     if 1 == n:
007:         return 0
008:
009:     nums = [nums[0] - 1] + nums + [nums[n - 1] - 1]
010:     peaks = []
011:
012:     for i in range(1, n + 1):
013:         if nums[i - 1] < nums[i] and nums[i + 1] < nums[i]:
```

```
014:            peaks.append(i - 1)
015:
016:    if not peaks:
017:        return 0
018:
019:    return peaks[0]
```

단순히 모든 원소를 순회하면서 양옆보다 큰 값을 정점으로 삼으면 됩니다. 그런데 문제에서 제시하고 있는 조건은 O(logN)의 속도로 정점을 찾아야 한다는 점입니다. 따라서 다음과 같이 알고리즘을 구현할 수 있습니다.

| 정점 찾기(시간 제한이 있을 때) | 파일 Chapter11/39_peak_element.py |

```
001: def search_peak_index(nums: List[int]) -> int:
002:     if not nums:
003:         return 0
004:
005:     nums = [nums[0] - 1] + nums + [nums[-1] -1]
006:
007:     l = 1
008:     r = len(nums) - 2
009:
010:     while l <= r:
011:         m = (l + r) // 2
012:         if nums[m - 1] < nums[m] > nums[m + 1]:
013:             return m - 1
014:
015:         if nums[m - 1] < nums[m + 1]:
016:             l = m + 1
017:         else:
018:             r = m - 1
019:
020:     return l - 1
```

이 코드는 **문제 38) 이진 검색하기**에서 살펴본 이진 검색 알고리즘과 동일합니다. 차이가 있다면 5행에서 왼쪽과 오른쪽 끝에 주변 값보다 작은 값을 추가해 검색 범위를 조절되는 부분(7~8행)과 비교 조건이 현재 위치의 양옆 값이라는 점입니다(12행).

문제 40 정렬된 행렬에서 r번째 값 찾기

난이도 ☆☆ | 키워드 힌트: 분할 정복 | 파일 Chapter11/40_rth_element_in_sorted_array.py | leetcode #378

문제 정의

각 행과 열에 오름차순으로 값이 정렬된 3×3 크기의 행렬이 주어집니다. 이 값 중에 r번째로 작은 값을 반환하는 것이 이 문제의 목표입니다. 단, 배열을 따로 만들어 모든 값을 넣고 이를 정렬해서 r번째의 값을 찾으면 안 됩니다. 추가 공간을 사용하지 않고 문제를 해결해야 합니다.

다음과 같이 행렬과 r이 주어졌을 때, 즉 세 번째로 작은 값을 반환해야 한다면 첫 번째 행의 마지막 열에 위치한 값 5를 반환해야 합니다.

```
mat = [[1,2,5],[9,14,21],[15,16,25]]
r = 3
```

```
5
```

문제 해결

행렬에서 가장 작은 값과 가장 큰 값은 정해져 있습니다. 가로, 세로로 오름차순 정렬은 보장되어 있으므로 가장 작은 값의 위치는 (0, 0), 가장 큰 값의 위치는 (m-1, n-1)입니다. 이 두 값을 합하고 2로 나눠 중간값을 계산해 m이라는 변수에 할당합니다. 그런 다음 m보다 작은 값인 원소가 몇 개인지 파악합니다. 이 행렬에서는 중간값인 13보다 작은 값이 4개입니다.

1	2	5
9	14	21
15	16	25

1	2	5
9	14	21
15	16	25

l = 1, r = 25, m = 13

찾고자 하는 것은 정확히 세 번째로 작은 값이므로 중간값을 줄여보겠습니다. 이를 위해 r에 m-1 값을 할당합니다.

r이 12로 줄어들었을 때의 중간값은 6이며 6보다 작거나 같은 원소는 3개입니다. 우리는 반복문을 l이 r보다 커질 때, 즉 정확히 하나의 값을 가리킬 때까지 반복하려고 합니다. 그래야 l이 정확히 r번째 원소를 가리키기 때문입니다. 6보다 작은 원소는 3개이므로 r과 동일합니다. 이번에도 r을 m-1로 줄입니다.

1	2	5
9	14	21
15	16	25

1	2	5
9	14	21
15	16	25

l = 1, r = 12, m = 6

l과 r의 중간값은 3입니다. 3보다 작은 원소는 2개이므로 이번에는 l을 m+1 만큼 증가시킵니다.

1	2	5
9	14	21
15	16	25

1	2	5
9	14	21
15	16	25

l = 1, r = 5, m = 3

이번에는 중간값이 4이며 이보다 작은 원소는 2개입니다. r보다 작으므로 이번에는 l을 m+1로 증가시킵니다.

1	2	5
9	14	21
15	16	25

1	2	5
9	14	21
15	16	25

l = 4, r = 5, m = 4

l과 r이 모두 5를 가리키고 중간값도 5입니다. 이번에도 3개의 원소가 5보다 작거나 같습니다. r을 m-1로 감소시킵니다.

l = 5, r = 5, m = 5

r이 4가 되면서 l보다 작은 값이 됩니다. 이제 더 이상 반복문을 수행하지 않고 탈출합니다. 이 때의 l이 바로 찾고자 하는 r번째 크기의 값이 됩니다.

1	2	5
9	14	21
15	16	25

l = 5, r = 4

| 해결 코드

이 문제 역시 이진 검색을 기본으로 합니다. 이 알고리즘이 동작하는 코드를 구현하면 다음과 같습니다.

정렬된 행렬에서 r번째 원소 찾기 | 파일 Chapter11/40_rth_element_in_sorted_array.py

```
001: def find_rth_element(matrix: [[int]], k: int) -> int:
002:     def count(matrix, target):
003:         cnt = 0
004:         for line in matrix:
005:             for val in line:
006:                 if val <= target:
007:                     cnt += 1
008:         return cnt
009:
010:     l = matrix[0][0]
011:     r = matrix[-1][-1]
```

```
012:
013:     while l <= r:
014:         m = (l + r) // 2
015:         cnt = count(matrix, m)
016:         if cnt < k:
017:             l = m + 1
018:         else:
019:             r = m - 1
020:
021:     return l
```

13~19행까지는 전형적인 이진 검색입니다. 단, 중간값과 현재 값을 비교하는 게 아니라 중간
값보다 작은 값을 찾는 15행이 이전 코드와 다른 것을 볼 수 있습습니다.

성능 분석

값을 줄이는 과정은 O(logN)의 시간이 소모됩니다만, logN마다 행렬의 모든 원소 N개에 대
한 값을 비교하므로 시간 복잡도는 O(NlogN)이 됩니다.

문제 41 회전된 배열에서 값 찾기

난이도 ☆☆ | 키워드 힌트: 이진 검색 | 파일 Chapter11/41_search_in_rotated_array.py | leetcode #33

문제 정의

정수로 구성된 정렬된 배열이 주어집니다. 그런데 이 배열은 특정 지점을 기준으로 회전해 위치가 바뀌어 있습니다. 예를 들어 [1, 2, 3, 4]라는 정렬된 배열이 주어졌을 때 가운데를 기준으로 회전해 [3, 4, 1, 2]가 된 것입니다. 따라서 가장 작은 값이 첫 번째가 아닌 세 번째에 있게 됩니다.

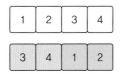

이처럼 정렬은 되어 있지만, 어느 지점에서 값이 회전되어 있을 때, 회전된 지점의 값을 찾고 위치를 반환하는 것이 이 문제의 목표입니다. 찾지 못했을 때는 함수의 결괏값으로 −1을 반환합니다. 이를 O(logN)의 수행 시간에 처리하도록 알고리즘을 작성해야 합니다.

```
nums = [7, 8, 1, 2, 3, 4, 5, 6]
target = 1
```
```
2
```

문제 해결

먼저 전체 배열에 중간값과 가장 왼쪽 값을 비교합니다. 만약 가장 왼쪽 값이 중간값보다 작거나 같다면 배열의 왼쪽부터 중간까지는 정상적으로 정렬된 상태임을 의미합니다. 그러나 이 문제에선 가장 왼쪽 값이 중간값보다 크기 때문에 배열의 회전이 이 사이에 있다는 것을 알 수 있습니다.

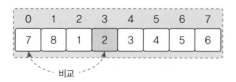

왼쪽 영역에서는 O(logN)의 시간으로 값을 검색하는 것이 불가능하므로 가운데를 기준으로 오른쪽 영역에 찾는 값이 있는지 확인합니다. 회전은 배열의 왼쪽에 존재하므로 오른쪽에는 회전이 없음을 보장합니다(회전은 1번만 가능). 즉, 오른쪽의 원소 중 가장 왼쪽에 위치한 값보다 찾는 값이 크거나 같으며 가장 오른쪽에 위치한 값보다 찾고자 하는 값이 작거나 같을 때는 찾으려는 값이 오른쪽에 위치함을 알 수 있습니다.

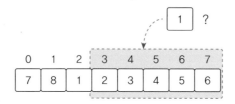

하지만 이 경우 목표 값 1은 오른쪽에 있을 수 없습니다. 이제 왼쪽으로 탐색 범위를 좁힙니다. 왼쪽의 첫 번째 값과 중간값인 두 번째 값을 비교합니다. 이번에는 대소 관계가 정상이므로 회전이 없음을 알 수 있습니다.

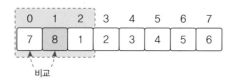

이제 가장 왼쪽 값과 중간값 사이에 목표 값 1이 존재할 수 있는지 확인합니다. 그러나 7과 8 사이에 1이 들어갈 수 없으므로 중간값 오른쪽에 찾고자 하는 값이 있음을 알 수 있습니다.

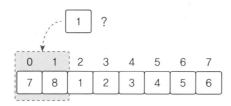

오른쪽으로 이동한 후 오른쪽의 중간값이 목표 값임을 확인할 수 있습니다. 이 위치를 결과로 반환합니다.

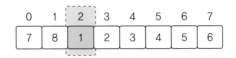

▍해결 코드

다음은 회전된 배열과 O(logN)의 시간 복잡도에서 원하는 값의 위치를 찾는 알고리즘을 구현한 코드입니다.

| 회전된 배열에서 값 찾기 | 파일 Chapter11/41_search_in_rotated_array.py |

```python
001: def search(nums: List[int], target: int) -> int:
002:     l = 0
003:     r = len(nums) - 1
004:
005:     while l <= r:
006:         m = (l + r) // 2
007:
008:         if nums[m] == target:
009:             return m
010:
011:         if nums[l] <= nums[m]:
012:             if nums[l] <= target < nums[m]:
013:                 r = m - 1
014:             else:
015:                 l = m + 1
016:         else:
017:             if nums[m] < target <= nums[r]:
018:                 l = m + 1
019:             else:
020:                 r = m - 1
021:
022:     return -1
```

10행까지는 전형적인 이진 검색 코드지만, 11행에서 중간값과 목표 값이 같은지를 비교하는 것이 아니라 가장 왼쪽 값과 중간값의 대소 관계로 정렬 상태를 파악하는 코드가 추가됩니다. 만약 이 두 값이 정렬되어 있다면 이 부분에 목표 값이 있는지 확인하고, 존재한다면 r에 m-1을 할당합니다. 그런 다음 탐색 범위를 왼쪽부터 중간 직전(중간은 8행에서 확인했으므로)까지로 줄입니다. 만약 목표 값이 이 영역에 없다면 중간 이후에 있다는 뜻이므로 탐색 영역을 중간 다음 원소부터로 옮깁니다.

이렇게 중간값과 정렬된 값을 기준으로 탐색 범위를 정하고 목표 값을 찾아 위치를 반환합니다. 만약 찾지 못했다면 −1을 반환하고 알고리즘을 종료합니다.

CHAPTER **12**

문자열

Chapter 12에서는 문자열 분리, 분석, 문자 변환 및 검사 등을 다루면서 문자열에 관한 문제 유형을 살펴보겠습니다. 앞뒤로 똑같이 읽히는 팰린드롬, 문자를 재배치하여 다른 단어를 만들어내는 애너그램, 문자열을 빠르게 찾기 위한 롤링해시 윈도우 등 문자열과 관련된 문제들은 특성에 맞는 적합한 방법을 찾아서 해결해야 합니다. 바로 이 문자열 문제 유형의 특성을 살펴보면서 문제를 살펴보겠습니다.

가장 짧고 겹치는 문자열 찾기

난이도 ☆ | 키워드 힌트: 빈도 | 파일 Chapter12/42_shortest_completing_word.py | leetcode #748

| 문제 정의

먼저 고유 문자 집합이 주어집니다. 그리고 여러 단어가 입력되면 고유 문자 집합에 포함된 모든 문자를 가지고 있으면서(숫자 제외) 주어진 단어 중 가장 짧은 단어를 반환하는 것이 이 문제의 목표입니다. 만약 문자 길이가 같은 단어가 2개라면 출현한 순서를 기준으로 첫 번째 단어만 반환합니다.

```
unique_set = "9e1 3p"
words = ["staple", "perk", "peep", "feed"]
```

```
"perk"
```

| 문제 해결

먼저 고유 문자 집합인 unique_set에 입력된 문자열은 9e1 3p입니다. 여기에 숫자를 제외한 알파벳은 e와 p입니다. 주어진 단어 staple, perk, peep, feed에 e와 p는 모두 포함되어 있습니다.

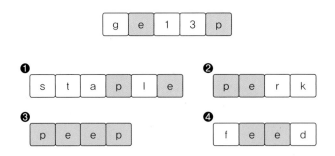

이 중 길이가 가장 짧은 단어는 perk와 peep으로, 문자 길이도 같습니다. 길이가 같은 단어가 2개이므로 리스트에서 앞쪽에 위치한, 즉 먼저 등장한 perk의 위치를 결과로 반환합니다.

만약 p와 e의 출현 빈도를 계산해 unique_set의 문자와 출현 빈도가 동일하거나 이상이라면 이를 결과로 반환할 후보로 선택합니다. 이후 후보 단어 중 가장 길이가 짧고 먼저 출현한 순서를 기준으로 반환하면 됩니다.

해결 코드

간단한 알고리즘이므로 짧게 해결 코드를 살펴보겠습니다.

가장 짧고 겹치는 문자열 찾기　　　　　　　　| 파일 Chapter12/42_shortest_completing_word.py

```python
001: def shortest_containing_word(unique_set: str, words: [str]) -> str:
002:     req = collections.Counter([ch.lower() for ch in unique_set if ch.isalpha()])
003:     mn = float('inf')
004:     mn_word = ''
005:
006:     for word in words:
007:         freq = collections.Counter(word.lower())
008:
009:         for ch, num in req.items():
010:             if freq[ch] < num:
011:                 break
012:         else:
013:             if mn > len(word):
014:                 mn = len(word)
015:                 mn_word = word
016:
017:     return mn_word
```

2행에서 unique_set에 포함된 문자 중 알파벳만 추출하여 소문자로 변환합니다. 그리고 이 소문자들의 출현 빈도를 Counter 클래스로 계산합니다. 3~4행에선 가장 짧은 단어와 단어의 문자를 저장할 변수를 선언한 후 6행부터 입력으로 주어진 단어 리스트의 각 단어에 반복 처리를 시작합니다.

7행에서 단어의 문자 출현 빈도를 Counter 클래스로 계산한 하고 9행에서 unique_set의 단어 출현 빈도와 현재 단어의 출현 빈도를 비교합니다. 만약 현재 단어의 출현 빈도가 unique_set의 단어 출현 빈도와 같거나 이상이라면 13행에서 현재 단어의 길이를 봅니다. 만약 이전에 처리했던 단어보다 짧다면 현재 단어를 가장 짧은 단어, 즉 요구하는 조건을 만족하는 단어로 지정합니다.

성능 분석

이 알고리즘은 문자의 출현 빈도를 계산하는 과정에서 모든 원소를 처리하기에 $O(N)$의 시간을 사용합니다. 그리고 각 단어에 대해 unique_set의 문자 출현 빈도와 비교하므로 $O(M)$의 시간을 사용합니다. 따라서 전체적으로 이 알고리즘은 $O(MN)$의 시간 복잡도를 갖습니다.

고유한 부분 문자열 만들기

난이도 ☆☆ | 키워드 힌트: 깊이 우선 탐색 | 파일 Chapter12/43_split_as_unique_substrings.py | leetcode #1593

문제 정의

문자열이 하나 주어집니다. 이 문자열을 최대한 많이 쪼갠 후 쪼개진 문자열의 개수를 반환하는 것이 이 문제의 목표입니다. 단, 쪼개진 문자열의 수를 반환할 때 중복된 문자열은 세지 않습니다. 즉, 고유의 문자열만 셉니다.

다음과 같은 문자열이 주어지고 최대한 중복이 없는 부분 문자열로 잘게 쪼개면 다음과 같습니다. 앞서 언급했듯 주의할 점은 쪼개는 부분 문자열이 고유해야 한다는 것입니다.

```
"wwwffhww"
```

```
5
```

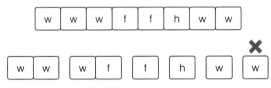

▲ 모든 부분 문자열이 고유하도록 쪼개기

문제 해결

이 문제는 **브루트 포스**brute force, 즉 **전체 탐색**으로 해결할 수 있습니다. 다소 낯설게 들리지만, 이미 앞서 탐색 문제에서 DFS, BFS와 같은 브루트 포스 방식으로 문제를 풀었던 적이 있습니다. 브루트 포스 방식이란, 가능한 모든 경우의 수를 탐색하면서 결과를 찾는 방법입니다. 모든 경우의 수를 예외 없이 수행하기 때문에 **완전 탐색**exhaustive search이라고도 불립니다. DFS와 BFS도 탐색하는 순서가 다를 뿐 모든 노드를 탐색하기 때문에 완전 탐색에 속합니다.

> 💡Tip. DFS, BFS에 대한 자세한 설명은 'Chapter 4 기본 알고리즘'의 '그래프 알고리즘'을 참고하세요.

완전 탐색은 수행 시간이 오래 걸리지만 모든 경우의 수를 수행해 결과를 반드시 찾아낸다는 특징이 있습니다. 이 완전 탐색을 사용해 주어진 문자열에서 고유한 부분 문자열을 만드는 과정을 살펴보겠습니다.

먼저 하나의 문자 w만으로 부분 문자열을 구성합니다. 그러면 다음 문자가 앞의 문자와 중복되므로 이번에는 2개를 붙여서 ww로 부분 문자열을 만듭니다. 이어서 f는 앞에 나오지 않았으므로 다시 f 하나만 사용해서 문자열을 만들고 다음 f는 중복이 되니 h까지 포함하여 문자열을 구성합니다.

이런 식으로 중복이 없도록 최소한의 부분 문자열을 만들다 보면 맨 마지막에 ww가 남았을 때 w도 ww도 중복이 발생하므로 이 구성은 불가능함을 알 수 있습니다.

다시 처음부터 문자열을 만듭니다. 이번에는 w 1개가 아닌 2개로 첫 번째 문자열을 구성합니다. 이후도 마찬가지로 중복을 피하되 최소한의 개수를 사용해 문자열을 구성합니다. 이런 식으로 문자열을 분리하는 모든 경우의 수를 찾다 보면 여러 경우를 발견하게 됩니다.

가장 많이 쪼갤 수 있는 경우는 다음과 같이 6개로 쪼개는 경우입니다. 그러나 마지막 w는 중복이므로 이를 제거해야 합니다.

중복된 부분 문자열을 제외한 가장 많은 개수로 쪼개진 부분 문자열들은 다음과 같습니다. 이 방법이 주어진 문자열로 가장 많은 수의 부분 문자열을 만드는 방법 중 하나입니다.

▌해결 코드

브루트 포스 방식으로 문자열을 고유의 부분 문자열로 분리하는 방법을 코드로 구현하면 다음과 같습니다.

고유한 부분 문자열 만들기 | 파일 Chapter12/43_split_as_unique_substrings.py

```python
001: def split_max_unique_substring(s: str) -> int:
002:     n = len(s)
003:
004:     def dfs(start, visited):
005:         if start == n:
006:             return 0
007:
008:         mx = 0
009:         for cur in range(start + 1, n + 1):
010:             word = s[start:cur]
011:             if word in visited:
012:                 continue
013:
014:             visited.add(word)
015:             mx = max(mx, 1 + dfs(cur, visited))
016:             visited.discard(word)
017:
018:         return mx
019:
020:     return dfs(0, set())
```

처음 dfs가 호출될 때는 start가 0입니다. 앞서 호출에서 문자열을 쪼갠 적이 없음을 의미합니다. 9행에서 start부터 문자열을 쪼개기 시작합니다. 처음에는 0에서 1까지, 다음 반복에서는 0에서 2까지. 이런 식으로 반복하면서 부분 문자열을 만듭니다. 마지막에는 0에서 입력 문자열의 마지막까지 하나의 부분 문자열로 지정합니다. 즉, 전체를 하나의 부분 문자열로 만들면서 반복이 종료됩니다.

이후 이렇게 생성된 부분 문자열이 이미 존재하는지를 11행에서 확인하고, 없다면 14행에서 기록합니다. 15행에서 마지막 위치를 다음 호출의 시작 위치로 넘기면서 재귀 호출을 합니다. 재귀 호출의 결과에 1을 더해서 부분 문자열의 개수를 정한 후 이 값으로 만들 수 있는 부분 문자열의 최댓값을 갱신합니다.

이후 해당 문자열로 방문했다는 기록을 제거합니다. 이는 다른 재귀 호출에도 visited라는 변수를 함께 사용하므로 잘못된 처리를 하지 않도록 현재 사용했던 내용들을 제거하는 과정입니다. 이후 함수의 마지막에서 획득할 수 있는 최대 개수를 반환합니다.

UTF-8 검증기

난이도 ☆☆ | **키워드 힌트: 비트 처리** | **파일 Chapter12/44_utf8_validator.py** | **leetcode #393**

문제 정의

여러 정수가 배열에 담겨 입력으로 주어집니다. 이 입력된 정수가 UTF-8 형식으로 인코딩된 데이터인지 아닌지를 판단하고자 합니다. 즉, UTF-8 검증기를 만들고자 합니다.

UTF-8이란, 전 세계 언어를 컴퓨터에 표시할 수 있는 유니코드로 인코딩하는 방식입니다. 단, 글자마다 차지하는 바이트가 다르기 때문에 이를 구분하기 위해 자릿수에 따라 첫 바이트에 10 또는 110으로 시작합니다. 실제로 유니코드에서 사용하는 자릿수에 따른 첫 바이트는 다음과 같습니다.

사용 자릿수	값의 범위	1st byte	2nd byte	3rd byte	4th byte
7bits	0 ~ 0x7F	0xxxxxxx			
11bits	0x80 ~ 0x7FF	110xxxxx	10xxxxxx		
16bits	0x800 ~ 0xFFFF	1110xxxx	10xxxxxx	10xxxxxx	
21bits	0x10000 ~ 0x1FFFFF	11110xxx	10xxxxxx	10xxxxxx	10xxxxxx

💡**Tip.** 자릿수에 따른 첫 바이트는 가변 길이를 구분하기 위한 일종의 약속입니다. 여기서는 문제의 예시로, 모두 외울 필요는 없습니다.

사용 자릿수

- 7bits
  - 입력에서 가장 먼저 들어오는 데이터의 MSB(가장 상위 비트)가 0으로 시작한다면 7비트만 사용하는 데이터로 볼 수 있습니다.
- 11bits
  - 가장 먼저 입력된 바이트의 시작이 110이라면 뒤에 10비트로 시작하는 바이트가 1개 있어야 합니다.
- 16bits
  - 첫 번째 바이트의 시작 비트는 1110입니다. 이후 2개의 추가 바이트가 하나의 문자를 표현합니다.
- 21bits
  - 첫 번째 바이트의 시작 비트가 11110입니다. 이후 3개의 바이트를 포함하여 하나의 문자를 표현합니다.

이 문제에선 3개의 바이트로 구성된 배열이 **data**라는 변수에 담겨 입력으로 주어집니다. 이때 UTF−8 테이블을 참고하여 입력받은 값이 UTF−8로 인코딩된 데이터인지를 판별해야 합니다.

```
data = [221, 154, 19]
```

```
True
```

문제 해결

첫 번째 바이트의 시작 비트들을 살펴보면 110으로 시작합니다. UTF−8 테이블에 따르면 110으로 시작하는 바이트는 10으로 시작하는 추가 바이트가 바로 뒤에 있어야 합니다.

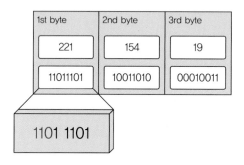

두 번째 바이트를 살펴보면 10으로 시작합니다. 즉, 첫 번째 바이트와 두 번째 바이트는 UTF−8 형식의 문자를 구성하고 있음을 알 수 있습니다.

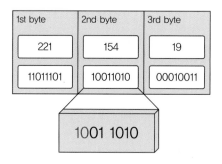

세 번째 바이트의 시작 비트들은 UTF-8의 프로토콜에 해당하지 않습니다. 세 번째 바이트는 더미로 추가된 데이터이므로 이는 무시합니다.

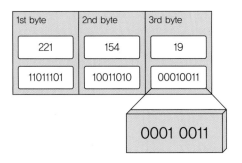

해결 코드

시작 비트와 연속 데이터를 확인해 UTF-8 프로토콜을 따르고 있는지 검증하는 알고리즘은 다음과 같이 구현할 수 있습니다.

UTF-8 검증기	파일 Chapter12/44_utf8_validator.py

```
000: def validate_utf8_data(data: List[int]) -> bool:
001:     data = collections.deque(data)
002:     while data:
003:         header = data.popleft()
004:         header = '{:08b}'.format(header)
005:         ones = 0
006:
007:         for i in range(5):
008:             if '1' != header[i]:
009:                 break
010:             ones += 1
011:
012:         if not ones:
013:             continue
014:
015:         if not (2 <= ones <= 4):
016:             return False
017:
018:         ones -= 1
019:
```

```
020:        while data and ones:
021:            chunk = data.popleft()
022:            chunk = '{:08b}'.format(chunk)
023:            if not chunk.startswith('10'):
024:                return False
025:            ones -= 1
026:
027:        if ones > 0:
028:            return False
029:
030:    return True
```

data가 존재하는 동안 반복문을 수행하며 data의 값을 하나씩 순서대로 앞에서부터 뽑아냅니다. 이후 4행에서 이 값을 2진수로 변환합니다. 이때 '{:08b}' 포맷으로 입력을 문자열로 변환합니다(2진수 리스트로 변환해도 상관없습니다). 그리고 해당 바이트의 시작 비트에 몇 개의 1이 존재하는지 세기 위한 변수 ones를 0으로 초기화하여 준비합니다.

7~10행 UTF-7은 최대 4개의 1만 바이트의 앞에 연달아 나타날 수 있기에 처음 4개의 비트 중 1이 연달아 몇 개인지를 확인합니다. 1이 5개 이상일 때와 같이 잘못 인코딩된 경우를 검출해야 하므로 처음 4개가 아닌 5개를 검사합니다.

입력에서 1로 시작하는 비트들을 찾을 수 없다면 현재 입력은 무시합니다. 뒤에 정상적인 바이트들이 출현할 수 있으므로 현재 바이트만 무시합니다. 1이 2개에서 4개 사이가 아닐 때는 헤더의 입력 자체에 문제가 있는 경우이므로 입력 전체를 잘못 인코딩된 결과로 판단하고 False를 반환합니다. 그렇지 않다면 현재 바이트는 정상적인 UTF-8 형식으로 인코딩된 경우이므로 1을 하나 감소합니다.

20~25행에서는 뒤따라오는 데이터의 시작 비트를 차례대로 하나씩 조사합니다. 시작 비트가 10이 아니면 잘못 인코딩된 데이터이므로 False를 반환하고 그렇지 않다면 1의 개수를 하나 감소합니다. 데이터를 모두 확인했음에도 1의 개수가 여전히 0보다 크다면 첫 번째 입력의 헤더가 잘못 인코딩된 경우이므로 False를 반환합니다.

이 과정을 모두 통과하면 입력으로 주어진 데이터는 UTF-8로 인코딩된 데이터이므로 True를 반환합니다.

난이도 ☆☆☆ | 키워드 힌트: 위치 테이블 | 파일 Chapter12/45_minimum_substring.py | leetcode #727

문제 정의

2개의 문자열이 주어집니다. 첫 번째 문자열 s는 임의의 값을 갖고 있고, 두 번째 문자열 t는 s에서 추출할 부분 문자열이 순서대로 가지고 있어야 하는 요소들입니다.

예를 들어 s는 kuozkoz고 t는 koz라면 s는 t의 모든 문자를 순서대로 가지고 있는 최소의 부분 문자열입니다. s는 다음과 같이 2개의 부분 문자열로 나눌 수 있는데, 첫 번째 부분 문자열의 길이는 4, 두 번째 부분 문자열의 길이는 3입니다. 이때 더 길이가 짧은 koz를 찾는 것이 이 문제의 목표입니다.

```
s = "kuozkoz"
t = "koz"
```

```
"koz"
```

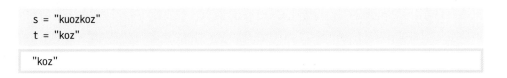

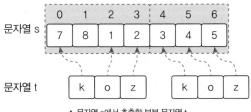

▲ 문자열 s에서 추출할 부분 문자열 t

문제 해결

첫 번째 문자열 s에 kouzkoz가 입력으로 주어지면 문자열 s에서 t에 포함된 모든 문자가 포함된 부분 문자열, 그중에서도 가장 짧은 문자열인 koz를 반환해야 합니다. 간단히 생각해보면 다음과 같이 s의 각 문자에서 시작해 t에 존재하는 모든 문자가 출현할 때까지 길이를 구할 수 있습니다. 이 부분 문자열의 길이는 4입니다.

두 번째 자리부터 koz를 찾을 때까지 진행하면 길이가 6인 부분 문자열을 얻게 됩니다. 이런 식으로 탐색을 시작할 위치를 1칸씩 오른쪽으로 이동하면서 찾는 방법이 있습니다. 그러나 이 방법은 $O(N^2)$의 시간이 소모되므로 적합한 해결책은 아닙니다.

> **Tip.** 실제로도 이 방법으로는 특정 테스트 케이스에서 타임아웃이 발생합니다. 문자열 파트에서 다루고 있는 문제지만 이번 문제는 동적 프로그래밍 방식으로 해결해야 합니다.

다른 해결책을 찾아보겠습니다. 다음과 같은 테이블을 하나 준비합니다. 가로에는 포함되어야 하는 요소 문자열 t의 원소들이 배치되어 있고 세로에는 입력으로 주어진 문자열 s의 원소들이 배치되어 있습니다. 문자열 s의 원소들은 테이블의 세로에 배치되며, 문자열 t의 원소들은 테이블의 가로에 배치됩니다. 이제 이 테이블의 가로와 세로의 위치로 s와 t의 문자가 같은지 비교합니다.

먼저 s의 첫 번째 문자인 k를 t와 비교합니다. 두 문자열을 비교해 문자가 같다면 대각선으로 이전의 값을 가져오고 다르다면 현재 위치로 가져옵니다.

		k	o	z
	1	0	0	0
k	2	1	0	0
u	3	0	0	0
o	4	0	0	0
z	5	0	0	0
k	6	0	0	0
o	7	0	0	0
z	8	0	0	0

이 과정을 반복하면 최종적으로 오른쪽 끝에 0이 아닌 값들이 있는 행을 파악할 수 있습니다. 4~7행의 끝에 값이 0이 아닌 값이 있습니다. 이 값은 현재 행에서 t의 모든 원소를 가진 부분 문자열을 구성할 수 있으며 그 시작이 1행이라는 의미입니다. 5행과 6행의 길이는 4행보다 짧고 그 값을 그대로 가져온 부분 문자열이라 t의 원소들을 가지고 있지 않을 수 있습니다. 즉, 5행과 6행의 결과는 무시해야 합니다. 가장 짧은 부분 문자열을 찾아야 하기에 이 두 행은 자연스럽게 무시됩니다.

따라서 결과 테이블에서는 4행과 7행만 유의미합니다. 4행은 4-1+1, 즉 4의 길이를 얻을 수 있고 7행은 7-5+1, 즉 3의 길이를 얻을 수 있습니다. 둘 중 7행을 선택해야 더 짧은 최소의 부분 문자열을 생성할 수 있으므로 7행에서 끝나는 이 부분을 이용해 결과 부분 문자열을 생성합니다.

		k	o	z
	1	0	0	0
k	2	1	0	0
u	3	1	0	0
o	4	1	1	0
z	5	1	1	1
k	6	5	1	1
o	7	5	5	1
z	8	5	5	5

사실 이 문제의 핵심은 테이블을 따라가면서 연산하는 게 아니라 바로 이 테이블을 설계하는 과정입니다. 현재의 결과를 얻기 위해 직전까지 수행한 결과를 재사용한다는 점에서 이 부분은 동적 프로그래밍의 점화식을 설계하는 부분에 해당합니다. 테이블 설계의 핵심은 테이블의 가장 왼쪽 열에 각 행의 위치를 기록했다는 점입니다. 두 번째는 s와 t의 원소가 같을 때 대각선으로 이전의 값을 현재 위치로 가져온다는 점입니다. t를 구성하는 첫 번째 문자인 k가 s 문자열에 출현했을 때의 위치가 s와 t가 모두 k인 행과 열의 위치에 기록됩니다.

이후 t의 두 번째 문자인 o가 나타나는 행과 열이 k가 처음 시작된 위치를 가져오고 마지막으로 t의 가장 마지막 문자인 z를 만났을 때 k의 시작 위치는 테이블의 오른쪽 끝 열에 기록됩니다. 결국 테이블의 오른쪽 끝에 0이 아닌 다른 값이 기록되어 있다면 이 값은 t에 존재하는 모든 문자를 s에서 찾았다는 것을 알려줍니다.

더불어 마지막 열에 기록된 이 값은 t의 첫 번째 문자를 s에서 찾은 위치를 의미합니다. 이 값이 어떻게 가장 마지막 열까지 이동하는지 그림으로 나타내면 다음과 같습니다.

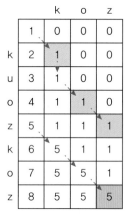

▲ 마지막 열까지 이동하는 과정

| 해결 코드

이제 앞서 설명한 최소 길이 부분 문자열을 찾는 알고리즘이 동작하는 코드를 살펴보겠습니다.

| 최소 길이 부분 문자열 찾기 | | | 파일 Chapter12/45_minimum_substring.py |

```
001: def find_min_substring(s, t):
002:     m = len(s)
003:     n = len(t)
004:
005:     dp = [[0] * (n + 1) for _ in range(m + 1)]
006:
007:     for j in range(m + 1):
008:         dp[j][0] = j + 1
009:
010:     for i in range(1, m + 1):
011:         for j in range(1, n + 1):
012:             if s[i - 1] == t[j - 1]:
013:                 dp[i][j] = dp[i - 1][j - 1]
014:             else:
```

```
015:                    dp[i][j] = dp[i - 1][j]
016:
017:        start = 0
018:        length = m + 1
019:
020:        for i in range(1, m + 1):
021:            if dp[i][n] != 0:
022:                if i - dp[i][n] + 1 < length:
023:                    start = dp[i][n] - 1
024:                    length = i - dp[i][n] + 1
025:
026:        return "" if length == m + 1 else s[start:start + length]
```

먼저 t의 문자 요소가 모두 포함되는 위치를 기록할 테이블을 dp라는 변수로 선언합니다. 모든 테이블에 각 행의 첫 번째 열에서만 1부터 증가하는 값을 갖도록 0으로 초기화합니다.

10~15행에서는 s에 t의 모든 원소가 포함되는 위치를 기록하기 위해 테이블의 모든 값을 비교하여 내용을 갱신합니다. t의 현재 위치(행 기준)와 s의 현재 위치(열 기준)가 같다면 테이블 dp는 대각선 이전의 값을 갖고, 그렇지 않다면 바로 위의 값을 가져가도록 합니다.

이제 모든 행의 마지막 열이 지닌 값이 0이 아닌 경우, 여기에 기록된 부분 문자열의 시작 위치를 보고 최소 부분 문자열의 시작 위치와 길이를 갱신하여 각각 변수 start와 length에 저장합니다. length의 길이가 문자열의 최대 길이와 같지 않다면 s에서 start부터 시작하여 start+length가 끝나는 문자열을 반환합니다. 이것이 바로 t에 존재하는 모든 문자를 포함하고 있는 최소 길이의 부분 문자열입니다.

| 성능 분석

이와 같이 테이블을 활용해 답을 찾는 알고리즘의 시간 복잡도는 문자열 s의 길이 M과 문자열 t의 길이 N을 곱한 $O(MN)$입니다. N은 M보다 훨씬 작은 경우가 대부분이기에 앞서 첫 번째 해결 방식으로 다뤘던 $O(M^2)$ 시간의 알고리즘보다는 훨씬 빠른 성능을 보여줍니다.

최소 길이 부분 문자열 찾기 II

난이도 ☆☆☆ | 키워드 힌트: 투 포인터 | 파일 Chapter12/46_minimum_substring2.py | leetcode #76

문제 정의

이 문제는 앞서 살펴본 문제와 거의 흡사합니다. 차이점이 있다면 이번에는 t의 문자들이 s의 부분 문자열에서 순서대로 출현할 필요가 없다는 점입니다. 예를 들어 s는 bdacb, t는 ab일 때 t의 모든 문자를 가진 s의 부분 문자열은 bda와 acb라는 2가지 경우가 존재합니다. 이 2개의 문자열 중 하나를 답으로 반환하면 됩니다.

```
s = "bdab"
t = "ab"
```

"ba" 혹은 "ab"

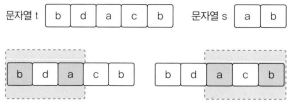

▲ 2개의 문자열에서 최소 길이 부분 문자열 구하기

문제 해결

이 문제는 지금까지 자주 활용한 투 포인터 기법과 슬라이딩 윈도우로 사용할 딕셔너리(맵) 자료구조로 해결할 수 있습니다.

💡 Tip. 슬라이딩 윈도우에 대한 자세한 설명은 '4.3 문자열 검색'을 확인하세요.

우선 다음과 같이 배열의 시작을 가리키는 2개의 포인터 left와 right을 준비합니다. 그리고 슬라이딩 윈도우로 사용할 딕셔너리를 준비합니다. 딕셔너리는 문자열 t를 구성하는 모든 문자의 출현 빈도 0을 초깃값으로 갖습니다.

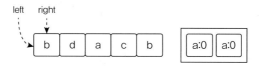

먼저 right를 이동하면서 t에 문자가 있는지 확인합니다. s의 가장 앞에 위치한 문자는 문자열 t에 포함된 문자 b입니다. b에 대한 출현 빈도를 1 증가합니다.

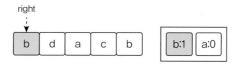

s의 두 번째 문자 d는 t를 구성하는 문자에 포함되지 않으므로 무시하고 다음 문자로 이동합니다. 문자열 s의 세 번째 위치에는 a가 있습니다. 이는 t에 포함되므로 a의 출현 횟수를 증가시킵니다. 이제 문자별 출현 횟수는 a가 1회, b가 1회가 되었습니다.

left 역시 t를 구성하는 문자를 만날 때까지 오른쪽으로 이동시킵니다. 그런데 가장 먼저 출현한 문자 b가 t에 포함되므로 더 이상 진행하지 않습니다. 이 위치에서 right와 left의 문자열 길이인 3을 계산합니다.

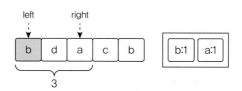

이제 left를 1칸 오른쪽으로 이동하면서 b의 출현 횟수를 감소합니다. 딕셔너리가 t를 구성할 수 있는 조건이 아니므로 이번에는 right를 이동합니다.

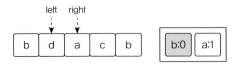

right가 오른쪽 끝까지 이동하면 t를 구성하는 문자 b를 찾습니다. 딕셔너리에서 b의 출현 횟수를 증가시키면 딕셔너리는 다시 t를 구성할 수 있는 조건을 만족하게 됩니다.

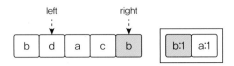

t를 구성하는 문자를 만날 때까지 left를 오른쪽으로 이동합니다. left부터 right가 가리키는 범위에서 길이가 3인 문자열을 찾습니다.

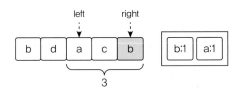

left를 1칸 오른쪽으로 이동하면 딕셔너리의 상태로 t를 구성할 수 없는 조건이 됩니다. 이제 다시 right를 이동해야 하지만 더 이상 이동할 곳이 없으므로 알고리즘은 여기서 종료됩니다.

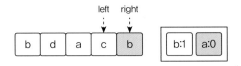

| 해결 코드

앞서 설명한 최소 길이 부분 문자열을 찾는 알고리즘이 동작하는 코드를 살펴보겠습니다.

```python
001: def find_min_substring(s: str, t: str) -> str:
002:     req = collections.Counter(t)
003:     wnd = collections.defaultdict(int)
004:     num_kind = 0
005:
006:     l = r = 0
007:     mn = float('inf')
008:     ml = mr = 0
009:
010:     while r < len(s):
011:         if s[r] not in t:
012:             r += 1
013:             continue
014:
015:         wnd[s[r]] += 1
016:
017:         if wnd[s[r]] == req[s[r]]:
018:             num_kind += 1
019:
020:         while l <= r and num_kind == len(req):
021:             if s[l] not in t:
022:                 l += 1
023:                 continue
024:
025:             if mn > r - l + 1:
026:                 mn = r - l + 1
027:                 ml = l
028:                 mr = r
029:
030:             wnd[s[l]] -= 1
031:             if wnd[s[l]] < req[s[l]]:
032:                 num_kind -= 1
033:
034:             l += 1
035:
036:         r += 1
037:
038:     return s[ml:mr + 1] if mn != float('inf') else ''
```

2행에서 문자열 t를 구성하는 각 문자의 출현 빈도를 딕셔너리 req에 저장합니다. 이는 collections 라이브러리의 Counter 클래스로 간단히 수행할 수 있습니다. 다음 행에서는 슬라이딩 윈도우로 사용할 딕셔너리인 wnd 변수를 정의합니다. 4행에서는 출현 빈도가 충족된 문자의 수를 저장할 변수 num_kind를 0으로 초기화합니다. 이어서 6행에서 left와 right를 각각 l과 r로 선언하고 7~8행에서는 가장 짧은 부분 문자열의 위치와 길이를 저장하기 위해 사용할 변수들을 선언합니다.

11행에서 문자열 s의 각 문자가 t에 포함되는지를 판단합니다. 만약 포함되지 않는다면 무시해도 되는 문자이므로 r 값을 증가시키고 다시 반복문을 수행합니다. 만약 포함되는 문자라면 해당 문자의 출현 빈도를 wnd에 1만큼 증가합니다. 이렇게 문자의 출현 빈도를 증가시키다가 특정 문자의 출현 빈도가 t에 출현하는 문자의 출현 빈도와 동일해지면 해당 문자는 조건을 충족한다는 것을 표시하기 위해 18행에서 num_kind 값을 1 증가합니다.

while문의 조건이 참인 상황은 num_kind가 t에 존재하는 문자들의 종류의 개수와 동일해지는 것입니다. 즉, right를 오른쪽으로 이동하면서 t를 구성할 수 있는 모든 문자를 찾은 상황입니다. 21행에서 left를 t를 구성하는 문자를 찾을 때까지 이동합니다. 이동하면 left는 이제 t를 구성하는 문자열 위치를 가리키고 있으므로 right부터 left까지 찾은 부분 문자열로 보고 이 부분 문자열의 길이로 최소 부분 문자열의 길이와 문자열의 시작 종료 위치를 갱신합니다.

30행에서 left가 가리키는 위치의 문자의 출현 횟수를 감소한 후 31행에서 해당 문자의 감소가 요구하는 문자의 출현 횟수보다 작아진다면 num_kind를 1 감소합니다. 이제 wnd는 req와 동일하지 않으므로 20행의 반복문을 빠져나가게 됩니다.

이제 right를 1만큼 이동한 후 10행으로 되돌아갑니다. while문의 조건이 거짓이 되면 38행을 수행해 최소 길이의 부분 문자열을 반환합니다.

▌성능 분석

알고리즘을 살펴보면 right가 모든 원소를 1회씩 방문하고 left 역시 거의 모든 원소를 1회씩 방문합니다. 즉, 이 부분의 시간 복잡도는 O(N)이 됩니다. 원소를 방문할 때마다 딕셔너리의 상태를 변경하는데 딕셔너리에 값을 쓰고 읽는 과정은 각각 O(1)의 시간 복잡도를 지닙니다. 따라서 이 알고리즘은 O(N)의 시간 복잡도를 가지고 있습니다.

문제 47	중복 정보 통합하기

난이도 ☆☆ | 키워드 힌트: 빈도 | 파일 Chapter12/47_accounts_merge.py | leetcode #721

문제 정의

입력으로 emails라는 리스트가 주어집니다. emails는 여러 개의 리스트로 구성되어 있으며 각 리스트는 사용자명, 이메일로 된 계정 정보가 들어 있습니다. 이때 사용자와 계정이 동일한 경우 정보를 통합하고자 합니다.

다음과 같이 리스트로 사용자명, 이메일 계정 정보가 주어졌을 때 중복된 계정을 통합하면 다음과 같이 첫 번째와 네 번째 리스트를 합친 정보가 출력되어야 합니다.

```
emails = [["Tim", "timothy@mail.com", "timo21k@mail.com"], ["Tim", "timjackson@mail.
com"], ["Blige", "blige@mail.com"], ["Tim", "timo21k@mail.com", "tim_seoul@mail.com"]]
```

```
[['Tim', 'tim_seoul@mail.com', 'timo21k@mail.com', 'timothy@mail.com'], ['Tim',
'timjackson@mail.com'], ['Blige', 'blige@mail.com']]
```

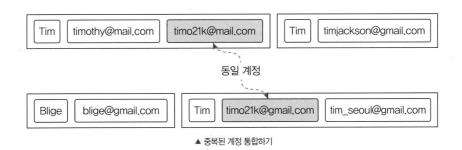

▲ 중복된 계정 통합하기

문제 해결

먼저 각 리스트를 어떻게 처리해야 하는지 살펴보겠습니다. 첫 번째 사용자는 2개의 계정을 가지고 있습니다. 이 정보로 계정 간 관계와 대표 계정 테이블을 갱신합니다.

두 계정 모두 Tim이라는 사용자의 계정이므로 서로 연결 관계를 가지며 두 계정 중 먼저 입력된 계정을 대표 계정으로 지정합니다.

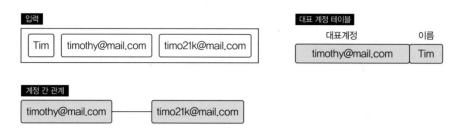

두 번째 입력에도 계정 관계와 대표 계정 테이블을 갱신합니다.

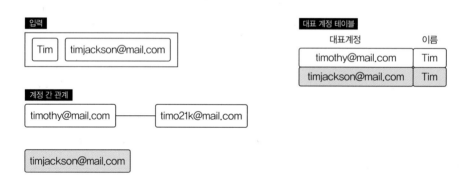

세 번째로 입력된 Blige라는 사용자의 계정 정보도 갱신합니다. 여기까지는 중복되는 계정이 없으므로 통합한 계정이 없습니다.

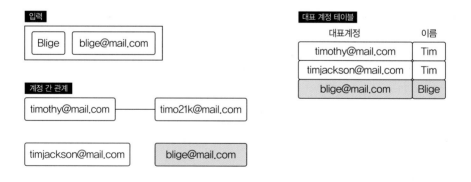

마지막 네 번째 입력은 Tim이라는 사용자의 계정 정보를 담고 있으며 저장해 둔 대표 계정 테이블과 중복됩니다. 따라서 두 계정을 연결하고 대표 계정 테이블도 현재 입력에서 첫 번째로 등장한 이메일 계정과 Tim이란 이름을 매핑하여 추가합니다.

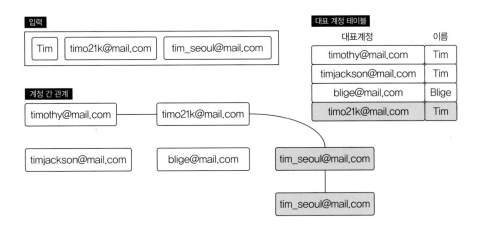

이제 관계 그래프에서 하나의 정점을 선택합니다. 첫 번째로 timothy@mail.com을 선택합니다. 처음 방문한 이메일 계정의 사용자를 대표 계정 테이블에서 찾아보니 모두 Tim의 계정임을 알 수 있습니다. 이 계정과 연결된 모든 정점을 방문하고 4개의 이메일 계정을 하나로 통합합니다.

이 4개의 계정을 모두 Tim의 이름으로 다음과 같이 통합합니다. timjackson@mail.com과 blige@mail.com은 모두 연결된 간선이 없으므로 통합할 계정도 없습니다.

해결 코드

앞서 설명한 알고리즘이 실제로 동작하는 코드를 살펴보겠습니다.

| 중복 정보 통합하기 | 파일 Chapter12/47_accounts_merge.py |

```
001: def merge_email_accounts(emails):
002:     g = collections.defaultdict(set)
003:     names = collections.defaultdict(str)
004:
005:     for acc in emails:
006:         for i in range(1, len(acc)):  # 1 for only email case
007:             g[acc[1]].add(acc[i])
008:             g[acc[i]].add(acc[1])
009:
010:         names[acc[1]] = acc[0]
011:
012:     visited = set()
013:     res = []
014:
015:     for email in g:
016:         if email in visited:
017:             continue
018:
019:         q = collections.deque([email])
020:         visited.add(email)
021:         linked_emails = [email]
022:
023:         while q:
024:             u_email = q.popleft()
025:
026:             for v_email in g[u_email]:
027:                 if v_email in visited:
028:                     continue
029:
030:                 visited.add(v_email)
031:                 linked_emails += v_email,
032:                 q += v_email,
033:
034:         res += [names[email]] + sorted(linked_emails),
035:
036:     return res
```

먼저 '계정 간 관계'를 그래프로 저장할 그래프 변수 g를 선언합니다. 그리고 '대표 계정 테이블'로 사용할 names를 정의합니다. 이제 입력 정보로 '계정 간 관계' 그래프와 '대표 계정 테이블'을 갱신합니다. 이 코드를 수행하면 그래프와 테이블이 완성됩니다. 다음으로 그래프 방문에 사용할 visited 셋과 결과를 저장할 리스트 res를 선언합니다.

15~21행에서는 방문하지 않은 정점을 방문합니다. 방문을 위해 가장 먼저 현재 정점의 이메일 계정을 큐에 추가합니다. 그리고 이 정점은 방문 처리를 하고 linked_emails에 이메일을 저장합니다. 이렇게 큐에 추가한 원소들을 차례대로 방문하면서 linked_emails에 이메일 계정들을 추가합니다.

방문을 모두 마친 후 lined_emails에 저장된 계정과 현재 방문을 시작한 이메일 계정에 대한 이름을 찾아 하나의 리스트로 만들어 res에 추가합니다. 모든 정점에 처리가 끝나면 결과 리스트를 반환합니다.

문자열 섞기

난이도 ☆☆ | 키워드 힌트: 재귀 | 파일 Chapter12/48_interleave_strings.py | leetcode #97

문제 정의

문자열 3개가 주어집니다. 첫 번째 문자열(s1)과 두 번째 문자열(s2)의 문자들을 섞어서 세 번째 문자열(s3)을 만들 수 있다면 True, 그렇지 않다면 False를 반환하는 문제입니다. 이 문제의 조건은 다음과 같습니다.

- 처음 두 문자열은 최소 0개에서 최대 100자를 가질 수 있습니다.
- 자연스럽게 마지막 문자열도 최소 0개에서 최대 200자를 가질 수 있습니다.
- 문자는 모두 알파벳으로 주어집니다.

문자열을 섞는 규칙은 다음과 같습니다. 첫 번째 문자열과 두 번째 문자열에서 문자를 가져올 때는 번갈아가며 가져와야 합니다. 단, 한 번에 가져올 수 있는 문자의 수에는 제한이 없습니다.

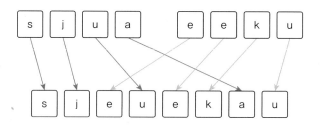

```
s1 = "sjua", s2 = "eeku", s3 = "sjeuekau"
```

```
True
```

문제 해결

먼저 첫 번째 문자열, s1에서 문자를 가져오겠습니다. s1의 첫 번째 문자인 s를 추가합니다. s가 세 번째 문자열, s3에서도 동일한 위치에 있다면 s1의 문자열을 사용할 수 있습니다.

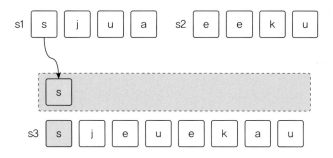

두 번째 문자도 s1에서 가져옵니다. 이번에는 두 번째 문자인 j를 사용합니다. 마찬가지로 s3의
두 번째 문자와 같다면 문자를 사용할 수 있습니다.

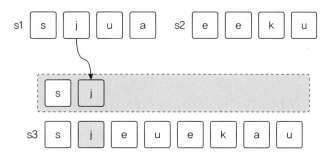

세 번째 문자는 s1에서는 가져올 수 없습니다. 따라서. s2의 첫 번째 문자인 e를 가져옵니다.

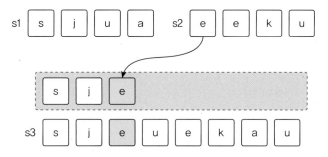

이처럼 두 문자열에서 문자들을 차례대로 사용하여 마지막 문자열을 구성할 수 있는지 없는지 문자들을 대입해보면서 반복해서 점검합니다. 이렇게 마지막 문자까지 처리하면 s1, s2의 문자들로 s3을 구성할 수 있는지 없는지 파악할 수 있습니다.

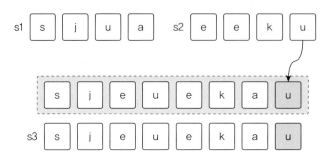

해결 코드

문자열 2개의 문자들을 섞는 알고리즘이 실제로 동작하는 코드를 살펴보겠습니다.

문자열 섞기	│ 파일 Chapter12/48_interleave_strings.py

```
001: def interleave(s1: str, s2: str, s3: str) -> bool:
002:     n = len(s1)
003:     m = len(s2)
004:
005:     if n + m > len(s3):
006:         return False
007:
008:     def check(i, j, inter):
009:         if inter and inter[-1] != s3[len(inter) - 1]:
010:             return False
011:
012:         if i == n and j == m:
013:             return inter == s3
014:
015:         res = False
016:         if i < n:
017:             res = res or check(i + 1, j, inter + s1[i])
018:
019:         if j < m:
020:             res = res or check(i, j + 1, inter + s2[j])
021:
```

```
022:          return res
023:
024:     return check(0, 0, '')
```

check라는 함수는 첫 번째 문자열 s1에서 i 위치의 문자를 추가하는 경우와 두 번째 문자열 s2의 j번째 위치의 문자를 추가해 문자를 구성할 수 있는지를 모두 확인합니다. 이를 s3 문자열의 마지막 문자까지 반복해 함수의 재귀 호출을 수행합니다.

발생할 수 있는 모든 경우의 수를 반복 처리하기 때문에 중복으로 처리하는 무수히 많은 경우가 발생합니다. 예를 들어 다음과 같이 s1은 ac를 s2는 ab일 때 s3은 aa를 만들기 위해 두 문자열을 번갈아가며 값을 가져옵니다. 이 상태에서 재귀를 취하여 마지막 문자열까지 처리를 마치면 두 문자열에서 문자를 1개씩 사용했을 때 s3을 완성할 수 있는지를 확인합니다.

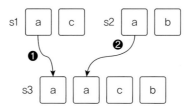

반대로 s2의 첫 번째 문자를 먼저 사용하고 이후 s1의 첫 번째 문자를 사용해도 동일하게 aa를 만들 수도 있습니다.

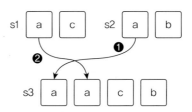

이 경우엔 s3을 완성할 수 있는지 확인했으므로 이후 문자는 처리할 필요 없이 기존 결과를 재사용해 불필요한 연산 수행을 없앱니다. 이는 동적 계획법의 **메모이제이션**memoization으로 구현할 수 있습니다.

다음은 mem이라는 캐시를 추가해 성능을 향상시킨 코드입니다.

문자열 섞기_mem 캐시 추가	| 파일 Chapter12/48_interleave_strings.py

```
001: def interleave(self, s1: str, s2: str, s3: str) -> bool:
002:     n = len(s1)
003:     m = len(s2)
004:
005:     if n + m > len(s3):
006:         return False
007:
008:     def check(i, j, inter):
009:         if (i, j) in mem:
010:             return mem[(i, j)]
011:
012:         if inter and inter[-1] != s3[len(inter) - 1]:
013:             return False
014:
015:         if i == n and j == m:
016:             return inter == s3
017:
018:         res = False
019:         if i < n:
020:             res = res or check(i + 1, j, inter + s1[i])
021:
022:         if j < m:
023:             res = res or check(i, j + 1, inter + s2[j])
024:
025:         mem[(i, j)] = res
026:         return res
027:
028:     mem = {}
029:     return check(0, 0, '')
```

다음과 같이 테스트 코드를 실행하면 두 문자열로 세 번째 문자열을 만들 수 있으므로 True를
출력합니다.

```
001: print(interleave(s1 = "sjua", s2 = "eeku", s3 = "sjeuekau"))
```

```
True
```

| 성능 분석

각 문자열에서 합칠 문자를 선택하는 방법은 2가지입니다. 만약 문자열에 오류가 있어도 계속 진행한다면, 세 번째 문자열의 길이를 N이라고 할 때 선택 가능한 경우의 수는 총 $O(2^N)$입니다. 따라서 알고리즘의 시간 복잡도는 $O(2^N)$이 됩니다.

만약 성능을 비약적으로 향상시키려면 앞서 살펴본 메모이제이션을 사용하는 것이 좋습니다.

해시 값과 일치하는 부분 문자열 찾기

난이도 ☆☆☆ | 키워드 힌트: 롤링해시 | 파일 Chapter12/49_matched_substring.py | leetcode #2156

문자열과 길이가 k인 부분 문자열의 해시 값이 주어집니다. 이 해시 값을 만족하는 부분 문자열이 문자열에 존재하는지를 찾아야 합니다. 이때 문자열의 문자는 모두 소문자며 각 문자는 알파벳 순서를 값으로 계산합니다. 즉, a는 1, b는 2, z는 26입니다. 또, 해시 값은 다음과 같이 계산합니다.

hash(s, p, m) = (val(s[0]) * p0 + val(s[1]) * p1 + ... + val(s[k-1]) * pk-1) mod m.

예를 들어 python이라는 문자열에서 길이가 2, 롤링해시 값이 5인 부분 문자열을 찾아야 한다면 다음과 같이 입력이 주어집니다.

```
s = 'python', length = 2, power = 5, modulo = 11, rolling_hash = 5
'th'
```

출력 결과가 th인 이유는 t는 20번째 알파벳이므로 20, 두 문자열 중 첫 번째로 출현하는 문자이므로 5의 0승인 1을 곱하여 20이 됩니다. h는 8번째 알파벳이므로 8, 부분 문자열에서 두 번째로 출현하는 문자이므로 5의 1승인 5를 곱하여 40이 됩니다. 이를 합한 값은 60이고 60을 11로 모듈로 연산을 적용하면 5, 즉 찾고자 하는 롤링해시 값입니다. 따라서 입력 조건을 만족하므로 th를 반환합니다.

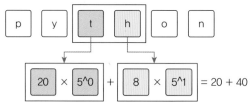

▲ 해시 값과 일치하는 부분 문자열 찾기

문제 해결

python이라는 문자열에서 해시 값과 일치하는 부분 문자열을 찾는 과정을 살펴보겠습니다. 먼저 python의 롤링해시 값은 5, 이 해시 값을 만드는 데 사용한 문자열의 길이는 2, 밑^{base}은 5입니다. 이를 가지고 계산한 값은 11로 모듈로 연산을 적용합니다.

먼저 python에서 첫 두 글자 p, y의 롤링해시 값을 계산합니다. 계산한 결과는 16+125=141 이며, 11로 모듈로 연산한 결과는 9입니다. 이는 찾고자 하는 롤링해시 값 5가 아니므로 다음 위치로 이동합니다.

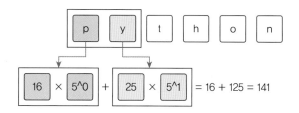

이번에는 y와 t의 롤링해시 값을 계산합니다. 계산한 결과는 25+100=125이며 11로 모듈로 연산한 결과는 4입니다. 찾고자 하는 값이 아니므로 다음으로 이동합니다.

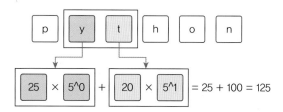

t와 h의 롤링해시 값은 20+40=60입니다. 60을 11로 모듈로 연산한 결과는 5로, 찾고자 하는 롤링해시 값입니다. 결과로 th를 반환합니다.

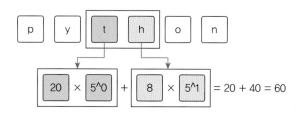

롤링해시 값에 대응하는 부분 문자열 th를 찾았지만 이어서 뒷부분 문자열에도 롤링해시를 계산해보겠습니다. h와 o의 롤링해시 값은 8+75=83이며 이를 11로 모듈로 연산하면 6입니다. 찾고자 하는 값이 아니므로 다음으로 이동합니다.

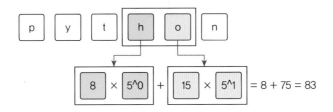

마지막 두 문자는 o와 n입니다. 두 문자의 롤링해시 값은 75+70=85입니다. 이를 11로 모듈로 연산을 수행하면 8입니다. 역시 찾고자 하는 값인 5가 아닙니다.

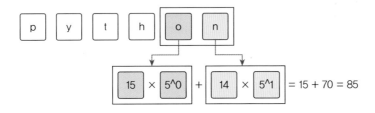

정리하면, 찾고자 하는 롤링해시 값을 계산하기 위해서 입력으로 주어진 길이(length)만큼 윈도우를 왼쪽 끝에서 오른쪽 끝까지 이동하면서 문자들의 롤링해시 값을 계산합니다. 이동 중 계산한 롤링해시 값이 목표 값이면 윈도우의 문자들을 결과로 반환합니다.

┃ 해결 코드

앞서 설명한 알고리즘이 실제로 동작하는 코드를 살펴보겠습니다. 먼저 롤링해시 값을 계산하는 식은 다음과 같습니다.

```
pat[0] x 2^0 + pat[1] x 2^1 … pat[n - 1] x 2^(n - 1)
```

pat는 입력으로 주어진 문자열에서 왼쪽에서 오른쪽으로 1칸씩 이동하는 윈도우를 의미합니다. 롤링해시 값을 계산하고 난 다음 모듈로 연산으로 찾고자 하는 해시 값인지를 판단합니다.

```python
001: def find_rolling_hash(s, length, power, modulo, rolling_hash) -> str:
002:     def get_val(ch):
003:         return (ord(ch) - ord('a') + 1)
004:
005:     rh = 0
006:     weight = 1
007:
008:     for i in range(length):
009:         rh += get_val(s[i]) * weight
010:         weight *= power
011:
012:     if rh % modulo == rolling_hash:
013:         return s[:length]
014:
015:     for i in range(length, len(s)):
016:         rh += get_val(s[i]) * weight
017:         rh -= get_val(s[i - length])
018:         rh = rh // power
019:
020:         if rh % modulo == rolling_hash:
021:             return s[i - length + 1: i + 1]
022:
023:     return ""
```

먼저 문자열이 주어지면 문자 순서를 정수로 반환하는 get_val 함수를 정의합니다. 이후 7~9행까지 찾고자 하는 부분 문자열의 롤링해시 값을 계산합니다. 11행에서 계산한 롤링해시 값이 찾고자 하는 rolling_hash와 동일하다면 문자열 s에서 처음 length 크기만큼 문자들을 반환합니다. 동일하지 않다면 14행에서 반복문을 수행하면서 length 위치부터 문자열 s의 끝까지 이동하며 롤링해시 값을 계산합니다. 롤링해시를 계산할 때 rh에 해시 값을 더하고 빼는 과정을 반복하면서 연산을 최소화합니다.

15행에서 현재 위치의 문자에 해시 값을 더하고 16행에서는 현재 위치에서 length만큼 앞선 문자에 대한 해시 값을 뺍니다. 이렇게 현재 처리할 문자의 위치가 이동할 때마다 롤링해시 값을 쉽게 계산할 수 있습니다.

19행에서는 현재 계산된 롤링해시 값이 rolling_hash와 동일한지 확인합니다. 만약 동일하다면 입력으로 주어진 문자열 s의 현재 위치에서 length를 뺀 위치부터 현재 위치까지의 문자들을 반환합니다. 마지막으로 문자열에서 찾고자 하는 롤링해시 값을 찾지 못하면 빈 문자열을 반환합니다.

이렇게 구현한 함수를 실행하면 th가 출력되는 것을 확인할 수 있습니다.

```
001: res = Solution().find_rolling_hash("python", 2, 5, 11, 5)
002: print(res)
```

```
"th"
```

| 성능 분석

이 알고리즘은 문자열을 1회 순회하면서 롤링해시 값을 갱신하고 찾고자 하는 롤링해시 값과 일치하는지를 판단하므로 $O(N)$의 시간 복잡도를 갖습니다.

문제 50   문자열로 팰린드롬 만들기

난이도 ☆☆☆ | 키워드 힌트: 빈도 테이블 | 파일 Chapter12/50_min_letters_for_palinidrome.py | leetcode #1312

문제 정의

문자열이 주어집니다. 이 문자열을 **회문** 혹은 **팰린드롬**^{palindrome}이라 알려진 거꾸로 읽어도 똑같이 읽히는 문자열로 만들고자 합니다. 주어진 문자열로 팰린드롬을 만들기 위해 추가해야 할 문자의 개수를 반환하는 것이 문제의 목표입니다.

단, 주어진 문자열의 문자를 모두 쓸 필요는 없습니다. 팰린드롬을 만들기 위해 사용할 문자가 몇 개고, 추가해야 할 문자는 몇 개인지를 파악하면 됩니다. 즉, 이 문제의 조건은 다음과 같습니다.

- 문자열의 길이는 최소 1에서 최대 500입니다.
- 입력할 수 있는 문자는 알파벳 또는 아라비아 숫자뿐입니다.

문자열을 팰린드롬으로 구성하려면 좌우대칭되는 문자들을 추가해야 합니다. 이때 문자열을 뒤집은 새로운 문자열을 만들고 두 문자열에서 중복되는 문자들을 팰린드롬을 구성하는 데 최대한 재사용합니다.

예를 들어 주어진 문자열이 ziveii일 때 가장 많이 출현한 문자는 i입니다. i를 재사용하고 팰린드롬을 만들려면 총 3개의 문자를 추가하면 됩니다.

```
s = "ziveii"
```
```
n = 3
```

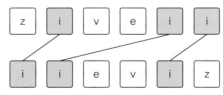

▲ 문자열을 뒤집어 새로운 문자열 만들기

다음과 같이 출현 빈도가 가장 높은 문자를 제외한 나머지 문자의 오른쪽 혹은 왼쪽에 문자들을 추가하면 거꾸로 읽어도 똑같은 문자, 팰린드롬을 만들 수 있습니다.

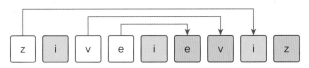

▲ 출현 빈도가 가장 높은 문자를 재사용해 팰린드롬 만들기

이 문제는 완성된 팰린드롬을 반환하는 것이 아니라 팰린드롬을 만들기 위해 추가해야 하는 문자의 개수를 반환하는 문제이므로 주어진 문자열에서 가장 많이 출현하는 문자의 개수를 찾으면 간단하게 풀 수 있습니다.

│ 문제 해결

앞서 주어진 문자열을 팰린드롬으로 만들기 위해 문자열을 뒤집은 문자열을 추가하는 과정이 있었습니다. 이렇게 2개의 문자열이 가진 문자 중 가장 많이 출현하는 문자는 다음과 같은 테이블을 만들어 찾을 수 있습니다. 세로축의 각 행은 입력으로 주어진 문자열의 단어들을 대표하고 가로축의 각 열은 주어진 뒤집은 문자열의 각 단어를 대표합니다.

	i	i	e	v	i	z
0	0	0	0	0	0	0
z	0	0	0	0	0	0
i	0	0	0	0	0	0
v	0	0	0	0	0	0
e	0	0	0	0	0	0
i	0	0	0	0	0	0
i	0	0	0	0	0	0

각 행과 열을 대표하는 문자들을 비교하면서 다음과 같이 행을 대표하는 문자와 열을 대표하는 문자가 동일하면 1을 더합니다.

행을 대표하는 문자와 열을 대표하는 문자가 다르다면 이전 행의 값 혹은 이전 열의 값 중 큰 값을 취합니다.

이 과정을 테이블의 모든 셀에 수행하면 다음과 같이 마지막 행과 열에 중복된 문자의 최대 길이가 저장됩니다. 이제 입력으로 주어진 문자열의 길이에서 중복된 문자의 길이를 제외하면 몇 개의 단어를 추가해야 팰린드롬을 만들 수 있는지 알 수 있습니다.

해결 코드

이 알고리즘은 생각보다 간단합니다. 테이블을 만들고, 입력 문자열과 이를 뒤집은 문자열의 각 위치의 값을 비교하여 테이블을 갱신하는 것이 전부입니다. 알고리즘을 생각하기까지는 어렵지만 구현 자체는 무척 간단합니다.

| 문자열로 팰린드롬 만들기 | 파일 Chapter12/50_min_letters_for_palinidrome.py |

```python
001: def find_min_num_letters(s: str) -> int:
002:     n = len(s)
003:     dp = [[0] * (n + 1) for i in range(n + 1)]
004:     rs = s[::-1]
005:
006:     for i in range(n):
007:         for j in range(n):
008:             if s[i] == rs[j]:
009:                 dp[i + 1][j + 1] = dp[i][j] + 1
010:             else:
011:                 dp[i + 1][j + 1] = max(dp[i + 1][j], dp[i][j + 1])
012:
013:     return n - dp[-1][-1]
```

먼저 테이블을 선언하고 입력 문자열을 뒤집은 문자열을 만듭니다. 이후 반복문을 돌면서 입력 문자열의 현재 행의 값과 이를 뒤집은 문자열의 현재 열의 값이 같다면 이전 행과 열의 값에서 1을 더합니다. 그렇지 않다면 이전 행 혹은 이전 열이 가진 값 중 큰 값을 현재 위치에 할당합니다.

이 과정을 반복하면 앞서 살펴본 마지막 행과 열에 두 문자열이 중복으로 지니는 문자의 개수가 저장됩니다. 즉, 입력 문자열로 팰린드롬을 만들기 위해 추가해야 하는 문자의 수를 의미합니다.

다음과 같이 ziveii를 입력해 구현한 코드를 실행하면 3이라는 결과가 출력됩니다.

```python
001: n = find_min_num_letters("ziveii")
002: print(n)
```

```
3
```

| 성능 분석

입력 문자열은 N개의 문자를 가지고 있고 이 알고리즘은 이 문자를 N×N 크기의 테이블로 만들고 테이블의 모든 위치를 갱신합니다. 따라서 이 알고리즘의 시간 복잡도는 $O(NN)$이 됩니다. 공간 복잡도도 마찬가지입니다.

부분 문자열로 팰린드롬 만들기

난이도 ☆☆ | 키워드 힌트: 빈도 | 파일 Chapter12/51_palindrome_from_substring.py | leetcode #1177

문제 정의

문자열이 하나 주어지고 이 문자의 부분 문자열로 팰린드롬을 만들어야 합니다. 단, 부분 문자열의 시작과 끝 그리고 문자 변경은 할 수 없습니다. 이 문제의 조건은 다음과 같습니다.

- 입력 문자열의 길이와 요청 개수는 10^5개 이하입니다.
- 부분 문자열의 시작 위치는 항상 끝 위치보다 작거나 같습니다.
- 입력은 알파벳만 허용합니다.

문제로 zaoza라는 문자열과 "[부분 문자열의 시작 위치, 부분 문자열의 끝 위치, 변경 가능 문자 개수]"로 구성된 requests가 주어집니다. 요청에 따라 팰린드롬을 만들 수 있다면 True, 없다면 False를 반환합니다.

```
s = "zaoza"
requests = [[1,2,0],[0,3,1],[0,4,1],[2,3,1]]
```

```
[False, True, True, True]
```

문제 해결

간단하게 requests에 따라 문자열이 팰린드롬이 되는지 확인하는 과정을 살펴보겠습니다. 이 입력에서 첫 번째 요청은 [1, 2, 0]이므로 1번부터 2번까지 부분 문자열에 0번의 문자 변경이 허용됩니다. 그러나 ao는 팰린드롬이 아니고 문자는 변경할 수 없으므로 False를 반환합니다.

두 번째 requests [0, 3, 1]은 0번부터 3번까지 부분 문자열에 1번의 문자 변경이 허용됩니다. 0번부터 3번까지 부분 문자열은 zaoz며 a를 o로 바꾸거나 o를 a로 바꾸면 팰린드롬을 만들 수 있습니다. 따라서 True를 반환합니다.

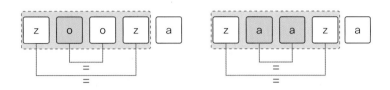

이 과정을 요청마다 반복하면 간단하게 결과를 출력할 수 있습니다. 하지만 만약 모든 요청이 전체 문자열을 부분 문자열로 지정한다면 이 알고리즘의 시간 복잡도는 $O(N^N)$이 됩니다. 즉, 최악의 경우 시간 제한 때문에 정상적으로 알고리즘이 수행되지 않을 수 있습니다. 이런 문제가 발생하지 않도록 하기 위해 성능을 향상시킬 수 있는 몇 가지 방법에 대해 알아보겠습니다.

우선 부분 문자열이 팰린드롬인지 판단하는 로직을 살펴보겠습니다. 가장 간단하게는 부분 문자열을 뒤집은 다음 각 문자열이 같은지 비교하는 방법이 있습니다. 하지만 이 방법은 모든 원소를 처리해야 하므로 비효율적이며 문자 변경 횟수 제한에도 걸립니다.

그렇다면 문자열을 재배치해서 팰린드롬을 만드는 방법을 살펴보겠습니다. 우선 출현 횟수가 짝수인 문자를 양끝에 배치합니다. z가 2번 출현했으므로 z를 양쪽 끝에 배치합니다.

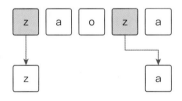

이번에도 짝수로 2번 출현한 a를 z보다는 안쪽 양끝에 배치합니다.

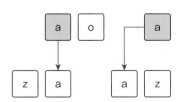

마지막으로 1개 남은 o를 가운데 배치합니다. 이렇게 재배치하면 문자열을 팰린드롬으로 변경할 수 있습니다.

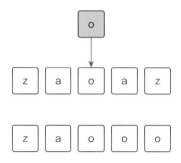

이처럼 짝수인 문자는 양끝에 하나씩, 하나인 문자는 가운데 배치하면 팰린드롬을 간단하게 만들 수 있습니다. 만약 3번 출현하는 문자가 있다면 양쪽 끝에 하나씩 그리고 가운데 하나를 배치하면 아무 문제가 없습니다. 단, 다음과 같이 모든 문자가 홀수라면 문자 하나를 변경해 배치해야 합니다.

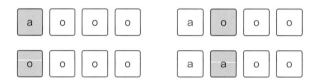

테이블을 이용하는 방법도 있습니다. 먼저 문자열에서 첫 번째 문자부터 살펴봅니다. 첫 번째 문자는 z이므로 테이블에서 z의 빈도에 1을 기록됩니다.

이번엔 a를 포함해 두 번째 문자까지 살펴본 다음 a의 빈도에도 1을 기록합니다.

문자	빈도
z	1
a	1
o	0

이런 식으로 범위를 마지막 문자까지 넓혀 나가면서 문자들의 빈도를 기록한 테이블을 구축합니다.

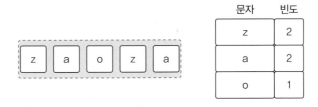

문자	빈도
z	2
a	2
o	1

이제 마지막 요청 [2, 3, 1]이 왜 True인지를 살펴보겠습니다. 0번부터 3번까지 부분 문자열 zaoz의 각 문자 빈도는 다음과 같습니다. 오른쪽의 빈도 테이블을 얻으려면 0에서 3까지의 빈도 테이블에서 0에서 1까지의 빈도 테이블의 값을 빼면 얻을 수 있습니다.

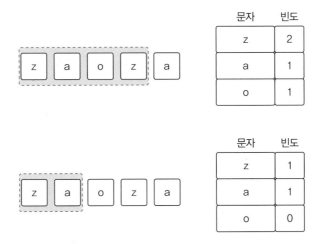

문자	빈도
z	2
a	1
o	1

문자	빈도
z	1
a	1
o	0

위쪽 빈도 테이블에서 아래의 빈도 테이블을 빼면 2번에서 3번까지의 부분 문자열의 빈도 테이블을 구할 수 있습니다. 즉, 문자들의 출현 빈도를 다시 계산하지 않고 이미 계산된 두 테이블의 차를 이용하면 빠르게 부분 문자열에서 각 문자의 출현 빈도를 얻을 수 있습니다.

│ 해결 코드

문자의 발생 빈도를 구하고 팰린드롬을 만들 수 있는지 없는지 판단하는 코드는 다음과 같이 구현할 수 있습니다.

| 부분 문자열로 팰린드롬 만들기 | 파일 Chapter12/51_palindrome_from_substring.py |

```python
001: def can_make_palindrome(s: str, requests: List[List[int]]) -> List[bool]:
002:     dp = [collections.Counter()]
003:
004:     for i in range(len(s)):
005:         dp += dp[-1] + collections.Counter(s[i]),
006:
007:     res = []
008:     for l, r, k in requests:
009:         req = dp[r + 1] - dp[l]
010:         need = sum(v%2 for v in req.values()) // 2
011:         res += need <= k,
012:
013:     return res
```

2행에서 각 문자의 위치에 대한 빈도 테이블들을 저장하기 위해 리스트를 선언합니다. 리스트의 각 원소는 빈도 테이블인 **Counter**(딕셔너리의 일종)입니다. 이제 4행과 5행에서 현재 문자로 빈도 테이블을 만들고 바로 이전의 빈도 테이블을 합쳐 누적 빈도 테이블을 만듭니다.

8행에서 **requests**를 처리해 팰린드롬을 만들 수 있는지를 확인하고 9행에서 부분 문자열의 오른쪽 끝 문자에 대한 빈도 테이블에서 왼쪽 끝 문자열의 빈도 테이블을 차감합니다. 빈도 테이블의 값 차감을 통해 주어진 부분 문자열의 빈도 테이블을 얻을 수 있습니다.

이후 10행에서 부분 문자열에서 출현 빈도가 홀수인 문자의 개수를 파악합니다. 2개의 홀수 문자는 다른 한쪽으로 문자열을 동일하게 변경하면 짝수가 되므로 파악한 홀수 문자의 개수에 2를 나눠 필요한 문자 변경 횟수를 **need** 변수에 저장합니다. 이 변수의 값이 허용된 문자 변경 횟수 k보다 작거나 같다면 True를 res에 저장하고 그렇지 않다면 False를 저장합니다. 마지막 13행에서는 각 요청에 대해 수행한 결과들이 모인 리스트 res를 반환하면서 함수를 종료합니다.

이렇게 구현한 코드를 다음과 같이 실행하면 출력 결과를 확인할 수 있습니다.

```
001: res = can_make_palindrome("zaoza", [[1,2,0],[0,3,1],[0,4,1],[2,3,1]])
002: print(res)
```

```
[False, True, True, True]
```

| 성능 분석

이 알고리즘은 최악의 경우 입력 문자열의 문자가 모두 다르고, 요청의 범위가 전체 문자열의 범위로 주어진다면 $O(N^N)$의 시간 복잡도를 갖습니다. 점근적 시간 복잡도는 그대로지만 이 알고리즘은 대부분의 입력이 동일한 문자를 포함하고 있다는 점과 요청의 범위가 협소하다는 특징을 이용하여 성능을 최적화한 알고리즘입니다.

문자열에서 애너그램 모두 찾기

난이도 ☆☆ | 키워드 힌트: 슬라이딩 윈도우 | 파일 Chapter12/52_all_anagrams.py | leetcode #438

문제 정의

앞서 거꾸로 읽어도 같은 문장인 팰린드롬을 만들었다면 이번엔 문자를 재배열해 다른 문자를 만드는 **애너그램**anagram을 만들어 보겠습니다.

문자열 s와 애너그램을 만드는 데 필요한 문자가 들어 있는 문자열 p가 주어집니다. s에서 p의 문자들로 애너그램을 만들 수 있는 부분 문자열들을 찾고 이들의 시작 위치를 찾고자 합니다.

이 문제의 조건은 다음과 같습니다.

- 문자열 s와 p의 길이는 최소 1부터 3만까지 입력됩니다.
- 문자열은 모두 알파벳 소문자로만 구성되어 있습니다.

```
s = "pokijokpq"
p = "kop"
```

```
[0, 5]
```

문자열 s에 pokijokpq, p에 kop라는 문자들이 주어졌을 때 애너그램을 만들 수 있는 위치는 두 군데입니다. 먼저 첫 번째 문자부터 3개의 문자를 재조합하면 첫 번째 p를 만들 수 있습니다.

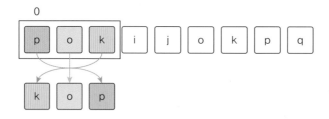

두 번째로 s의 다섯 번째 위치부터 3개의 문자를 재조합하면 두 번째 p를 만들 수 있습니다.

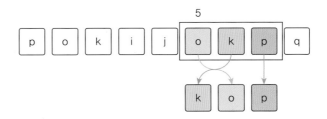

| 문제 해결

이 문제는 문자열 p의 문자 개수를 기준으로 문자열 s의 각 위치에 슬라이딩 윈도우를 사용하면 애너그램을 만들 수 있는지 확인하고 간단하게 해결할 수 있습니다.

먼저 s의 첫 번째 문자부터 p의 길이만큼 해당하는 부분에서 문자의 발생 빈도를 기록합니다. s의 0번부터 2번까지 각 문자가 출현한 빈도는 p와 같습니다. 따라서 0번 위치를 결과에 추가합니다.

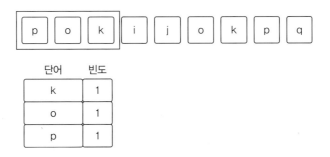

1번부터 3번까지 각 문자가 출현한 빈도는 p를 구성하는 문자들의 발생 빈도와 동일하지 않습니다. 이는 결과에 추가하지 않습니다.

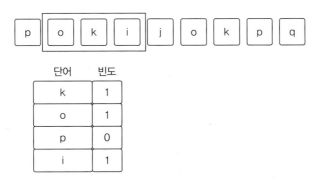

이렇게 윈도우를 왼쪽에서 오른쪽으로 이동시키면서 문자들의 빈도를 구하고 이 빈도가 p의 출현 빈도와 동일할 때만 시작 위치를 결과 리스트에 추가합니다. 이 과정을 반복하다 보면 두 번째 위치인 5번도 찾게 됩니다.

┃ 해결 코드

앞서 설명한 알고리즘이 실제로 동작하는 코드를 살펴보겠습니다.

문자열에서 애너그램 모두 찾기	| 파일 Chapter12/52_all_anagrams.py

```
001: def find_anagrams(s: str, p: str) -> [int]:
002:     def get_idx(ch):
003:         return ord(ch) - ord('a')
004:
005:     def is_same(a, b):
006:         return all([False if a[i] != b[i] else True for i in range(num_alphabet)])
007:
008:     m = len(s)
009:     n = len(p)
010:     if m < n:
011:         return []
012:
013:     num_alphabet = 26
014:     wnd = [0] * num_alphabet
015:     ans = [0] * num_alphabet
016:
017:     for i, ch in enumerate(p):
018:         ans[get_idx(ch)] += 1
019:
020:     for i in range(n):
021:         wnd[get_idx(s[i])] += 1
022:
023:     res = []
024:     if is_same(ans, wnd):
025:         res += 0,
026:
027:     for i in range(n, m):
028:         wnd[get_idx(s[i - n])] -= 1
029:         wnd[get_idx(s[i])] += 1
030:
031:         if is_same(ans, wnd):
```

```
032:             res += i - n + 1,
033:
034:     return res
```

우선 get_idx 함수를 정의합니다. 이는 알파벳을 입력하면 몇 번째 알파벳인지를 확인하고 순서를 반환합니다. 두 번째로 is_same 함수를 정의합니다. 이는 문자 발생 빈도를 기록한 테이블이 2개가 입력되면 두 테이블의 내용이 같은지를 판단해 같으면 True, 그렇지 않으면 False를 반환합니다. 10행에서 p의 길이가 길면 s에서 애너그램을 찾을 수 없으므로 비어 있는 리스트를 결과로 반환합니다.

14~15행에서는 윈도우와 p를 구성하는 문자들의 출현 빈도를 기록할 테이블을 각각 정의합니다. 이후 p의 문자 출현 빈도를 계산하고 p 문자의 개수만큼 s의 시작 부분부터 문자의 출현 빈도를 계산합니다. 24행에서 두 테이블을 비교해 같다면 0번 위치를 결과 리스트 res에 추가합니다.

27행부터는 슬라이딩 윈도우를 오른쪽으로 하나씩 이동하면서 빠져야 할 문자의 출현 빈도를 감소하고 새롭게 포함된 문자의 출현 빈도를 증가합니다. 이렇게 갱신한 슬라이딩 윈도우의 발생 빈도가 p 문자들의 출현 빈도와 같은지 확인합니다. 같다면 슬라이딩 윈도우의 시작 위치를 res에 추가합니다. 이 과정을 반복하면 res에는 p를 애너그램으로 구성할 수 있는 부분 시작 위치들이 저장됩니다.

이 코드에서는 26개의 알파벳 순서로 테이블을 정의했습니다만, collection의 Counter class를 사용하면 더 쉽게 구현할 수 있습니다. 비교 함수를 구현할 필요없이 8행과 20행처럼 Counter 객체를 직접 비교하여 같은 두 객체가 가진 문자들의 출현 빈도로 파악할 수 있습니다.

| 문자열에서 애너그램 모두 찾기_Counter class 활용 | 파일 Chapter12/52_all_anagrams.py |

```
001: def find_anagrams(s: str, p: str) -> [int]:
002:     m = len(s)
003:     n = len(p)
004:     pcnt = collections.Counter(p)
005:     scnt = collections.Counter(s[:n])
006:     res = []
007:
008:     if pcnt == scnt:
```

```
009:            res += 0,
010:
011:     for i in range(n, m):
012:            scnt[s[i - n]] -= 1
013:            if scnt[s[i - n]] == 0:
014:                del scnt[s[i - n]]
015:
016:            if s[i] not in scnt:
017:                scnt[s[i]] = 0
018:            scnt[s[i]] += 1
019:
020:            if scnt == pcnt:
021:                res += i - n + 1,
022:
023:     return res
```

이 코드를 실행한 결과는 다음과 같습니다.

```
print(find_anagrams("pokijokpq", "kop"))
```

```
[0, 5]
```

성능 분석

이 알고리즘은 s의 길이가 N일 때 각 문자의 빈도를 계산하므로 N회의 연산을 수행합니다. 이 때 각 문자에 대한 빈도를 계산할 때 p의 문자 출현 빈도를 비교합니다. p의 길이가 M이라면 수행 시간은 $O(NM)$이 됩니다.

팰린드롬이 되는 모든 경우의 수 찾기

난이도 ☆☆ | 키워드 힌트: 재귀 | 파일 Chapter12/53_palindrome_partitioning.py | leetcode #131

문제 정의

이 문제는 주어진 문자열의 문자들을 분리해 각 문자가 팰린드롬이 될 수 있는 모든 경우의 수를 찾아 반환해야 합니다. 조건은 다음과 같습니다.

- 입력 문자열의 길이는 최소 1에서 최대 16입니다.
- 문자열을 구성하는 문자는 모두 알파벳 소문자입니다.

예시로 uoupp라는 문자열이 주어졌을 때 이 문자열을 순서 변경 없이 오로지 분리만으로 팰린드롬이 되는 경우의 수는 4입니다.

```
s = "uoupp"
```

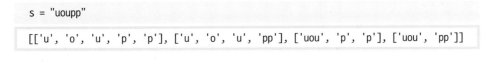

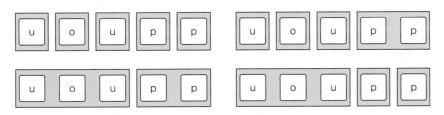

▲ 문자열 분리만으로 팰린드롬이 되는 경우의 수 구하기

문제 해결

가장 먼저 주목해야 할 부분은 입력 문자열의 최대 길이입니다. 최대 길이가 16이기 때문에 단순한 방법, 즉 브루트 포스로 해결할 수 있습니다. 이 문제는 모든 경우를 찾는 전형적인 탐색 문제로, 만들 수 있는 모든 팰린드롬을 일일이 파악하면 쉽게 해결할 수 있습니다.

먼저 첫 번째 문자를 팰린드롬으로 선택했을 때 발생할 수 있는 경우의 수는 다음과 같습니다.

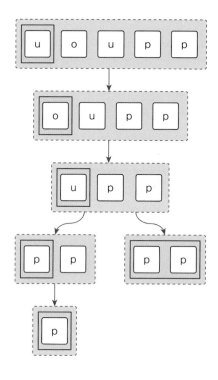

첫 글자 u를 하나의 팰린드롬으로 선택하면 ou, oup, oupp 모두 팰린드롬이 되지 못하므로 다음 문자인 o도 하나의 팰린드롬이 됩니다. 세 번째에도 up, upp 모두 팰린드롬이 될 수 없으므로 u만 팰린드롬이 되고 이어서 p, pp 모두 팰린드롬이 됩니다. 그러면 자연스럽게 마지막 문자인 p도 팰린드롬이 됩니다. 결과적으로 첫 번째 팰린드롬으로 u만 선택하면 6개의 팰린드롬이 만들어집니다.

만약 첫 번째 팰린드롬으로 uou를 선택했을 때 발생할 수 있는 경우의 수는 다음과 같습니다.

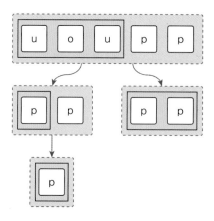

uou에 이어 p와 pp가 개별 팰린드롬이 되면 마찬가지로 자연스럽게 마지막 문자인 p도 팰린 드롬이 됩니다. 결과적으로 첫 번째 팰린드롬으로 uou를 선택하면 4개의 팰린드롬이 만들어 집니다.

| 해결 코드

앞서 살펴본 알고리즘이 실제로 동작하는 코드를 살펴보겠습니다. 이 알고리즘은 단순 재귀 탐 색으로 그리디하게 동작하는 알고리즘이기에 구현은 간단합니다.

| 팰린드롬이 되는 모든 경우의 수 찾기_재귀 | 파일 Chapter12/53_palindrome_partitioning.py |

```python
001: def get_palindrome_partitions(s: str):
002:     def permutate(s, seq, res):
003:         if not s:
004:             res += seq,
005:             return
006:
007:         for i in range(1, len(s) + 1):
008:             if s[:i] == s[:i][::-1]:
009:                 permutate(s[i:], seq + [s[:i]], res)
010:
011:     res = []
012:     permutate(s, [], res)
013:     return res
```

먼저 재귀 함수 permutate를 정의합니다. 이 함수의 앞부분에는 입력으로 주어진 문자열에 문 자가 없는 경우 지금까지 모은 s를 구성하는 팰린드롬들을 담고 있는 seq의 값을 결과 리스트 res에 추가합니다. 7행에서는 첫 번째 문자부터 2개, 마지막 문자까지 포함한 문자열이 팰린 드롬인지 판단합니다. 만약 팰린드롬을 발견한다면 9행에서 s에서 현재 처리하는 문자들을 제 외한 나머지 문자들과 현재 처리하는 팰린드롬 문자열을 seq에 포함시켜 수행 중인 함수를 재 귀 호출합니다. 모든 재귀 호출이 종료되면 13행에서 모은 팰린드롬들을 결과로 반환합니다.

만약 재귀 없이 코드를 구현하고 싶다면 다음과 같이 스택을 활용하는 방법도 있습니다.

```
001: def get_palindrome_partitions(s: str):
002:     res = []
003:     stk = [(s, [])]
004:
005:     while stk:
006:         nstk = []
007:
008:         while stk:
009:             s, seq = stk.pop()
010:             if not s:
011:                 res += seq,
012:                 continue
013:
014:             for i in range(1, len(s) + 1):
015:                 if s[:i] == s[:i][::-1]:
016:                     nstk += (s[i:], seq + [s[:i]]),
017:
018:         stk = nstk
019:
020:     return res
```

지금까지 구현한 코드를 다음과 같이 실행할 수 있습니다.

```
print(get_palindrome_partitions("uoupp"))
```

```
[['uou', 'pp'], ['uou', 'p', 'p'], ['u', 'o', 'u', 'pp'], ['u', 'o', 'u', 'p', 'p']]
```

| 성능 분석

이 알고리즘은 단계마다 N개의 요소 중 하나를 선택하고 다음 단계로 넘어갑니다. 각 단계에서는 팰린드롬인 부분과 아닌 부분을 분할하여 처리하므로 이 알고리즘은 $O(N\,2^N)$의 시간 복잡도를 갖게 됩니다.

알고리즘별 문제 풀이 Ⅱ

—

PART 4에서는 PART 3에 이어 이론과 실전을 한번에 손에 익히기 위한 이론과 문제 풀이를 다룰 예정입니다.

더불어 PART 1, 2에서 학습한 트리, 그래프, 기본 자료구조에서 좀 더 심화한 개념을 살펴보고 다양한 유형의 문제를 풀어보겠습니다.

PART

04

CHAPTER 13

기본 자료구조 활용

이번 챕터에서는 앞서 살펴봤던 스택, 리스트 등 여러 자료구조를 활용해 풀 수 있는 문제들을 살펴보겠습니다. 경로가 가장 긴 파일명을 찾으면서 스택을 활용하고 입력된 여러 정수를 특정 크기로 분할하며 리스트를 다루는 것은 물론 헬퍼 함수와 제한된 시간 안에 성능을 비약적으로 높이는 방안까지 살펴보겠습니다.

문제 풀이 과정을 통해 자료구조를 잘 사용하는 것이 얼마나 중요한지 알 수 있습니다.

가장 긴 파일 경로 찾기

난이도 ☆☆ | 키워드 힌트: 스택 | 파일 Chapter13/54_longest_file_path.py | leetcode #388

| 문제 정의

여러 파일과 디렉터리의 경로가 저장된 하나의 문자열이 주어집니다. 이 경로를 절대 경로로만 다룰 때 절대 경로가 가장 긴 파일을 찾아 길이를 반환하고자 합니다. 이 문제의 조건은 다음과 같습니다.

- 입력 문자열의 최소 길이는 1, 최대 길이는 1만입니다.
- 입력 문자열에는 알파벳과 개행 문자인 ₩n과 깊이를 의미하는 ₩t 그리고 파일의 확장자 부분을 구분하기 위한 .(마침표)가 포함됩니다.

파일과 디렉터리 경로는 다음과 같이 입력으로 주어집니다.

```
"root_dir\n\tdepth1_dir1\n\t\tfile1.ext\n\tdepth1_dir2\n\t\tfile2.ext\n\t\tdepth2_dir1\n\t\t\tfile3.ext"
```

```
42
```

입력으로 받은 파일과 디렉터리를 그림으로 표현하면 다음과 같습니다.

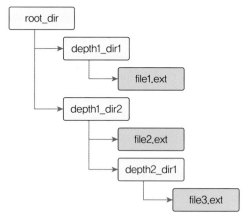

▲ 입력된 파일과 디렉터리의 절대 경로

주어진 입력에서 절대 경로가 가장 긴 파일은 file3.ext입니다. file3.ext의 절대 경로는 root_dir₩depth1_dir2₩depth2_dir1₩file3.ext이며 이 경로의 길이는 42이므로 42를 반환합니다. 어떻게 가장 경로가 긴 파일을 찾는지 그 과정을 하나씩 살펴보겠습니다.

| 문제 해결

주어진 문자열을 살펴보면 파일과 디렉터리들은 모두 개행 문자인 ₩n으로 구분되어 있습니다. 개행 문자로 구분되는 부분들을 하나의 입력으로 처리하기 위해 개행 문자를 기준으로 문자열을 나눕니다.

이렇게 모든 디렉터리와 파일을 나타내는 7개의 행으로 분리됩니다. 이제 이 입력들을 차례대로 처리해보겠습니다.

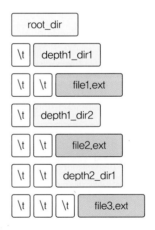

우선 비어 있는 스택에 첫 번째 행의 원소인 root_dir을 추가합니다.

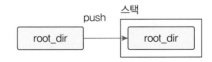

두 번째 입력은 앞에 \t가 1개 있습니다. 이는 depth_1_dir1의 앞에는 1개의 요소만 있어야 한다는 의미입니다. 따라서 스택에도 1개의 요소만 있어야 합니다. 현재 스택에는 root_dir만 들어 있기 때문에 별다른 처리를 하지 않고 depth1_dir1을 스택에 추가합니다.

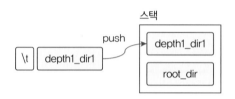

세 번째 입력은 file1.ext입니다. 앞에 \t가 2개이므로 앞에 2개의 요소가 있어야 합니다. 현재 스택에는 depth1_dir1과 root_dir만 존재하므로 스택을 그대로 유지합니다. 이제 file1. ext를 스택에 추가해야 하는데, 현재 입력은 디렉터리가 아닌 파일입니다. 문제에서 찾고자 하는 것은 절대 경로가 가장 긴 파일이므로 스택에 있는 모든 항목을 합해 파일의 길이를 계산합니다. 루트에서 file1.ext까지의 길이는 30이며 이 값을 현재 최대 길이로 저장합니다.

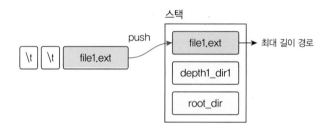

이번 입력은 앞에 \t가 하나입니다. 따라서 스택에 있는 3개의 요소 중 2개를 pop하여 제거합니다. 이후 현재 입력 depth1_dir2를 스택에 추가합니다.

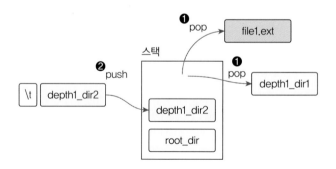

이번 입력인 file2.ext 앞에는 ₩t가 2개 있습니다. 스택에도 2개의 원소만 있으니 file2.ext를 그대로 스택에 추가합니다. 입력이 디렉터리가 아닌 파일이므로 절대 경로의 길이를 구합니다. 절대 경로의 길이는 30입니다. 현재까지 구한 최대 경로 길이가 30이므로 이를 유지합니다.

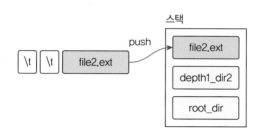

depth2_dir1도 앞에 2개의 ₩t가 있습니다. 스택에는 현재 3개의 요소가 존재하므로 하나의 원소를 제거합니다. 이후 depth2_dir1을 스택에 추가합니다.

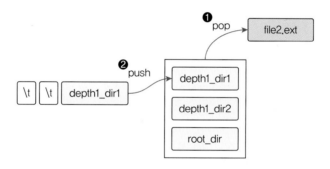

마지막 입력은 file3.ext로, 앞에 3개의 ₩t가 있습니다. 현재 스택에는 3개의 요소만 존재하므로 file3.ext를 스택에 추가합니다. 이번 입력은 디렉터리가 아닌 파일이므로 절대 경로를 구하면 42입니다. 이는 기존 최대 경로 길이 30보다 기므로 최대 길이를 42로 갱신합니다.

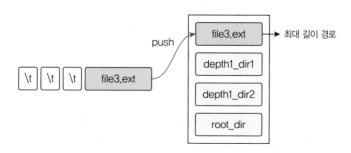

해결 코드

이제 앞서 설명한 알고리즘이 실제로 동작하는 코드를 살펴보겠습니다.

가장 긴 파일 경로 찾기	파일 Chapter13/54_longest_file_path.py

```python
001: def get_longest_abs_path(s: str) -> int:
002:     lines = s.split('\n')
003:     stk = []
004:     mx = 0
005:
006:     for line in lines:
007:         depth = line.count('\t')
008:
009:         while stk and len(stk) > depth:
010:             stk.pop()
011:
012:         line = line.replace('\t', '')
013:         stk += line,
014:
015:         if '.' in line:
016:             mx = max(mx, len('/'.join(stk)))
017:
018:     return mx
```

먼저 입력 문자열을 개행 문자 \n를 기준으로 분리하고 lines라는 리스트에 저장합니다. 사용할 스택과 최댓값을 저장할 변수를 선언한 후 6행에서 반복문으로 입력 line를 처리합니다.

반복문에서는 가장 먼저 입력 행의 \t가 몇 개인지를 확인합니다. 9행에서 스택이 가지고 있는 원소의 개수가 현재 입력으로 주어진 원소의 깊이보다 많은 경우 초과되는 항목들을 스택에서 제거합니다.

12행에서 입력 행의 \t를 제거한 뒤 스택에 입력 아이템을 추가합니다. 만약 입력된 요소에 마침표가 있다면 파일을 의미하므로 스택에 있는 모든 원소의 길이를 구하여 현재 절대 경로의 길이를 구합니다. 그런 다음 이 값으로 최대 길이를 갱신합니다.

반복문을 마치면(입력 문자열에 파일 항목이 존재할 때) 파일의 최대 절대 경로가 갱신되어 있으므로 이를 저장하고 있던 변수 mx를 반환하여 함수를 종료합니다.

이 알고리즘을 실행하면 다음과 같은 출력 결과를 얻을 수 있습니다.

```
print(get_longest_abs_path("root_dir\n\tdepth1_dir1\n\t\tfile1.ext\n\tdepth1_dir2\n\t\
tfile2.ext\n\t\tdepth2_dir1\n\t\t\tfile3.ext"))
```

```
42
```

| 성능 분석

이 알고리즘은 입력으로 주어진 문자열 길이가 N일 때 문자열의 모든 원소를 1번씩 처리합니다. 여기서 N의 수행 시간이 소모됩니다. 만약 스택에 있는 값을 제거해도 최대 제거 가능한수는 N개이므로 시간 복잡도는 $O(N)$이 됩니다.

보다 따뜻한 날

난이도 ☆☆ | 키워드 힌트: 스택 | 파일 Chapter13/55_warm_day.py | leetcode #739

| 문제 정의

현재 일을 기준으로 며칠간 예상되는 온도가 화씨(℉)로 주어집니다. 이 값에서 온도가 높은 날까지 며칠이 남았는지를 계산해 리스트로 반환하는 것이 이 문제의 목표입니다. 이 문제에서 주어지는 조건은 다음과 같습니다.

- 온도는 최소 하루에서 최대 10만 일의 정보가 주어집니다.
- 온도 범위는 최소 30화씨에서 최대 100화씨입니다.

예를 들어 다음과 같이 8개의 입력이 주어지는데, 이 값은 현재 일을 기준으로 8일간 온도를 의미합니다. 즉, 첫 번째 값은 오늘의 온도, 두 번째 값은 1일 뒤인 내일의 온도를 뜻합니다. 이 때 각 날짜를 기준으로 앞으로 온도가 더 높은 날짜까지 남은 날 수를 반환해야 합니다.

```
temperature = [65, 68, 67, 75, 70, 69, 72, 74]
```

```
[1, 2, 1, 0, 2, 1, 1, 0]
```

오늘, 즉 첫 번째 날짜인 65보다 더 높은 값은 바로 다음날입니다. 따라서 65에 해당하는 결괏값은 1입니다. 두 번째 68보다 높은 값은 75인 이틀 뒤입니다. 따라서 결괏값은 2입니다. 이런 식으로 8일간 더 따뜻한 날까지 며칠이 남았는지를 반환해야 합니다. 만약 더 따뜻한 날이 없다면 정보가 없다는 의미로 0을 반환합니다.

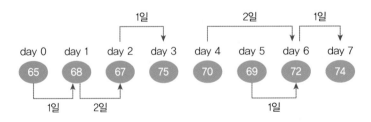

문제 해결

이 문제는 스택을 이용하면 쉽게 해결할 수 있습니다. 먼저 첫 번째 날부터 처리해보겠습니다. 우선 스택에는 아직 아무것도가 없으므로 첫 번째 온도를 추가합니다. 스택에 아무것도 없다는 것은 현재 날짜 이전에 더 낮은 온도를 가진 날이 없었다는 것을 의미합니다.

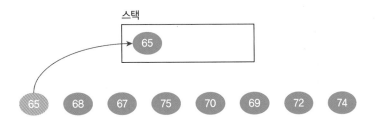

이번에는 두 번째 날을 처리합니다. 스택에 들어 있는 65보다 두 번째 날의 68이 더 크므로 스택의 값을 빼내고(push) 68을 추가합니다. 스택에서 요소가 제거된다는 것은 앞서 더 낮은 온도인 날이 있었다는 의미이므로 현재 날짜에서 제거되는 항목의 날짜의 차이를 기록합니다. 즉, 1일이 기록됩니다.

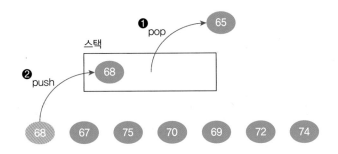

이제 세 번째 입력인 67을 처리합니다. 스택의 가장 앞에 위치한 값인 68이 67보다 크므로 67을 그대로 스택에 추가합니다.

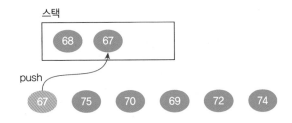

네 번째 날인 75는 스택에 들어 있는 값보다 큽니다. 따라서 스택의 값을 하나씩 제거하면서 현재 날짜와의 차이인 2를 기록합니다.

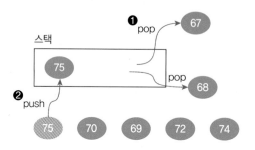

이후 75보다 작은 값이 없으므로 70, 69까지 그대로 스택에 추가합니다.

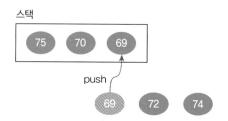

이번에 처리할 값은 72입니다. 스택에 저장된 69, 70을 차례로 제거하면서 현재 날짜와 제거되는 항목들의 날짜 차이를 기록합니다.

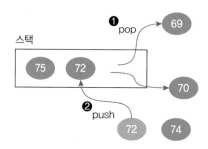

마지막으로 74를 처리합니다. 스택의 가장 앞에 위치한 값은 72며, 이는 74보다 작습니다. 따라서 72를 제거하고 74를 그대로 추가합니다. 이제 75와 74보다 더 큰 값이 존재하지 않으므로 기다려야 하는 날을 0으로 기록합니다.

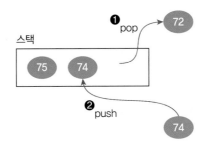

해결 코드

앞서 살펴본 문제를 해결하는 알고리즘이 실제로 동작하는 코드를 살펴보겠습니다.

보다 따뜻한 날 　　　　　　　　　　　　　　　　　| 파일 Chapter13/55_warm_day.py

```
001: def get_num_days_to_wait(temperatures: [int]) -> [int]:
002:     if not temperatures:
003:         return []
004:
005:     n = len(temperatures)
006:     res = [0]*n
007:     stk = [(temperatures[0], 0)]
008:
009:     for i in range(1, len(temperatures)):
010:         while stk and stk[-1][0] < temperatures[i]:
011:             val, idx = stk.pop()
012:             res[idx] = i - idx
013:
014:         stk += (temperatures[i], i),
015:
016:     return res
```

먼저 2행에서 입력이 비어 있으면 비어 있는 리스트를 반환하며 함수를 종료합니다. 이후 결과를 저장할 리스트를 선언하고 첫 번째 입력된 온도와 위치 0을 순서쌍으로 스택을 선언합니다.

9행에서 두 번째 날부터 마지막 날까지 반복문을 수행합니다. 반복문에서 가장 먼저 수행하는 것은 스택에 현재 값보다 낮은 값이 존재하면 이를 빼내고, 빼낸 값과 추가한 값의 거리를 결과 리스트에 저장하는 것입니다. 이후 현재 날짜의 온도를 스택에 추가합니다. 이 과정을 모든 날에 반복하고 난 다음 마지막으로 결과 리스트를 반환합니다.

이렇게 완성한 알고리즘을 실행하면 다음과 같은 결과를 출력할 수 있습니다.

```
01: print(get_num_days_to_wait([65, 68, 67, 75, 70, 69, 72, 74]))
```
```
[1, 2, 1, 0, 2, 1, 1, 0]
```

| 성능 분석

입력으로 주어진 모든 값을 1회씩 처리하므로 각 온도와 날짜 정보가 스택에 1회씩 추가됩니다. 따라서 이 알고리즘은 O(N)의 선형 시간 복잡도를 가집니다.

괄호 쌍을 만드는 데 필요한 괄호 수 구하기

난이도 ☆☆ | 키워드 힌트: 스택 | 파일 Chapter13/56_minumum_parentheses.py | leetcode #921

| 문제 정의

열린 괄호와 닫힌 괄호들이 입력으로 주어집니다. 그러나 이 괄호는 쌍으로 주어지는 것이 아니라 마구 섞여 있기도 하고 중복되어 있기도 합니다. 이때 모든 괄호가 쌍이 되려면 몇 개의 괄호를 추가해야 하는지 파악하는 것이 이 문제의 목표입니다. 정상적인 괄호 쌍을 갖춘 문자열의 조건은 다음과 같습니다.

- 비어 있는 문자열은 괄호 쌍에 '문제없는' 문자열
- 열린 괄호와 닫힌 괄호의 개수가 정확히 일치하는 문자열
- (()), ()(), ((())) 등은 모두 정상적인 괄호 쌍을 가지고 있는 문자열

입력되는 문자열의 조건은 다음과 같습니다.

- 입력 문자열의 최소 길이는 1, 최대 길이는 1000입니다.
- 문자열은 (혹은)로만 구성됩니다.

예를 들어 다음과 같이 괄호로만 구성된 문자열이 입력되었을 때 정상적인 괄호 쌍을 구성하려면 왼쪽과 오른쪽에 각각 (와)를 추가해야 합니다. 즉, 2개의 괄호가 추가되면 모든 괄호를 쌍으로 구성할 수 있습니다.

```
s = "())("
```
```
2
```

▲ 유효한 괄호 쌍을 완성하기 위한 괄호 추가하기

| 문제 해결

이 문제는 스택을 사용하여 간단하게 해결할 수 있습니다. 우선 비어 있는 스택을 준비합니다. 입력된 문자열의 왼쪽에서 오른쪽으로 순차적으로 처리됩니다. 시작할 때는 스택이 비어 있으므로 첫 번째 입력인 열린 괄호를 스택에 그대로 추가합니다.

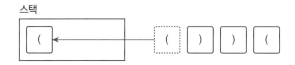

두 번째 입력은 닫힌 괄호입니다. 스택에 열린 괄호가 있다면 한 쌍이 되므로 둘 다 스택에서 제거합니다.

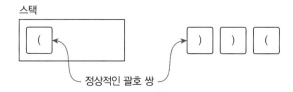

다시 스택이 비었으므로 세 번째 입력인 닫힌 괄호를 그대로 추가합니다.

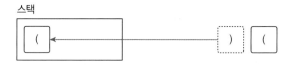

마지막 입력은 열린 괄호이므로 쌍이 되지 않으니 스택에 그대로 추가합니다. 이제 스택에 담긴 괄호의 개수만큼의 괄호를 추가하면 되므로 2를 결과로 반환합니다.

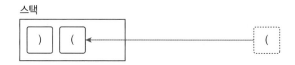

| 해결 코드

앞서 알고리즘이 실제로 동작하는 코드를 살펴보겠습니다.

| 괄호 쌍을 만드는 데 필요한 괄호 수 구하기 | 파일 Chapter13/56_minumum_parentheses.py |

```python
001: def find_min_parentheses(s: str) -> int:
002:     stk = []
003:     for ch in s:
004:         if stk and (stk[-1] == '(' and ch == ')'):
005:             stk.pop()
006:             continue
007:
008:         stk += ch,
009:
010:     return len(stk)
```

먼저 입력 처리에 사용할 스택 변수를 선언하고 각 문자에 반복문을 수행합니다. 만약 스택의 맨 앞에 열린 괄호 (가 있고 현재 입력이 닫힌 괄호)라면 스택의 가장 앞에 있는 원소를 제거하고 현재 입력을 버린 뒤 다음 입력을 처리합니다. 그렇지 않다면 스택에 현재 입력을 추가합니다.

이 과정을 거치면 스택에는 한 쌍이 되지 않는 괄호만 남으므로 스택에 남은 원소의 개수와 추가해야 할 괄호의 개수가 동일합니다. 따라서 알고리즘의 수행 결과로 스택에 남은 원소의 개수를 반환합니다.

이 알고리즘을 실행하면 다음과 같은 출력 결과를 얻을 수 있습니다.

```python
print(find_min_parentheses("())("))
```
```
2
```

| 성능 분석

입력된 문자가 N개일 때 모든 문자를 1번씩 처리하므로 O(N)의 시간을 사용합니다. 또, 모든 원소가 스택에 최대 1회 들어갔다가 나오므로 이 부분의 시간 복잡도 역시 O(N)이 됩니다. 둘을 합치면 O(2N)이지만 상수는 표현되지 않기에 시간 복잡도는 O(N)이 됩니다.

괄호 내 문자열 뒤집기

난이도 ☆☆ | 키워드 힌트: 스택 | 파일 Chapter13/57_reverse_substrings_in_parentheses.py | leetcode #1190

| 문제 정의

알파벳과 괄호로만 이루어진 문자열이 주어집니다. 이때 열린 괄호 이후 닫힌 괄호가 나오면 그 사이 나온 알파벳의 순서를 뒤집어야 합니다. 이 과정을 반복해 최종적으로 괄호는 모두 사라지고 뒤집힌 알파벳을 반환하는 것이 이 문제의 목표입니다. 이 문제의 입력 조건은 다음과 같습니다.

- 문자열은 최소 1개에서 최대 2000개까지 주어집니다.
- 문자열은 괄호 혹은 알파벳 소문자로만 구성됩니다.
- 주어진 괄호는 모두 여닫는 괄호가 쌍을 이루고 있습니다.

예를 들어 다음과 같이 입력되었을 때 출력 결과가 나오는 과정은 다음과 같습니다.

```
s = "(tne(cell)xe)"
```
```
"excellent"
```

먼저 입력된 문자열을 다음과 같이 괄호를 기준으로 분리합니다. 가장 안쪽의 괄호부터 처리를 시작합니다. 괄호를 없애면 괄호 안의 문자들이 뒤집힙니다. 그러면 왼쪽과 오른쪽의 문자들이 하나의 문자열이 됩니다.

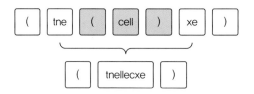

이후 가장 바깥쪽의 괄호를 없애면 괄호 안의 문자열을 다시 한번 뒤집습니다. 이로써 "excellent"라는 문자열을 얻게 됩니다.

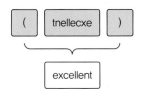

문제 해결

이 문제에서 주의 깊게 봐야 하는 것은 열린 괄호부터 닫힌 괄호 사이의 문자들은 한 덩어리로 저장하는 것입니다. 즉, 괄호가 열리면 새로운 저장 버퍼를 하나 할당하고 닫힌 괄호가 나오기 전까지 모든 문자를 여기에 저장하는 것입니다. 그래야 문자들을 하나의 덩어리로 뒤집을 수 있기 때문입니다. 새로운 열린 괄호가 나타날 때마다 저장 버퍼를 할당하는 과정을 반복해야 합니다. 스택과 버퍼를 활용해 어떻게 이 문제를 해결하는지 과정을 하나씩 살펴보겠습니다.

💡Tip. 버퍼에 대한 자세한 내용은 '3.2 큐'를 참고하세요.

우선 괄호를 기준으로 문자열을 구분하고 비어 있는 스택을 준비합니다. 이제 이 스택을 이용해 각 문자를 순차적으로 처리합니다. 입력 문자열에서 첫 번째로 등장하는 문자는 열린 괄호입니다.

💡Tip. 괄호가 열리면 뒤에 문자열이 올 수 있으므로 문자열을 추가할 빈 문자열을 지닌 원소를 스택에 넣어 둡니다.

다음으로 tne라는 문자들이 입력됩니다. 이 문자들은 스택의 가장 상단에 위치한 문자열 원소에 추가합니다. 현재 스택에는 빈 문자열만 있으므로 여기에 tne를 추가합니다.

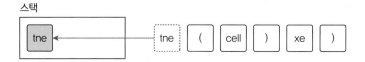

다시 열린 괄호를 만났습니다. 이번에도 스택에 빈 문자열을 추가합니다.

연이어 문자열 cell도 스택의 가장 상단에 위치한 문자열에 추가합니다. 비어 있는 문자열이 가장 상단에 있으므로 스택의 해당 문자열은 cell이 됩니다.

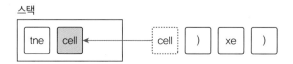

이번 입력은 닫힌 괄호입니다. 닫힌 괄호를 만나면 스택의 가장 상단에 있던 원소를 추출하고 저장된 문자열을 뒤집습니다. 이렇게 뒤집힌 문자열은 스택의 가장 상단에 있는 항목의 끝에 추가합니다.

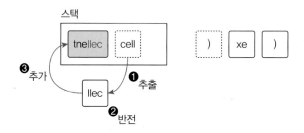

이어서 문자열 xe를 스택의 최상단에 있는 원소의 끝에 추가합니다.

마지막으로 닫힌 괄호가 남았습니다. 이제 스택의 최상단에 위치한 원소를 추출해 문자열을 뒤집습니다. 이때 스택은 비어 있는 상태여서 최상단에 추가할 수 없으므로 새로운 원소로 추가합니다. 이제 스택의 모든 원소를 하나의 문자열로 연결하면 excellent라는 문자열을 얻을 수 있습니다.

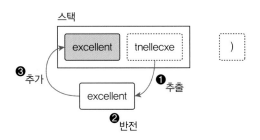

해결 코드

다음은 스택과 버퍼를 활용해 괄호의 문자열을 뒤집는 알고리즘을 구현한 코드입니다.

| 괄호 내 문자열 뒤집기 – 스택 | 파일 Chapter13/57_reverse_substrings_in_parentheses.py |

```python
001: def reverse_string_in_parentheses(s: str) -> str:
002:     i = 0
003:     n = len(s)
004:     stk = ['']
005:
006:     while i < n:
007:         if s[i].isalpha():
008:             stk[-1] += s[i]
009:         elif s[i] == '(':
010:             stk += '',
011:         elif s[i] == ')':
012:             cur = stk.pop()
013:             if stk:
014:                 stk[-1] += cur[::-1]
015:             else:
016:                 stk += cur[::-1]
017:         i += 1
018:
019:     return ''.join(stk)
```

먼저 알고리즘에 사용할 스택을 선언합니다. 스택이 하나의 비어 있는 문자열 원소를 갖도록 초기화합니다. 이후 모든 문자를 처리할 수 있도록 반복문을 수행합니다. 반복문에서 현재 처리하는 문자가 알파벳이라면 스택의 가장 상단에 위치한 항목의 버퍼에 현재 입력으로 다루고 있는 문자를 추가합니다. 혹은 현재 입력이 열린 괄호 (라면 스택에 새로운 원소로서 비어 있는 버퍼를 추가합니다. 반대로 닫힌 괄호)라면 스택의 최상단에 위치한 항목을 빼낸 후 해당 항목이 가진 문자열을 뒤집습니다. 스택이 비어 있다면 뒤집은 문자열을 그대로 스택에 추가하고, 원소가 있다면 최상단에 위치한 원소에 뒤집은 문자열을 추가합니다.

이렇게 모든 문자를 처리했다면 19행에서 스택에 저장된 모든 원소를 합해 하나의 문자열을 반환합니다. 다음 코드를 실행하면 excellent라는 결과가 출력되는 것을 확인할 수 있습니다.

```
print(reverse_string_in_parentheses("(tne(cell)xe)"))
```

```
excellent
```

이 문제는 재귀로도 풀 수 있습니다.

| 괄호 내 문자열 뒤집기 – 재귀 | 파일 Chapter13/57_reverse_substrings_in_parentheses.py |

```
001: def reverse_string_in_parentheses(s: str) -> str:
002:     def recur(s, i, n):
003:         if i >= n:
004:             return ''
005:
006:         res = ''
007:         while i < n:
008:             while i < n and s[i].isalpha():
009:                 res += s[i]
010:                 i += 1
011:
012:             if i < n and s[i] == '(':
013:                 ret, i = recur(s, i + 1, n)
014:                 res += ret[::-1]
015:
016:             if i < n and s[i] == ')':
017:                 i += 1
018:                 break
019:
020:         return res, i
```

```
021:
022:    return recur(s, 0, len(s))[0]
```

재귀와 스택으로 구현한 코드를 비교해보면 재귀보다는 스택을 사용해 구현하는 것이 더 손쉽다는 것을 알 수 있습니다.

성능 분석

입력 문자열의 각 문자를 모두 처리하는 데 O(N)의 시간이 소모되고 문자들을 스택에 넣었다 빼는 데 역시 O(N)의 시간이 추가로 사용됩니다. 이후 닫힌 괄호를 만날 때마다 문자열을 뒤집으므로 이 부분에서 부분 문자열의 처리 시간 O(M)이 추가됩니다. 즉, 이 알고리즘은 최악의 경우 문자열의 길이 N과 닫힌 괄호의 개수 M을 곱한 O(NM)의 시간이 소모됩니다. 그러나 대부분 입력에서는 괄호가 문자보다 많지 않을 것이기에 O(N)에 근접한 성능을 보일 것입니다.

인접 노드와 위치 교환하기

난이도 ☆☆ | 키워드 힌트: 재귀 | 파일 Chapter13/58_swap_nodes.py | leetcode #24

문제 정의

다음과 같이 양의 정수를 가진 연결 리스트가 입력으로 주어집니다. 이 리스트에서 인접한 노드 2개의 위치를 교환하여 리스트를 재배열하는 것이 이 문제의 목표입니다.

Tip. 이 입력에서는 정수 값의 리스트처럼 표현되었으나 실제로 리스트의 원소들은 단일 연결 리스트의 노드입니다.

이 문제의 입력 조건은 다음과 같습니다.

- 노드는 최대 100개까지 주어집니다.
- 각 노드는 1부터 100까지 고유 식별 값을 가질 수 있습니다.

```
nodes = [2, 1, 4, 3]
```

```
[1, 2, 3, 4]
```

즉, 다음과 같이 인접한 노드의 위치를 교환하여 모든 노드를 재배열하고자 합니다.

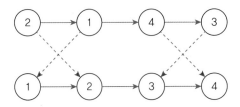

▲ 인접한 노드와 위치 교환으로 재배열하기

문제 해결

리스트의 노드들은 정수를 저장하는 부분과 다음 노드를 가리키는 next 포인터로 구성되어 있습니다. 마지막 노드의 next 포인터는 nil(파이썬에서는 None)을 가지고 있으며 이는 해당 노드가 가리키는 노드가 없다는 것을 의미합니다. 노드의 위치 교환은 가장 마지막, 즉 가장 오른쪽의 두 노드부터 시작해 왼쪽으로 수행합니다. 따라서 뒤쪽 2개의 노드를 먼저 처리하겠습니다.

먼저 두 노드 중 왼쪽에 있는 노드가 마지막 노드의 next 값을 갖게 합니다. 이로써 이 노드는 nil을 가리키게 됩니다. 이후 두 노드 중 오른쪽에 있는 노드가 앞쪽의 노드를 가리키게 합니다.

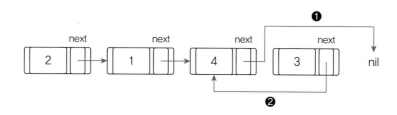

이번에는 앞쪽 2개의 노드를 처리할 차례입니다. 두 노드 중 앞에 위치한 노드가 뒤쪽, 즉 세 번째 노드를 가리키게 합니다. 이후 두 번째 노드가 첫 번째 노드를 가리키게 합니다.

Tip. 이 연결 과정 중 ❶번 연결은 재귀 함수로 쉽게 구현할 수 있습니다.

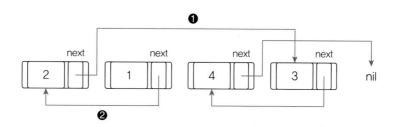

이렇게 위치를 바꾸면 다음과 같이 연결 리스트의 노드들이 재정렬된 것을 확인할 수 있습니다.

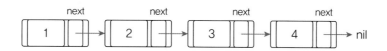

해결 코드

앞서 살펴본 문제를 해결하는 알고리즘이 실제로 동작하는 코드입니다.

| 인접 노드와 위치 교환하기 | 파일 Chapter13/58_swap_nodes.py |

```
001: def swap_every_two_nodes(node: ListNode) -> ListNode:
002:     if not node or not node.next:
003:         return node
004:
005:     last = node.next
006:     node.next = swap_every_two_nodes(node.next.next)
007:     last.next = node
008:
009:     return last
```

먼저 입력으로 주어진 노드가 없거나 첫 번째 노드는 있지만 두 번째 노드가 없을 때 쌍이 맞지 않으므로 현재 노드를 반환하며 함수를 종료하도록 합니다. 그렇지 않다면 현재 노드의 다음 노드를 last라는 레퍼런스에 저장합니다.

뒤쪽에 있는 2개의 노드부터 처리하므로 현재 노드의 다음, 다음 노드를 입력으로 하여 함수를 재귀 호출합니다. 이후 재귀 호출의 결과를 현재 노드의 다음 노드로 설정하여 두 노드 중 첫 번째 노드가 두 번째 노드가 아닌 더 이후의 노드를 가리키게 합니다. 마지막으로 현재 처리 중인 두 노드 중 오른쪽 노드의 다음 노드가 처음 노드가 되도록 하기 위해 오른쪽 노드를 함수의 반환 값으로 전달합니다.

이제 다음과 같이 코드를 수행하면 원하는 방향으로 재정렬된 연결 리스트를 확인할 수 있습니다.

```
001: res = swap_every_two_nodes(create_linked_list_from_nums([2,1,4,3]))
002: print(get_nums_from_linked_list(res))
```

```
[1, 2, 3, 4]
```

헬퍼 함수helper function란 보통 특정 비즈니스 로직을 갖지 않고 일반적인 반복 동작을 처리하는 기능을 제공하는 함수를 의미합니다. 앞서 실행 코드에서 사용한 헬퍼 함수는 2개입니다. 먼저 정수를 가진 리스트를 입력으로 받아 이를 연결 리스트로 만드는 함수입니다.

정수를 연결 리스트로 만드는 헬퍼 함수

```
001: def create_linked_list_from_nums(nums):
002:     if not nums:
003:         return None
004:
005:     nums = collections.deque(nums)
006:
007:     head = cur = ListNode(nums.popleft())
008:
009:     while nums:
010:         cur.next = ListNode(nums.popleft())
011:         cur = cur.next
012:
013:     return head
```

두 번째는 연결 리스트를 입력으로 받아 리스트의 값들을 배열로 만들어 반환하는 함수입니다.

연결 리스트의 값을 배열로 반환하는 헬퍼 함수

```
001: def get_nums_from_linked_list(node):
002:     res = []
003:
004:     while node:
005:         res += node.val,
006:         node = node.next
007:
008:     return res
```

추가로 재귀 문제는 스택을 사용해 해결할 수 있습니다. 앞서 설명한 재귀 형태와 동일한 알고리즘으로 동작하는 구현 코드는 다음과 같습니다.

```
001: def swap_every_two_nodes_stack(node: ListNode) -> ListNode:
002:     stk = []
003:
004:     while node:
005:         stk += node,
006:         if not node.next:
007:             break
008:
009:         node = node.next.next
010:
011:     next_start = None
012:
013:     while stk:
014:         node = stk.pop()
015:         if not node or not node.next:
016:             next_start = node
017:             continue
018:
019:         last = node.next
020:         node.next = next_start
021:         last.next = node
022:         next_start = last
023:
024:         return next_start
```

성능 분석

이 알고리즘은 반복 없이 모든 노드의 위치를 변경하는 작업을 수행하기에 시간 복잡도는
$O(N)$이 됩니다.

난이도 ☆☆ | 키워드 힌트: 리스트 | 파일 Chapter13/59_split_linked_list.py | leetcode #725

이 문제는 주어진 연결 리스트를 특정 크기로 분할해 개별 연결 리스트로 반환하는 것이 목표입니다. 이 연결 리스트의 노드들이 가진 값은 노드 객체며 이를 k개의 조각으로 분할해야 합니다. 리스트의 분할 조건은 다음과 같습니다.

- 분할 리스트는 최대한 비슷한 크기여야 합니다.
- 연속되는 분할 리스트의 크기 차이는 최대 1이어야 합니다.
- 리스트의 노드 개수는 최소 0개에서 최대 1000개입니다.
- 분할 리스트는 최소 1개에서 최대 50개입니다.

예를 들어 8개의 노드로 구성된 연결 리스트가 주어졌을 때 이를 다음과 같이 3 조각으로 분할합니다. 이때 분할된 각 리스트의 헤드 노드들만 별도의 리스트에 담아 반환해야 합니다.

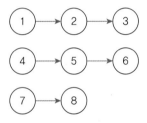

▲ 8개의 원소를 3조각으로 분할한 연결 리스트

```
head = [1,2,3,4,5,6,7,8]
k = 3
```
```
[[1, 2, 3], [4, 5, 6], [7, 8]]
```

출력 결과를 보면 정수를 담고 있는 여러 리스트처럼 표현되어 있지만, 각 항목은 연결 리스트입니다. 즉, 여러 리스트의 시작 노드를 담고 있는 리스트가 출력됩니다.

만약 head=[1], k=3이라는 입력이 주어지면 리스트의 노드 개수는 1개입니다. 1개를 3개로 분할할 수는 없으므로 이 경우 분할할 수 없는 부분들은 빈 리스트로, [[1], [ ], [ ]]을 반환합니다.

입력으로 주어지는 연결 리스트 head의 노드를 k개씩 분할한 후 각 분할된 연결 리스트의 헤드 노드들을 리스트로 반환합니다.

| 문제 해결

입력된 리스트는 다음과 같이 단일 연결 리스트며 가장 마지막 노드는 nil 값을 갖고 있습니다. 분할해야 할 개수 k는 3이므로 하나의 리스트를 3개의 연결 리스트로 분할해야 합니다. 원소의 개수는 8개이므로 이를 3으로 나누면 몫은 2이고 나머지는 2가 됩니다. 즉, 각 조각은 최소 2개의 노드를 가진 연결 리스트가 됩니다. 남는 2개의 노드는 첫 번째 분할된 리스트부터 1개씩 할당합니다. 그렇다면 어떤 과정을 거쳐 리스트를 분리하는지 좀 더 자세히 살펴보겠습니다.

첫 번째 노드를 결과 리스트에 추가합니다. 첫 번째 리스트는 3개의 노드를 가져야 하므로 입력으로 주어진 연결 리스트의 세 번째 노드로 이동합니다. 이제 첫 번째로 분할될 리스트가 정상적으로 분할되도록 첫 번째 리스트의 마지막 노드가 될 세 번째 노드의 next에 nil 값을 할당합니다.

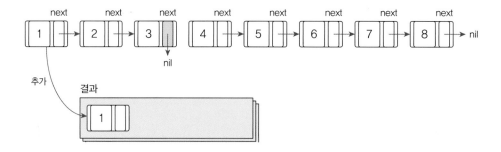

이번에는 입력으로 주어진 리스트의 네 번째 노드를 결과 리스트에 추가합니다. 두 번째 부분 리스트도 3개의 노드를 가져야 하므로 6번 노드까지 이동한 후 6번 노드의 next에 nil 값을 할당하여 두 번째 노드도 독립되도록 합니다.

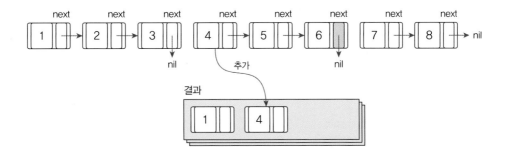

이제 분할할 마지막 부분 리스트의 시작 노드를 결과 리스트에 추가합니다. 마지막 부분 리스트의 마지막 노드는 이미 **nil**을 가리키고 있습니다만, 알고리즘의 일관성을 위해 마지막 노드에 다시 **nil**을 할당합니다. 이제 이 결과 리스트를 반환하면 됩니다.

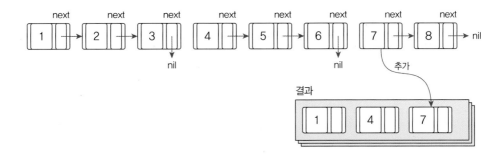

┃ 해결 코드

다음은 앞서 살펴본 알고리즘이 실제로 동작하는 코드입니다.

연결 리스트 분할하기   │ 파일 Chapter13/59_split_linked_list.py

```
001: def split_linked_list(head, k):
002:     if not head:
003:         return [None for _ in range(k)]
004:
005:     nodes = []
006:     while head:
007:         nodes += head,
008:         head = head.next
009:
010:     n = len(nodes)
```

```
011:        part = n // k
012:        remainder = n % k
013:
014:        i = 0
015:        chunks = []
016:
017:        while i < n:
018:            until = i + part
019:            chunks += nodes[i],
020:
021:            while i < until and i < n:
022:                i += 1
023:
024:            if i < n and remainder:
025:                remainder -= 1
026:                i += 1
027:
028:            nodes[i - 1].next = None
029:
030:        while chunks and len(chunks) < k:
031:            chunks += None,
032:
033:        return chunks
```

우선 입력으로 주어진 연결 리스트가 비어 있어도 비어 있는 값들을 조각의 개수만큼 리스트에 채워서 반환하게 합니다. 그런 다음 5행에서 노드를 저장할 리스트를 선언합니다. 이후 연결 리스트의 노드들을 nodes에 저장하고 노드의 개수를 변수 n에 할당합니다. 이후 n을 k의 수만큼 나눠 part라는 변수에 할당하고 각 조각이 가져야 할 최소한의 노드 개수를 파악합니다. 정확히 k로 나눠 떨어지지 않으면 12행에서는 남는 노드의 개수를 파악합니다. 이제 반복문에 사용할 인덱스 변수 i와 분할한 연결 리스트의 헤더 노드들을 저장할 리스트 chunks를 선언합니다.

이 과정을 모든 노드에 반복하면서 우선 현재 노드를 결과 리스트 chunks에 추가합니다. 이후 21~22행에서 현재 부분 리스트가 가져야 할 노드의 개수만큼 이동합니다. 만약 남는 노드가 있다면 24~26행에서 남는 노드만큼 추가로 이동합니다. 이후 28행에서 현재 부분 리스트의 마지막 노드가 nil 값을 갖도록 None 값을 할당합니다. 이를 반복하면 chunks에는 모든 부분 리스트의 시작 노드가 저장되고 각 부분 리스트를 구성하는 마지막 노드는 nil을 next의 값으로 갖게 됩니다.

만약 3개의 노드를 4조각으로 분할해야 한다면 마지막 노드 1개를 입력으로 주어진 연결 리스트에서 만들 수가 없습니다. 이 경우 마지막 부분 리스트를 None으로 chunks에 추가해야 하며 이 코드가 이런 작업을 수행합니다.

이 알고리즘의 테스트 코드를 실행하면 다음과 같은 출력 결과를 얻을 수 있습니다.

```
001: chunks = split_linked_list(create_linked_list_from_nums([1,2,3,4,5,6,7,8]), 3)
002: for chunk in chunks:
003:     print(list_get_nums(chunk))
```

```
[1, 2, 3]
[4, 5, 6]
[7, 8]
```

성능 분석

이 알고리즘은 연결 리스트의 노드들을 고정 횟수인 2회 순회합니다. 노드의 총 개수와 분할될 리스트의 시작 노드와 끝 노드를 확인합니다. 시작 노드는 결과 리스트에 담고 끝 노드의 next에는 None을 할당합니다. 이 과정이 모두 2회 순회되므로 N이 노드의 개수라면 알고리즘의 시간 복잡도는 $O(N)$이 됩니다.

연속된 노드의 그룹 개수 구하기

난이도 ☆☆ | 키워드 힌트: 위치 기록 | 파일 Chapter13/60_linked_list_components.py | leetcode #817

2개의 연결 리스트가 주어집니다. 하나는 고유한 식별 값을 가진 노드들로 구성되어 있고 다른 하나는 앞서 리스트의 노드가 가진 값 중 일부 값을 가지고 있습니다. 이 두 리스트의 값이 연속적이면 이들은 하나의 그룹이 됩니다. 바로 이 그룹이 주어진 두 리스트에서 몇 개인지를 찾는 것이 이 문제의 목표입니다.

이 문제의 입력 조건은 다음과 같습니다.

- 연결 리스트의 노드 개수는 최소 1개에서 최대 10000개까지 주어집니다.
- nums의 리스트 값은 최대 n개까지 주어집니다.
- 연결 리스트의 각 노드와 리스트, nums의 값은 모두 고윳값입니다.

다음과 같이 head와 nums가 주어졌을 때 출력 결과는 다음과 같습니다.

```
head = [3, 4, 0, 2, 1]
nums = [1, 3, 4]
```

```
2
```

입력받은 리스트 head의 각 원소는 정수가 아니라 하나의 연결 리스트입니다. 연결 리스트의 각 노드가 가진 값들이 입력으로 표현된 것입니다. nums에는 연결 리스트의 일부 값들이 주어집니다. 이 입력에선 nums에 [1, 3, 4]가 주어졌으므로 연결 리스트에서 각 값의 위치를 살펴봅니다. nums에 대응하는 노드를 표시하면 다음과 같습니다.

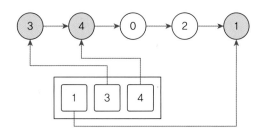

여기서 연속된 노드들을 그룹으로 묶으면 총 2개의 그룹을 만들 수 있습니다.

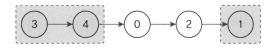

문제 해결

우선 노드의 개수에 해당하는 테이블을 준비합니다. 테이블의 각 열은 노드의 값입니다. 노드들이 지닌 값이 nums에 존재하면 True, 그렇지 않으면 False가 됩니다. 이 입력에서는 nums가 [1, 3, 4]를 갖고 있습니다. 이 값으로 테이블을 갱신하면 다음과 같습니다.

노드 값	0	1	2	3	4
nums 내 유무	F	T	F	T	T

이 테이블에서 연속된 값들을 그룹으로 묶으면 다음과 같이 2개의 그룹으로 묶입니다. 이제 이 그룹의 개수를 결과로 반환하면 됩니다.

노드 값	0	1	2	3	4
nums 내 유무	F	T	F	T	T

| 해결 코드

앞서 설명한 알고리즘이 실제로 동작하는 코드를 살펴보겠습니다.

연속된 노드의 그룹 개수 구하기 | 파일 Chapter13/60_linked_list_components.py

```python
001: def get_num_of_groups(head: Optional[ListNode], nums: List[int]) -> int:
002:     pos = collections.defaultdict(int)
003:     i = 0
004:
005:     while head != None:
006:         pos[head.val] = i
007:         head = head.next
008:         i += 1
009:
010:     if 0 == i:
011:         return 0
012:
013:     existences = [False]*i
014:
015:     for num in nums:
016:         if num in pos:
017:             existences[pos[num]] = True
018:
019:     cnt = 0
020:     pre = existences[0]
021:     if pre:
022:         cnt += 1
023:
024:     for val in existences[1:]:
025:         if True == val and False == pre:
026:             cnt += 1
027:         pre = val
028:
029:     return cnt
```

리스트의 노드들은 모두 고윳값을 가지고 있으므로 모든 노드를 순회하면서 위치를 pos에 저장합니다. 이후 i는 노드의 총 개수를 값으로 가지게 되므로 False를 갖는 existences라는 리스트 변수를 선언합니다.

이제 nums의 모든 값을 확인합니다. 이때 값이 pos에 있고 해당 값이 키라면 pos가 가진 위치를 얻은 후 existences 리스트에 해당 위치 값을 True로 설정합니다. 이는 특정 위치에 값이 존재한다는 뜻입니다.

이제 existences에 설정된 True를 가지고 몇 개의 그룹이 존재하는지 파악합니다. 첫 번째 값이 True인 경우 그룹의 개수를 저장하는 cnt 변수의 값을 1만큼 증가합니다. 이후 existences의 두 번째 값부터 끝까지 반복하면서 현재 값이 True고 이전 값이 False인 경우 그룹의 개수를 1만큼 증가합니다. 24행에서는 현재 값을 이전 값에 할당합니다. 반복문을 마치고 나면 파악한 그룹의 개수를 담고 있는 cnt 변수의 값을 반환합니다. 추가로 10~11행은 예외 처리를 하는 코드입니다.

이렇게 구현한 알고리즘을 다음 테스트 코드로 실행하면 2가 출력되는 것을 확인할 수 있습니다.

```
print(get_num_of_groups(create_linked_list_from_nums([3,4,0,2,1]), [1, 3, 4]))
```

```
2
```

| 성능 분석

연결 리스트의 모든 원소를 순회하면서 각 값의 위치 정보를 pos에 저장하고 existences에 값이 있는 위치에 해당하는 값을 True로 설정합니다. 이후 existences의 모든 값을 순회하면서 그룹의 개수를 파악합니다. 따라서 원소의 개수가 N일 때 총 2N의 수행 시간을 사용하므로 이 알고리즘의 시간 복잡도는 $O(N)$이 됩니다.

k만큼 리스트 회전하기

난이도 ☆☆ | 키워드 힌트: 모듈로 연산 | 파일 Chapter13/61_list_rotation.py | leetcode #61

문제 정의

연결 리스트와 k라는 상수가 주어집니다. 이 상수는 리스트의 뒤쪽부터 떼어낼 노드의 개수를 뜻하며 이렇게 떼어낸 노드를 리스트 앞에 붙이는, 즉 리스트를 회전시키는 것이 이 문제의 목표입니다. 이 문제에서 주어지는 연결 리스트와 상수의 조건은 다음과 같습니다.

- 리스트의 노드 개수는 최소 0개에서 최대 500개까지 주어집니다.
- 회전할 노드 개수 k는 0에서 20억 개까지 가질 수 있습니다.

예를 들어 다음과 같이 연결 리스트 head와 k가 주어졌을 때 k의 수만큼 head 뒤쪽부터 원소를 떼내고 앞에 붙여서 재배열한 결과를 반환해야 합니다.

```
head = [6, 7, 4, 3]
k = 2
```

```
[4, 3, 6, 7]
```

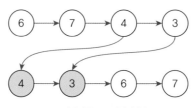

▲ k의 수만큼 노드 재배열하기

이 문제는 아이디어를 떠올려 구현하는 유형은 아닙니다. 오히려 구현 능력을 보는 데 초점을 맞춘 유형이므로 어떤 부분에 신경을 써서 구현해야 하는지를 알아보겠습니다.

문제 해결

먼저 입력으로 주어진 리스트의 노드 개수는 4개며 회전이 필요한 노드의 개수, 즉 k는 2개입니다. 이 경우 다음과 같은 링크의 연결을 수정해 회전할 수 있습니다.

우선 마지막 노드가 첫 번째 노드를 가리키게 합니다. 회전 수행 후 마지막 노드가 되는 노드의 next가 nil을 가리키게 합니다. 마지막으로 head가 회전을 시작하는 노드를 가리키게 합니다. 이렇게 노드들의 next 포인터들을 변경하는 것으로 리스트를 회전할 수 있습니다.

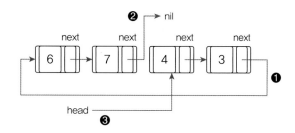

하지만 이 문제는 입력에 따라 예외 상황이 발생할 수 있어 이를 잘 고려하는 것도 중요합니다. 입력 조건을 살펴보면 최대 노드 개수는 500개인 반면 회전할 수 있는 노드의 개수는 최대 20억 개입니다. 예를 들어 리스트의 노드 개수가 4개, k가 6인 경우 리스트는 k가 2일 때와 같습니다. k가 4면 리스트가 회전을 해도 입력되었을 때와 같은 상태가 되고, 6일 때는 k가 2일 때와 같습니다. 즉, k를 노드의 수 n으로 나눈 나머지만큼만 회전하면 된다는 것을 알 수 있습니다.

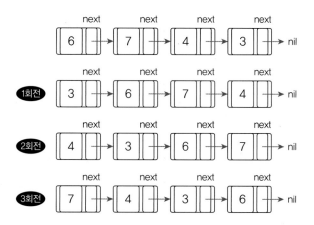

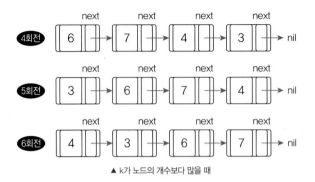

▲ k가 노드의 개수보다 많을 때

다음으로 고려해야 할 부분은 노드가 1개인 경우입니다. 이 경우 몇 번을 회전하든 노드의 위치는 그대로이므로 회전할 필요가 없습니다.

마지막으로 노드의 개수와 k가 동일한 경우입니다. 예를 들어 4개의 노드를 4번 회전하면 각 노드는 같은 자리로 되돌아옵니다. 이 경우에도 회전을 할 필요가 없음을 알 수 있습니다.

해결 코드

이제 앞서 설명한 알고리즘이 실제로 동작하는 코드를 살펴보겠습니다.

k만큼 리스트 회전하기	파일 Chapter13/61_list_rotation.py

```
001: def rotate_list(head: ListNode, k: int) -> ListNode:
002:     if not head:
003:         return None
004:
005:     n = 0
006:     node = head
007:     last = None
008:
009:     while node:
010:         if node:
011:             last = node
012:         node = node.next
013:         n += 1
014:
015:     k = k % n
016:
017:     if n == 1 or k == 0 or k == n:
018:         return head
```

```
019:
020:     i = 0
021:     pre = node = head
022:
023:     while node and i < n - k:
024:         pre = node
025:         node = node.next
026:         i += 1
027:
028:     last.next = head
029:     pre.next = None
030:     head = node
031:
032:     return head
```

노드가 없는 리스트가 입력으로 주어질 경우 head를 그대로 반환합니다. 5행에서 노드의 개수를 저장할 변수 n을 0으로 초기화하여 선언한 후 6행에서 탐색을 위해 head를 가리키는 노드 변수를 선언합니다. 이후 7행에서는 마지막 노드를 가리킬 노드 참조 변수 last를 None으로 초기화합니다.

9행에서는 node가 nil(None)이 아닌 동안 반복문을 수행합니다. 반복문에서 노드가 nil이 아닌 경우 노드 값을 last로 갱신합니다. 이 갱신 작업을 마지막 노드까지 수행하면 last는 마지막 노드를 가리키게 됩니다.

12행에서 현재 노드를 다음 위치의 노드로 변경한 후 13행에서는 총 노드의 개수를 1만큼 증가합니다. 15행에서는 불필요한 회전 횟수를 줄이기 위해 회전에 필요한 노드의 수 k를 전체 노드의 수 n으로 나눠 나머지를 k에 할당합니다.

17행에서는 노드가 1개인 경우, 회전에 필요한 노드 수와 리스트의 노드 수가 같은 경우 등을 확인한 후 만약 회전이 필요 없다면 head를 반환하면서 함수 수행을 종료합니다.

20행에서는 회전이 시작되는 노드까지 진행하는 데 필요한 위치 표시 변수 i를 0으로 초기화하며 21행에서 순회를 위해 pre와 node 변수를 선언하고 두 변수 모두 head를 가리키게 합니다. 이후 반복문을 돌되 회전이 필요한 노드의 시작까지 반복합니다. 반복문을 수행하는 동안 현재 노드를 이전 노드로 할당하고 현재 노드는 다음 노드가 되도록 합니다.

이제 node는 회전의 시작인 노드가 됩니다. 우선 가장 마지막 노드의 다음 노드가 기존의 head

노드가 되도록 합니다. 다음으로 회전 직전의 노드가 리스트의 가장 마지막 노드가 되도록 해당 노드의 next를 nil(None)로 할당합니다. 마지막으로 회전이 시작되는 현재 노드 node head 변수에 할당한 후 이를 새로운 리스트의 시작 노드로서 함수의 결과로 반환합니다.

헬퍼 함수 create_linked_list_From_nums와 list_get_nums를 활용해 리스트 회전을 수행한 결과는 다음과 같습니다.

```
001: head = rotate_list(create_linked_list_from_nums([6, 7, 4, 3]), 2)
002: print(list_get_nums(head))
```

```
[4, 3, 6, 7]
```

성능 분석

리스트에 노드가 몇 개인지를 파악하기 위해 리스트를 1회 순회합니다. 여기서 $O(N)$의 시간을 사용합니다. 이후 뒤로 이동할 노드들의 개수만큼 이동하는데, 최악의 경우 마지막 직전의 노드까지 이동하므로 역시 $O(N)$의 시간을 소모합니다. 즉, 이 알고리즘의 총 시간 복잡도는 $O(N)$이 됩니다.

CHAPTER 14

트리

이번 챕터에서는 기본적인 순회부터 트리의 깊이와 모든 경로 파악하기 등 트리 알고리즘에서 학습했던 내용을 응용해서 풀 수 있는 몇 가지 문제를 살펴보겠습니다.

단계 순위 순회로 역방문하기

난이도 ☆☆ | 키워드 힌트: 큐 | 파일 Chapter14/62_level_order_traversal.py | leetcode #107

| 문제 정의

이진 트리가 입력으로 주어집니다. 이진 트리의 각 노드는 **단계 순위 순회**로 방문해야 합니다. 단, 최상단부터 방문하는 것이 아니라 최하단부터 역으로 방문해야만 합니다. 이렇게 방문한 노드들의 값을 하나의 리스트로 저장해 반환하는 것이 이 문제의 목표입니다.

> 🔅Tip. 단계 순위 순회에 대한 자세한 설명은 'Chapter 3 핵심 자료구조'의 '3.5 트리'를 참고하세요.

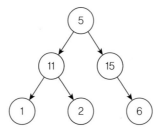

▲ 최하단부터 역방문하기

```
root = [5, 11, 15, 1, 2, null, 6]
```

```
[[1, 2, 6], [11, 15], [5]]
```

| 해결 코드

앞서 'Chapter 3 핵심 자료구조'에서 살펴봤던 단계 순위 순회와 관련된 문제입니다. 차이점이 있다면 한 단계의 결과를 같은 리스트에 저장해야 한다는 점과 리스트 방문을 아래에서 위로 진행해야 한다는 점입니다. 무척 간단한 문제이므로 바로 코드를 통해 살펴보겠습니다.

```
001: def do_level_order_from_bottom(root: List[TreeNode]) -> List[List[int]]:
002:     if not root:
003:         return []
004:
005:     q = collections.deque([root])
006:     lines = []
007:
008:     while q:
009:         nq = collections.deque()
010:         line = []
011:
012:         while q:
013:             node = q.popleft()
014:             line += node.val,
015:
016:             if node.left:
017:                 nq += node.left,
018:
019:             if node.right:
020:                 nq += node.right,
021:
022:         q = nq
023:         lines.insert(0, line)
024:
025:     return lines
```

코드를 살펴보면 단계 순위 순회와 거의 동일하게 구현되었음을 확인할 수 있습니다. 차이가 있다면 순회하는 노드의 값을 저장할 때 line이라는 리스트에 값을 저장합니다. 이후 리스트별로 아래에서부터 방문하는 순서를 보장하기 위해 23행에 리스트들을 저장할 리스트인 lines의 0번 위치에 line을 추가합니다. 이렇게 하면 나중에 추가되는 리스트가 가장 앞에 위치하므로 아래에서 위로 방문한 결과를 얻을 수 있습니다.

문제 63 가장 긴 연속 증가 수열 찾기

난이도 ☆☆ | 키워드 힌트: 재귀 | 파일 Chapter14/63_longest_consecutive_sequence.py | leetcode #298

문제 정의

정수 값을 가진 노드로 구성된 이진 트리가 주어집니다. 이 이진 트리의 상위 노드에서 하위 노드로 이동하면서 정수가 1씩 연속적으로 증가하는 경우 이 증가 수열의 최대 길이를 찾아 반환하는 것이 이 문제의 목표입니다.

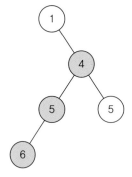

▲ 값이 1씩 연속 증가하는 최대 길이 찾기

```
[1, null, 4, 5, 5, 6]
n = 3
```

문제 해결

이 문제는 현재 노드와 자식 노드의 값을 비교해 연속적으로 증가하는 관계라면, 자식의 길이에 현재 노드의 길이 1을 더해 최대 길이를 반환해야 합니다. 만약 현재 노드에 1을 더한 값과 자식 노드의 값이 같지 않다면 현재 노드의 길이로 1을 반환해야 합니다. 단, 자식이 없는 경우와 자식이 1개인 경우, 2개인 경우를 모두 고려해야 합니다. 따라서 이 알고리즘의 의사코드는 다음과 같습니다.

의사코드

1. 현재 노드가 비어 있다면 현재 길이 0과 현재 노드에서 얻을 수 있는 최대 길이 0을 반환합니다.

2. 현재 노드가 말단 노드라면 현재 길이 1, 현재 노드에서 얻을 수 있는 최대의 길이 0을 반환합니다.

3. 현재 노드가 중간 노드라면,

   A. 양쪽 자식 노드에서 얻을 수 있는 연속적인 수열의 길이를 파악합니다.

   B. 또한 양쪽 자식 노드에서 얻을 수 있는 최대 수열의 길이도 파악합니다.

   C. 수열의 길이와 최대 수열의 길이를 계산해 현재 노드의 결과로 반환합니다.

해결 코드

앞서 살펴본 문제 해결 알고리즘이 실제로 동작하는 코드를 살펴보겠습니다.

가장 긴 연속 증가 수열 찾기 　　　　　| 파일 Chapter14/63_longest_consecutive_sequence.py

```
001: def find_longest_sequence(root):
002:     if not root:
003:         return 0
004:
005:     def dfs(node):
006:         if not node:
007:             return 0, 0    # 현재 노드까지의 길이, 현재 노드까지 확인된 최장 길이
008:
009:         if not node.left and not node.right:
010:             return 1, 1
011:
012:         llen, lmx = dfs(node.left)
013:         rlen, rmx = dfs(node.right)
014:
015:         llen = llen + 1 if node.left and node.left.val == node.val + 1 else 1
016:         rlen = rlen + 1 if node.right and node.right.val == node.val + 1 else 1
017:
018:         length = max(llen, rlen)
019:         return length, max(lmx, rmx, length)
020:
021:     length, mx = dfs(root)
022:     return mx
```

먼저 주어진 트리의 루트 노드가 비어 있는 경우 찾을 수 있는 수열이 없으므로 0을 반환합니다. 이후 21행에서 루트 노드로 dfs 함수를 호출합니다. dfs 함수는 현재 입력 받은 노드가 존재하지 않는다면 현재 노드에서 얻을 수 있는 길이 0과 현재 노드를 포함한 자식 노드에서 얻을 수 있는 최대 수열의 길이 0을 반환합니다.

9행에서는 현재 노드가 말단 노드인 경우 현재 노드에서 얻을 수 있는 연속적인 수열의 길이는 1이므로 1을 반환하며 현재 노드와 자식 노드에서 얻을 수 있는 최대 수열 길이 역시 1로 반환합니다.

이후 양쪽 자식 노드에서 연속적인 수열의 길이와 최대 수열의 길이를 얻어 현재 노드의 값과 자식 노드의 값이 연속적인지를 확인합니다. 연속적인 경우 자식 노드에서 얻은 수열의 길이에 1을 더하고 그렇지 않은 경우에는 1로 설정합니다.

18행에서는 두 자식 노드에서 얻을 수 있는 수열의 최대 길이를 파악합니다. 그런 다음 20행에서 최대 길이와 두 자식 노드로부터 얻은 최대 수열의 길이 중 가장 긴 수열을 파악한 후 이 길이와 현재 노드의 수열의 길이를 반환합니다.

이렇게 구현한 실행 코드는 다음 테스트 코드를 통해 원하는 결과를 출력할 수 있습니다.

```
001: _, mx_length = find_longest_sequence(deserialize('[1,null,4,5,5,6]'))
002: print(mx_length)
```

```
3
```

NOTE 트리 알고리즘 검증에 유용한 함수

이 문제의 테스트 코드에서 사용된 deserialize 함수는 트리와 관련된 알고리즘을 검증할 때 유용하게 사용할 수 있습니다.

```
001: def deserialize(seq):
002:     if not seq:
003:         return None
004:
005:     seq = ast.literal_eval(seq.replace('null', 'None'))
006:     root = TreeNode(seq[0])
007:     q = collections.deque([root])
```

```
008:        idx = 1
009:
010:        while q and idx < len(seq):
011:            node = q.popleft()
012:            node.left = TreeNode(seq[idx]) if seq[idx] else None
013:            idx += 1
014:
015:            if node.left:
016:                q.append(node.left)
017:
018:            if idx < len(seq):
019:                node.right = TreeNode(seq[idx]) if seq[idx] else None
020:                idx += 1
021:
022:                if node.right:
023:                    q.append(node.right)
024:
025:        return root
```

성능 분석

이 알고리즘은 모든 노드를 정확히 1회 방문하면서 현재 노드와 자식 노드의 값을 비교하여 연속적인 수열을 만들 수 있는지를 판단합니다. 즉, 노드의 개수가 N개라면 알고리즘의 수행 시간은 $O(N)$이 됩니다.

트리의 최대 너비 구하기

난이도 ☆☆ | 키워드 힌트: 큐 | 파일 Chapter14/64_maximum_width_in_tree.py | leetcode #662

| 문제 정의

이진 트리가 입력으로 주어집니다. 트리는 노드의 깊이에 따라 단계가 존재합니다. 루트 노드만 존재하는 1단계, 루트 노드와 자식 노드가 존재하는 2단계, 2단계의 자식 노드가 2개씩, 총 4개의 노드가 있는 3단계가 있습니다. 이런 식으로 트리의 깊이가 깊어질수록 노드의 수는 2배수로 증가합니다. 이렇게 단계마다 자식 노드가 2개씩 있는 경우를 **완전 이진 트리**라고 합니다.

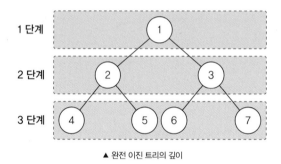

▲ 완전 이진 트리의 깊이

하지만 이 문제에서 주어지는 이진 트리는 완전 이진 트리가 아닌 일반 이진 트리로, 다음과 같이 중간에 존재하지 않는 노드들이 있습니다.

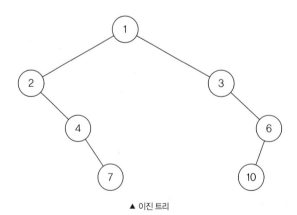

▲ 이진 트리

```
root = [1, 2, 3, null, 4, null, 6, null, 7, 10]
```

```
4
```

이때 각 단계에서 왼쪽 끝에 위치한 노드와 오른쪽 끝에 위치한 노드 사이의 거리인 **너비**를 구하는 것이 이 문제의 목표입니다. 입력 조건은 다음과 같습니다.

- 트리의 노드 개수는 최소 1개에서 최대 3000개까지 주어질 수 있습니다.

문제 해결

이 입력 예에서는 루트가 파이썬의 리스트처럼 표현되었지만, 실제로는 이진 트리의 루트 노드입니다. 빠르게 단계마다 너비를 살펴보면, 1단계에는 루트 노드 1개만 존재하므로 너비는 1입니다. 2단계는 2와 3이라는 2개의 노드가 존재하므로 너비는 2입니다. 3단계는 왼쪽 끝, 오른쪽 끝에 각각 4와 6이라는 2개의 노드가 존재합니다. 그러나 4와 6 사이에 1개의 노드가 빠져 있으므로 공간을 합쳐 너비는 3이 됩니다. 즉, 너비를 구하는 기준은 노드의 개수가 아니라 각 단계의 노드 간 거리입니다. 이렇게 4단계까지 거리를 구했을 때 가장 너비가 큰 값은 4입니다.

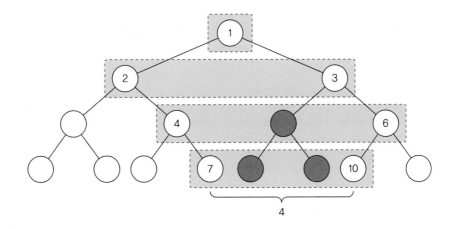

이 문제는 **단계 순위 순회**로 해결할 수 있습니다. 단계 순위 순회는 큐를 사용해 단계별 노드를 왼쪽에서 오른쪽으로 순회하는 알고리즘으로, 큐에 자식 노드를 추가하면서 순회를 진행합니다. 따라서 자식 노드를 추가할 때 위치 정보를 주고, 각 단계의 왼쪽 끝에 위치한 노드와 오른쪽 끝에 위치한 노드의 위치 차이로 너비를 구할 수가 있습니다.

해결 코드

간단한 알고리즘이므로 코드를 통해 좀 더 자세히 살펴보겠습니다.

트리의 최대 너비 구하기	파일 Chapter14/64_maximum_width_in_tree.py

```
001: def get_max_level_width(root: TreeNode) -> int:
002:     q = collections.deque([(root, 1)])
003:     mx_width = 0
004:
005:     while q:
006:         nq = collections.deque()
007:         idx = first = q[0][1]
008:
009:         while q:
010:             node, idx = q.popleft()
011:
012:             if node.left:
013:                 nq += (node.left, idx * 2 - 1),
014:             if node.right:
015:                 nq += (node.right, idx * 2),
016:
017:         mx_width = max(mx_width, idx - first + 1)
018:         q = nq
019:
020:     return mx_width
```

먼저 순회에 사용할 큐를 선언합니다. 큐는 루트 노드와 루트 노드의 위치(위치를 1로 설정)를 순서쌍으로 한 원소로 초기화됩니다. 3행에서는 최대 너비를 저장할 변수를 0으로 초기화합니다. 이제 큐에 노드가 존재하는 동안 반복문을 수행합니다.

이후 다음 단계에서 처리할 노드들을 저장할 큐를 선언합니다. 7행에서 현재 처리할 단계의 노드들이 담긴 큐에 가장 왼쪽에 위치한 원소의 위치 값을 얻어 first와 idx에 저장합니다. 9행에서 루트로 초기화된 큐의 원소가 존재하는 동안 반복문을 수행합니다. 우선 큐에 위치한 원소를 하나 빼냅니다. 이후 12~15행까지는 해당 노드가 자식 노드를 가지고 있을 경우 다음 단계에서 방문하도록 큐에 추가합니다. 이때 현재 노드의 위치 정보를 기준으로 다음 단계의 위치 정보를 계산해 함께 큐에 추가합니다.

현재 단계에 위치한 모든 노드를 처리했다면 17행에서는 현재 단계에서 가장 마지막에 처리한 (가장 오른쪽에 위치한) 노드의 위치 값과 가장 처음에 처리한(가장 왼쪽에 위치한) 위치 값의 차이를 계산합니다. 이 차이에 1을 더하여 현재 단계의 너비를 계산해 최대 너비 값을 갱신합니다.

18행에서는 다음 단계 방문을 위해 준비된 큐를 현재 큐가 가리키도록 하여 노드를 계속 순회합니다. 모든 노드를 순회하면 20행에서 순회 과정에서 계산된 단계의 최대 너비를 함수의 결과로 반환합니다.

지금까지 구현한 코드를 실행한 결과는 다음과 같습니다.

```
001: print(get_max_level_width(deserialize('[1, 2, 3, null, 4, null, 6, null, 7, 10]')))
```

```
4
```

| 성능 분석

이 알고리즘은 트리의 모든 노드를 정확히 1회 순회하는 단계 순위 순회 알고리즘입니다. 노드의 개수가 N개일 때 O(N)의 시간 복잡도를 가지므로 이 알고리즘의 시간 복잡도는 O(N)이 됩니다.

경로 합으로 목표 값 찾기

난이도 ☆☆ | 키워드 힌트: 재귀 | 파일 Chapter14/65_path_sum_in_a_tree.py | leetcode #437

문제 정의

이진 트리의 루트 노드(root)와 목표 값(target)이 주어집니다. 이때 루트 노드에서 말단 노드로 진행하는 노드 중 연속된 노드, 즉 부모 노드와 자식 노드의 합이 주어진 목표 값과 일치하는 경로를 찾고자 합니다. 이 문제의 조건은 다음과 같습니다.

- 노드는 최소 0개에서 최대 1000개까지 주어집니다.
- 각 노드는 −10억부터 10억까지의 값을 가질 수 있습니다.
- 목표 값은 −1000부터 1000까지 값을 가질 수 있습니다.

```
root = [5,4,null,1,null,3,4,null,null,5,10]
target = 10
```

```
3
```

주어진 노드에서 목표 값인 10과 일치하는 경우는 3가지입니다. 첫 번째는 루트 노드부터 하위 2개 노드를 합친 [5, 4, 1], 3단계에 위치한 노드 1번부터 시작되는 [1, 4, 5] 그리고 오른쪽 끝에 위치한 10의 값을 가진 1개의 노드까지 총 3개의 합이 목표 값과 일치합니다.

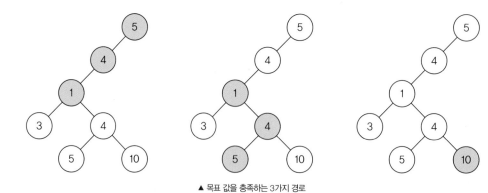

▲ 목표 값을 충족하는 3가지 경로

문제 해결

이 문제에서 고려해야 할 부분 중 하나는 경로가 중첩되는 경우입니다. 예를 들어 [5, 4, 1]과 [4, 1, 5]에서 4와 1이 중첩됩니다. [4, 1, 5]와 [5, 5]에서도 5가 중첩됩니다. 즉, 특별한 방법이 없이는 단 1번의 순회로는 해결하기 어렵다는 것을 알 수 있습니다.

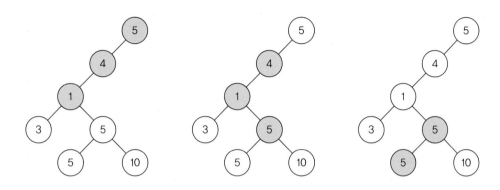

중첩되는 모든 경로를 파악하기 위해 해당 노드를 시작으로 다른 노드를 모두 순회해야 합니다. 따라서 다음과 같은 경우도 고려해야 합니다.

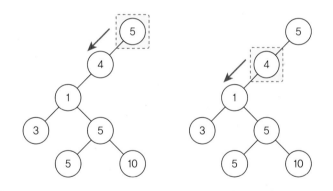

앞서 문제 조건에 따르면 노드는 음수 값을 가질 수도 있습니다. 따라서 같은 노드에서 시작하지만, 목표 값을 지닌 경로를 포함하는 경로가 다른 목표 값을 이루는 경로가 될 수 있습니다. 이는 목표 값을 발견한 이후에도 해당 값을 계속 아래로 전달하여 다른 경로들을 찾아야 한다는 의미입니다.

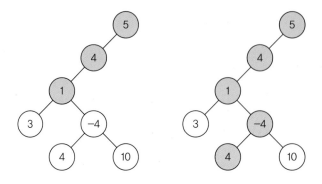

즉, 이 알고리즘은 먼저 모든 노드를 순회한 다음 현재 방문하는 노드를 시작 노드로 나머지 서브 트리를 순회하면서 서브 트리의 노드 값이 목표 값이 되는지를 파악하면 됩니다.

┃ 해결 코드

이제 앞서 설명한 알고리즘이 실제로 동작하는 코드를 살펴보겠습니다.

| 경로 합으로 목표 값 찾기 | ┃ 파일 Chapter14/65_path_sum_in_a_tree.py |

```
001: def get_num_paths(root: TreeNode, target: int) -> int:
002:     if not root:
003:         return 0
004:
005:     def dfs(node, target, inc):
006:         if not node:
007:             return 0
008:
009:         cnt = 0
010:         inc += node.val
011:
012:         if target == inc:
013:             cnt = 1
014:
015:         cnt += dfs(node.left, target, inc)
016:         cnt += dfs(node.right, target, inc)
017:
018:         return cnt
019:
020:     q = collections.deque([root])
```

```
021:        cnt = 0
022:
023:        while q:
024:            node = q.popleft()
025:            if not node:
026:                continue
027:
028:            cnt += dfs(node, target, 0)
029:
030:            if None != node.left:
031:                q += node.left,
032:
033:            if None != node.right:
034:                q += node.right,
035:
036:        return cnt
```

입력으로 주어진 트리가 비었다면 0을 반환하고 트리의 모든 노드를 탐색할 함수 dfs를 정의합니다. dfs 함수는 입력으로 받은 노드가 비어 있는 경우 0을 반환합니다. 이후 현재 노드까지의 합이 목표 값과 일치하는 횟수를 저장할 변수 cnt를 0으로 초기화합니다.

10 행에서 인수로 전달받은 누적 값에 현재 노드가 가진 값을 합한 후 이 값이 목표 값과 같은지를 확인합니다. 만약 같다면 cnt 변수의 값을 1로 설정합니다. 이후 두 자식 노드를 각각 재귀 호출하고 반환하는 결과를 cnt 변수에 누적합니다. 이로써 현재 노드와 자식 노드들이 파악한 목표 값과 동일한 경로의 합을 cnt 변수에 저장합니다. 마지막으로 18행에서 목표 값과 동일한 값을 가진 경로들의 수인 cnt 변수 값을 반환합니다.

순환 탐색을 위한 준비가 끝났으므로 20행에서는 모든 노드를 순차적으로 탐색하는 데 사용할 큐를 선언합니다. 큐는 탐색을 시작할 루트 노드를 원소로 가집니다. 이후 큐에 원소가 있는 동안 반복문을 수행하면서 큐에서 원소를 하나씩 추출합니다. 28행에서 추출된 노드에 대해 깊이 우선 탐색을 수행하여 모든 노드를 위에서 아래로 탐색합니다. 이 함수의 결과는 어떤 경로의 노드 합이 목표 값과 동일한 경우의 수를 반환하며, 이 값은 목표 값이므로 이를 cnt 변수에 누적합니다.

이후 현재 노드에 자식 노드가 있을 때 반복해서 탐색할 수 있도록 큐에 추가하고 모든 노드를 방문하면 파악한 경로의 수를 반환합니다.

이 알고리즘의 실행 코드와 출력 결과는 다음과 같습니다.

```
001: print(get_num_paths(deserialize('[5,4,null,1,null,3,4,null,null,5,10]'), 10))
```

```
3
```

| 성능 분석

노드가 N개일 때 루트 노드를 순회하면 다른 모든 노드를 순회하므로 N의 시간을 사용합니다. 다음 노드를 순회할 때는 N – 1의 시간을 사용하며 그 다음 노드는 N – 2의 시간을 사용합니다. 그리고 마지막 노드는 1의 시간을 사용합니다.

이는 삼각형의 크기를 한 변의 계산으로 구하는 것으로 잘 알려진 **가우스의 삼각수**^{triangle number}, n(n+1)/2로 표현할 수 있습니다. 이 알고리즘 역시 N(N+1)/2의 수행 시간을 가집니다. 즉, 빅–오 표기법에 따르면 최고차항의 시간 복잡도만 사용하므로 이 알고리즘의 시간 복잡도는 O(N^2)이 됩니다.

전위 순회 결과로 트리 생성하기

난이도 ☆☆ | 키워드 힌트: 재귀 | 파일 Chapter14/66_construct_tree_with_preorder_traversal.py | leetcode #1008

문제 정의

트리의 모든 노드를 전위 순회하여 획득한 노드의 값이 리스트로 주어집니다. 이 값만으로 순회를 진행했던 트리를 재생성하는 것이 이 문제의 목적입니다. 이 문제의 입력 조건은 다음과 같습니다.

- 주어지는 리스트의 항목 수는 최소 1개에서 최대 100개입니다.
- 노드가 가질 수 있는 값은 1에서 1000 사이의 정수입니다.

```
nums = [4, 2, 1, 3, 6, 5]
```

```
root = [4, 2, 6, 1, 3, 5]
```

출력은 리스트 형태지만, 실제로는 트리의 루트 노드가 생성됩니다. 즉, 다음과 같은 형태의 트리가 반환됩니다.

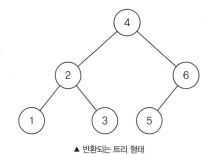

▲ 반환되는 트리 형태

문제 해결

이 문제를 풀기 위해 우선 고려해야 하는 것은 주어진 리스트의 값들이 어떤 트리의 전위 순회 결과라는 점입니다. 전위 순회는 방문한 노드의 값을 가장 먼저 취합니다. 즉, 리스트의 첫 번째 입력은 가장 먼저 방문하는 루트 노드의 값입니다.

입력 리스트의 첫 번째 원소인 4는 첫 번째 루트 노드의 값이며 이진 트리의 경우 현재 노드의 값보다 작은 값이 왼쪽 자식 트리에 포함되고 더 큰 값이(같은 값이 없다고 가정) 오른쪽 자식 트리에 포함되어야 합니다. 이것을 기준으로 나머지 값을 양분하면 다음 그림처럼 [2, 1, 3]은 4번 노드의 왼쪽 하위 트리에 포함되고 [6, 5]는 오른쪽 하위 트리에 포함됩니다.

다시 왼쪽과 오른쪽으로 양분된 리스트에서 각각 첫 번째 원소를 현재 노드로 선택합니다. 이후 반복해서 현재 선택한 노드보다 작은 값을 왼쪽 자식 트리에, 더 큰 값을 오른쪽 자식 트리에 포함합니다.

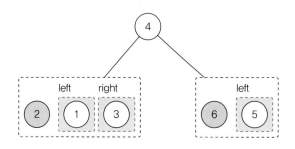

3단계에서는 리스트의 값이 1개만 존재하므로 양분할 노드가 남아 있지 않습니다. 이 노드를 현재 노드로 선택하여 노드를 생성합니다. 이제 입력으로 주어진 모든 정수를 이용해 트리의 재생성을 완료합니다.

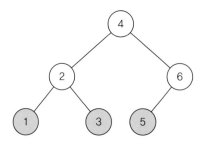

해결 코드

앞서 설명한 알고리즘이 실제로 동작하는 코드를 살펴보겠습니다.

전위 순회 결과로 트리 생성하기 　｜파일 Chapter14/66_construct_tree_with_preorder_traversal.py

```
001: def create_binary_search_tree(preorder: List[int]) -> TreeNode:
002:     if not preorder:
003:         return []
004:
005:     def dfs(nums, l, r):
006:         if l > r:
007:             return None
008:
009:         node = TreeNode(nums[l])
010:         idx = r
011:
012:         for i in range(l + 1, r + 1):
013:             if nums[l] < nums[i]:
014:                 idx = i - 1
015:                 break
016:
017:         node.left = dfs(nums, l + 1, idx)
018:         node.right = dfs(nums, idx + 1, r)
019:
020:         return node
021:
022:     return dfs(preorder, 0, len(preorder) - 1)
```

먼저 5행에서 순회로 생성된 리스트와 사용 가능한 범위를 지정하는 변수 l과 r을 인자로 받는 함수를 정의합니다. 9행에서 현재 노드를 생성할 때 사용 가능한 값 중 가장 앞(l값의 위치)에 있는 값으로 노드를 생성합니다. 이후 반복문을 수행하면서 nums의 값 중 l보다 더 큰 값의 위치를 찾고 이를 idx에 저장합니다. 이 idx가 왼쪽 자식 트리와 오른쪽 자식 트리를 가르는 위치가 됩니다. 가르는 위치 값을 기준으로 현재 수행 중인 함수를 재귀 호출합니다.

재귀 호출 시 왼쪽 자식 트리로 생성될 값들은 리스트 nums의 l+1부터 idx까지의 원소가 되며, 오른쪽 자식 트리로 생성될 값들은 리스트 nums의 idx+1부터 r번째까지의 원소가 됩니다. 이제 재귀 호출로 얻은 값을 왼쪽 노드 혹은 오른쪽 노드로 설정한 후 생성된 노드를 반환합니다.

22행에서는 dfs 함수를 입력 리스트 preorder로 호출합니다. 호출 시 preorder 리스트에 왼쪽의 유효한 위치는 0으로 부여하고 리스트의 마지막으로 유효한 원소의 위치는 preorder의 리스트 길이에서 1을 뺀 값으로 설정합니다.

이 알고리즘을 실행하면 다음과 같은 결과를 얻을 수 있습니다.

```
001: print(traverse_level(create_binary_search_tree([4, 2, 1, 3, 6, 5])))
```

```
[[4], [2, 6], [1, 3, 5]]
```

성능 분석

이 알고리즘은 입력으로 주어진 값을 순차적으로 1회 처리하면서 리스트의 나머지 값을 양분하여 다음 단계로 전달합니다. 양분되는 값이 보통 정확히 중간을 기준으로 분할된다면 총 $\log(N)$회의 분할 과정을 거치게 됩니다. 분할 과정마다 원소들의 절반 정도를 탐색하게 되기에 이 알고리즘의 시간 복잡도는 $N/2 \log(N)$이 됩니다. 그러나 상수항은 제거되므로 결과적으로 알고리즘의 시간 복잡도는 $N \log(N)$이 됩니다

난이도 ☆☆☆ | 키워드 힌트: 가로 세로 위치 | 파일 Chapter14/67_vertical_order_traversal.py | leetcode #987

문제 정의

이진 트리가 입력으로 주어집니다. 각 노드는 (행, 열)의 위치에 있는데, 왼쪽 자식 노드는 (행 +1, 열−1), 오른쪽 자식 노드는 (행+1, 열+1)의 위치 값을 지닙니다. 루트 노드의 (행, 열) 의 위치는 (0, 0)입니다. 이 문제에서 해결하고자 하는 것은 입력으로 주어진 트리의 모든 노 드를 **수직 순위 순회** 방식으로 순회한 결과를 리스트로 반환하는 것입니다.

수직 순위 순회란 최상위 노드부터 최하위 노드까지 순회하는 방식입니다. 노드들이 각자 (y, x) 좌표를 가지고 있을 때 가장 왼쪽의 x부터 y에 존재하는 모든 노드를 순회합니다. 이후 x+1에서 모든 y에 존재하는 노드들을 순회합니다. 이렇게 x를 하나씩 증가하면서 해당 x에 존 재하는 모든 y의 노드를 위에서 아래로 순회하는 방식이며 이 순회 결과를 반환해야 합니다.

이 문제의 입력 조건은 다음과 같습니다.

- 트리의 노드 개수는 최소 1개에서 최대 1000개까지 주어집니다.
- 트리의 각 노드의 값은 1에서 1000 사이입니다.

```
root = [8, 5, 7, 4, 3, 2, 6]
```

```
[[4], [5], [8, 2, 3], [7], [6]]
```

트리의 각 노드가 가지고 있는 x 좌표는 −2에서 2 사이입니다. 가장 작은 x축의 위치 값이 −2이므로 −2에 위치한 y축의 모든 노드를 순회합니다. x가 −2인 경우 노드는 4의 값을 지닌 노드 1개만 존재하므로 먼저 [4]라는 순회 결과를 얻습니다. 다음으로는 x가 −1일 때 y축의 모 든 노드를 순회합니다. x가 −1인 경우에는 5의 값을 지닌 노드 1개가 존재하므로 순회 결과는 [5]가 됩니다.

x가 0일 때 존재하는 노드는 3개입니다. 이 경우 가장 먼저 방문하는 노드는 8의 값을 가진 루 트 노드입니다. 다음으로 방문하는 노드는 같은 위치인 (2, 0)에 있는 2개의 노드입니다. 이 경우 더 작은 값을 노드를 먼저 순회합니다. 따라서 x가 0일때 순회 결과는 [8, 2, 3]이 됩니다.

마찬가지로 x가 1일 때는 [7]의 순회 결과를 얻고 x가 2일때는 [6]입니다.

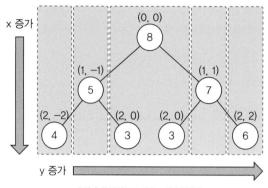

▲ 수직 순회 방식으로 이진 트리 순회하기

| 문제 해결

단순한 순회 문제지만 x에 따라 y축의 노드를 다시 순회하는 것은 분명 비효율적일 것입니다. 하지만 중위, 후위 순회처럼 연속적인 노드들을 1회만 방문하면서 순회하는 방식으로는 해결할 수 있을 것 같지 않습니다. 단계 순위 순회에서 큐를 사용했던 것처럼 이번 수직 순위 순회역시 자료구조를 이용해야 합니다.

그렇다면 어떤 자료구조를 사용해야 할까요? 문제에서 각 노드에 y와 x의 좌표를 지정했다는 것을 떠올려 봅시다. 각 노드는 좌표 정보를 지니고 있으며 좌표별로 노드들을 모으면 다음과 같습니다.

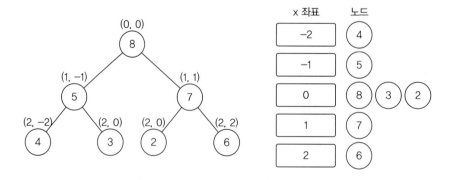

이제 x 좌표에 포함된 모든 노드를 구분하여 저장할 수가 있습니다. 그러나 이 경우 x가 0일때는 어느 노드를 먼저 방문해야 하는지 알 수가 없습니다. 이에 다음과 같이 노드들의 값을 저장할 때 값과 더불어 y의 좌표 값도 함께 저장해 봅니다.

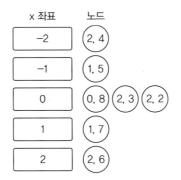

이제 각 x축에 포함된 노드들의 순서를 y축의 값으로 식별할 수 있게 되었습니다. 하지만 x가 0일 때 같은 y축의 값을 가진 노드가 2개라면 어떤 노드를 먼저 방문해야 하는지 구분할 수가 없습니다. 이런 경우에는 값이 더 작은 노드를 먼저 방문합니다. 즉, (2, 2)를 먼저 방문한 후 (2, 3)을 방문하면 됩니다. 이제 수직 순위 순회에 대한 알고리즘을 모두 살펴봤으며 이를 어떻게 구현할지 알아보겠습니다.

| 해결 코드

앞서 설명한 알고리즘이 실제로 동작하는 코드를 살펴보겠습니다.

| 이진 트리의 수직 순위 순회 | 파일 Chapter14/67_vertical_order_traversal.py |

```
001: def traverse_vertically(root: TreeNode) -> [[int]]:
002:     nodes = collections.defaultdict(lambda: collections.defaultdict(list))
003:
004:     def traverse(node, y, x):
005:         nodes[x][y] += node.val,
006:
007:         if node.left:
008:             traverse(node.left, y + 1, x - 1)
009:
010:         if node.right:
011:             traverse(node.right, y + 1, x + 1)
012:
013:     traverse(root, 0, 0)
014:
015:     all_nodes = sorted(nodes.items(), key=lambda p: p[0])
```

```
016:        res = []
017:
018:        for x, vert in all_nodes:
019:            items = []
020:            vert = sorted(vert.items(), key=lambda p: p[0])
021:            for y, nodes in vert:
022:                items += sorted(nodes)
023:
024:            res += items,
025:
026:        return res
```

먼저 2행에서 노드들을 트리의 x축의 위치와 y축의 위치로 저장할 딕셔너리 변수를 선언합니다. 좌표별 리스트의 초깃값을 쉽게 주기 위해 collections를 사용합니다. 4~11행까지는 모든 노드를 순회할 함수인 traverse를 정의합니다. traverse 함수에서는 노드의 x, y 위치를 기준으로 리스트에 저장합니다. 이렇게 정의된 traverse 함수를 13행에서 호출하여 nodes가 트리의 모든 노드를 좌표 위치별로 지니게 합니다.

이후 x를 기준으로 노드들을 정렬한 후 x축으로 정렬된 순서대로 y축에 위치한 모든 노드를 처리합니다. 20행에서는 현재 처리하는 x축에 위치한 모든 y축의 노드들을 y축 기준으로 정렬합니다. 이후 21행에서 y축으로도 정렬된 노드들을 가져온 후 22행에서 노드들을 값으로 정렬하여 items라는 리스트에 저장합니다. 이렇게 정렬된 노드들을 res에 저장하고 마지막으로 저장한 모든 노드의 값을 반환합니다.

지금까지 구현한 알고리즘의 실행 코드 및 실행 결과는 다음과 같습니다. x축을 기준으로 위에서 아래로 수집한 노드들의 값이 정렬된 리스트로 반환됩니다.

```
001: print(traverse_vertically(deserialize('[8,5,7,4,3,2,6]')))
```

```
[[4], [5], [8, 2, 3], [7], [6]]
```

| 성능 분석

이 알고리즘에서 가장 많은 시간이 소요되는 부분은 정렬입니다. 3번의 정렬 및 1번의 트리 순회가 이 코드의 구현 복잡도이며 이 중 가장 높은 복잡도를 가진 것은 정렬입니다. 따라서 이 알고리즘의 시간 복잡도는 정렬의 복잡도인 $O(N\log N)$이 됩니다.

유효한 이진 탐색 트리 찾기

난이도 ☆☆ | 키워드 힌트: 재귀 | 파일 Chapter14/68_validate_bst.py | leetcode #98

문제 정의

이진 탐색 트리가 입력으로 주어집니다. 그런데 이진 탐색 트리로 사용할 수 없는 입력 값이 섞여 있습니다. 이때 입력된 값이 이진 탐색 트리로 사용할 수 있는지 아닌지를 True, False로 구분하고자 합니다. 주어진 입력이 이진 탐색 트리인지 아닌지 확인하기 위해 필요한 것들은 다음과 같습니다.

- 왼쪽의 자식 노드는 현재 노드보다 키값이 작습니다.
- 오른쪽의 자식 노드는 현재 노드보다 키값이 큽니다.
- 어떤 특정 부분의 트리도 이진 탐색 트리여야 합니다.

```
root = [7,3,5,null,null,4,8]
```
```
False
```

입력으로 주어진 트리의 경우 7을 가진 노드의 오른쪽 자식 노드가 더 작은 키인 5를 가지고 있으므로 정상적인 이진 탐색 트리가 아닙니다. 따라서 결과로 False를 반환합니다.

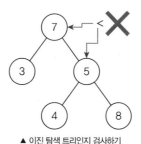

▲ 이진 탐색 트리인지 검사하기

문제 해결

먼저 루트 노드부터 방문합니다. 처음 방문할 때는 왼쪽과 오른쪽의 유효 범위로 각각 -INF와 +INF 값을 갖습니다. 루트 노드의 키는 7이며 이는 -INF와 +INF의 사이에 포함되므로 루트 노드는 이진 탐색 트리를 구성하는 데 문제가 없습니다.

이후 5라는 키를 지닌 오른쪽 자식 노드로 이동합니다. 이때 왼쪽 유효 값을 7로, 오른쪽 유효 값을 +INF로 설정하여 이동합니다. 이후 5라는 키가 7과 +INF 사이에 포함되는 값인지를 판단합니다. 5는 7보다 작기에 잘못된 키값임을 알 수 있습니다.

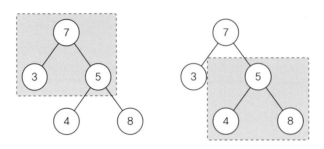

이제 루트 노드의 왼쪽 자식 노드인 3을 처리하겠습니다. 왼쪽 유효 값인 -INF와 오른쪽 유효 값인 7 사이에 3이 들어가므로 정상 노드로 처리합니다. 4는 왼쪽과 오른쪽의 유효 값으로 각각 7과 5를 전달받습니다. 5는 비정상이므로 하위 노드들을 살펴볼 필요는 없습니다.

해결 코드

앞서 설명한 알고리즘이 실제로 동작하는 코드를 살펴보겠습니다.

| 유효한 이진 탐색 트리 찾기 | 파일 Chapter14/68_validate_bst.py |

```
001: def is_bst(root: TreeNode) -> bool:
002:     if not root:
003:         return True
004:
005:     def check(node, l, r):
006:         if not node:
007:             return True
008:
009:         if not (l < node.val < r):
010:             return False
011:
012:         return check(node.left, l, min(node.val, r)) and \
013:             check(node.right, max(node.val, l), r)
014:
015:     return check(root, float('-inf'), float('inf'))
```

가장 먼저 주어진 트리의 루트 노드가 비어 있는지를 확인하고 비었다면 정상인 True를 반환합니다. 그런 다음 트리를 검사하는 함수 check를 정의합니다. check의 첫 부분에서는 노드가 nil인지를 판단합니다. nil, 즉 비어 있는 값이라면 True를 반환합니다.

9행에서 전달받은 왼쪽과 오른쪽의 유효 값으로 현재 노드의 값이 이 사이에 포함되는지를 판단합니다. 포함되지 않는다면 정상적인 이진 탐색 트리가 될 수 없으므로 False를 반환합니다. 이후 12행에서는 현재 노드의 왼쪽 자식 노드를 왼쪽의 유효 범위 값으로 현재 함수 호출의 인수 값으로 전달받던 l 값을, 오른쪽의 유효 범위 값으로는 현재 노드의 값을 전달합니다. 오른쪽 자식 노드의 경우 왼쪽의 유효 범위 값으로 현재 노드의 값을, 오른쪽의 유효 범위 값으로는 현재 함수 호출의 인수로 받았던 r을 전달합니다.

15행에서는 트리를 점검하는 check를 최초 호출하며, 루트 노드와 왼쪽 그리고 오른쪽의 유효 범위 값으로 각각 float('-inf')와 float('inf')를 전달합니다.

다음과 같이 테스트 코드를 실행하면 정상적인 이진 탐색 트리가 아니므로 False를 반환합니다.

```
001: print(is_bst(deserialize('[7,3,5,null,null,4,8]')))
```

```
False
```

| 성능 분석

이 알고리즘은 모든 노드를 1회 방문하면서 노드가 가져야 할 값이 정상적인 이진 탐색 트리의 노드가 가질 수 있는 값인지를 확인합니다. 즉, 노드의 개수가 N개라면 알고리즘의 성능은 O(N)이 됩니다.

CHAPTER 15

그래프

이번 챕터에서는 가장 연결이 많은 정점 찾기, 최소 비용으로 모든 정점 순회하기, 사이클 여부 확인하기 등 그래프 알고리즘을 응용해서 해결할 수 있는 문제들에 대해서 살펴보겠습니다.

문제 해결 과정과 풀이를 자세히 살펴보면서 그래프를 활용한 알고리즘 문제 유형의 패턴과 제한 성능 내 최대 효율을 내는 방법 등을 파악할 수 있습니다.

최소 비용으로 모든 정점 연결하기

난이도 ☆☆ | 키워드 힌트: 최소비용신장트리(MCST), 크러스컬 | 파일 Chapter15/69_min_cost_to_connect_all.py | leetcode #1584

문제 정의

2차원 평면에 여러 개의 점이 찍혀 있습니다. 이 점들을 모두 최소 비용으로 연결했을 때 간선들의 총 비용을 찾아야 합니다. 점들 사이의 거리는 **맨해튼 거리**manhattan distance를 사용하며 이는 $|xi-xj|+|yi-yj|$로 계산됩니다.

> **Tip.** 맨해튼 거리는 19세기 수학자 헤르만 민코프스키가 고안한 좌표 간 거리를 구하는 방식으로, 흔히 알고 있는 유클리드 거리 공간의 좌표에 표시된 두 점 사이의 거리를 간단한 수식인 절댓값의 차이로 구할 수 있습니다.

```
coordinates = [[0,0],[3,3],[4,9],[6,4],[7,3]]
```

```
19
```

문제 해결

입력으로 주어진 좌표들은 2차원 평면에 다음과 같이 위치합니다. 이 점들을 최소의 맨해튼 거리로 연결하는 방법을 찾아야 합니다. 우선 좌표의 모든 점(정점들)을 가능한 모든 경우로 연결합니다.

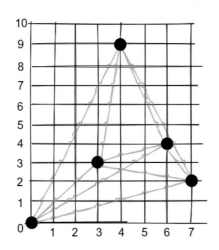

그런 다음 모든 간선의 가중치를 계산합니다.

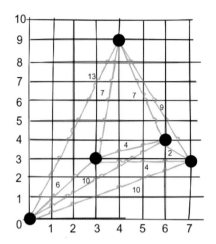

이제 모든 정점을 최소 비용으로 연결해야 합니다. 이때 떠올리면 좋을 알고리즘은 최소 비용의 간선을 선택하여 간선을 잇는 정점을 집합으로 통합하는 크러스컬 알고리즘입니다. 가중치가 가장 작은 간선들을 차례대로 선택하여 최소 비용 신장 트리를 생성합니다.

> 💡 Tip. 크러스컬 알고리즘에 대한 자세한 설명은 '4.2 그래프 알고리즘'을 참고하세요.

크러스컬 알고리즘을 이용해 최소 비용 신장 트리를 생성하면 다음과 같이 비용 합이 19인 4개의 간선이 선택됩니다.

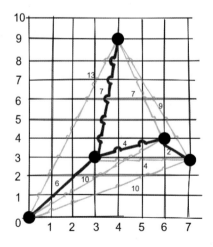

해결 코드

앞서 설명한 알고리즘이 실제로 동작하는 코드를 살펴보겠습니다.

최소 비용으로 모든 정점 연결하기	파일 Chapter15/69_min_cost_to_connect_all.py

```python
001: def get_min_cost_for_coorinates(coordinates: List[List[int]]) -> int:
002:     links = []
003:
004:     n = len(coordinates)
005:     for i in range(n - 1):
006:         for j in range(i + 1, n):
007:             w = abs(coordinates[i][0] - coordinates[j][0]) + \
008:                 abs(coordinates[i][1] - coordinates[j][1])
009:             links += (i, j, w),
010:
011:     links = collections.deque(sorted(links, key=lambda p: p[2]))
012:
013:     union = [i for i in range(n)]
014:
015:     def find_root(key):
016:         while union[key] != key:
017:             key = union[key]
018:         return key
019:
020:     cost = 0
021:     cnt = 0
022:
023:     while links and cnt < n - 1:
024:         u, v, w = links.popleft()
025:         uroot = find_root(u)
026:         vroot = find_root(v)
027:
028:         if uroot != vroot:
029:             union[vroot] = uroot
030:             cost += w
031:             cnt += 1
032:
033:     return cost
```

먼저 간선들의 정보를 저장할 리스트 변수 links를 선언한 다음 모든 좌표의 맨해튼 거리를 계산합니다. 이 계산 결과와 좌표에 대한 색인 정보를 하나의 간선으로 links에 저장합니다.

저장된 모든 간선을 가중치가 작은 것부터 큰 순서대로 정렬합니다. 그리고 집합 관계를 표현할 union 리스트를 선언합니다. union을 통해 정점의 정보가 입력되면 정점이 속한 집합의 대표 정점을 반환하는 함수를 작성합니다.

비용을 저장할 변수 cost를 0으로 초기화합니다. 그리고 처리한 간선의 개수를 저장할 cnt 변수를 0으로 초기화합니다. 23행에서 links에 원소가 존재하는 동안, 변수 cnt가 n-1보다 작은 동안 반복문을 수행합니다. cnt가 n-1보다 작다는 것은 처리한 간선의 개수가 정점의 개수 -1개(모든 정점을 연결하는 데 필요한 최소한의 간선 수)까지만 처리하는 것을 보장한다는 뜻입니다.

이제 25~26행에서 좌표 u와 v가 속한 집합의 대표 정점을 얻습니다. 이 두 대표 정점이 같지 않다면, 즉 u와 v 정점이 서로 다른 집합에 속해 있다면 v가 u에 속할 수 있도록 union 값을 변경합니다. 그런 다음 이 간선에 대한 비용을 총 비용에 누적하고 처리된 간선의 개수를 1만큼 증가합니다. 모든 간선에 대해 혹은 정점의 개수 -1개만큼의 간선이 처리되었다면 최소 비용으로 모든 정점이 연결된 상태를 보장하기에 반복문을 종료하고 누적된 최소 비용 신장 트리를 구성하는 간선의 비용을 반환합니다.

> 💡Tip. 리스트 대신 힙큐를 사용하면 더 빠른 성능을 확보할 수 있습니다.

그래프의 사이클 유무 확인하기

난이도 ☆☆ | 키워드 힌트: 유니온 파인드 | 파일 Chapter15/70_graph_valid_tree.py | leetcode #261

문제 정의

n개의 정점을 가진 무향 그래프가 주어집니다. 이 무향 그래프에 사이클이 있는지를 판단하고자 합니다. 그래프에 사이클이 없다면 True, 있다면 False를 반환합니다.

```
links = [[0, 1], [1, 2], [2, 3], [1, 3], [1, 4]]
n = 5
```

```
False
```

문제 해결

먼저 정점 3과 2를 잇는 간선을 선택합니다. 이 간선이 연결하는 3과 2는 같은 그룹(부분 그래프)에 속해 있지 않으므로 둘을 하나의 그룹으로 묶습니다.

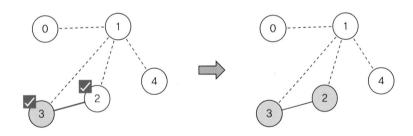

이번에는 정점 2와 1을 잇는 간선을 선택합니다. 정점 2와 1은 서로 다른 그룹이므로 둘을 하나의 그룹으로 통합합니다.

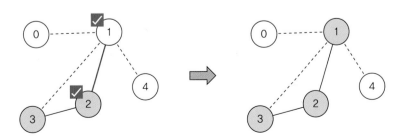

다음으로 정점 0과 1을 잇는 간선을 선택합니다. 이 두 정점 역시 다른 그룹이므로 같은 그룹으로 통합합니다.

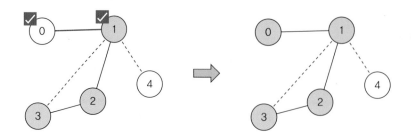

다음으로 정점 1과 4를 잇는 간선을 선택합니다. 두 정점 역시 다른 그룹이므로 같은 그룹으로 통합합니다.

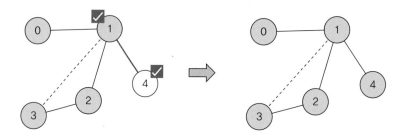

마지막으로 남은 정점 3과 1을 잇는 간선을 선택합니다. 이 두 정점은 이미 같은 그룹입니다. 즉, 이 간선을 연결하면 그룹(서브 그래프)에 사이클이 생성됩니다. 이로써 이 그래프에는 사이클이 존재한다는 것을 알게 되었으므로 False를 반환합니다.

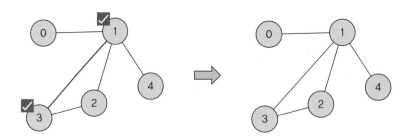

해결 코드

앞서 살펴본 그래프의 사이클을 확인하는 알고리즘이 실제로 동작하는 코드를 살펴보겠습니다.

그래프의 사이클 유무 확인하기 | 파일 Chapter15/70_graph_valid_tree.py

```python
001: def is_no_cycle(n, edges):
002:     parents = collections.defaultdict(int)
003:
004:     for u, v in edges:
005:         parents[u] = u
006:         parents[v] = v
007:
008:     def get_root(parents, idx):
009:         while parents[idx] != idx:
010:             idx = parents[idx]
011:         return idx
012:
013:     for u, v in edges:
014:         u_root = get_root(parents, u)
015:         v_root = get_root(parents, v)
016:         if u_root == v_root:
017:             return False
018:
019:         parents[v_root] = u_root
020:
021:     return len(edges) == n - 1
```

먼저 유니온 처리를 위한 parents를 선언하고 모든 정점은 자기 자신을 하나의 집합으로 갖도록 초기화합니다. 그런 다음 현재 주어진 정점 idx의 최초 정점이 무엇인지를 파악하는 함수 get_root를 정의합니다.

그런 다음 모든 간선을 잇는 두 정점이 같은 그룹에 속해 있는지를 판단합니다. 이미 같은 그룹이라면 이는 현재 간선이 사이클을 형성할 수 있다는 의미입니다. 사이클을 발견하면 17행에서 False를 반환하고 그렇지 않다면 21행에서 주어진 간선으로 모든 정점을 이을 수 있는지를 판단합니다. 이때 모든 정점이 연결되면 True, 연결되지 않은 정점이 존재한다면 False를 반환합니다.

이 알고리즘은 또 다른 방식으로 구현할 수도 있습니다. 단순하게 주어진 간선을 잇는 두 정점에 이미 연결 선이 존재한다면 현재 간선을 추가함으로써 사이클이 형성될 수 있다는 점을 이용해 사이클 유무를 판단할 수 있습니다.

예를 들어 다음과 같이 정점 3과 1을 잇는 간선이 주어질 때 3에서 1로 갈 수 있는 길이 존재한다면 현재의 간선을 연결하여 사이클이 형성될 수 있다는 것을 알 수 있습니다.

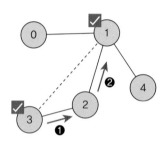

이에 대한 구현 코드는 다음과 같습니다.

연결 선 유무로 사이클 확인하기

```
001: def is_no_cycle(n, edges):
002:     def is_reachable(u, v):
003:         visited = set()
004:         visited.add(u)
005:         q = collections.deque([u])
006:
007:         while q:
008:             cur = q.popleft()
009:
010:             if cur == v:
011:                 return True
012:
013:             for adj in g[cur]:
014:                 if adj in visited:
015:                     continue
016:
017:                 q += adj,
018:                 visited.add(adj)
019:
```

```
020:        return False
021:
022:    g = collections.defaultdict(list)
023:    for u, v in edges:
024:        if is_reachable(u, v):
025:            return False
026:
027:        g[u] += v,
028:        g[v] += u,
029:
030:    return len(edges) == n - 1
```

두 정점 간 모든 경로 찾기

난이도 ☆☆ | 키워드 힌트: 너비 우선 탐색 | 파일 Chapter15/71_all_paths_from_source_to_target.py | leetcode #797

문제 정의

유향 비순환 그래프가 입력으로 주어집니다. 그래프에는 총 n개의 정점이 있으며 모든 노드는 0부터 n-1의 값을 이름으로 갖습니다(정점의 이름에는 중복이 없다고 가정합니다). 이때 한 정점에서 다른 정점까지 갈 수 있는 모든 경로를 찾아 출력하고자 합니다.

```
graph = [[1, 2, 3], [2, 3], [3], []]
```

```
[[0, 3], [0, 1, 3], [0, 2, 3], [0, 1, 2, 3]]
```

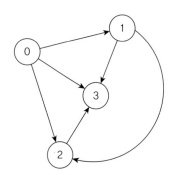

▲ 두 정점 간 모든 경로를 찾기 위한 유형 비순환 그래프

0에서 3으로 가는 모든 경로를 찾는다면 다음과 같이 총 4가지의 경로가 있습니다.

- 0 → 3
- 0 → 1 → 3
- 0 → 2 → 3
- 0 → 1 → 2 → 3

이렇게 각 정점이 다른 정점으로 갈 수 있는 모든 경로를 찾아 반환하는 것이 이 문제의 목표입니다.

문제 해결

먼저 첫 방문할 정점인 0을 큐에 넣습니다. 이때 경로는 [0]뿐이지만 이 역시 함께 큐에 저장합니다.

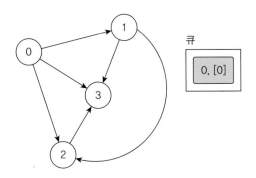

0을 방문하면 주변 정점 3개가 있습니다. 이 정점들을 모두 방문하기 위해 큐에 이름을 추가합니다. 이때 0부터 진행했으므로 1은 [0, 1]을, 3은 [0, 3], 2는 [0, 2]라고 저장합니다.

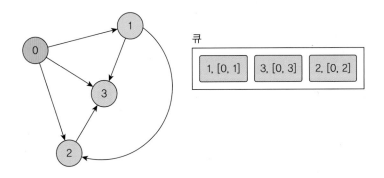

이번에는 정점 1을 방문합니다. 1은 3과 2를 방문할 수 있으므로 큐에 정점 이름과 경로를 함께 저장합니다.

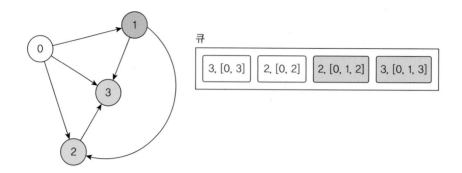

정점 3을 방문합니다. 3은 목표했던 도착점이므로 여기까지 경로인 [0, 3]을 결과에 저장합니다.

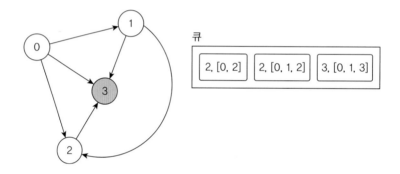

이번에는 정점 2를 방문합니다. 갈 수 있는 정점은 3이므로 이름과 [0, 2]에 [3]을 추가한 경로인 [0, 2, 3]을 큐에 추가합니다.

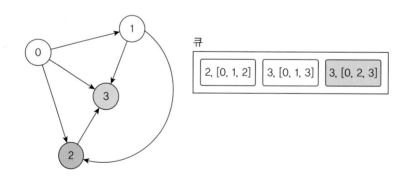

이번에도 2를 방문합니다. 지금까지의 경로는 [0, 1, 2]였으므로 3을 추가한 [0, 1, 2, 3]을 3의 이름과 함께 큐에 추가합니다.

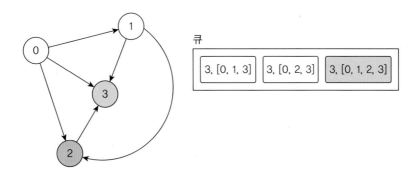

이제 큐에는 3을 방문하는 경로만 남았습니다. 3을 방문할 때까지 경로를 저장하는 것이 목표 이므로 큐에 있는 3개의 원소를 방문해서 얻을 수 있는 경로는 [0, 1, 3], [0, 2, 3], [0, 1, 2, 3] 입니다. 이 3개의 경로를 결과 리스트에 추가합니다.

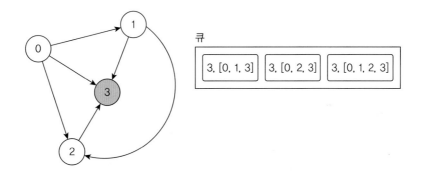

| 해결 코드

앞서 살펴본 두 정점 간 모든 경로를 찾는 알고리즘이 동작하는 코드를 살펴보겠습니다.

두 정점 간 모든 경로 찾기 　　　　　　　 | 파일 Chapter15/71_all_paths_from_source_to_target.py

```
001: def get_all_paths(graph: List[List[int]]) -> List[List[int]]:
002:     n = len(graph)
003:     q = collections.deque([(0, [0])])
004:     res = []
005:
```

```
006:    while q:
007:        u, trace = q.popleft()
008:
009:        for v in graph[u]:
010:            q += (v, trace + [v]),
011:
012:        if u == n - 1:
013:            res += trace,
014:
015:    return res
```

큐에 가장 먼저 방문할 정점인 0과 0까지의 경로인 [0]을 추가합니다. 이제 큐에 방문할 원소가 있는 동안 반복문을 수행합니다. 우선 큐에서 원소 하나를 빼냅니다. 현재 방문할 정점과 해당 정점까지 도달하는 데 필요했던 경로를 얻습니다.

9~10행에서 현재 방문한 정점의 주변 정점을 큐에 추가합니다. 이때 지금까지 진행해온 경로인 trace와 방문할 경로를 함께 저장합니다. 12행에서 만약 현재 방문한 정점이 목표 지점인 n-1이라면 지금까지 진행해온 경로 trace를 결과 리스트인 res에 추가합니다.

| 성능 분석

이 알고리즘은 모든 경로와 모든 간선을 1번씩 방문하므로 시간 복잡도는 간선의 개수 E와 정점의 개수 E를 합한 $O(V+E)$입니다.

사이클이 없는 정점 찾기

난이도 ☆☆ | **키워드 힌트: 깊이 우선 탐색** | **파일 Chapter15/72_vertices_with_no_cycle.py** | **leetcode #802**

문제 정의

유향 그래프가 주어집니다. 이 그래프에 사이클이 있을 때 사이클에 포함되지 않는 안정적인 정점을 찾는 것이 이 문제의 목표입니다. 예를 들어 다음과 같이 유향 그래프가 주어지면 사이클에 포함되지 않은 안정적인 정점인 1을 결과로 출력해야 합니다.

```
graph = [[1, 2], [], [1, 3], [0]]
```
```
[1]
```

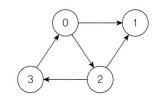

▲ 유향 그래프의 사이클에 포함되지 않는 정점 찾기

문제 해결

먼저 정점 0을 방문합니다. 방문 중임을 표시하기 위해 정점을 회색(gray)으로 표시했습니다. 다음으로 0의 오른쪽에 있는 1을 방문합니다. 1은 더 이상 갈 곳이 없기에 방문을 완료합니다. 방문을 완료한 1은 검정색(black)으로 표시합니다.

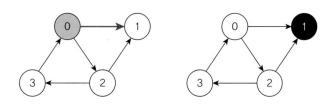

이번에는 정점 2를 방문합니다. 1은 방문을 완료했으므로 방문하지 않습니다. 대신 방문하지 않은 3을 방문합니다.

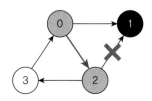

3에서 갈 수 있는 정점은 0밖에 없습니다. 그런데 0은 이미 방문 중인 정점입니다. 즉, 이 정점으로 가면 사이클이 존재한다는 것을 알 수 있습니다. 이제 방문하지 않은 정점이 없으므로 안정된 사이클이 없는 정점인 1을 결과 리스트에 넣고 반환하여 알고리즘을 종료합니다.

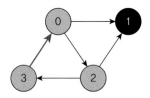

| 해결 코드

앞서 살펴본 알고리즘이 실제로 동작하는 코드를 살펴보겠습니다.

| 사이클이 없는 정점 찾기 | 파일 Chapter15/72_vertices_with_no_cycle.py |

```
001: def find_save_vertices(self, graph):
002:     WHITE, GRAY, BLACK = 0, 1, 2
003:     n = len(graph)
004:     state = [WHITE]*n
005:
006:     def dfs(node):
007:         state[node] = GRAY
008:
009:         for adj in graph[node]:
010:             if state[adj] == BLACK:
011:                 continue
012:             if state[adj] == GRAY:
013:                 return False
014:
015:             if False == dfs(adj):
016:                 return False
017:
```

```
018:            state[node] = BLACK
019:            return True
020:
021:     res = []
022:     for node in range(n):
023:         ret = False
024:         if state[node] == WHITE:
025:             ret = dfs(node)
026:         elif state[node] == BLACK:
027:             ret = True
028:
029:         if True == ret:
030:             res += node,
031:
032:     return res
```

먼저 정점들의 상태를 표시할 색상을 정의합니다. 흰색은 방문을 하지 않은 정점, 회색은 현재 방문 중인(사이클이 있다면 영원히 방문 중인) 정점 그리고 검정색은 방문을 완료한(사이클에 포함되지 않는) 정점을 의미합니다. state에는 모든 정점의 초기 상태를 WHITE로 설정합니다.

정점들을 깊이 우선 탐색으로 방문합니다. 우선 현재 방문하려는 정점을 방문 중인 상태인 GRAY로 표시합니다. 이후 인접 정점을 확인합니다. 만약 인접 정점이 BLACK이라면 이미 방문을 완료한 정점이므로 처리를 수행하지 않습니다. 인접 정점이 GRAY라면 이미 방문한 정점이므로 현재 정점은 사이클에 포함되었음을 의미합니다. 현재 정점은 방문을 완료할 수 없는 정점이므로 False를 반환하면서 탐색을 종료합니다.

만약 인접 정점이 WHITE라면 아직 방문하지 않은 정점이므로 dfs 함수를 재귀 호출하여 인접 정점을 방문합니다. 모든 인접 정점을 방문하면, 즉 사이클이 없어서 인접 정점을 모두 방문할 수 있었다면 현재 정점도 사이클에 포함된 정점이 아님을 의미하므로 현재 정점의 상태를 BLACK으로 표시하고 True를 반환하며 함수 호출을 종료합니다.

21~32행에서 모든 정점에 대해 하나씩 반복하면서 방문하지 않은 정점을 발견하면 dfs를 호출하여 깊이 우선 탐색을 수행합니다. 만약 현재 정점이 방문을 완료한 정점이라면, 현재 정점을 결과 리스트에 포함합니다. 모든 정점에 대한 처리를 완료했으면 사이클이 없는 안정적인 상태로 판단된 정점들을 반환합니다.

네트워크 내 모든 단말 연결하기

난이도 ☆☆ | 키워드 힌트: 탐색 | 파일 Chapter15/73_connect_all_nodes.py | leetcode #1319

문제 정의

동아리 방에 6대의 PC가 있습니다. 6명의 친구들이 데이터 송수신 프로그램을 테스트하려고 합니다. 그러려면 6대의 PC가 모두 연결되어 있어야 합니다. 그런데 라우터 기기에 문제가 생겨 인터넷에 연결이 되지 않습니다. 랜선을 구입하기는 어려운 상황이라 PC에 연결된 랜선 중 남는 것을 가지고 연결되지 않은 PC들을 연결하고자 합니다. 이때 최소 몇 개의 랜선을 기존 PC에서 빼낸 후 연결해야 하는지 그 횟수를 구하고자 합니다. 만약 주어진 랜선을 사용해서 모든 PC를 연결할 수 없다면 −1을 반환합니다.

이 문제의 입력 조건은 다음과 같습니다.

- PC의 개수 n은 1대에서 10^5 개까지 주어집니다.
- 연결의 길이는 1개에서 10^5 혹은 n*(n-1)개 중 더 작은 수만큼 주어집니다.
- 연결이 중복되지는 않습니다.

```
n = 6
cables = [[0, 1], [0, 2], [0, 3], [1, 2], [2, 3]]
```

```
2
```

문제 해결

우선 연결해야 하는 PC가 몇 개인지 파악해야 합니다. 다음과 같이 왼쪽 4대의 PC는 이미 연결되어 있습니다. 이를 하나의 **무리**cluster로 간주합니다. 오른쪽의 5번, 6번 PC는 연결된 다른 PC가 없기에 각자 하나의 독립된 무리로 간주합니다.

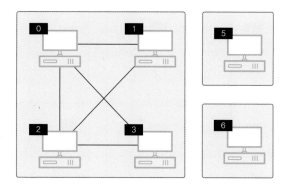

왼쪽 무리에 속한 4대의 PC를 모두 연결하기 위해서는 PC 개수 −1개의 랜선만 있으면 됩니다. 왼쪽 무리에는 5개의 랜선이 연결되어 있으며 이 중 3개만 사용해도 모든 PC를 연결할 수 있습니다. 즉, 이 중에서 2개의 랜선을 사용할 수 있습니다.

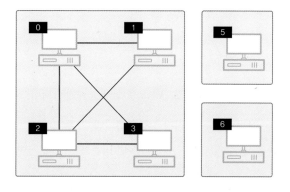

연결되어 있지 않은 무리도 2개이므로 2개의 랜선만으로 모든 PC를 연결할 수가 있습니다. 정리하면 다음의 2가지 일을 수행해야 합니다.

- 무리(cluster)의 개수 파악
- 랜선의 개수 파악

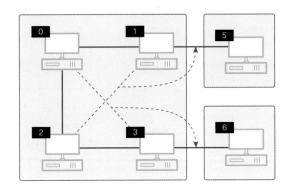

무리의 개수는 다음과 같이 그래프의 정점 탐색을 통해 파악할 수 있습니다.

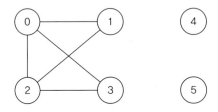

우선 정점 0부터 탐색을 시작합니다. 1, 2, 3순으로 탐색을 수행합니다.

정점 0에 연결되어 있는 1번, 2번, 3번 정점을 방문합니다. 모두 방문을 마치고 나면 적어도 하나의 정점 무리가 있음을 알 수 있습니다. 이후 한 번 방문했던 1, 2, 3번 정점은 더 이상 방문하지 않습니다.

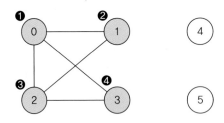

이제 정점 4를 방문하면 4가 하나의 무리를 이루고 있다는 것을 알 수 있으며, 마찬가지로 5를 방문하면 또 하나의 무리가 있다는 것을 알 수 있습니다. 이렇게 총 3개의 무리가 있으며 3개의 무리를 모두 연결하려면 2개의 간선(랜선)이 필요합니다.

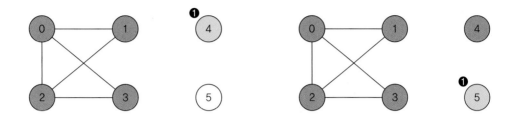

그렇다면 이번에는 총 몇 개의 랜선이 있는지를 살펴봐야 합니다. 첫 번째 PC 무리에만 랜선이 존재하며 개수는 총 5개입니다. 첫 번째 무리에는 4개의 PC가 있으므로 3개의 랜선만 있으면 모든 PC를 연결할 수 있습니다. 즉, 2개의 랜선이 남습니다.

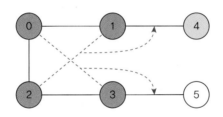

이 남은 2개의 랜선으로 정점 4가 속한 무리와 5가 속한 무리를 각각 연결하는 데 사용하면 모든 PC가 연결된 상태를 만들 수가 있습니다.

| 해결 코드

이제 앞서 설명한 알고리즘이 실제로 동작하는 코드를 살펴보겠습니다.

네트워크 내 모든 단말 연결하기	파일 Chapter15/73_connect_all_nodes.py

```
001: def get_cable_move(n: int, cables: [[int]]) -> int:
002:     if len(cables) < n - 1:
003:         return -1
004:
005:     g = collections.defaultdict(set)
```

```
006:     for u, v in cables:
007:         g[u].add(v)
008:         g[v].add(u)
009:
010:     visited = set()
011:
012:     def dfs(node):
013:         q = [node]
014:         while q:
015:             node = q.pop()
016:             visited.add(node)
017:
018:             for adj in g[node]:
019:                 if adj in visited:
020:                     continue
021:                 q += adj,
022:
023:         return 1
024:
025:     move = 0
026:     for node in range(n):
027:         if node not in visited:
028:             move += dfs(node)
029:
030:     return move - 1
```

입력으로 주어진 PC의 개수 n에서 1개 적은 수의 랜선이 필요합니다. 랜선의 수가 이보다 적으면 어떤 수를 써도 모든 PC를 하나의 네트워크로 연결할 수 없으므로 −1을 반환합니다. 이제 5행에서 입력으로 주어진 랜선을 이용해 양방향으로 연결되는 PC들의 무향 그래프를 생성합니다. 또한 재방문을 하지 않도록 visited를 셋으로 선언합니다.

주어진 정점을 시작으로 연결된 모든 정점을 방문하고 방문 처리를 수행할 함수를 dfs라는 이름으로 정의합니다. 이 함수는 스택을 사용해 서로 연결된 모든 정점(PC)을 방문하기에 깊이 우선 탐색을 수행합니다(너비 우선 탐색을 사용해도 상관은 없습니다).

이제 25~30행에서 정점 0부터 n−1번 정점에 대해 방문하지 않은 정점은 탐색을 수행합니다. 탐색마다 랜선 이동의 필요 횟수인 move를 1만큼 증가합니다.

이 알고리즘에서는 DFS 방식으로 노드를 방문했지만, BFS 방식으로 방문해도 상관없습니다. 이 경우 q는 deque로 선언하고 pop 대신 popleft()를 사용하며 방문 처리는 큐에 노드를 추가할 때 수행합니다.

다음과 같이 6개의 정점과 5개의 간선을 입력하면 2개의 랜선 이동이 필요하다는 결과를 출력합니다.

```
001: num_moves = get_cable_move(6, [[0,1],[0,2],[0,3],[1,2], [2,3]])
002: print(num_moves)
```

```
2
```

성능 분석

이 알고리즘은 우선 주어진 랜선을 가지고 그래프를 형성합니다. 이때 랜선, 즉 간선의 개수만큼 반복하면서 정점들을 연결합니다. 여기서 간선의 개수 E만큼인 O(E)의 시간이 사용됩니다. 이후 모든 정점에 스택을 사용하여 깊이 우선 탐색 방식으로 방문을 합니다. 이 부분에서 정점의 개수 V만큼의 시간이 소모됩니다. 즉, O(E+V)의 시간이 소모되는 알고리즘입니다.

핵심 도시 파악하기

난이도 ☆☆ | 키워드 힌트: 정렬 | 파일 Chapter15/74_find_core_city.py | leetcode #1615

| 문제 정의

도시들을 정점으로 갖고 있으며 도시를 연결하는 길을 간선으로 지니는 그래프가 주어집니다.

여러 도시가 있고 이 도시들을 연결하는 도로가 있습니다. 이때 가장 많은 도로가 연결된 도시가 핵심 도시며, 이 문제에서 찾는 것입니다. 즉, 도시가 정점, 도로가 간선일 때 간선이 2개 이상인 도시를 찾아 반환해야 합니다.

이 문제의 입력 조건은 다음과 같습니다.

- 도시의 개수 n은 최소 2개에서 100개까지 주어집니다.
- 도로의 개수는 0개부터 $n \times (n-1)/2$개까지 주어집니다.
- 각 도시의 연결은 최대 1개만 허용합니다.

```
n = 5
roads = [[0, 2], [2, 1], [2, 3], [1, 4], [1, 5]]
```

```
5
```

이 입력에서 핵심 도시는 1번, 2번 도시입니다. 두 도시 모두 3개의 도로를 가지고 있습니다. 이 중 1번 도시와 2번 도시를 연결하는 도로는 중복이므로 핵심 도시 2개는 총 5개의 도로를 가지고 있습니다.

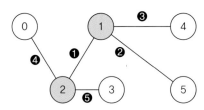

▲ 도로(간선)가 가장 많이 연결된 핵심 도시(정점) 찾기

문제 해결

먼저 입력으로 주어진 도로 정보로 도시들을 연결한 다음 각 도시에 연결된 도로의 수를 파악하여 기록합니다. 이제 도시 중 도로가 가장 많은 도시를 선택합니다. 이 입력에서는 3개의 도로와 연결된 1번과 2번 도시입니다.

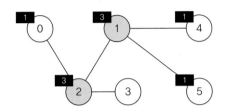

후보가 둘이니 개별적으로 처리해야 합니다. 먼저 1번 도시를 살펴보겠습니다. 1번을 제외하고 나머지 중 가장 많은 도로와 연결된 도시를 선택합니다. 이때 2번 도시는 1번 도시와 도로를 하나 공유하고 있으므로 2번 도시는 해당 도로를 포함하지 않습니다. 즉, 2번 도시는 2개의 도로와 연결되었습니다. 그러나 도로 하나를 제외해도 1번 도시 다음으로 가장 많은 도로 연결이 많은 도시입니다.

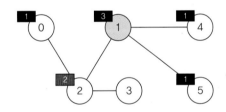

이번에는 2번 도시를 제외한 나머지 도시와 연결된 도로의 개수를 계산합니다. 이번에도 1번과 2번이 도로를 공유하고 있으므로 1번 도시와 연결된 도로 개수를 1개 감소합니다. 따라서 도시 중 가장 많은 도로와 연결된 도시는 1번, 2번이 되고 이 두 도시가 가지고 있는 도로의 개수는 5개입니다.

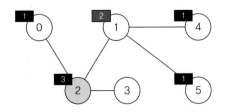

해결 코드

이제 앞서 설명한 알고리즘이 실제로 동작하는 코드를 살펴보겠습니다.

| 핵심 도시 파악하기 | | 파일 Chapter15/74_find_core_city.py |

```python
001: def get_max_rank(n: int, roads: List[List[int]]) -> int:
002:     if not roads:
003:         return 0
004:
005:     g = collections.defaultdict(list)
006:     for u, v in roads:
007:         g[u] += v,
008:         g[v] += u,
009:
010:     most = sorted(g.items(), key=lambda p: len(p[1]), reverse=True)
011:     mx = 0
012:     i = 0
013:
014:     while i < len(most) and len(most[i][1]) == len(most[0][1]):
015:         u = most[i][0]
016:         num_u = len(g[u])
017:
018:         for v in range(n):
019:             if v == u:
020:                 continue
021:
022:             neis = len(g[v])
023:             if u in g[v]:
024:                 neis -= 1
025:
026:             mx = max(mx, num_u + neis)
027:
028:         i += 1
029:
030:     return mx
```

먼저 입력에 도로의 개수가 주어지지 않으면 0을 반환하도록 합니다. 그런 다음 그래프를 선언하고 간선 연결 정보로 그래프의 간선들을 양방향으로 연결합니다. 각 정점(도시)이 가진 간선(도로)의 개수를 기준으로 가장 많은 간선을 지닌 정점 순서대로 정렬합니다. 두 정점이 가진 최대 간선 개수를 저장할 변수 mx와 반복문을 수행하기 위한 변수 i를 0으로 초기화합니다.

10~12행에서 가장 많은 간선을 가진 정점을 처리하기 위한 반복문을 수행합니다. 해당 정점이 지니고 있는 간선의 개수를 u_edges에 저장합니다. 이후 모든 정점의 간선 개수를 구합니다. 이때 정점 u의 간선과 공유하는 간선을 가진 경우 1을 감소합니다. 그리고 정점 u와 현재 처리하는 정점 v의 간선의 개수를 합하여 최대 간선의 개수를 갱신합니다. 반복문을 빠져나온 뒤 이 과정에서 얻게 된 두 정점의 최대 간선의 개수를 반환합니다.

이렇게 구현한 알고리즘을 다음과 같이 실행하면 결과로 5가 반환됩니다.

```
001: rank = get_max_rank(n=5, roads=[[0, 2], [2, 1], [2, 3], [1, 4], [1, 5]])
002: print(rank)
```

```
5
```

성능 분석

이 알고리즘은 가장 많은 간선을 가진 정점과 그 정점이 가진 간선의 파악하는 과정을 거칩니다. 이는 $O(V)$의 시간을 소모합니다. 그러나 최악의 경우 모든 정점의 간선 수가 동일하다면 $O(V^2)$를 소모할 수 있습니다. 정렬에서 $O(V\log V)$의 시간을 소모하지만 $O(V^2)$가 더 많은 시간을 사용하므로 최악의 성능을 기준으로 이 알고리즘의 성능은 $O(V^2)$가 됩니다.

네트워크 지연 시간 계산하기

난이도 ☆☆ | 키워드 힌트: 힙큐 | 파일 Chapter15/75_network_delay_time.py | leetcode #743

문제 정의

네트워크가 입력으로 주어집니다. 네트워크는 정점과 간선으로 구성되어 있고, 한 노드에서 다른 노드로 가는 연결은 방향성을 가지고 있으며 연결을 할 때는 시간이 소요됩니다. 이때 특정 노드로부터 패킷을 송출하여 네트워크에 존재하는 모든 노드에 패킷이 도달하기까지 걸리는 최소 시간을 구해야 합니다.

```
links = [[1,2,3],[1,3,5],[2,3,2],[2,4,1],[4,3,3],[3,5,3],[4,5,8]]
n = 5
start_node = 1
```

```
8
```

links는 여러 정점 간의 연결 정보를 담고 있는 리스트입니다. 리스트의 각 요소 역시 리스트이며 리스트의 각 항목은 앞에서부터 차례대로 시작 정점, 도착 정점, 경과 시간을 뜻합니다. 두 번째 입력인 n은 네트워크를 구성하는 전체 노드의 수를 의미합니다. 세 번째 입력 start_node는 패킷을 전체 노드에 전달할 노드의 번호입니다.

이 문제의 입력 조건은 다음과 같습니다.

- 노드의 개수는 1개부터 100개까지 주어집니다.
- 연결 개수는 1개에서 최대 6000개까지 주어집니다.
- 같은 정점을 잇는 간선은 존재하지 않습니다.

시작 노드인 1번에서 송출된 패킷은 다음 그림에서 표시한 시간 안에 각 노드에 도달할 수 있습니다. 이에 따르면 모든 노드에 패킷이 도달하는 데 걸리는 시간은 최대 8입니다.

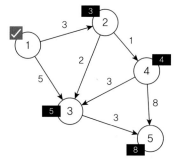

▲ 패킷이 각 노드로 도달하는 시간

문제 해결

먼저 최단 경로로 그래프의 노드들을 방문하기 위해 힙큐를 하나 준비합니다. 여기에 가장 먼저 방문해야 하는 1번 노드의 정보를 추가합니다. 1번 노드까지는 아직 경과 시간이 들지 않았으므로 경과 시간 0과 1번을 (0, 1)이라는 순서쌍으로 저장합니다.

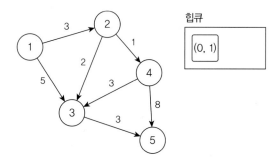

힙큐에서 가장 작은 원소를 빼냅니다. 순서쌍 중 첫 번째 값과 비교하기 때문에 (0, 1) 원소가 힙큐에서 출력됩니다.

이제 정점 1을 방문합니다. 주변에 방문할 수 있는 정점은 2번과 3번입니다. 2번과 3번에 연결된 간선의 시간 비용과 현재 방문하는 정점까지의 시간 비용(0)을 더하여 힙큐에 (3, 2)와 (5, 3)을 추가합니다.

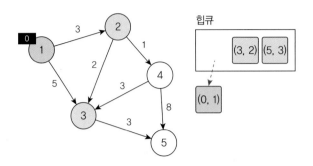

이번에는 힙큐에서 (3, 2)를 빼냅니다. 2번을 방문한 다음 주변 정점 3번과 4번에 대해 현재 까지의 시간 (3)을 누적하여 힙큐에 추가합니다.

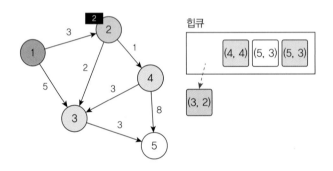

이번에는 힙큐에서 4번에 대한 정보를 빼냅니다. 4번을 방문한 다음 주변 정점인 3번과 5번에 대해 현재까지 걸린 시간 (4)를 더하여 힙큐에 추가합니다.

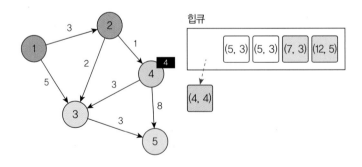

이번에는 정점 3번을 방문합니다. 3번에서 갈 수 있는 정점은 5번이므로 걸린 시간 5를 더하여 (8, 5)를 힙큐에 추가합니다.

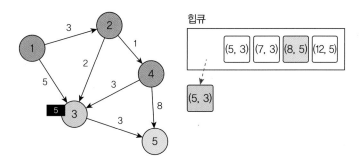

이번에도 3번을 방문합니다. 경로는 달랐지만 가중치가 같아서 같은 값이 힙큐에서 출력되었습니다. 3번에서 갈 수 있는 5번 정점에 대한 정보를 힙큐에 추가합니다.

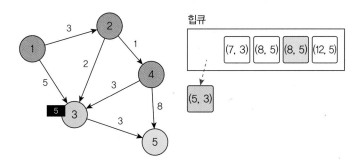

3번을 다시 방문합니다. 그러나 이번에 소요된 시간은 7입니다. 7의 시간에 3을 더해 5번 정점을 방문할 수 있도록 힙큐에 정보를 추가합니다.

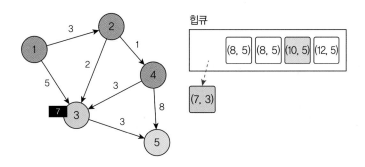

이제 힙큐에서 5번을 8의 시간에 방문할 수 있다는 정보를 빼냅니다. 이제 모든 정점을 방문했으므로 지금까지 걸린 최소 시간인 8을 반환합니다.

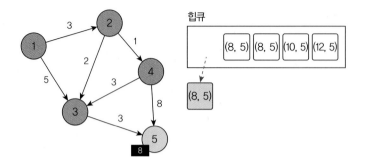

해결 코드

이제 앞서 설명한 알고리즘이 실제로 동작하는 코드를 살펴보겠습니다.

| 네트워크 지연 시간 계산하기 | 파일 Chapter15/75_network_delay_time.py |

```
001: def get_min_delay(links: List[List[int]], n: int, start_node: int) -> int:
002:     g = collections.defaultdict(dict)
003:     for u, v, w in links:
004:         g[u][v] = w
005:
006:     q = [(0, start_node)]
007:     visited = set()
008:     mn = 0
009:
010:     while q:
011:         inc, u = heapq.heappop(q)
012:         visited.add(u)
013:
014:         if len(visited) == n:
015:             return inc
016:
017:         for v, w in g[u].items():
018:             if v in visited:
019:                 continue
020:
021:             heapq.heappush(q, (inc + w, v))
022:
023:     return -1
```

먼저 주어진 links 정보로 그래프를 구성합니다. 이후 가장 먼저 방문할 시작 노드의 이름과 시작 노드까지 가는 데 걸린 시간 0을 순서쌍으로 묶어서 큐에 넣습니다. 8행에서는 네트워크의 모든 노드를 방문하는 최소 시간을 저장하기 위한 변수 mn을 0으로 초기화합니다.

큐에 방문할 노드가 있는 동안 반복문을 수행하며 힙큐에서 방문할 노드를 추출합니다. 경과 시간이 가장 짧은 경로가 추출됩니다. 이후 노드를 방문 처리한 후 네트워크를 구성하는 모든 노드를 방문했다면 마지막 노드를 방문했을 때의 경과 시간을 결과로 반환합니다.

모든 노드를 방문하지 않았다면 현재 노드 주변에 방문하지 않은 노드를 힙큐에 추가합니다. 이때 현재 노드까지 오는 데 걸린 시간과 주변 노드까지 이동하는 데 걸리는 시간을 더한 다음 순서쌍의 첫 번째 요소로 지정하여 큐에 추가합니다. 힙큐에서는 가장 짧은 시간을 지닌 원소를 먼저 추출하기 때문에 이 특성을 이용하기 위해 첫 번째 요소를 시간으로 지정합니다.

이 알고리즘을 실행하면 다음과 같은 출력 결과를 얻을 수 있습니다.

```
001: delay = get_min_delay([[1,2,3],[1,3,5],[2,3,2],[2,4,1],[4,3,3],[3,5,3],[4,5,8]], 5, 1)
002: print(delay)
```

```
8
```

| 성능 분석

너비 우선 탐색처럼 주변에 방문하지 않은 노드들의 방문 처리를 한다면 모든 노드에 1회씩 방문을 수행하기에 시간 복잡도는 $O(V)$가 됩니다(V는 노드 개수). 그러나 이 알고리즘은 다익스트라 알고리즘의 변형입니다. 다익스트라 알고리즘의 시간 복잡도는 $O(E\log E)$이므로 이 알고리즘 역시 같은 시간 복잡도를 가집니다.

CHAPTER 16

숫자

CHAPTER 16에서는 숨겨진 수열 찾기, 최댓값 리스트 생성하기, 주어진 목표 값으로 나눌 수 있는 쌍의 개수 찾기, 총합이 특정 값인 부분 집합 찾기 등 여러 숫자 사이에 숨겨진 관계를 파악하여 풀어야 하는 문제 유형을 다루겠습니다. 곱셈, 나눗셈, 누적, 감소 등 각 숫자에 적용된 다양한 규칙을 찾아 풀면서 값들의 관계를 파악하는 훈련을 하겠습니다.

난이도 ☆☆ | 키워드 힌트: 최댓값, 최솟값 | 파일 Chapter16/76_find_hidden_sequence.py | leetcode #2145

문제 정의

어떤 수열에 있는 두 수의 차이 값[residual]이 주어집니다. 예를 들어 [2, 3, −6, −2]가 주어졌을 때 이 값은 어떤 두 수의 차이 값을 의미합니다.

```
residuals = [2,3,-6,-2]
low_limit = -3
high_limit = 7
```

```
3
```

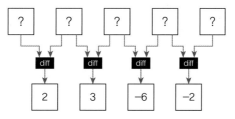

▲ 어떤 두 수의 차이 값으로 '어떤 두 수'를 구하기

첫 번째 2는 두 번째 원소의 값에서 첫 번째 원소가 가진 값을 뺀 차이 값입니다. 마찬가지로 세 번째에서 두 번째 값을 뺀 것이 입력의 두 번째 원소 값이 되며 입력의 세 번째와 네 번째 역시 모두 어떤 수열에서의 인접한 두 원소의 차이 값입니다.

입력으로 차이 값을 만드는 수열은 최댓값과 최솟값이 주어집니다. 이 입력에서 최댓값은 7, 최솟값은 −3입니다. 이 값으로 만들 수 있는 수열은 다음과 같이 3가지입니다.

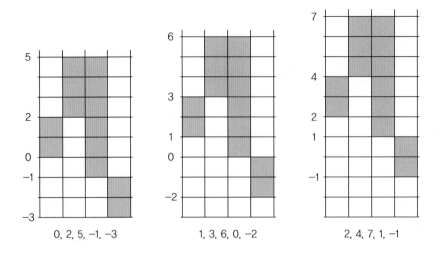

| 0, 2, 5, -1, -3 | 1, 3, 6, 0, -2 | 2, 4, 7, 1, -1 |

이와 같이 차이 값과 최솟값, 최댓값으로 만들 수 있는 수열의 개수 3을 결과로 반환하는 것이 이번 문제에서 해결해야 할 과제입니다.

문제 해결

주어진 값은 원래 수열의 차이 값입니다. 차이 값이니 이를 더하여 누적하면 시작 값은 다를 수 있지만 원래 수열의 값을 복원할 수 있습니다.

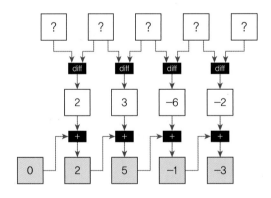

원래 수열의 시작 값을 0이라고 가정합니다. 그리고 0을 기준으로 차이 값들을 누적하면서 원래의 값들을 복원합니다. 이 경우 [0, 2, 5, -1, -3]의 값을 복원할 수 있습니다.

복원한 수열에서 가장 큰 값은 5, 가장 작은 값은 −3입니다. 두 값의 차이를 통해 수열의 범위를 파악할 수 있습니다. 5−(−3)은 8이므로 수열이 가지는 y축의 범위는 8임을 알 수 있습니다. 그리고 입력으로 주어진 high_limit−low_limit은 10이므로 y축의 10칸에 수열이 위치해야 함을 알 수 있습니다.

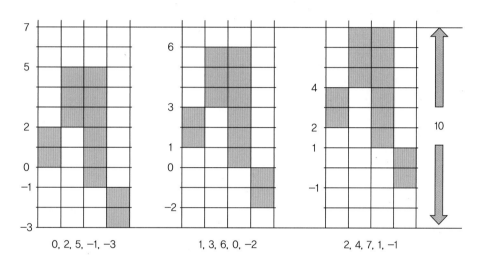

y축의 8칸을 차지하는 수열은 10칸의 범위 중 0, 1, 2 위치에서 수열이 시작되어야 함을 알 수 있습니다.

▍해결 코드

이제 앞서 설명한 알고리즘이 실제로 동작하는 코드를 살펴보겠습니다

숨겨진 수열 찾기	파일 Chapter16/76_find_hidden_sequence.py

```
001: def get_num_of_sequences(residuals: List[int], low_limit: int, high_limit: int) -> int:
002:     scope = high_limit - low_limit
003:     mn = 0
004:     mx = 0
005:     inc = 0
006:
```

```
007:     for diff in residuals:
008:         inc += diff
009:         mn = min(mn, inc)
010:         mx = max(mx, inc)
011:
012:     in_scope = mx - mn
013:
014:     return scope - in_scope + 1 if scope >= in_scope else 0
```

2행에서 입력된 high와 low의 값으로 수열이 존재할 수 있는 y축의 길이를 알아냅니다. 이 값을 scope라는 변수에 할당합니다. 이후 차이 값의 누적 값에서 최댓값을 mx, 최솟값을 mn이라는 변수에 저장합니다. 이후 누적 수열의 최댓값에서 최솟값을 빼서 수열이 가질 수 있는 y축에서의 범위를 계산해 in_scope라는 변수에 저장합니다. 마지막으로 14행에서 전체 범위 scope에서 in_scope를 뺀 값에 1을 더한 값을 생성할 수 있는 모든 경우의 수로 반환합니다.

| 성능 분석

이 알고리즘은 입력으로 주어진 리스트 residuals에 존재하는 모든 원소를 1회 반복하면서 최솟값과 최댓값을 갱신하는 작업만 수행합니다. 이외 별다른 반복 처리를 수행하지 않으므로 이 알고리즘의 시간 복잡도는 $O(N)$이 됩니다.

k로 나눌 수 있는 쌍의 개수

난이도 ☆☆☆ | **키워드 힌트: 빈도** | **파일 Chapter16/77_paris_divisable_by_k.py** | **leetcode #2183**

문제 정의

양의 정수를 가진 리스트와 양의 정수 값인 k가 주어집니다. 이때 리스트에 임의의 두 값을 선택하여 곱한 값이 k로 나누어 떨어지는 경우가 몇 개나 존재하는지 찾아내고자 합니다. 이 문제의 입력 조건은 다음과 같습니다.

- 주어지는 리스트의 원소는 최소 1개에서 최대 1만 개입니다.
- k는 1에서 1만 사이입니다.

```
nums = [2, 4, 7, 3, 6, 1]
k = 4
```

```
6
```

주어진 입력의 경우 (2, 4), (2, 6), (4, 7), (4, 3), (4, 6), (4, 1)이 두 수를 곱하여 4로 나뉘어지는 값들입니다. (2, 4)는 2x4=8이며 이는 4로 나머지 없이 나눌 수 있습니다. 마찬가지로 (2, 6)은 2x6=12이며 4로 나머지 없이 3으로 나눌 수 있습니다. 이렇듯 나머지 없이 나누어지는 쌍은 총 6개입니다.

문제 해결

이 문제를 해결하는 가장 간단한 방법은 다음과 같습니다. 먼저 첫 번째 수를 기준으로 곱셈을 수행합니다. 이후 두 번째 숫자부터 마지막 숫자까지 2와 곱한 후 k값인 4로 나눌 수 있는지 파악합니다. 2를 기준으로 선택한 경우 (2, 4), (2, 6)을 숫자쌍으로 획득할 수 있습니다.

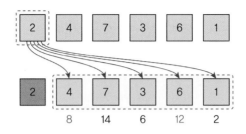

이번에는 기준 값을 두 번째 원소인 4로 선택합니다. 이 경우 4라는 값이 k값과 동일하기에 어떤 수를 곱해도 모두 기준에 충족하는 숫자쌍이 됩니다. 따라서 4와 함께 곱셈을 하는 4개의 숫자는 모두 기준에 부합합니다.

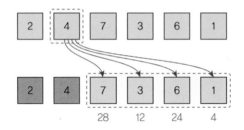

이런 식으로 기준 값을 1칸씩 이동하면서 모든 값의 조합을 검사하여 조건에 맞는 쌍을 찾습니다. 당연히 이 알고리즘의 시간 복잡도는 $O(N^2)$입니다. 즉, 입력이 1만 개에 가까울 경우 수행 시간 조건을 만족시키지 못합니다. 이 문제는 입력을 줄이는 방법으로 해결할 수 있습니다.

우선 입력으로 주어진 값들을 k값으로 최대공약수(GCD)를 구합니다. 2는 2, 4는 4, 7은 1로 최대공약수를 구할 수 있습니다. 이제 최대 공약수에 몇 개의 값들이 발생했는지에 대한 빈도 테이블을 구합니다.

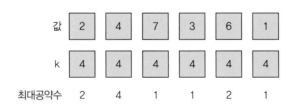

최대공약수 2를 갖는 값은 2와 6이며, 4를 갖는 수는 4, 1을 갖는 수는 7, 3, 1이 있습니다. 이제 할 일은 최대공약수가 서로 다른 경우 이 두 값을 곱하여 k로 나누어 떨어지는지를 확인하는 것입니다. 만약 나누어 떨어진다면 해당 빈도 값을 곱하고 이 곱한 값을 결과 횟수에 누적합니다.

값	빈도
2	2
4	1
1	3

이제 서로 다른 값을 갖는 경우 두 값을 곱하여 4로 나눠지는 경우 두 수가 지닌 빈도 값을 곱하여 결과에 누적합니다. 2를 선택한 경우 4와 곱하는 경우가 4로 나눠지는 경우이기에 2가 지닌 값 2와 4가 지닌 값 1을 곱한 2의 값을 누적합니다. 2를 선택하면 1을 곱했을 때 4로 나눠지지 않으므로 이 경우는 무시합니다.

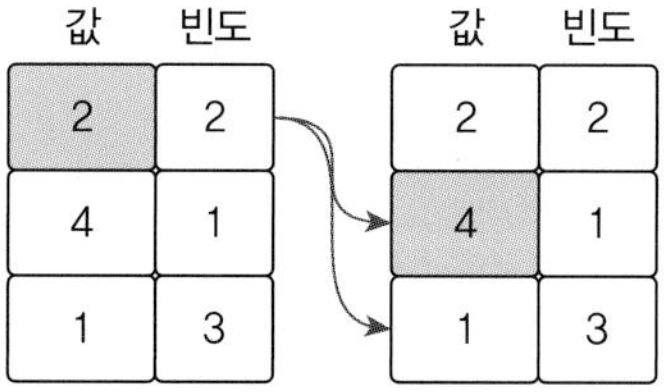

다음 그림에서 가운데 테이블은 4를 기준 값으로 선택한 경우이며 2는 이미 처리한 값이므로 무시하고 같은 값 4도 무시합니다. 4와 다른 값은 1만 존재하기에 4와 1을 곱합니다. 이 값은 4로 나눠지므로 4가 지닌 값 1과 1이 지닌 값 3을 곱한 값을 결과에 누적합니다.

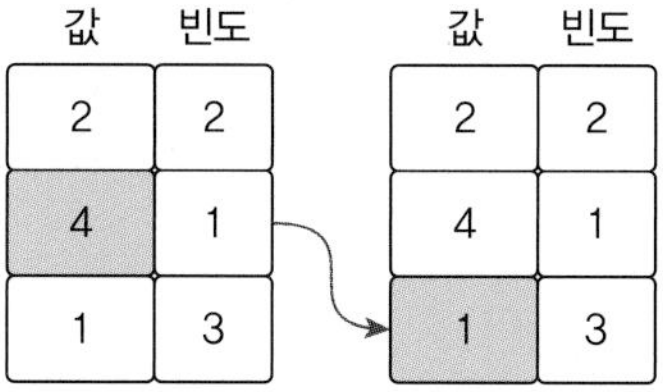

다음 그림의 오른쪽 테이블과 같이 기준 값으로 1을 선택하면 처리할 대상이 같은 값인 1밖에 없기 때문에 무시합니다.

값	빈도
2	2
4	1
1	3

값	빈도
2	2
4	1
1	3

그렇다면 값이 같으면 무시해도 될까요? 그렇지 않습니다. 값이 같은 경우 서로 중복되는 값이 빈도에 반영되어 있기에 값이 다른 경우와는 다르게 계산해야 합니다. k인 4로 나눠 떨어지지는 않지만 설명하기 좋은 예인 1의 최대공약수를 가진 값인 7, 3, 1을 살펴보겠습니다.

3개의 수에서 2개의 쌍을 만들어야 하는데, 처음 하나를 선택했을 때 두 번째 수의 경우 선택할 수 있는 수가 하나 줄어듭니다. 즉, 7, 3, 1 중 7을 선택했을 때 쌍을 만들 수 있는 경우는 3과 1이 있습니다. 두 번째로 3을 선택했을 때에는 한 가지만 존재합니다.

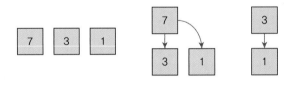

이렇게 총 3개의 쌍을 만들 수가 있습니다. 이를 수식으로 표현하면 3x(3-1)/2며 이는 삼각형의 면적을 구하는 공식과 동일합니다.

최대공약수 값이 다른 경우에는 같은 값이 반영되지 않는 상황에서 쌍을 만드는 것입니다. 즉, 두 그룹에서 하나씩 수를 뽑는 경우의 수를 계산하는 것이므로 두 수의 빈도 값을 곱한만큼의 경우의 수가 발생합니다. 단, 처음 하나를 선택하면 다음 선택에는 값이 1개 줄어든 공간에서 선택하게 되므로 다른 계산식을 적용해야 합니다.

| 해결 코드

이제 앞서 설명한 알고리즘이 실제로 동작하는 코드를 살펴보겠습니다

```
k로 나눌 수 있는 쌍의 개수                          | 파일 Chapter16/77_paris_divisable_by_k.py
001: def count_pairs(nums: List[int], k: int) -> int:
002:     res = 0
003:     freq = collections.defaultdict(int)
004:     for num in nums:
005:         freq[math.gcd(num, k)] += 1
006:
007:     freq = [[num, freq] for num, freq in freq.items()]
008:
009:     for i in range(len(freq)):
010:         for j in range(i, len(freq)):
011:             if freq[i][0] * freq[j][0] % k == 0:
012:                 if i == j:
013:                     res += freq[i][1] * (freq[i][1] - 1) // 2
014:                 else:
015:                     res += freq[i][1] * freq[j][1]
016:
017:     return res
```

먼저 gcd(최대공약수)를 구하고 이 빈도를 저장할 딕셔너리 freq를 선언합니다. 이후 freq에는 입력으로 주어진 리스트 nums의 각 값과 k값의 최대공약수의 발생 빈도를 저장합니다. 이후 중복을 제거하기 위해(약간의 효율 향상을 위해) 빈도 테이블을 리스트 형태로 변환합니다.

변환된 리스트의 모든 원소에 대해 반복하면서 현재 선택된 것을 포함한 이후의 모든 최대공약수에 대해 곱한 후 k로 나누어지는지를 파악합니다. 나누어지는 경우 현재 두 최대공약수가 같은 경우에는 하나를 선택한 후 다음의 수를 선택할 때는 하나가 줄어든 상태에서 선택해야 하기에 이를 반영하여 발생 가능한 쌍의 수를 계산하여 결과에 누적합니다. 만약 선택된 두 최대공약수가 다른 경우에는 두 수의 값을 곱한 값을 결과에 누적합니다. 반복문을 모두 마친 후 누적된 쌍의 개수를 반환하고 함수를 종료합니다.

앞서 구현한 코드를 실행한 결과는 다음과 같습니다.

```
001: print(count_pairs([2, 4, 7, 3, 6, 1], 4))
```

```
6
```

성능 분석

이 알고리즘은 최대공약수를 만드는 데 가장 많은 시간이 소모됩니다. 최대공약수를 만드는 알고리즘 중 유클리드 알고리즘을 사용할 경우 두 수 중 더 작은 수에 log를 취한 만큼의 시간이 소모됩니다. 그런데 두 수 모두 1만의 값이 될 수 있기에 $\log(10000)$의 시간이 소모될 수 있습니다. 이를 입력 내 원소의 개수 N만큼 수행해야 하기에 시간 복잡도는 $O(N \log(10000))$이 됩니다.

이후에는 구해진 최대공약수의 개수 M에 대해 $O(M^2)$의 시간 복잡도를 가지고 경우의 수를 계산하여 갱신합니다. M^2의 값이 보통은 N의 값을 넘지 않을 않기에 시간 복잡도는 $O(N \log(10000))$입니다.

난이도 ☆☆ | 키워드 힌트: 빈도 | 파일 Chapter16/78_subarrays_equals_to_k.py | leetcode #560

문제 정의

정수들로 구성된 리스트와 k값이 주어집니다. 주어진 리스트에서 연속적으로 위치하는 값들의 합이 k와 동일한 경우 이러한 리스트 내 연속적으로 위치하고 있는 정수 값들을 총합이 k인 부분 집합으로 정의합니다. 입력으로 주어진 리스트의 총합이 k인 부분 집합을 모두 찾아 총 개수를 알아내는 것이 이번 문제에서 해결해야 할 과제입니다.

이 문제의 입력 조건은 다음과 같습니다.

- 리스트 nums의 길이는 최소 1에서 최대 2만입니다.
- 리스트의 각 값은 −1000에서 1000 사이입니다.
- k는 −1천만에서 +1천만까지입니다.

다음과 같이 입력 리스트가 주어졌을 경우 총 합이 3이 되는 부분 집합들은 총 4개가 존재합니다.

```
nums = [1, 2, 1, 2, 1]
k = 3
```

```
4
```

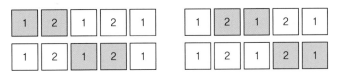

▲ k(총합)가 3인 부분 집합

문제 해결

구간의 합을 구하는 문제는 어떤 구간의 합이 k가 되는지를 파악해야 하므로 값을 누적하여 더하면서 패턴을 찾아야 합니다.

먼저 시작할 때는 누적 값이 없으므로 0부터 시작합니다. 이후 첫 번째 값을 더하면 누적 값은 1이 되고 두 번째 값을 누적하면 찾고자 하는 값 k(3)이 됩니다. 3이라는 누적 값에서 k값, 즉 3을 빼면 0이 됩니다. 현재까지의 누적 값에서 3을 뺐을 때 아무것도 더하지 않는 누적 값 0을 찾을 수 있으므로 현재까지 더했던 원소의 합이 3이라는 것을 알 수 있습니다. 또, 누적 값이 0인 위치에서 지금까지 더한 구간의 합이 k값을 이루는 부분 집합임을 알 수 있습니다.

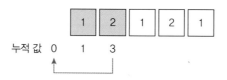

이번에는 세 번째 원소를 더합니다. 세 번째 원소의 값은 1이므로 누적 값은 4가 됩니다. 여기서 k값인 3을 빼면 1이 되는데, 이는 누적 값이 1인 위치 다음부터 현재 위치까지의 값을 모두 더하면 k값을 이룬다는 것을 의미합니다.

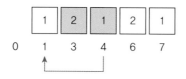

마찬가지로 네 번째 원소를 누적하면 누적 합은 6이 되며 6-k(3)한 값은 3이므로 누적 합이 3인 위치 다음부터 현재 위치까지의 합이 3임을 알 수 있습니다.

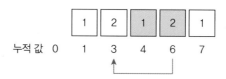

마지막 원소까지 누적하면 누적 합은 7이며 7-3=4의 누적 값 다음부터 현재까지의 원소의 합이 3이라는 것을 확인할 수 있습니다. 이렇게 입력 [1, 2, 1, 2, 1]는 총 4개의 누적 합이 3인 연속적인 정수들의 부분 집합을 찾을 수 있습니다.

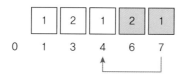

즉, 값을 계속 누적하면서 과거에 누적했던 값을 저장하고 있다가 현재 누적에서 k를 뺀 값이 과거에 누적했던 값에 존재하는지만 판단하면 쉽게 해결할 수 있을 것 같습니다. 그러나 이 문제에는 다음과 같은 예외가 존재합니다.

[1, −1, 0]의 리스트와 0이라는 k값이 입력으로 주어진 경우 다음처럼 처음 2개의 원소를 합한 값이 0이므로 0−0=0, 즉 누적 합이 0인 위치에서 현재 위치까지의 원소의 합이 k값(0)을 이루는 것을 알 수 있습니다. 이렇게 1개의 부분 집합을 찾을 수 있습니다.

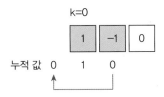

여기서 마지막 원소인 0까지 합하면 [1, −1, 0] 즉, 전체 입력을 총 합이 0을 이루는 하나의 부분 집합, 현재 값인 0을 또 하나의 부분 집합으로 볼 수 있으므로 총 2개의 부분 집합을 추가로 찾았다고 기록해야 합니다. 이는 이미 누적 합이 0이었던 구간이 과거에 존재했으나, 현재 값과 과거에 찾았던 구간을 모두 합한 구간이 다시 한번 누적 합이 0인 구간이 된다는 것을 의미합니다. 즉, 현재 찾은 값의 부분과 이전에 찾았던 부분을 합한 부분이 누적 합이 0이 되는 구간이 됩니다. 그렇기에 단순히 누적 값만 저장해서는 문제를 정상적으로 해결할 수 없으며 누적 합이 몇 번 출현했는지에 대한 빈도를 저장하고 있어야 정확한 개수를 파악할 수가 있습니다.

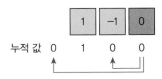

해결 코드

이제 앞서 설명한 알고리즘이 실제로 동작하는 코드를 살펴보겠습니다

```
001: def get_num_subarray(nums: [int], k: int) -> int:
002:     tot = 0
003:     idxs = collections.defaultdict(int)
004:     idxs[0] = 1
005:     cnt = 0
006:
007:     for num in nums:
008:         tot += num
009:         if tot - k in idxs:
010:             cnt += idxs[tot - k]
011:
012:         idxs[tot] += 1
013:
014:     return cnt
```

먼저 누적 합의 위치를 저장할 자료구조인 idxs를 선언합니다. 이후 총합이 0인 곳의 위치를 1로 할당합니다. 누적 합이 0인 경우는 이미 1회 출현했다는 의미입니다.

7행부터 입력된 값을 반복 처리합니다. 먼저 tot라는 변수에 현재 값인 num을 더하여 누적합니다. 이후 9행에서 tot에서 k를 뺀 값이 idxs에 존재하는지 살피고 존재한다면, 즉 tot에서 k를 뺀 누적 합이 존재했다면 해당 누적 합의 출현 횟수를 결과 cnt에 더합니다. 이후 12행에서 현재 누적 합의 출현 횟수에 1을 증가합니다.

[1, 2, 1, 2, 1]을 입력으로 하여 구현한 코드를 실행하면 다음과 같이 4를 반환합니다. 3을 이루는 부분 합의 개수가 4개임을 알 수 있습니다.

```
001: print(get_num_subarray([1,2,1,2,1], 3))
```

```
4
```

| 성능 분석

입력으로 주어진 값, 즉 nums를 구성하는 정수 값들을 1회 처리하기에 nums의 길이가 N이라고 하면 알고리즘의 시간 복잡도는 $O(N)$이 됩니다.

최댓값 리스트 생성하기

난이도 ☆☆☆ | 키워드 힌트: 최대 감소 수열 | 파일 Chapter16/79_create_max_list.py | leetcode #321

| 문제 정의

2개의 정수를 가진 2개의 리스트가 입력으로 주어집니다. 이 리스트에서 k의 수만큼 원소를 선택하여 하나의 리스트로 만들었을 때 최댓값이 될 원소만 선택하여 리스트를 만들고자 합니다. 이때 각 리스트에서 선택한 값들은 원래의 순서를 유지해야 합니다.

예를 들어 다음과 같은 두 정수로 구성된 리스트에서 4개의 값을 선택할 때 가장 큰 값을 가져옵니다. 이때 리스트에서 값의 원래 순서를 유지해야 합니다. 왼쪽 리스트에서는 3과 5의 출현 순서가 보장되어야 하며, 오른쪽의 리스트에서는 5와 7의 출현 순서가 보장되어야 합니다. 또, 두 리스트 길이의 합은 k 이상임을 보장해야 합니다.

```
nums1 = [3, 5], nums2 = [5, 1, 7], k = 4
[5, 7, 3, 5]
```

입력된 2개의 리스트에서 4개의 값을 선택했을 때 만들 수 있는 최댓값을 지닌 리스트는 [5, 7, 3, 5]가 됩니다.

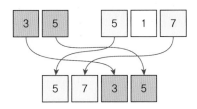

▲ 2개의 리스트에서 4개의 값으로 최댓값 리스트 생성하기

문제 해결

2개의 리스트에서 k개의 원소를 선택해야 합니다. 이때 각 리스트에서 몇 개의 원소를 가져와야 할지는 정해지지 않았기에 각 리스트에서 가져올 수 있는 모든 조합을 찾아 최댓값을 만들어야 합니다.

다음과 같이 왼쪽 리스트에서 1개를 선택하고 오른쪽 리스트에서 3개를 선택하는 경우가 가능합니다. 이때 왼쪽 리스트에서는 3보다 큰 값인 5를 선택합니다. 이렇게 선택해서 만들 수 있는 수열은 [5, 5, 1, 7]이 됩니다.

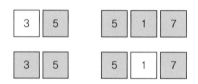

혹은 왼쪽에서 2개, 오른쪽에서 2개를 선택합니다. 이 경우 만들 수 있는 수열은 [5, 7, 3, 5]입니다. 이 경우가 더 큰 값의 수열을 생성할 수 있기 때문에 왼쪽 리스트에서 2개, 오른쪽 리스트에서 2개를 선택하는 경우가 정답이 됩니다.

각 리스트에서 몇 개의 원소를 선택할지가 결정되면 이제 하나의 리스트에서 가장 큰 값을 선택하는 방법을 적용해야 합니다. [5, 1, 7]에서 큰 수 2개를 순서를 유지하면서 선택하는 방법에 대해 알아보겠습니다. 스택에 아무 원소도 존재하지 않기 때문에 먼저 5를 선택하여 스택에 삽입합니다.

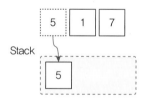

스택에는 현재 5라는 값이 존재하며 이 값은 추가하려는 값 1보다 큰 값입니다. 별다른 조치없이 두 번째 값인 1을 스택에 추가합니다.

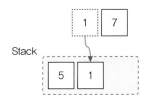

마지막으로 넣을 값은 7입니다. 스택의 가장 위에 존재하는 값은 1이며 이 값은 7보다 작으므로 1을 스택에서 제거합니다. 5도 7보다 작은 값이지만, 2개를 선택해야 하므로 5는 스택에 그대로 남겨 두고 7을 스택에 추가합니다.

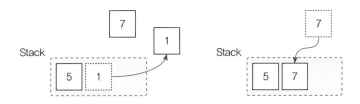

해결 코드

앞서 설명한 알고리즘이 실제로 동작하는 코드를 살펴보겠습니다.

| 최댓값 리스트 생성하기 | 파일 Chapter16/79_create_max_list.py |

```
001: def pick_max_numbers(nums1, nums2, k):
002:     def lds(nums, k):
003:         remain = n = len(nums)
004:         stk = collections.deque([])
005:
006:         for num in nums:
007:             while stk and stk[-1] < num and remain > k:
008:                 stk.pop()
009:                 k += 1
010:
011:             if k:
012:                 stk += num,
013:                 k -= 1
014:
015:             remain -= 1
016:
```

```
017:        return stk
018:
019:    def comp(seq1, seq2):
020:        n = max(len(seq1), len(seq2))
021:
022:        for i in range(n):
023:            if i < len(seq1) and i < len(seq2):
024:                if seq1[i] > seq2[i]:
025:                    return 1
026:                elif seq1[i] < seq2[i]:
027:                    return -1
028:            elif i < len(seq1):
029:                return 1
030:            else:
031:                return -1
032:
033:        return 0
034:
035:    def merge(seq1, seq2):
036:        res = []
037:
038:        while seq1 or seq2:
039:            if 1 == comp(seq1, seq2):
040:                res += seq1.popleft(),
041:            else:
042:                res += seq2.popleft(),
043:
044:        return res
045:
046:    res = []
047:
048:    for i in range(k + 1):
049:        if i > len(nums1) or (k - i) > len(nums2):
050:            continue
051:
052:        seq = merge(lds(nums1, i), lds(nums2, (k - i)))
053:        res = max(res, seq)
054:
055:    return res
```

가장 먼저 수열이 주어졌을 때 원소들의 출현 순서를 보장한 상태에서 k개의 큰 값을 선택하는 함수인 lds를 구현합니다.

💡Tip. LDS는 longest decreasing subsequence를 의미합니다.

앞서 설명한 것처럼 우선 비어 있는 스택(이 경우 deque를 사용)을 선언합니다. 수열 내 모든 원소에 대해 순회하면서 스택의 가장 상단인 탑에 위치한 값이 현재 처리하는 값보다 작거나 같고, 수열에서 아직 처리하지 않은 원소의 개수가 k개 이상인 경우 스택 상단의 원소를 제거합니다. 이후 스택에 아직 k개의 값이 모두 차 있지 않다면, 현재의 값을 스택에 추가하고 k를 1만큼 감소합니다. 이후 입력으로 주어진 수열 nums에서 하나의 원소 num을 처리했으므로 아직 처리하지 않은 원소의 수인 remain을 1만큼 감소합니다. 이 과정을 입력으로 주어진 수열 내 모든 원소에 반복하면 가장 큰 값을 갖는 k 길이의 감소 수열을 얻게 됩니다.

이번에는 두 수열이 주어지면 수열의 값을 비교하는 함수를 구현합니다. 수열의 크기 비교는 두 수열이 지닌 수열의 첫 번째 원소부터 마지막 원소까지의 값들을 비교합니다. 그런데 두 수열의 길이는 다르고 수열 앞 부분의 값은 모두 같을 때 첫 번째로 주어진 수열이 더 길면 1을 반환합니다. 반대로 두 번째 수열이 더 길면 −1을 반환합니다. 만약 두 수열의 길이와 값이 모두 같다면 0을 반환합니다.

두 수열을 합치는 merge 함수를 구현합니다. 두 수열의 크기를 comp 함수로 비교합니다. 만약 1이 반환되어 첫 번째 수열의 값이 더 크다면 첫 번째 수열의 가장 왼쪽 원소를 꺼내 결과 리스트에 추가합니다. 두 번째 수열의 값이 더 크다면 두 번째 수열에서 가장 왼쪽 원소를 꺼내 결과 리스트에 추가합니다.

마지막으로 두 수열에서 k개의 원소를 어느 비율로 선택할지를 결정하는 반복문을 작성합니다. 49행에서 두 수열에서 선택하는 원소의 수에 문제가 없는지를 확인합니다. 문제가 없다면 52행을 수행하는데, 여기서 첫 번째로 각 수열에 대해 lds 함수를 수행한 후 결과로 나온 두 수열을 merge 함수로 합칩니다. 이후 max 함수를 통해 두 수열의 값에 크기를 비교하고 큰 값을 지닌 수열을 res 변수에 저장합니다. 이를 모두 반복한 이후 55행에서 가장 큰 값을 가지고 합쳐진 결과 리스트를 반환합니다.

지금까지 구현한 코드를 수행하면 [5, 7, 3, 5]가 반환되는 것을 확인할 수 있습니다.

```
001: res = pick_max_numbers([3, 5], [5, 1, 7], 4)
002: print(res)
```

```
[5, 7, 3, 5]
```

| 성능 분석

이 알고리즘은 k의 크기만큼 반복하면서 각 리스트에서 몇 개의 원소를 선택할지를 결정합니다. 이후 각 lds는 첫 번째 리스트의 크기인 M의 시간을 소비하고 두 번째 리스트는 N의 시간을 소비합니다. 이후 M+N만큼의 시간으로 merge를 수행합니다. 즉, $O(KM+KN+K(M+N))$의 시간이 소모되나 가장 큰 항만 남겨놓으면 $O(K(M+N))$의 시간 복잡도를 갖는 것을 알 수 있습니다. 반복마다 입력으로 주어지는 두 리스트를 k개 만큼 선택하여 통합할 때 공간을 사용하기에 공간 복잡도는 $O(K)$임을 알 수 있습니다.

CHAPTER 17

동적 계획법

동적 계획법dynamic programming이란, 직전까지의 단계를 수행해서 얻은 결과를 재사용하여 현재의 해를 찾으며 이를 프로그래밍 방식으로 구현할 때 동적으로 해의 테이블을 프로그래밍한다는 의미를 가지고 있습니다. 분할 정복divide and conquer과 유사하나 해결된 부분의 해를 집합에 넣고 이를 재사용하여 같은 부분 문제는 다시 연산하지 않는다는 점에서 다릅니다. 프로그래밍 대회 문제에서 가장 자주 출현하는 문제 유형이 바로 동적 계획법을 사용해서 풀어야 하는 문제들입니다.

동적 계획법을 문제 풀이에 적용하려면 문제는 **최적의 부분 구조**optimal substructure여야 합니다. 이 말은 부분 문제는 2개 이상의 문제를 푸는 데 사용됨을 의미합니다. 이는 큰 해는 작은 최적해의 합을 의미합니다. 또, 중복되는 부분 문제overlapping problem여야 하며 답을 한 번만 계산하고 이를 재활용할 수 있는 구조여야 합니다. 수학에서 말하는 점화식 구조가 바로 대표적인 최적의 부분 구조 문제라고 할 수 있습니다.

동적 계획법은 다음 순서로 접근합니다.

1. 최적의 원칙principle of optimality의 적용 가능 여부를 파악
    A. 최적의 부분 구조
2. 서브 문제 정의
3. 점화식 도출
4. 점화식 결과를 저장할 자료구조를 결정

동적 계획법을 적용하는 방법은 크게 2가지로, **하향식**top-down과 **상향식**bottom-up입니다. 다음의 간단한 문제를 통해 두 방식의 차이를 설명하겠습니다.

문제 80 최솟값으로 삼각형의 경로 구하기

난이도 ☆☆ | 키워드 힌트: 최솟값 | 파일 Chapter17/80_triangles.py | leetcode #120

문제 정의

삼각형이 주어집니다. 삼각형의 가장 위에서 가장 아래까지의 최솟값을 얻을 수 있는 경로를 찾아야 합니다. 주어진 삼각형의 가장 밑 부분은 4개의 셀로 구성되어 있으므로 여러 경로 중 최솟값으로 밑까지 진행할 수 있는 경로는 총 4가지가 존재합니다.

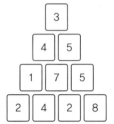

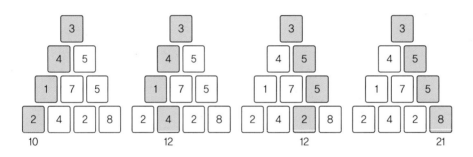

첫 번째 경로는 [3, 4, 1, 2]를 합하여 누적 합이 10인 경로입니다. 이 경로가 최솟값으로 위에서 바닥까지 갈 수 있는 경로입니다. 두 번째는 [3, 4, 1, 4]로 누적 합이 12, 세 번째는 [3, 5, 5, 2]이므로 누적 합이 12, 마지막 [3, 5, 5, 8] 경로는 누적 합이 21입니다.

```
triangle = [
    [3],
    [4,5],
    [1,7,5],
    [2,4,2,8]]
```

```
10
```

문제 해결 – 하향식

첫 번째 행은 모든 경로의 공통 시작 지점이므로 별다른 처리를 하지 않습니다. 두 번째 행부터 계산이 시작됩니다. 첫 번째 행에서 두 번째 행으로 가는 길은 하나뿐이므로 두 번째 행의 각 셀이 가진 값은 모두 동일하게 첫 번째 행의 셀이 가진 값만큼 증가시킵니다.

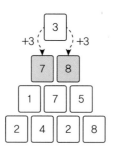

세 번째 행의 첫 번째 열은 올 수 있는 경로가 하나밖에 없습니다. 두 번째 행의 첫 번째 셀에서 만 올 수 있기에 7의 값을 세 번째 행의 첫 번째 열에 더합니다. 세 번째 행의 두 번째 열은 갈 수 있는 경로가 2가지입니다. 최솟값으로 갈 수 있는 경로를 찾으므로 앞선 두 위치 중에 더 작은 값을 세 번째 행의 두 번째 열의 셀에 더합니다. 이제 이 값은 14가 됩니다. 세 번째 행의 마지막 열은 두 번째 행의 마지막 열에서만 갈 수 있으므로 8의 값을 더하여 13을 만듭니다.

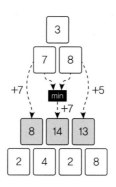

마지막 행도 세 번째 행과 크게 다르지 않습니다. 현재 위치에 올 수 있는 경우가 하나밖에 없는 양쪽 끝의 열인 경우에는 바로 위쪽 양 끝 열이 가진 값을 그대로 더합니다. 그렇지 않은 경우 현재 셀로 올 수 있는 길은 2가지며 그중 보다 작은 값을 가진 셀을 선택하여 더합니다.

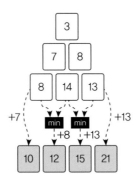

이 과정을 얻을 수 있는 최솟값은 가장 마지막 행의 요소 중 최솟값이며 이 경우 10이 얻을 수 있는 최소의 경로 누적 합이 됩니다.

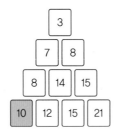

| 문제 해결 – 상향식

이제 상향식으로 문제를 푸는 방법을 살펴보겠습니다. 먼저 가장 마지막 행에서 위쪽 행의 최솟값을 선택하여 더합니다. 마지막 행의 연속된 2개의 열 중 더 작은 값을 가진 셀의 값을 위의 행에 누적합니다.

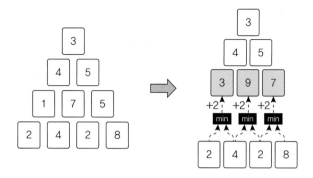

두 번째 행도 세 번째 행의 2개의 열에서 더 작은 값을 선택하여 더합니다.

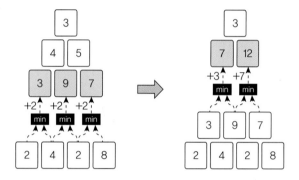

첫 번째 행도 두 번째 행의 2개의 열에서 더 작은 값을 선택하여 더합니다.

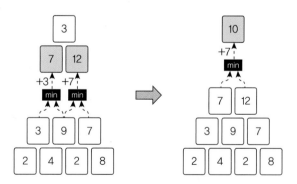

이와 같은 과정을 거치고 나면 가장 위쪽 행이 최솟값을 가지게 됩니다.

해결 코드

하향식과 상향식 2가지 방법으로 알고리즘을 구현한 코드를 살펴보겠습니다. 먼저 하향식을 구현 코드입니다.

| 최솟값으로 삼각형의 경로 구하기 – 하향식 | 파일 Chapter17/80_triangles.py |

```python
001: def get_min_path_topdown(triangle):
002:     rows = len(triangle)
003:
004:     for i in range(1, rows):
005:         for j in range(len(triangle[i])):
006:             if j == 0:
007:                 triangle[i][j] += triangle[i - 1][j]
008:             elif j == len(triangle[i]) - 1:
009:                 triangle[i][j] += triangle[i - 1][j - 1]
010:             else:
011:                 triangle[i][j] += min(triangle[i - 1][j - 1], triangle[i - 1][j])
012:
013:     return min(triangle[-1])
```

두 번째 행부터 가중치를 더해야 하므로, 첫 번째 반복문은 두 번째 행부터 반복하도록 구현되어 있습니다. 두 번째 반복문은 선택된 행의 열에 대해 반복을 수행하며 첫 번째 조건문인 열이 0인 경우와 두 번째 조건문인 열이 마지막 열인 경우에는 바로 행의 열 값을 누적합니다. 만약 중간에 위치한 열이라면 위 행에 두 열을 비교하여 보다 작은 값을 취하여 더합니다.

| 최솟값으로 삼각형의 경로 구하기 – 상향식 | 파일 Chapter17/80_triangles.py |

```python
001: def get_min_path_bottomup(triangle: List[List[int]]) -> int:
002:     mat = triangle
003:     if len(mat) == 1:
004:         return mat[0][0]
005:
006:     for row in range(len(mat) - 2, -1, -1):
007:         for col in range(len(mat[row])):
008:             mat[row][col] += min(mat[row + 1][col], mat[row + 1][col + 1])
009:
010:     return mat[0][0]
```

이번에는 상향식의 구현 코드입니다. 가장 아래쪽 행부터 두 번째 행까지 반복을 수행합니다. 각 열에 대한 반복에는 별다른 조건문이 없습니다. 아래의 행이 현재 갱신하고자 하는 행보다 더 많은 열을 가지고 있기 때문입니다. 즉, 이 문제는 상향식으로 푸는 것이 좀 더 수월하다는 것을 확인할 수 있습니다.

설명을 위해 사용했던 삼각형을 입력하여 구현한 코드를 실행하면 다음과 같이 10이 반환됩니다.

```
001: print(get_min_path_bottomup(triangle = [
002:       [3],
003:      [4,5],
004:     [1,7,5],
005:    [2,4,2,8]]
006: ))
```

```
10
```

▌성능 분석

이 알고리즘에서는 하향식과 상향식 모두 삼각형의 모든 원소를 방문하여 값을 갱신합니다. 즉, 삼각형의 원소 개수가 N이라면 $O(N)$의 시간 복잡도를 가지고 해결할 수 있는 알고리즘입니다.

최대 크기의 정사각형 찾기

난이도 ☆☆ | 키워드 힌트: 최댓값 | 파일 Chapter17/81_max_squares.py | leetcode #221

문제 정의

0과 1로 채워진 그리드가 입력으로 주어집니다. 이 그리드에서 1의 값을 가진 셀들을 묶어 정사각형을 그립니다. 입력으로 그리드가 주어지면 여기서 1의 값을 가진 셀로 구성된 가장 큰 정사각형의 면적을 구하고자 합니다.

```
grid =
[["0","0","0","1"],
 ["1","1","0","1"],
 ["1","1","1","1"],
 ["0","1","1","1"],
 ["0","1","1","1"]]
```
```
9
```

다음과 같은 그리드가 주어졌을 때 빨간색 사각형으로 표시된 부분이 그리드에 존재하는 1의 값을 가진 셀로만 구성된 가장 큰 정사각형입니다. 따라서 정사각형의 넓이 9를 반환하면 됩니다.

0	0	0	1
1	1	0	1
1	1	1	1
0	1	1	1
0	1	1	1

▲ 같은 값을 가진 셀로 구성된 가장 큰 정사각형

문제 해결

단순하게 생각하면 현재 위치를 기준으로 주변에 1의 값을 가진 셀이 있는지를 탐색하는 방법이 있습니다. 이를 모든 셀에 반복하면 시간은 $O(N \hat{} N)$까지 걸릴 수 있습니다. 하지만 이 문제는 $O(N)$의 시간으로 해결할 수 있습니다.

다음 그림처럼 각 셀을 순차적으로 탐색하면서 진행해야 합니다. 여기서 동적 계획법을 적용해 현재 진행하고 있는 셀에는 현재 얻을 수 있는 정사각형의 최대 크기를 기록해야 합니다. 또, 현재 진행하는 셀에서는 이전에 지나쳐왔던 셀 중 왼쪽, 위쪽, 왼쪽 위의 3개의 셀에 기록된 정사각형의 크기 정보를 재사용해 현재 위치에서 얻을 수 있는 최대 크기의 정사각형을 파악할 수 있어야 합니다.

현재 위치에서 정사각형의 크기를 기록하는 방법을 알아보겠습니다. 다음과 같이 녹색으로 표시된 셀의 위쪽 혹은 왼쪽에는 셀이 존재하지 않습니다. 이는 현재 셀의 크기인 1×1이 현재 위치에서 얻을 수 있는 정사각형의 최대 크기라는 뜻입니다. 따라서 1의 값을 변경하지는 않습니다.

다음과 같은 경우에도 현재 위치(녹색) 주변의 이전에 지나쳐왔던 3개의 셀에 0이 존재합니다. 따라서 현재 셀과 이전의 주변 셀로는 정사각형을 만들 수 없으므로 1을 유지합니다.

이번에 살펴볼 녹색으로 표시된 현재 위치 주변에 지나쳐왔던 3개의 셀은 모두 1입니다. 현재 셀과 이전 3개의 셀을 합치면 2×2 크기의 정사각형을 만들 수 있습니다. 주변 3개의 값 중 가장 작은 값에 1을 더해 현재 셀에 할당합니다. 이는 현재 셀에서는 2×2 크기의 정사각형을 만들 수 있다는 의미입니다.

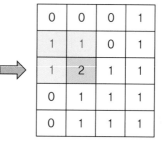

다음 그림에서 녹색으로 표시된 셀인 (3, 3)과 (4, 2)의 경우 주변의 이전에 지나쳐온 3개의 셀이 모두 0이 아닙니다. 이 중 가장 작은 값에 1을 합한 값을 현재 셀에 할당합니다.

(4, 4)는 이전에 지나쳐온 주변의 3개의 셀이 모두 2입니다. 즉, 이전에 지나쳐온 셀 모두 2×2의 정사각형을 만들 수 있다는 의미입니다. 현재 셀을 합치면 오른쪽에 빨간색 사각형으로 표시한 부분처럼 3×3 크기의 정사각형을 만들 수 있습니다. 이를 표시하기 위해 주변 셀 중 가장 작은 값에 1을 더한 값을 현재 셀에 할당합니다. 이제 그리드에 정사각형을 만들 수 있는 셀의 크기가 갱신되었으므로 각 셀의 값 중 가장 큰 값을 반환하면 됩니다.

0	0	0	1
1	1	0	1
1	2	1	1
0	1	2	2
0	1	2	3

0	0	0	1
1	1	0	1
1	1	1	1
0	1	1	1
0	1	1	1

| 해결 코드

앞서 설명한 알고리즘이 실제로 동작하는 코드를 살펴보겠습니다.

최대 크기의 정사각형 찾기 | 파일 Chapter17/81_max_squares.py

```python
001: def get_largest_square_size(grid: List[List[str]]) -> int:
002:     if not grid:
003:         return 0
004:
005:     rows = len(grid)
006:     cols = len(grid[0])
007:     grid = [[int(grid[y][x]) for x in range(cols)] for y in range(rows)]
008:
009:     for y in range(1, rows):
010:         for x in range(1, cols):
011:             if 0 == grid[y][x]:
012:                 continue
013:
014:             grid[y][x] = min(grid[y - 1][x],
015:                 grid[y][x - 1],
016:                 grid[y - 1][x - 1]) + 1
017:
018:     return max([max(line) for line in grid])**2
```

입력으로 주어진 그리드의 각 셀은 정수가 아닌 문자로 0과 1을 가지고 있습니다. 이는 숫자를 더하는 과정을 번거롭게 만듭니다. 이에 모든 원소가 정수 값을 갖도록 재정의합니다. 이후 9행과 10행에서 각각 y축과 x축으로 반복문을 수행합니다. 11행에서 현재 셀이 0의 값을 가지고 있다면 별다른 처리를 할 필요가 없으므로 해당 루프는 무시할 수 있도록 continue를 수행합니다. 셀의 값이 1이라면 14~16행에서 이전에 지나쳐온 주변의 3개 셀 중 가장 작은 값을 찾아 여기에 1을 더한 값을 현재 셀에 할당합니다. 이는 현재 셀을 통해 만들 수 있는 최대 정사각형 크기를 의미합니다. 반복문을 거쳐 그리드 내 모든 셀들을 처리하면 이 중 최댓값을 가진 셀을 찾아 반환합니다.

이렇게 구현한 코드를 실행하면 9가 반환됩니다.

```
001: print(get_largest_square_size(matrix =
002:         [["0","0","0","1"],
003:          ["1","1","0","1"],
004:          ["1","1","1","1"],
005:          ["0","1","1","1"],
006:          ["0","1","1","1"]]))
```

```
9
```

성능 분석

이 알고리즘은 모든 셀을 1회 반복하므로 O(N)의 시간 복잡도를 가집니다.

비트 1의 개수 구하기

난이도 ☆ | 키워드 힌트: 이전 위치 값 활용 | 파일 Chapter17/82_counting_bits.py | leetcode #338

문제 정의

양의 정수 값이 하나 주어집니다. 예를 들어 3이라는 정수가 주어집니다. 이때 0부터 3까지를 2진수로 변환했을 때 각 수가 가지는 비트에 1이 몇 개 있는지를 리스트에 저장하여 반환하는 것이 이번 문제의 목표입니다.

```
n = 3
```

```
[0, 1, 1, 2]
```

▲ 2진수 변환 후 비트 1의 수 구하기

문제 해결

1부터 7까지 2진수의 관계를 살펴보겠습니다. 1에서 2배 증가한 2의 경우 0 비트가 추가되기에 1의 비트 수는 유지됩니다. 1에서 2배 +1만큼 증가한 3의 경우 1의 비트 수는 1만큼 증가합니다. 마찬가지로 2에서 2배 증가한 4의 경우 1의 비트 수는 유지됩니다. 모든 수에 이 규칙은 동일하게 적용됩니다. 정리하면 현재 수에서 2배 증가하는 경우 1의 비트 수는 유지되고, 2배 +1만큼 증가하면 1의 비트 수가 1개 증가합니다.

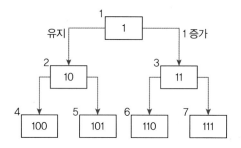

0에서 7까지의 비트 수를 동적 계획법으로 계산해보겠습니다. 우선 이전 결과를 재사용하기 위해 테이블을 구성합니다. 테이블은 0부터 7까지의 수에 대한 비트 수를 저장한 테이블입니다.

먼저 0에서는 2를 곱하면 0입니다. 즉, 2배를 한 1의 비트 수는 유지됩니다. 따라서 0 위치의 비트 수에는 변함이 없어야 합니다. 2를 곱하고 1을 더한 값인 1의 위치에는 0이 가지고 있는 1의 비트 수에 1을 더한 값을 할당합니다.

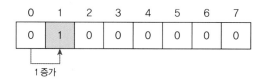

이번에는 1에서 2배한 2의 위치에 1이 가진 비트 수를 그대로 할당합니다. 그리고 1에서 2배 +1을 한 위치인 3에는 1을 더하여 2를 할당합니다.

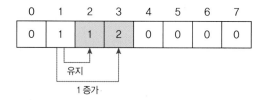

2의 위치에서도 2배인 4와 2배 +1을 한 5의 위치에 각각 2가 가진 1의 개수와 여기서 1을 더한 값을 할당합니다.

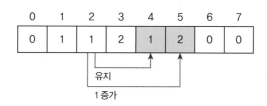

3에 대해서도 2배 위치인 6에 비트 수를 그대로 할당하고, 2배 +1의 위치에 1을 더한 값을 할당합니다. 우리가 확인하고자 했던 비트 수는 7까지였으므로 3까지만 진행한 후 과정을 멈춥니다.

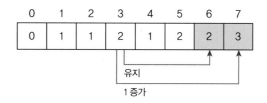

| 해결 코드

이제 앞서 설명한 알고리즘이 실제로 동작하는 코드를 살펴보겠습니다.

| 비트 1의 개수 구하기 | 파일 Chapter17/82_counting_bits.py |

```
001: def get_num_of_1bits(n):
002:     dp = [0] * (n + 1)
003:     i = 0
004:
005:     while I * 2 <= n:
006:         dp[I * 2] = dp[i]
007:
008:         if I * 2 + 1 <= n:
009:             dp[i*2 + 1] = dp[i] + 1
010:         i += 1
011:
012:     return dp
```

먼저 결과를 저장할 테이블 dp를 정의합니다. 결과는 0 부터 저장해야 하므로 n보다 1이 더 큰 n+1의 크기의 테이블을 정의합니다.

5행에서는 현재 위치의 2배가 되는 위치가 n보다 작거나 같은 동안 반복문을 수행합니다. 반복문에서는 현재 위치의 2배 위치에 현재 위치의 값을 그대로 할당합니다. 값이 짝수로 증가하면 1의 비트 수는 유지되기 때문입니다. 8행에서는 현재 위치의 2배 +1한 위치가 n보다 작거나 같은지를 파악합니다. 이보다 크다면 IndexError가 발생하기 때문입니다.

이후 9행에서는 2배 +1한 위치에 현재 위치가 가진 1의 비트 수에 1을 더한 값을 할당합니다. 10행에서는 현재 위치를 1만큼 증가하고 다시 5행으로 되돌아가 반복문의 조건을 확인합니다. 반복문을 모두 마치면 dp에 숫자별로의 1의 비트 수가 기록되어 있으므로 이를 반환합니다.

앞서 구현한 코드를 다음과 같이 실행하면 원하는 출력 결과를 얻을 수 있습니다.

```
001: print(get_num_of_1bits(n = 3))
```

```
3
```

| 성능 분석

이 알고리즘은 입력으로 주어진 n에 대해 n회 반복문을 수행하기에 시간 복잡도는 $O(N)$임을 알 수 있습니다.

난이도 ☆☆ | **키워드 힌트: 이전 값 누적** | **파일 Chapter17/83_combination_sum_for_n.py** | **leetcode #377**

문제 정의

정수가 든 리스트와 목표 값이 주어집니다. 이 숫자들을 조합했을 때 그 합이 목표 값과 같은 조합을 모두 찾고자 합니다.

다음과 같이 숫자 1, 3, 4와 목표 값 5가 주어졌을 때 이 수들을 중복해서 선택하여 조합을 만들어 5를 만들고자 합니다.

```
nums = [1, 3, 4], target = 5
```

```
6
```

이 입력에서 주어진 숫자 조합의 합이 5인 경우는 다음과 같습니다.

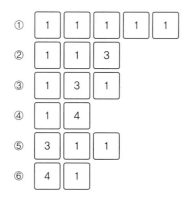

모두 6가지의 조합으로 5를 만들 수 있습니다. [1, 1, 3]과 [1, 3, 1]이 서로 다른 수열로 간주되며 같은 값을 중복해서 선택할 수 있으므로 모든 경우의 수열을 생성하는 것은 중복 순열의 시간 복잡도 $O(N^K)$를 갖게 됩니다. 물론 총합이 제한된다는 점에서 이보다는 낮은 시간이 소모됩니다. 이를 $O(MN)$의 시간 복잡도로 해결하는 방법에 대해 살펴보겠습니다. 여기서 N은 n의 값, M은 선택 가능한 수의 종류입니다.

문제 해결

nums 배열의 숫자들을 조합하여 target을 생성하는 모든 경우의 수를 찾아야 합니다. 우선 목표 값만큼의 길이를 갖는 테이블을 하나 준비합니다. 테이블의 첫 번째 행은 각 셀의 위치 정보이자 조합의 합으로 생성하고자 하는 수를 의미합니다. 두 번째 행은 각각의 수를 생성할 수 있는 경우의 수를 의미합니다. 0번째 위치에는 계산의 편의를 위해 1이라는 값을 할당합니다.

> **Tip.** 사실 1이라는 값을 가져서는 안 되지만, 이번 예제에서는 이해를 돕기 위해 1을 사용하겠습니다.

0	1	2	3	4	5
1	0	0	0	0	0

주어진 배열에 포함된 숫자들로 1이라는 값을 만들 수 있는 경우의 수는 하나뿐입니다. 1은 오직 1만으로 만들 수 있기 때문입니다.

0	1	2	3	4	5
1	1	0	0	0	0

+

2를 만들 수 있는 경우의 수는 1을 만드는 경우의 수를 그대로 가져옵니다. [1, 3, 4]의 숫자들로 2를 만들 수 있는 경우는 [1, 1]만 존재하기 때문입니다.

0	1	2	3	4	5
1	1	1	0	0	0

+

3을 만드는 경우는 2가지입니다. 우선 [1, 1]에 1을 추가하여 [1, 1, 1]을 구성하는 경우와 [3]으로 만드는 경우입니다. 2를 만드는 경우 ([1, 1])의 수를 그대로 더하고, 0에서 3을 추가하여

[3]을 만드는 경우의 수를 더합니다. 3을 만드는 두 가지 경우의 수를 3번 위치에 2의 값으로 기록됩니다.

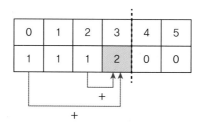

4는 3을 만드는 수열 ([1, 1, 1], [3])에 1을 더하여 만들 수 있습니다. 3번 위치의 2를 더하고 [1]에서 3을 추가하여 [1, 3]을 만들 수 있기에 1번 위치의 경우의 수도 더합니다. 마지막으로 0에서 4를 추가하여 [4]를 만들 수도 있으므로 0번째 위치의 경우의 수도 더합니다. 따라서 4를 만드는 경우의 수는 4가 됩니다.

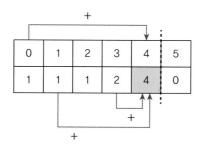

마지막으로 5를 만드는 경우의 수는 4를 만드는 경우 ([1, 1, 1, 1], [3, 1], [1, 3], [4]) 4개를 더합니다. 그리고 [1]에서 4를 더하여 5를 만들 수 있으므로 1번 위치의 경우의 수도 더합니다. 마지막으로 [1, 1]에 3을 더하여 5를 만들 수 있으므로 2번 위치의 경우의 수도 더합니다. 따라서 5를 만드는 경우의 수는 6이 됩니다.

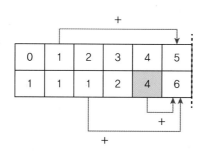

해결 코드

이제 앞서 설명한 알고리즘이 실제로 동작하는 코드를 살펴보겠습니다.

```
n을 만드는 숫자 조합의 수                              | 파일 Chapter17/83_combination_sum_for_n.py
001: def get_num_of_combinations(nums, target):
002:     dp = [0]*(target + 1)
003:     dp[0] = 1
004:
005:     for i in range(min(nums), target + 1):
006:         for num in nums:
007:             if num <= i:
008:                 dp[i] += dp[i - num]
009:
010:     return dp[-1]
```

2행에서 테이블로 사용할 리스트 dp를 선언합니다. 그리고 dp의 첫 번째 값에 계산의 편의를 위해 1을 할당합니다. 5행에서는 nums에 주어진 가장 작은 수부터 목표 값에 이르기까지 반복문을 수행합니다. 각 숫자 i에 대해 nums의 숫자로 i를 생성할 수 있다면 dp의 i 위치에 i-num의 위치 값을 더합니다. 이 과정을 반복하고 최종적으로 목표 값을 만들 수 있는 모든 경우의 수를 담고 있는 dp의 가장 마지막에 위치한 값을 반환합니다.

지금까지 구현한 코드를 실행하면 6이 반환됩니다.

```
001: res = get_num_of_combinations(nums = [1, 3, 4], target = 5)
002: print(res)
```

```
6
```

성능 분석

이 알고리즘은 반복마다 nums의 요소 수만큼인 M개를 반복하기에 알고리즘의 시간 복잡도는 $O(MN)$이 됩니다.

최대 점수로 풍선 터트리기

난이도 ☆☆☆ | 키워드 힌트: 재귀 | 파일 Chapter17/84_burst_balloons.py | leetcode #312

문제 정의

숫자가 적힌 4개의 풍선이 주어집니다. 이 중 풍선 하나를 터트리면 터진 풍선 왼쪽, 오른쪽 풍선의 숫자를 곱한 값이 점수가 됩니다. 이 4개의 풍선을 하나씩 터트릴 때 최대 점수를 얻을 순서를 찾는 것이 이 문제의 목표입니다.

이때 주어지는 풍선의 값은 양의 정수며 어떤 크기 이상의 값을 가질 수는 없습니다. 또한 풍선의 개수도 제약이 있을 수 있습니다.

다음과 같이 입력이 주어졌을 때 4개의 풍선을 표현하면 다음과 같습니다.

```
balloons = [2, 5, 3, 1]
```
```
42
```

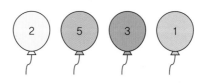

이렇게 주어진 풍선 중 5를 가진 두 번째 풍선을 터트리면 왼쪽 풍선 2, 오른쪽 풍선 3을 곱한 30이 점수가 됩니다.

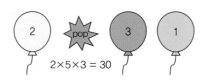

2를 가진 첫 번째 풍선을 터트리면 왼쪽에는 풍선이 없으므로 오른쪽 풍선 5와 곱한 10이 점수가 됩니다.

문제 해결

이 문제는 양옆에 풍선이 있는지, 양옆의 풍선 값이 얼마인지에 따라 점수가 달라지므로 터트리는 순서에 따라 최고 점수가 달라집니다. 예를 들어 가장 마지막에 터트리는 풍선은 양옆에 풍선이 없기 때문에 자기 자신의 값만 얻을 수 있습니다. 즉, 생각을 뒤집어서 가장 처음에 터져야 하는 풍선이 아니라 가장 마지막에 터져야 하는 풍선을 찾는 것부터 시작해야 합니다.

우선 풍선이 터질 때는 항상 양옆에 있는 풍선의 값을 곱해야 합니다. 심지어 풍선이 옆에 없는 경우에도 알고리즘은 옆에 1의 값을 가진 풍선이 하나 있다고 가정해야 모든 풍선의 점수를 통일된 방법으로 계산할 수 있습니다. 이렇게 2번이 가장 먼저 터지고 3번이 가장 마지막에 터지는 경우를 표현하면 다음과 같습니다.

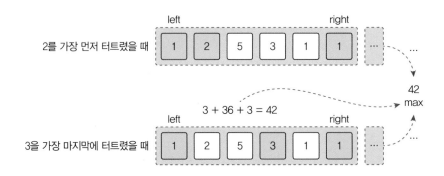

3번을 터트릴 땐 가장 왼쪽의 1과 가장 오른쪽의 1만 남으므로 점수는 1x3x1=3입니다. 3+36+3 중 36과 마지막 3은 아래 단계(즉, 더 앞서 터트리는 풍선)에서 계산된 점수입니다. 36과 3이 어떻게 더해지는지 알아보기 위해 더 앞서 터지는 풍선들을 살펴보겠습니다.

3번을 터트리기 전 2번과 1번 풍선을 터트립니다. 어느 풍선을 먼저 터트리는지는 상관이 없습니다. 왜냐하면 2번을 터트리면 가장 마지막에 터지는 3번이 가장 오른쪽에 위치할 것이며 1번을 터트리는 경우에도 가장 마지막에 터지는 3번이 왼쪽에 위치할 것이기 때문입니다.

즉, 이 둘은 서로 독립 관계이므로 3번 풍선을 기준으로 왼쪽, 오른쪽으로 구분해 점수를 계산합니다. 3번 풍선의 왼쪽에는 2번과 5번이 있으며, 2번을 터트리는 경우와 5번을 터트리는 경우 중 2번을 터트리는 게 더 높은 점수를 얻을 수 있음을 알 수 있습니다.

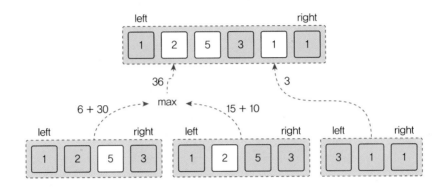

2번을 터트리면 앞서 터트릴 수 있는 풍선은 5번뿐입니다. 반면에 5번 풍선을 터트리면 2번 풍선만 남습니다. 5번을 터트리면 30점을 얻고 이후 2번을 터트리면 6점을 얻어 총 36점이 됩니다. 반면 2번을 가장 먼저 터트리면 10점을 얻고 다음으로 5번을 터트리면 15점을 얻어 총 25점이 됩니다.

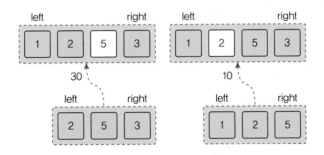

이 전체 과정을 정리하면 다음과 같습니다. 가장 높은 점수를 획득하려면 5번 → 2번 → 1번 → 3번 순서로 터트리면 되는 것을 알 수 있습니다.

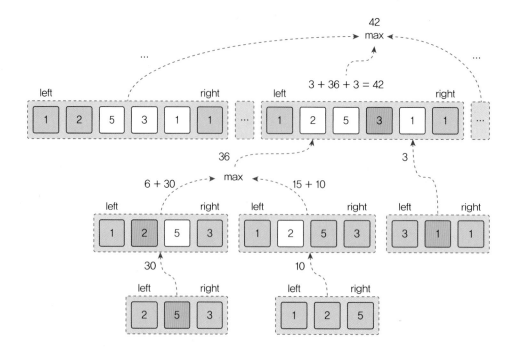

해결 코드

문제 해결 과정은 복잡했지만, 실제로 동작하는 코드는 생각보다 간단합니다.

최대 점수로 풍선 터트리기	파일 Chapter17/84_burst_balloons.py

```python
001: def get_max_score(nums: List[int]) -> int:
002:     nums = [1] + nums + [1]
003:
004:     def dfs(l, r):
005:         if (l, r) in mem:
006:             return mem[(l, r)]
007:
008:         if l > r:
009:             return 0
010:
011:         mx = 0
012:         for i in range(l + 1, r):
013:             mx = max(mx, nums[l]*nums[i]*nums[r] + dfs(l, i) + dfs(i, r))
014:
015:         mem[(l, r)] = mx
```

```
016:          return mx
017:
018:     mem = {}
019:     return dfs(0, len(nums) - 1)
```

가장 마지막 풍선이 터질 때에도 동일한 알고리즘으로 계산하기 위해 함수가 호출되자마자 양
옆에 [1]을 추가합니다. 18행에서 메모이제이션에 사용할 딕셔너리 mem을 선언합니다. 이후
왼쪽, 오른쪽으로 탐색을 수행하는 함수 dfs를 호출합니다. 이때 가장 왼쪽 원소의 위치 0과
가장 오른쪽 원소의 위치인 len(nums)-1을 인수로 전달합니다.

dfs를 수행할 때 가장 먼저 메모이제이션을 위해 정의한 테이블인 mem에 l과 r 위치에 대해
수행한 적이 있다면 이전에 계산된 결과를 반환합니다. 다음으로 l이 r보다 큰 경우에는 처리
할 원소가 없으므로 0을 반환하며 함수 실행을 종료합니다.

가장 왼쪽의 원소 l보다 1칸 앞선 원소부터 r 직전의 원소에 대해 반복하면서 각 위치의 원소
를 터트려서 점수를 얻는 값과 해당 위치의 왼쪽 원소들에 대해 그리고 오른쪽 원소들에 대해
각각 dfs를 재귀 호출합니다. 재귀 호출한 결과를 현재 풍선을 터트려서 얻을 수 있는 점수에
더하고 이 중 최댓값을 mem 테이블에 저장해 반환합니다.

지금까지 구현한 코드를 다음과 같이 실행해 출력 결과를 얻을 수 있습니다.

```
001: balloons = [2, 5, 3, 1]
002: res = get_max_score(balloons)
003: print(res)
```

```
42
```

| 성능 분석

이 알고리즘은 단계별로 풍선을 선택하는 모든 경우의 수를 수행합니다. 처음에는 4개, 두 번
째에는 3개, 다음은 2개, 마지막으로 1개의 경우들을 조합하기에 4x3x2x1, 즉 $O(N!)$의 시간
복잡도를 지닙니다. 가장 최악의 성능을 보여주는 알고리즘이지만, 메모이제이션을 사용하여
계산 속도를 비약적으로 향상시킬 수 있습니다.

가장 높은 점수로 이분할하기

난이도 ☆☆ | 키워드 힌트: 위치별 합 | 파일 Chapter17/85_bypartity_by_highest_score.py | leetcode #2155

문제 정의

0 혹은 1로만 구성된 배열이 주어집니다. 이 배열을 특정 위치에서 분할했을 때 왼편에 위치한 0의 개수와 오른편에 위치한 1의 개수를 더해 최댓값이 되는 분할 위치를 찾아야 합니다.

```
bins=[0, 0, 1, 0]
```
```
[2, 4]
```

입력으로 [0, 0, 1, 0]이 주어졌을 때 두 번째 위치에서 분할하면 2개의 0, 1개의 1로 총 3을 얻을 수 있습니다. 네 번째 위치에서 분할하면 3개의 0으로 역시 3을 얻을 수 있습니다. 즉, [0, 0, 1, 0]은 2가지 분할이 최댓값을 얻을 수 있는 경우입니다.

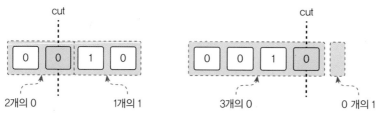

▲ 최댓값을 얻을 수 있는 분할 위치

문제 해결

우선 다음과 같은 테이블을 준비합니다. 테이블의 첫 번째 행에는 0의 개수를 기록하고 두 번째 행에는 1의 개수를 기록합니다. [0, 0, 1, 0] 원소들 왼쪽에 점선으로 표시된 공간이 존재합니다. 이는 0번 위치를 기준으로 분할하는 경우를 표현하기 위해 준비한 여분의 공간입니다. 먼저 자르는 위치에 따라 0의 개수가 어떻게 바뀌는지를 테이블에 기록하겠습니다.

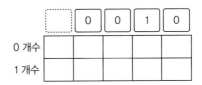

첫 번째 위치를 분할했을 때 0의 개수는 0이며, 두 번째 위치를 분할하면 자른 위치를 포함하여 왼쪽 모든 원소 중 0의 개수는 1개입니다. 따라서 1로 갱신합니다.

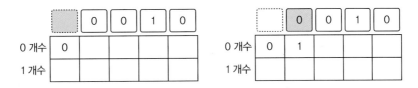

세 번째 위치를 분할했을 때 0의 개수를 2로 갱신하고 네 번째 위치를 분할했을 때는 0의 개수를 2로 유지합니다.

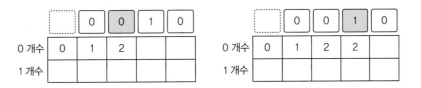

마지막 다섯 번째 위치를 분할했을 때는 0의 개수를 3으로 갱신합니다. 1의 개수를 갱신할 때는 오른쪽부터 계산합니다.

다섯 번째 위치를 분할했을 때 오른쪽에 1이 없기에 1의 개수는 0이 됩니다. 네 번째 위치도 오른쪽에는 1이 존재하지 않기에 여전히 1의 개수는 0입니다.

		0	0	1	0
0 개수	0	1	2	2	3
1 개수					

		0	0	1	0
0 개수	0	1	2	2	3
1 개수				0	0

세 번째 위치를 분할하면 오른쪽에 1이 1개 존재하므로 1을 증가하여 갱신합니다. 두 번째 위치를 분할했을 때도 오른쪽에 1의 개수는 여전히 1개이므로 유지합니다.

		0	0	1	0
0 개수	0	1	2	2	3
1 개수			1	0	0

		0	0	1	0
0 개수	0	1	2	2	3
1 개수		1	1	0	0

첫 번째 위치를 분할한 경우에도 여전히 1의 개수는 1을 유지합니다.

		0	0	1	0
0 개수	0	1	2	2	3
1 개수	1	1	1	0	0

이제 테이블의 첫 번째와 두 번째 행의 각 열에 위치한 값을 합한 행을 추가합니다. 그리고 가장 큰 값을 찾고 이들의 위치를 결과 리스트에 넣어서 반환합니다.

		0	0	1	0
0 개수	0	1	2	2	3
1 개수	1	1	1	0	0
합	1	2	3	0	3

해결 코드

앞서 설명한 알고리즘이 실제로 동작하는 코드를 살펴보겠습니다.

가장 높은 점수로 이분할하기 | 파일 Chapter17/85_bypartity_by_highest_score.py

```python
001: def get_max_profit_position(nums: List[int]) -> List[int]:
002:     n = len(nums)
003:     zeros = [0] * (n + 1)
004:     ones = [0] * (n + 1)
005:
006:     for i in range(1, len(nums) + 1):
007:         zeros[i] = zeros[i - 1]
008:         if 0 == nums[i - 1]:
009:             zeros[i] += 1
010:
011:     for i in range(len(nums) - 1, -1, -1):
012:         ones[i] = ones[i + 1]
013:         if 1 == nums[i]:
014:             ones[i] += 1
015:
016:     mx = 0
017:     for i in range(n + 1):
018:         mx = max(mx, ones[i] + zeros[i])
019:
020:     res = []
021:     for i in range(n + 1):
022:         if mx == ones[i] + zeros[i]:
023:             res.append(i)
024:
025:     return res
```

먼저 0과 1의 위치별 누적 합을 저장할 테이블인 **zeros**와 **ones**를 준비합니다. 이후 6~9행까지 테이블의 첫 번째 행인 0번 값을 저장하는 행을 갱신합니다. 코드의 11행부터 14행까지는 테이블의 두 번째 행인 1의 값을 갱신합니다. 이후 테이블에서 두 행에 있는 각 열의 값을 합했을 때 최댓값을 찾아 위치(index)를 결과 리스트인 **res**에 저장합니다.

지금까지 구현한 코드를 다음과 같이 실행해 출력 결과를 얻을 수 있습니다.

```
001: res = get_max_profit_position([0, 0, 1, 0])
002: print(res)
```

```
[2, 4]
```

❙ 성능 분석

이 알고리즘은 nums의 원소만큼 총 4회 각각 별도의 반복문을 수행합니다. 즉, 4xN의 시간을 소모하며 이는 $O(N)$의 시간 복잡도를 가집니다.

문제 86	최대 수익을 내는 구간 찾기

난이도 ☆☆ | 키워드 힌트: 이진 검색 | 파일 Chapter17/86_max_profit_in_job_scheduling.py | leetcode #1235

문제 정의

A씨는 공간 공유 플랫폼을 통해 자신의 공간을 시간대로 대여하고자 합니다. 어떤 요청을 받으면 최대 수익을 얼마나 얻을 수 있는지 반환하는 것이 이 문제의 목표입니다.

예를 들어 0시부터 7시 사이에 3개의 요청이 들어왔을 때 최대 수익을 얻을 수 있는 요청과 그에 대한 최대 수익은 다음과 같습니다.

```
[[0, 3, 15], [2, 4, 20], [4, 7, 30]]
```

```
50
```

리스트에 3개의 항목이 주어집니다. 각 항목도 리스트이며 리스트의 원소 중 첫 번째는 시작 시간, 두 번째는 종료 시간, 세 번째는 해당 구간의 수입을 뜻합니다. 이 경우 최대 수익을 내려면 어떤 요청을 받아야 하는지, 그리고 최대 수익은 얼마인지를 구해야 합니다.

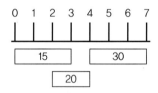

▲ 최대 수익을 내는 시간대 찾기

문제 해결

먼저 최대 수익을 저장할 자료구조에 초깃값 [0, 0]을 설정합니다. 첫 번째 0은 이전에 처리했던 구간의 끝 위치이며 두 번째 0은 현재까지 누적 값입니다.

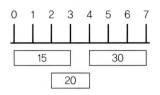

우선 첫 번째 입력 구간의 시작인 0에 1을 더한 값 1을 최대 수익을 저장할 자료구조 DP의 첫 번째 원소 값 중에서 찾습니다([0, 0]에서 첫 번째 0으로 비교합니다). DP에 초깃값 0에서 구간이 끝나며 누적 이익은 0으로 저장됩니다. 현재 처리할 입력 구간의 시작은 0이므로 여기에 1을 더한 위치가 DP에 저장된 구간이 끝나는 위치 0보다 더 뒤에 존재합니다. 이전 구간과 현재 처리할 구간이 겹치지 않기에 DP에 현재 처리할 구간이 새롭게 들어갈 위치는 1이 됩니다. 즉, 이전의 누적 값을 처리한 구간 바로 뒤에 두 번째로 [0, 3] 구간이 위치함을 의미합니다.

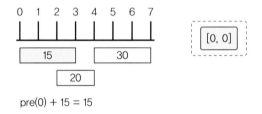

pre(0) + 15 = 15

[0, 3] 구간과 바로 앞 [0, 0] 구간의 합은 이전 구간의 이익 0([0, 0] 구간의 값)에 현재 구간의 이익 15를 더한 15가 됩니다. 현재 구간과 바로 직전 구간의 합이 DP에 저장된 [0, 0]의 이익인 0보다 크기에 누적 합을 DP에 추가합니다.

이번에는 두 번째 입력 구간 [2, 4, 20]을 처리하겠습니다. 이 구간의 시작 위치 2에 1을 더한 값인 3으로 배열에 들어갈 위치를 찾습니다. DP의 두 번째 원소 끝 값이 3([3, 15]의 앞의 값)이므로 위치 1의 값을 얻습니다. 그러나 이미 [2, 4] 구간이 [0, 3] 구간과 겹친다는 것을 알 수 있습니다. 현재 구간의 시작 위치에 +1을 하지 않고 배열에서 검색해도 이 경우는 상관없지만, 일관성을 위해 시작 위치에 1을 더하여 찾습니다.

현재 위치에서 겹치지 않는 바로 앞 구간은 [0, 0]입니다. [0, 0] 구간의 총 이익은 0이며 현재 구간의 이익 값은 20이므로 두 구간의 합은 20입니다. 이는 앞서 구했던 구간의 합 15보다 크기에 배열에 새로운 원소로 추가합니다.

> **Tip.** 이익의 합이 더 작으면 불필요하므로 추가할 필요가 없습니다.

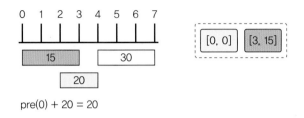

이제 배열의 끝에는 현재 가장 큰 값인 [4, 20]이 추가되었습니다.

마지막 요청인 [4, 7, 30]을 처리하겠습니다. [4, 7] 구간의 시작 위치 4에 +1을 한 값 5로 배열에 들어갈 위치를 찾으면 가장 마지막에 추가될 위치 값인 3을 얻습니다. 3번 위치의 바로 앞 구간은 [2, 4]이며 이 구간은 20의 값(0+20)을 가지고 있습니다. 현재 구간의 값 30에 이 앞 구간(의 누적 값) 20을 더하면 50이 됩니다.

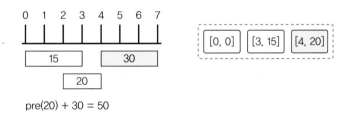

이는 배열의 가장 마지막 위치 값(역시 20)보다 큰 값이기에 배열에 새로운 원소로 [7, 50]을 추가합니다.

NOTE **+1을 하는 이유**

만약 시작 위치에 +1을 하지 않고 배열에서 위치를 찾는다면 어떻게 될까요? 4는 바로 이전에 처리했던 구간의 끝 위치입니다. 같은 값이 배열에 이미 존재하기에 4로 검색한 결과는 2가 됩니다. 즉, [4, 20]과 겹친다고 판단합니다. 이처럼 배열에서 위치를 검색할 때 1을 추가하여 검색하는 이유는 끝과 시작이 같은 값인 경우 오류를 피하고자 함입니다.

해결 코드

설명은 다소 복잡했지만, 구현 코드는 다음과 같이 무척 짧고 간단합니다.

최대 수익을 내는 구간 찾기	파일 Chapter17/86_max_profit_in_job_scheduling.py

```
001: def find_max_profit(intervals: List[int]) -> int:
002:     intervals.sort(key=lambda p: p[1])
003:     dp = [[0, 0]]
004:
005:     for start, end, profit in intervals:
006:         i = bisect.bisect_left(dp, [start + 1, 0])
007:
008:         if dp[i - 1][1] + profit > dp[-1][1]:
009:             dp += [end, dp[i - 1][1] + profit],
010:
011:     return dp[-1][1]
```

가장 먼저 끝나는 위치의 구간부터 순서대로 처리하기 위해 끝나는 위치를 기준으로 구간들을 오름차순 정렬합니다. 이후 3행에서 **dp**에 초깃값으로 [0, 0](각각 0에서 끝나며 누적 이익은 0)을 추가합니다. 이후 5행에서 입력으로 주어진 각 구간을 반복하며 처리합니다.

우선 현재 입력이 **dp**에서 어디에 위치해야 할지를 6행에서 찾습니다. 이후 현재 구간이 가진 이익 값과 현재 구간과 겹치지 않는 이전 구간의 이익 값을 합하여 **dp**의 가장 마지막에 저장된 이익의 합과 비교합니다.

현재 구간과 이전 구간의 이익 합이 **dp**의 가장 마지막에 저장된 요소의 이익 값보다 크다면 **dp**에 새로운 원소로 현재 구간과 현재 이전 구간의 이익의 합을 추가합니다. 모든 구간에 처리가 끝나면 **dp**의 가장 마지막에는 가장 큰 이익을 갖는 구간의 합이 저장되어 있으므로 이를 반환합니다.

지금까지 구현한 코드를 다음과 같이 실행해 출력 결과를 얻을 수 있습니다.

```
001: res = find_max_profit([[0, 3, 15], [2, 4, 20], [4, 7, 30]])
002: print(res)
```

```
50
```

성능 분석

이 알고리즘은 각 구간이 어디에 위치해야 하는지를 이진 검색으로 찾습니다. 이 부분은 $O(NlogN)$의 시간 복잡도를 지니며 1행에서 입력으로 주어진 구간들을 종료 구간 위치로 정렬하는 부분에서 $O(NlogN)$의 시간이 소모됩니다. 즉, 전체적으로 $O(NlogN)$의 시간 복잡도를 가졌습니다.

부록

—

시간 복잡도 이해하기

알고리즘의 시간 복잡도와 실제 측정하는 시간에는 차이가 있습니다. 퀵 정렬처럼 구현 수준에서 최적화된 다양한 방법을 적용하여 성능을 향상시키는 경우가 많기 때문입니다. 또한 알고리즘의 특징에 따라 컴파일러, H/W(CPU 연산 및 다양한 가속기의 연산), 알고리즘별 입력의 차이 등 다양한 요인으로 실측 성능은 달라질 수 있습니다. 그럼에도 불구하고 최악의 시간을 알 수 있다는 점에서 알고리즘의 성능을 평가할 때는 일반적으로 **빅 오 표기법**을 사용해 성능을 분석합니다.

A.1 알고리즘별 시간 복잡도

선형 시간 알고리즘

선형 시간 알고리즘이란, 입력 N이 증가하면 시간의 복잡도도 함께 선형적으로 증가하는 알고리즘들입니다. 입력이 N이면 이에 대한 알고리즘의 시간 복잡도도 N이 되고, 입력이 2N이 되면 시간 복잡도도 2N으로 선형 증가합니다.

선형 시간이 필요한 대표적인 알고리즘으로 **이동 평균 필터**moving average filter가 있습니다. 이는 N개의 샘플 중 윈도우 크기인 M 기간 동안의 샘플들의 평균 값을 계산하는 알고리즘입니다. 이동 평균에 값을 추가할 때 하나의 값을 넣고 하나의 값을 빼기에 계산 시간은 (N−M+1)+M−1 이며 이는 결국 O(N)이 됩니다.

선형 이하 시간 알고리즘

이진 탐색은 보통 $O(logN)$의 시간으로 검색을 완료할 수 있기에 선형 시간보다 적은 시간이 소모됩니다.

지수 시간 알고리즘

2^N처럼 N의 거듭제곱들이 선형 결합으로 이뤄진 시간을 필요로 하는 알고리즘입니다. N값이 증가할 때마다 이를 처리하는 데 걸리는 시간의 증가를 지수 함수로 표현하는 경우입니다.

다항 시간 알고리즘

N과 N^k(k는 상수)와 같은 여러 항[term]이 선형 결합으로 표현된 식으로, 연산 시간이 결정되는 알고리즘입니다.

A.2 빅 오 표기법

빅 오 표기법[Big-O notation]은 점근적 시간에 대한 표기법입니다. 점근적이란 근사 값에 점차 가까워지는 시간이며, 이는 주어진 함수에서 가장 빠르게 증가하는 항만 고려하고 나머지 항은 무시합니다. 최고차항을 제외한 모든 것을 무시하기에 매우 간단하게 알고리즘의 시간 복잡도를 표현할 수 있습니다. 이를 이용하면 대략적인 함수의 상한을 간단하게 표현할 수 있습니다. 단, 이는 최악의 수행 시간을 의미하지는 않습니다. 예를 들어 퀵 정렬의 평균 수행 시간은 $O(NlogN)$이지만 최악의 수행 시간은 $O(N^2)$입니다.

분할 상환 분석[amortized analysis]이라는 분석 방법도 있습니다. 이는 각각의 시간이 다르게 측정되지만 전체적으로 작업에 걸리는 시간이 일정한 경우 각 작업의 시간을 평균으로 구한 시간과 동일합니다.

A.3 계산 시간 복잡도

계산 이론에서는 어떤 알고리즘의 수행 시간을 표현하는 다양한 방법을 정의하고 있습니다. 일반적으로 다루는 N, N^2, N!, logN 등의 수행 시간에 해결되는 알고리즘이 아닌 이보다 더 많은 시간이 필요한 알고리즘을 표기하기 위한 여러 가지 표기법이 있습니다. 계산 이론에서는 잘 알려진 수행 시간, 일반적인 함수의 표기법으로 표현할 수 없는 시간 복잡도를 여러 클래스로 묶어서 설명합니다. **P 클래스**, **NP 클래스**, **NP-완전 클래스** 등이 바로 그것입니다.

다음 그림 중 왼쪽은 P와 NP는 같은 문제가 아닐 때 분류를 표현한 것이며, 오른쪽은 P와 NP, NPC^NP-complete가 모두 같은 문제일 때 분류를 표현한 그림입니다.

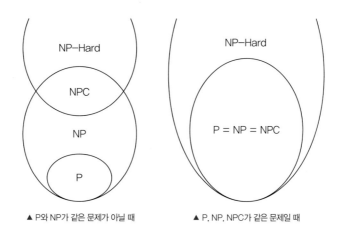

▲ P와 NP가 같은 문제가 아닐 때   ▲ P, NP, NPC가 같은 문제일 때

P-문제

일반적으로 다루는 시간 복잡도를 가진 알고리즘들을 **P-문제**^polynomial problem 라고 합니다. 이는 시간 복잡도가 O(N^2), O(N^3), O(N^r)과 같이 다항식으로 표현될 수 있는 다항시간 동안 해결할 수 있는 문제입니다. 하나의 상태에서 갈 수 있는 상태가 결정되어 있는 **결정론적 튜링 머신**^deterministic Turing machine 으로 다항시간 안에 해결할 수 있는 문제들입니다.

결정론적 튜링 머신이란 다음 그림과 같이 한 상태에서 다음에 갈 상태가 이미 결정되어 있는 기계를 의미합니다. 더 정확히는 현재 상태에서 받아들이는 입력에 따라 다음에 어떤 상태로 가야 할지 결정되는 기계입니다.

▲ 결정론적 튜링 머신

최종 단계에 가서 알고리즘의 결과를 채택할지 혹은 기각할지 결정되며 처음부터 여기까지 진행되는 과정이, 즉 각 단계에서 다음 단계로 가는 과정이 이미 결정되어 있습니다.

NP-문제

NP-문제란 비결정론적 튜링 머신으로 해결할 수 있는 문제입니다. 물론 NP의 Non-Deterministic Polynomial time이 다항시간에 해결할 수 없다는 의미는 아닙니다. 다항시간에 해결은 할 수 있으나, 결정적론 튜링 머신이 아닌 비결정론적 튜링 머신으로 다항시간에 해결할 수 있음을 의미합니다.

비결정론적 튜링 머신에서는 하나의 상태에서 갈 수 있는 상태가 많을 수 있습니다. 하나의 상태에서 다음 상태로 어디로 갈지 결정적으로 정해져 있지 않다는 점에서 NP-문제는 비결정적인 특징을 가지고 있다고 정의합니다.

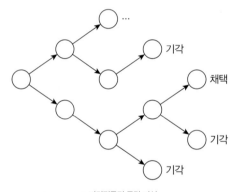

▲ 비결정론적 튜링 머신

비결정론적 튜링 머신은 트리 형태로 상태 천이도^{state transition diagram}가 형성됩니다. 각 갈림길은 서로 다른 가능성을 가지고 있습니다. 만약 어디로 가든 채택 혹은 기각으로 가는 길이 존재한다면 해당 알고리즘은 비결정론적 튜링 머신으로 판단할 수 있는 NP-문제가 됩니다.

비결정론적 튜링 머신에서는 각 갈림길에서 서로 다른 상태로 이동해야 할 때 한 번에 하나만 실행하는 것이 아니라 동시에 서로 다른 파생된 길을 처리합니다. 추상적인 개념 수준의 기계이므로 구현 측면을 고려하지는 않습니다. NP-문제를 풀 수 있는 비결정론적 튜링 머신은 P-문제 역시(갈림길에서 갈 길이 하나뿐인 경우) 풀 수 있다는 것을 알 수 있습니다. 즉, P-문제는 NP-문제의 범주에 속합니다.

NP-난해 문제

NP의 모든 문제를 다항시간 이내에 어떤 A 문제로 환원할 수 있다면, 이 A 문제를 **NP-난해 문제**NPhard라고 합니다. 알고리즘에서 **환원**reduction이란 한 문제를 다른 문제로 바꿔서 푸는 기법 입니다. 예를 들어 A를 푸는 알고리즘이 있습니다. 그리고 B라는 입력을 A의 입력으로 바꿀 수 있다고 가정합니다. 이 말은 A 알고리즘을 B 알고리즘으로 만들 수 있다는 의미이며, 결국 B를 푸는 알고리즘은 A를 푸는 알고리즘과 같거나 유사하다는 것을 의미합니다. 이런 환원 과 정을 통해 A가 B 이상으로 어렵다는 것을 증명합니다.

SATsatisfiability problem란 문제가 있습니다. 이 문제는 어려움의 기준이 되는 문제로, 모든 NP 문제 보다 어렵다고 알려져 있습니다. 즉, SAT 문제를 다항시간에 풀 수 있다면 모든 NP 문제를 다 항시간에 풀 수 있음을 의미합니다. 이런 속성을 갖는 문제를 **NP-난해 문제**라고 합니다. 아직 NP-난해 문제를 다항 시간에 푸는 방법은 발견하지 못했습니다.

NP-완전 문제

NP의 각 복잡성은 전체 클래스와 관련이 있습니다. 이런 문제 중 어느 문제에 대해 다항 시간 내 해결할 수 있는 알고리즘이 존재한다면 NP에 속하는 모든 문제를 다항 시간에 풀 수 있습 니다. 이와 같은 문제를 **NP-완전 문제**NP-complete라고 합니다. 즉, NP-난해에 속하면서 NP에도 속하는 모든 NP 문제를 환원한 문제를 뜻합니다. NP-완전 문제를 풀 수 있다면 모든 NP-문 제를 풀 수 있으므로 가장 중요한 문제에 해당합니다. 예를 들어 해밀턴 경로hamiltonian path 문제 는 잘 알려진 NP-완전 문제입니다.

컨벤션에 따른 코드 작성하기

책을 읽을 때 글꼴이나 크기가 뒤죽박죽이거나 그림 위치가 매번 다르거나 페이지 번호가 잘못 매겨져 있다면 어떨까요? 읽기 불편할 뿐만 아니라 책의 내용을 이해하는 것도 어려울 것입니다. 코딩을 할 때도 마찬가지입니다. 모든 코드를 통틀어서 통일된 스타일로 코드가 작성되어야 읽을 때 불편함이 없습니다. 그래서 많은 기업이 **코딩 스타일 가이드**coding convention guide를 마련하여 따르도록 하고 있습니다.

파이썬 진형에서는 **PEP 8**이라는 파이썬 코딩 스타일 가이드(python.org/dev/peps/pep-0008)를 마련해 놓았습니다. 이 책은 바로 이 PEP 8의 스타일 가이드를 따라 코드를 구현했습니다. 따라서 PEP 8에서 제안하는 주요한 스타일 가이드 몇 가지를 살펴보겠습니다.

클래스명 & 함수명 짓기

클래스명은 **카멜 표기법**upper camel case라고 알려진 CapWords 방식을 따릅니다. 첫 글자는 반드시 대문자로 짓고 이후 소문자, 뒤따라 다른 단어가 온다면 그 단어의 첫 글자도 대문자, 나머지는 소문자를 사용하는 방식입니다.

클래스명

```
000: class MyClass:
```

함수명은 소문자로 시작하며 단어와 단어 사이는 밑줄로 구분합니다. 이런 표기 방법을 **스네이크 표기법**snake case이라고 합니다. 함수명은 동사+명사+부사 형태로 짓고, 변수명은 명사, 부사, 형용사 등을 사용하곤 합니다.

> 💡Tip. 변수명은 다른 스타일로 짓는 경우가 많아 보통 프로젝트별로 정의합니다.

함수명

```
001: # 일반 함수명
002: def my_func():
003:
004: # class-private한 함수명 (앞에 __를 붙입니다)
005: def __private_func():
```

들여쓰기

들여쓰기는 4칸의 공백 문자를 사용합니다.

함수 인자 1

```
001: def func_name(
002:         arg_one, arg_two,
003:         arg_three):    # 함수 인수와 코드의 구분을 위해 왼쪽에 4칸의 공백 문자를
추가합니다.
004:     print(arg_one)    # 왼쪽에 4칸의 공백 문자로 들여쓰기를 합니다.
```

함수 인자 2

```
001: res = some_func_name(var_one, var_two,
002:                         var_three)    # 인수는 함수의 열림 구획 문자 '(' 위
치에 맞춥니다.
```

연산자

```
001: res = (val_one
002:         + val_two
003:         + val_three)
```

```
import

001: import os     # 여러 개의 모듈을 os, sys와 같이 한 줄에 import하지 않습니다.
002: import sys
003: from typing import List
```

공백 사용

```
함수

001: func_name(arg_one, {'key1': val_one})
```

함수의 (와 인수 사이에는 공백이 없어야 합니다. 딕셔너리는 키 다음에 콜론(:)까지 공백이 없어야 하며 콜론 이후 하나의 공백을 두고 값을 작성합니다. 마찬가지로 괄호가 닫히는 부분 앞에는 공백이 없어야 합니다.

```
괄호 닫힘

001: res = (0,)
```

슬라이스 연산자는 콜론(:) 전후에 공백을 줄 수도 있고 안 줄 수도 있습니다. 단, 콜론 양옆으로는 공백이 동일하게 입력되어야 합니다.

```
슬라이스

001: arr[lower:upper]
002: arr[lower : upper]
003: arr[lower:upper:]
004: arr[lower : : upper]
```

```
리스트 첨자 연산

001: table[key] = alist[index]   # 허용
002: table[key] = alist [index]  # 불허
```

```
001: # 허용
002: var1 = 1
003: var_with_long_name = 2
004:
005: #불허
006: var1                    = 1
007: var_with_long_name = 2
```

```
001: # 허용
002: i = i + 1
003: i += 1
004: i = i*2 - 1
005: j = i*i + j*j
006: z = (a+b) * (c+d)
007:
008: # 불허
009: i=i+1
010: i +=1
011: i = i * 2 + 1
012: eq = x * x + y * y
013: z = (a + b) * (c + d)
```

```
001: # 허용
002: def func(in_arg: "input argument...") -> Int: …
003:
004: # 불허
005: def func(in_arg:"input argument...")->Int: …
```

```
001: # 허용
002: def func1(arg_one, arg_two=0.0):
003:     return func2(arg_one=arg_one, arg_two=arg_two)
004:
005: def func2(arg: "Int = 1"): …       # 설명 부분에서는 할당문 사이에 공백 필요
006:
```

```
007: # 불허
008: def func1(arg_one, arg_two = 0.0):
009:     return func2(arg_one = arg_one, arg_two = arg_two)
```

여러 항목 정의

```
001: items = [
002:     'item1',
003:     'item2',    # 마지막 콤마는 넣어도 안 넣어도 상관 없음
004: ]
```

객체 비교

```
001: # 허용
002: if isinstance(obj, int):
003:
004: # 불허
005: if type(obj) is type(1):
```

리스트, 튜플, 문자열 등의 비어 있음 체크

```
001: # 허용
002: if not seq:
003: if not s:
004:
005: # 불허
006: if len(seq):
007: if not len(seq):
```

True/False 체크

```
001: # 허용
002: if expression:
003:
004: # 불허
005: if expression == True:
006: if expression is True:
```

이외에도 여러 규칙이 있지만 헷갈리기 쉬운 주요 부분을 위주로 살펴봤습니다. 나머지는 PEP 8 또는 이 책에 구현한 코드로 확인할 수 있습니다.

찾아보기